Götz Warnke

Wege zur Energie-Autarkie

Mit Home-Energie-Harvesting zur häuslichen Energie-Selbstversorgung

www.Warnke-Verlag.de

Bibliographische Information der Deutschen Bibliothek

Die Deutsche Bibliothek verzeichnet diese Publikation in der Deutschen Nationalbibliographie; detaillierte bibliographische Daten sind im Internet über http://dnb.ddb.de abrufbar.

Herstellung: Books on Demand GmbH, D-22848 Norderstedt

ISBN 978-3-938391-02-0

Inhaltsverzeichnis

1. Einleitung

Die Energieversorgung mit Gas, Kohle, Öl und Uran, wie wir sie seit fast 100 Jahren kennen, geht unweigerlich zu Ende. Und das nicht nur in Deutschland, sondern weltweit! Kein ernst zu nehmender Wissenschaftler behauptet heute, dass unserer Energiemix in 50 Jahren noch annähernd so aussehen wird wie heute oder vor 50 Jahren.

Für diese Einsicht muss niemand Klima-Argumente wie die Erderwärmung oder den steigenden Meeresspiegel bemühen.[1] Ganz gleich ob der große Klimawandel kommt oder nicht, eine Tatsache bleibt unverändert bestehen: wenn wir weiter wirtschaften wie bisher, reichen die Ressourcen unseres Planeten nicht für die 12 Milliarden Menschen, die wohl Anfang des 22. Jahrhunderts auf dieser Erde leben werden.[2] Während die Menschheit zahlenmäßig weiter wächst und aufstrebende Nationen wie Brasilien, Russland, Indien und China („BRIC-Staaten") – verständlicher Weise – einen immer größeren, angemessenen Anteil an den weltweiten Rohstoff- und Energieströmen haben wollen[3], sind bereits heute viele Fördergebiete nicht mehr erweiterbar oder sogar erschöpft, so dass in manchen Bereichen die Fördermengen kaum mehr mit der anschwellenden Nachfrage Schritt halten.[4]

Erdöl, das uns nicht nur als fossile Energiequelle, sondern auch als chemischer Ausgangsstoff für Düngemittel und Kunststoffe dient, ist hiervon besonders betroffen. Die verbleibenden weltweiten Reserven müssen unter immer schwierigeren und (umwelt-)gefährlicheren Bedingungen (Tiefsee, Naturschutzgebiete) erbohrt sowie gefördert werden. Viele Experten sind der Ansicht, dass Peak-Oil[5], der Moment der maximalen Weltförderung, ab dem die Fördermengen unweigerlich zurückgehen, bereits erreicht ist oder in naher Zukunft erreicht sein wird.

---

[1] Siehe http://www.ipcc.ch/ ; http://www.spektrum.de/alias/klimadiskussion/ein-erbe-des-kalten-kriegs/1153444

[2] Siehe http://idw-online.de/pages/de/news521950 ; http://www.weltbevoelkerung.de/uploads/tx_tspagefileshortcut/WBprojektionen_bis_2100_nach_WPP_2010_Kurven.pdf

[3] Siehe http://www.iea.org/weo/

[4] Siehe Heinberg 2007

[5] Siehe http://peakoiltaskforce.net/download-the-report/2010-peak-oil-report/ ; http://www.aspo-australia.org.au/ ; http://www.peak-oil.com/was-ist-peak-oil/

Spätestens dann werden unsere Energiepreise unaufhaltsam und kräftig steigen. Dann wird deutlich werden, dass die Preisschwankungen an den Tankstellen nur ein kurzfristiges „Flackern“ sind, der Benzin-/Öl-Preis generell aber nur eine Richtung kennt: nach oben! Und der Erdölpreis wird schon wegen der Verlagerungseffekte (Erdgas-/Pellet-Heizungen statt Öl-Heizung) alle anderen Energiepreise zu neuen Höhen treiben. Doch nicht nur sie: die teure Energie erhöht auch die Transportkosten und verteuert damit die Preise aller anderen Produkte – von Lebensmitteln über Unterhaltungselektronik bis zu Baustoffen.

Wie sehen denn die Alternativen aus?

Kohle lässt sich sowohl als Festbrennstoff als auch mittels Hydrierung als Flüssigtreibstoff (synthetisches Benzin) sowie als Erdöl-Ersatz in weiten Bereichen der chemischen Industrie verwenden.[6] Allerdings würde es bei ihrem flächendeckenden Einsatz als Erdöl-Ersatz zu erheblichen Umweltschäden kommen: erhöhte Feinstaub- und Kohlendioxid-Emissionen durch die Verbrennung sind die Folgen. Dazu kommt der Staub von Tagebau-Flächen und Abraumhalden, die zudem Ackerland und Naturgebiete vernichten. Schließlich können unterirdische Flözbrände ausgelöst werden, die nicht zu löschen sind und ganze Städte bzw. Landstriche verwüsten.[7] Immerhin kann man das bei der Kohleverbrennung in Kraftwerken entstehende Treibhausgas CO2 mittels spezieller technischer Verfahren einfangen/abscheiden und in unterirdischen Lagerstätten speichern (engl. *Carbon-Dioxide Capture and Storage* = CCS). Doch die CCS-Technik ist nicht sicher und verursacht Probleme, wie schon natürliche Kohlendioxid-Katastrophen[8], aber auch wissenschaftliche Studien zeigen.[9]
Schließlich: auch bei Kohle sind die entsprechenden Weltressourcen begrenzt[10]; je stärker wir künftig Kohle als Erdölersatz verwenden, desto schneller schmelzen die Vorkommen.

---

[6] Siehe http://de.wikipedia.org/wiki/Kohlechemie

[7] Siehe http://de.wikipedia.org/wiki/Kohlebrand ; http://en.wikipedia.org/wiki/Centralia,_Pennsylvania

[8] Siehe http://de.wikipedia.org/wiki/Nyos-See

[9] Siehe http://www.pnas.org/content/early/2012/06/13/1202473109 ; http://www.bund.net/fileadmin/bundnet/publikationen/klima/20110817_klima_risiken_ccs_offshore.pdf ; http://de.wikipedia.org/wiki/CO2-Abscheidung_und_-Speicherung#Kritik_des_Umweltrates

[10] Siehe Günther 1931, S. 5 f. ; http://en.wikipedia.org/wiki/Peak_coal

Erdgas gilt als „saubere Alternative“ zu Erdöl und Kohle, da bei seiner Verbrennung zwar auch CO2, aber kaum Feinstaub entsteht. Doch dafür ist die flüchtige Energie schwerer zu transportieren: aus den Pipelines entweicht es zum Teil und für den Transport mit Gastankern muss das Gas unter hohem Energieaufwand herunter gekühlt und verflüssigt werden.
Wie bei allen anderen fossilen Energien sind auch die Gasressourcen nicht unendlich: bei einem Weltverbrauch von 3 Billionen Kubikmetern im Jahre 2007 und Weltressourcen (bereits entdeckte, aber in ihrer Größe bisher nur geschätzte Vorkommen) von rund 240 Billionen Kubikmetern[11] dürfte das Gas noch für 80 Jahre reichen – wenn der Verbrauch nicht weiter steigt.
Schon viele Jahre vorher wird es, ähnlich wie beim Erdöl, zum „Peak Gas“[12] kommen: zu einem Zeitpunkt der maximalen Förderung, ab dem dann die Gaspreise kräftig steigen werden.
Die Hoffnungen der Energiekonzerne konzentrieren sich deshalb auf „unkonventionelles Erdgas“ (z.B. Schiefergas etc.); doch die Menge der förderbaren Reserven ist höchst umstritten.[13] Das Gas strömt zudem nicht wie konventionelles Erdgas einfach aus den Bohrlöchern, sondern muss mit komplizierten Bohrungen und einem in den Boden gepressten Gemisch aus Wasser, Sand und giftigen Chemikalien gefördert werden („Fracing“).[14] Das macht die Förderung nicht nur teurer und energieaufwändiger, sondern kann auch zu erheblichen Umweltproblemen führen: verschmutztes Trinkwasser und brennende Wasserhähne sind in der Folge schon aufgetreten.[15]

---

[11] Siehe http://www.bgr.bund.de/DE/Themen/Energie/Downloads/Energierohstoffe_2009_Teil1.pdf , S. 77 f. ; Darley 2004

[12] Siehe http://en.wikipedia.org/wiki/Peak_gas ; http://www.energiestiftung.ch/energiethemen/fossileenergien/erdgas/peakgas/

[13] Siehe http://de.wikipedia.org/wiki/Erdgas#Vorräte_an_nicht-konventionellem_Erdgas ; http://petroleumtruthreport.blogspot.de/ ; http://www.postcarbon.org/drill-baby-drill/ ; http://green.wiwo.de/fracking-der-gasboom-wird-von-der-politik-vollig-uberschatzt/

[14] Siehe http://de.wikipedia.org/wiki/Fracing

[15] Siehe http://www.vku.de/fileadmin/get/?17521/110527_VKU-Position_Unkonventionelles_Erdgas.pdf ; http://www.spiegel.de/wirtschaft/unternehmen/0,1518,711107,00.html ; http://www.pnas.org/content/early/2011/05/02/1100682108 ; http://www.wired.com/wiredscience/2012/07/gas-fracking-science-conflict/

Methanhydrate [16] auf dem Meeresgrund bzw. an den Kontinentalhängen lassen sich theoretisch abbauen und anschließend wie Erdgas nutzen. Aber dieses ist mit erheblichen Problemen verbunden: wegen der Klimafolgen (CO2-Ausstoß und Erderwärmung), wegen der Gefahren für die Schiffahrt, der möglichen Auslösung von Mega-Tsunamis[17] und gewaltiger Methangas-Ausbrüche[18], wobei die beiden letzteren Phänomene durchaus interkontinentale Auswirkungen mit entsprechenden politischen Konflikten haben könnten.

Uran reicht etwa nur so lange wie das Erdöl[19] – vorausgesetzt, der Verbrauch bleibt gleich und wird nicht gesteigert. Der Einsatz von Uran in Atomkraftwerken ist wegen der Sicherheitsgefahren[20] (Tschernobyl 1986, Fukushima 2011, mögliche Terroranschläge), der ungeklärten Entsorgung und der langen wirtschaftlichen Amortisationszeiten von neuen Reaktoren sehr teuer.
Noch in den 1970er Jahren waren sich fast alle Atomexperten darüber einig, dass eine Nutzung der Kernenergie in großem Stil dauerhaft nur mit Hilfe von teuren und komplizierten Brutreaktoren möglich sei: diese „erbrüten“ das in Reaktoren (und Atombomben) nutzbare, hochgiftige Plutonium aus der Masse des nicht für Brennstäbe geeigneten Urans 238, und produzieren daneben auch noch selbst Strom.[21] Doch heute, 40 Jahre später, sind rund um den Globus dennoch nur wenige Forschungs- und Demonstrations-Brutreaktoren in Betrieb.[22] Statt der weltweit benötigten 30-60 Brutreaktoren der 1200-MW-Klasse wurde bisher nur ein einziger gebaut: der „Superphénix“ im französischen

---

[16] Siehe http://www.weltderphysik.de/de/3979.php ; http://www.sugar-projekt .de/ ; http://de.wikipedia.org/wiki/Methanhydrat
[17] Siehe http://en.wikipedia.org/wiki/Storegga_Slide
[18] Siehe http://www.g-o.de/wissen-aktuell-3514-2005-09-15.html
[19] Siehe http://www.bundestag.de/dokumente/analysen/2006/Uran_als_Kernbrennstoff-Vorraete_und_Reichweite.pdf
[20] Siehe http://idw-online.de/de/news478966 ; http://www.irsn.fr/FR/connaissances/Installations_nucleaires/Les-accidents-nucleaires/cout-economique-accident/Pages/sommaire.aspx ; http://www.spiegel.de/wissenschaft/technik/irsn-studie-atomunfall-wuerde-frankreich-430-milliarden-euro-kosten-a-881940.html ; http://www.nature.com/nature/journal/v492/n7427/full/492031a.html
[21] Siehe Gerwin 1977, S. 135 ff. ; http://www.energieinfo.de/eglossar/brutreaktor.html ; http://www.urananreicherung.de/schneller-brueter/index2.htm
[22] Siehe http://de.wikipedia.org/wiki/Brutreaktor ;
http://www.nuclear-free.com/deutsch/traubenatur.htm

Creys-Malville.[23] Doch das im Jahr 1986 an den Start gegangene Milliardenprojekt wurde bereits 11 Jahre später wieder stillgelegt, nachdem es in der Zwischenzeit wegen unzähliger Pannen kaum am Netz gewesen war und nur für wenige Monate Strom erzeugt hatte.

Nicht besser sieht es mit den weltweiten Fusionsreaktor-Projekten[24] aus, die die Atomkern-Fusion in unserer Sonne nachahmen sollen und bisher meist nur durch Ankündigungen und Kostensteigerungen von sich Reden machen. Derzeit gibt es erst wenige Experimental- und Forschungs-Reaktoren, aber noch keinen einzigen Demonstrations-Reaktor. Nach den heutigen, immer wieder zeitlich nach hinten geschobenen Planungen, soll die kommerzielle Nutzung von Fusionskraftwerken, wenn sie denn überhaupt rentabel ist, um 2050 beginnen. Ob sich das 100 Millionen Grad heiße Plasma in diesen Reaktoren besser und ausfallsicherer beherrschen lässt als das 550°C heiße Natrium in den Brutreaktoren, darf bezweifelt werden.
Neue Konzepte wie der „Traveling-Wave-Reactor" (TWR, deutsch: Laufwellen-Reaktor), der auch die großen Reserven an Uran 238 nutzen könnte, oder der verbesserte Flüssigsalz-Reaktor sind bisher nur eine wage Hoffnung.[25]

Nachwachsende Rohstoffe (NawaRo)[26] wie „Biosprit" können nur einen kleinen Teil des benötigten Erdöls ersetzen; eine umfangreiche energetische Nutzung und ein daraus folgender großflächiger Anbau würde Nahrungspflanzen verdrängen und so unsere Lebensmittel erheblich verteuern („Teller-oder-Tank-Problematik").[27] Schon heute

---

[23] Siehe http://large.stanford.edu/courses/2011/ph241/abdul-kafi1/ ; http://de.wikipedia.org/wiki/Kernkraftwerk_Creys-Malville ; http://www.spiegel.de/spiegel/print/d-8654512.html

[24] Siehe http://de.wikipedia.org/wiki/Kernfusionsreaktor ; http://www.dpg-physik.de/dpg/gliederung/fv/p/info/fusionsreaktor.html ; http://www.iter.org/

[25] Siehe http://en.wikipedia.org/wiki/Traveling_wave_reactor ; http://de.wikipedia.org/wiki/Laufwellen-Reaktor ; http://transatomicpower.com/

[26] Siehe http://www.fnr.de/ ; http://www.carmen-ev.de/dt/hintergrund/nawaros.html ; http://iopscience.iop.org/1748-9326/6/3/034017/fulltext

[27] Siehe http://www.klimawandel-global.de/klimaschutz/erneuerbare-energien/zunehmende-kritik-an-biokraftstoffen-schlechte-energiebilanz-von-biosprit/ ; http://www.oekolandbau.de/erzeuger/thema-des-monats/februar-2011-teller-oder-tank/ ; http://www.kath.de/benediktbeuern/clear/projekte/Nachw-Rohstoffe.pdf ; http://inkota.de/agrosprit/ ; http://www.leopoldina.org/de/presse/nachrichten/leopoldina-sieht-nutzung-von-bioenergie-

werden manche der nachwachsenden Rohstoffe knapp und daher zunehmend teurer.[28] Eine Ausweitung des intensiven Anbaus von Energiepflanzen kann durch die damit verbundene Freisetzung von Lachgas die Ozonschicht zerstören.[29]

Fernwärme[30], für viele Haushalte in den Großstädten eine günstige Alternative für die Raumheizung und Warmwasser-Zubereitung, wird mit den steigenden Kosten für fossile Energien ebenfalls teurer werden. Dazu kommt, dass der Fernwärme-Lieferant und der Betreiber des Fernwärme-Netzes oft die gleiche Gesellschaft sind, weshalb der Verbraucher nicht einfach den Versorger wechseln kann.

Die heraufziehende Krise der fossilen Energieversorgung ist kein Hirngespinst von irgendwelchen Ökos und Windrad-Freaks. Das haben selbst die Erdöl-Förderländer im Nahen Osten erkannt, die nicht mehr auf ein noch lange andauerndes fossiles Zeitalter setzen, sondern sich durchaus bewusst sind, dass die Zukunft bei den Erneuerbaren Energien liegt: so will Saudi-Arabien, einer der größten Erdöl-Förderstaaten der Welt, bis 2032 im eigenen Land Kapazitäten von 41 Gigawatt Solarenergie und 9 Gigawatt Windenergie aufbauen.[31] Abu Dhabi hat mit „Shams-1“[32] im März 2013 eines der größten Solarthermie-Kraftwerke ans Netz gehen lassen; die – erfolgreiche – Bewerbung dieses Landes wie um den Sitz der Internationale Organisation für Erneuerbare Energien/IRENA[33] (engl. *International Renewable Energy Agency*) passt ebenfalls ins Bild. Und in Katar hat die staatliche „Quatar Foundation“ die „Qatar Solar Technologies (QSTec)“ gegründet, um das Land auf das nach-fossile Zeitalter vorzubereiten.[34]

---

kritisch/

[28] Siehe http://www.holz-verantwortungsvoll-nutzen.de/ ; http://www.carmen-ev.de/dt/energie/hackschnitzel/images_hackschnitzelpreis/WHSP_WG35_Vgl_03_11_SH.png

[29] Siehe http://www.spektrum.de/alias/klimatologie/biotreibstoffe-schaden-der-ozonschicht/1152902

[30] Siehe http://de.wikipedia.org/wiki/Fernwärme

[31] Siehe http://www.saudigazette.com.sa/index.cfm?method=home.regcon&contentid=20130223154232

[32] Siehe http://www.spiegel.de/wissenschaft/technik/abu-dhabi-riesiges-sonnenwaermekraftwerk-shams-1-nimmt-betrieb-auf-a-889386.html

[33] Siehe http://www.irena.org/

[34] Siehe http://www.qstec.com/about

In Europa hat das ressourcenarme, aber politisch weitsichtige Dänemark den Einbau von Erdöl- und Erdgasheizungen in Neubauten ab Anfang 2013 verboten; künftig sollen auch die Altbauten auf Erneuerbare Energien umgestellt werden.[35]

Wer die nahende Krise unserer Energieversorgung immer noch nicht wahr haben will, sollte sich ansehen, wie sich schon heute das Militär mit dem künftigen Wandel der Energieversorgung beschäftigt. Selbst die Streitkräfte, die im Kriegsfall die letzten Erdölreserven für sich beschlagnahmen könnten, bereiten sich auf eine Zeit nach dem Erdöl vor. Zum einen zeigen vorsorgliche Studien von US-Militär („Transforming the Way DOD looks at Energy“, April 2007) und Bundeswehr („Peak Oil - Sicherheitspolitische Implikationen knapper Ressourcen“) den Ernst der Situation.[36] Zum zweiten haben besonders die USA begonnen, bei ihren Streitkräften den Einsatz Erneuerbarer Energien zu erproben: F18-“Green-Hornet“-Düsenjäger der US-Navy mit 50% Leindotteröl als Treibstoff, unbemannte Kampfdrohnen (UAV) im Biosprit-Betrieb, faltbare Solarmodule und vieles mehr.[37]
Die Gefahr von Rohstoffkriegen um die letzten Energieressourcen wird heute von den Militärexperten und Politikern deutlich gesehen.[38] Unter Vermeidung jeglicher – zweifellos gefährlicher – direkter Erwähnung der damaligen NS-Eroberungpolitik schrieb der deutsche Windkraft-Pionier Kurt Bilau bereits 1942: „Bedenkenlos werden die Wärmequellen der Erde, Öl und Kohle beinahe im Raubbau ausgebeu-

---

[35] Siehe http://www.kemin.dk/Documents/Presse/2012/Energiaftale/FAKTA %20UK%201.pdf (DK Energy Agreement, March 22 2012, S. 2)

[36] Siehe http://www.dtic.mil/cgi-bin/GetTRDoc?AD=ADA467003&Location =U2&doc=GetTRDoc.pdf ; http://www.zentrum-transformation.bundeswehr.-de/

[37] Siehe http://www.navy.mil/search/display.asp?story_id=52731 ; http://wn.-com/F-18_Green_Hornet_Flight_Test ; http://www.navy.mil/search/display.asp?story_id=63026 ; http://www.guardian.co.uk/environment/damian-carrington-blog/2012/mar/15/biofuels-us-navy-drone ; http://www.spiegel.de/politik/ausland/a-721343.html ; http://www.defense.gov/home/features/2010/1010_energy/

[38] Siehe http://www.spiegel.de/spiegel/print/d-46421529.html ; http://www.giga-hamburg.de/dl/download.php?d=/content/publikationen/pdf/ ; http://www.transatlanticacademy.org/sites/default/files/publications/TA %202012%20report_web_version.pdf gf_global_0706.pdf

tet, um dann womöglich in sinnlosen Kriegen verschwendet zu werden."[39]

Diese Vorsorge-Aktionen der Staaten und ihrer Militärs machen aber auch deutlich, wo die Lösung des unvermeidlichen Energieproblems liegt, wie sich die weltweite Energie-Katastrophe verhindern lässt: durch den Einsatz der Regenerativen bzw. Erneuerbaren Energien, d.h. der Energien von Sonne, Wind, Wasser etc., die uns die Natur täglich kostenlos zur Verfügung stellt.

Viele Energie-Versorgungs-Unternehmen (EVUs), Großkonzerne und Großinvestoren haben das längst kapiert. Schon seit Ende des 19. Jahrhunderts baute und besaß man große Wasserkraftwerke; heute setzen die Großen der Branche auf Offshore-Windparks, Meeresenergieprojekte[40], Biomassekraftwerke (BMKW)[41], Geothermie-Kraftwerke und riesige Solarenergie-Projekte[42] in der Wüste wie z.B. „Desertec". Sie setzen die Erneuerbaren Energien zumeist genau so ein, wie sie bereits das fossile Zeitalter gemanagt haben – großtechnisch, kapitalintensiv, zentralistisch. Zudem verleiht die Regenerative Energie-Großtechnik den EVUs ein grünes Image.

Die Großtechnik der Erneuerbaren ist jedoch in vielen Fällen genau so problematisch wie die Großtechnik der fossilen Energien: Großwasserkraft kann zum Verschwinden fruchtbaren Ackerlandes und guter Fischgründe führen, zur Vertreibung von Einwohnern und zur verstärkten Freisetzung von Faul-/Klima-Gasen.[43] Geothermie-Projekte stehen in Verdacht, Erdbeben auslösen zu können.[44] Viele Meereskraft-

---

[39] Zitiert nach Heymann 1995, S. 41

[40] Siehe http://www.pelamiswave.com/our-projects/project/1/E.ON-at-EMEC ; http://idw-online.de/pages/de/news524056

[41] Siehe http://www.vattenfall.de/de/einsatz-der-biomasse.htm

[42] Siehe http://www.nasdaq.com/article/warren-buffett-continues-with-largest-solar-power-project-to-date-cm206454#.UUg9kTcdclQ ; http://www.dii-eumena.com/ ; http://www.dii-eumena.com/media/press-releases/press-single/article/4.html

[43] Siehe http://www.faz.net/aktuell/politik/ausland/laos-wenn-der-mekong-stillsteht-11921314.html#TOP ; http://www.giz.de/Themen/de/dokumente/de-klima-stauseen.pdf ; http://www.dradio.de/dkultur/sendungen/wissenschaft/1480331/

[44] Siehe http://de.wikipedia.org/wiki/Geothermie#Risiken

werke und Offshore-Windparks mit ihren Stromleitungen bedeuten einen Eingriff in das Ökosystem des Meeres.[45] Biomassekraftwerke erzeugen erhöhte Schadstoff-Emissionen und Holz-Monkulturen (schnell wachsende Hölzer)[46]; für sie gilt im Prinzip das Gleiche wie o.a. zu den Nachwachsenden Rohstoffen.

Für die Energie-Konzerne hat der großtechnisch-konzentrierte Einsatz der Erneuerbaren Energien jedoch einen entscheidenden Vorteil: es ändert sich nur die Energieform (erneuerbar statt fossil), die alten Abhängigkeiten bleiben dagegen erhalten! Die EVUs sind weiterhin die Energie-Erzeuger, die Bürger bleiben die davon abhängigen „Verbraucher" – die einen liefern und die anderen bezahlen die geforderten Preise.
Und so finden sich inzwischen auch im Bereich der Erneuerbaren Energien genügend Verbände und Einzelpersonen, die die Nutzung dieser Energien und ihre Speicherformen primär als Großtechnik und an angeblich „optimalen Standorten" propagieren.[47]

Dabei eignen sich gerade die Erneuerbaren Energien für einen dezentralen, kleintechnischen Einsatz, wie schon ein geschichtlicher Rückblick auf die vielen Wind-, Wasser- und Gezeiten-Mühlen, auf die Segelschiffe, Holzheizungen und Eiskeller zeigt. Schließlich bestehen auch die heutigen, riesigen Wind-Parks aus vielen einzelnen Rotoren, große Fotovoltaik-Freiflächenanlagen aus vielen einzelnen Panels.
Einige der Erneuerbaren Energien wie Wind und Sonne lassen sich überall auf der Erdoberfläche finden – wenn auch mit unterschiedlicher Kraft und Intensität. Andere wie die Wasserkraft sind früher viel weiter verbreitet gewesen als heute – ihre Nutzung ließe sich problemlos ausweiten. Warum also nicht auf eine dezentrale Versorgung mit Erneuerbaren Energien setzen?

Eine dezentralen Nutzung sollte sich dabei nicht auf mittelgroße Akteure/Strukturen wie regionale EVUs, Stadtwerke oder Bioener-

[45] Siehe http://de.wikipedia.org/wiki/Energiequelle#Gezeitenkraftwerke ; http://www.spiegel.de/wissenschaft/natur/offshore-energie-windpark-boom-bedroht-schweinswale-a-740606.html
[46] Siehe http://www.igbu.de/index.html ; http://berlin.nabu.de/themen/energie/13678.html ; http://www.topagrar.at/sonstiges/Biomasseheizkraftwerke-in-der-Kritik-697259.html
[47] Siehe http://www.offshore-stiftung.com/ ; http://www.desertec.org/de/ ; http://www.cesaremarchetti.org/archive/electronic/Montecatini07.html

gie-Dörfer beschränken. Denn überall auf der Welt haben regionale EVUs/Stadtwerke in der Vergangenheit durchaus auf Großtechnik gesetzt, waren/sind sogar an Atomkraftwerken beteiligt[48] und sind gegenüber ihren Kunden, den „Verbrauchern“, auch negativ aufgefallen.[49] Stadtwerke sind also nicht automatisch Garanten für eine bessere, zukunftssichere Energieversorgung.
Bei Bioenergiedörfern[50] stellt sich, jenseits der Kritik an möglichen Umweltverschmutzungen[51], die Frage, ob sich wohl manches Bioenergiedorf seine vorgebliche Energie-Autarkie erkauft durch die erhöhte Abhängigkeit von Dünge- und Pflanzenschutz-Mitteln z.B. beim Maisanbau oder durch die Einfuhr von Kraftfutter für die intensive Rinder-/Schweine-Haltung zur Gülle-Erzeugung.
Auch bei Stadtwerken und Bioenergiedörfern bleibt die alte Rollenverteilung zwischen Energie-Erzeugern/-Bereitstellern einerseits und -Verbrauchern andererseits weitgehend erhalten; der Einwohner einer Stadt bzw. eines Bioenergiedorfes ist immer noch gezwungen, seine Energie einzukaufen, auch wenn vielleicht Großbauern in einem Bioenergiedorf letztlich dort mehr Energie ver- als einkaufen. Schließlich gibt es trotz demokratischer Verfahren in Gemeinden und Genossenschaften keine Garantie dafür, dass nicht diese Institutionen eher nach eigenen Interessen entscheiden und sich so gegen die Interessen einer Vielzahl ihrer Mitglieder stellen.

Eine grundlegende Änderung des alten Erzeuger-Verbraucher-Gegensatzes wäre eine unabhängige, autarke Energieversorgung des einzelnen Haushalts/Eigenheims mit Erneuerbaren Energien. Eine solche private 100%-Erneuerbar-Lösung würde Erzeuger und Verbraucher quasi in einer Person verschmelzen: dem des Haus-/Wohnungsbesitzers. Er bzw. seine Familie würden die von ihnen benötigte Energie selbst mit

---

[48] Siehe http://www.spiegel.de/wissenschaft/technik/nach-fukushima-warum-es-erneuerbare-energien-in-japan-schwer-haben-a-887312.html ; http://de.wikipedia.org/wiki/Hamburgische_Electricitäts-Werke ; http://de.wikipedia.org/wiki/Kernkraftwerk_Isar ; http://www.stadtwerke-bielefeld.de/93.htm
[49] Siehe http://www.verivox.de/erfahrungen/
[50] Siehe http://www.bioenergiedorf.info/ ; http://www.wege-zum-bioenergiedorf.de/ ; http://de.wikipedia.org/wiki/Bioenergiedorf
[51] Siehe http://www.nlwkn.niedersachsen.de/download/73128 ; http://www.a-va1.de/pdf/ava_np_rind_botulismus_leseprobe.pdf ; http://www.zeit.de/2012/20/Trinkwasser-Nitratbelastung

Hilfe von Sonne, Wind etc. erzeugen, ohne von irgendwelchen Versorgungsnetzen abhängig zu sein. Erste Ideen dazu wurden nach der Ölkrise von 1973 in der aufkommenden Umweltbewegung entwickelt.[52] Sie konnte dabei nur auf wenige Techniken und Entwicklungen aus der Zeit vor dem Erdöl-Boom zurückgreifen (wie z.B. das MIT Solar House #1 von 1939 oder die durch Windenergie autarken Bauernhöfe Paul LaCours ab 1895)[53] – dabei war im Zeitalter vor der Industrialisierung die autonome Versorgung des Hauses mit (Brenn-)Holz, Wasser und anderen regenerativen Energien noch selbstverständlich gewesen.

Die moderne individuelle, private Nutzung der Erneuerbaren Energien ist die dezentralste mögliche Form dieser Energieversorgungs-Lösung. Die Preise für gekaufte Energie werden dagegen weiter steigen, ganz gleich ob die Energie von einem großen EVU-Konzern oder von einem Stadtwerk bezogen wird, ganz gleich ob die Energie-Lieferanten auf fossile oder regenerative Energien setzen. Es liegt an steigenden Steuern, Netzentgelten, Löhnen etc., dass die Energiepreise künftig weiter steigen werden. Wer sich als privater Haushalt von dieser dauerhaften Kosten-Knechtschaft befreien will, dem bleibt nur eins: seiner Energie selbst zu erzeugen.
Doch wie kann das tendenziell funktionieren, wenn selbst viele Staaten es nicht schaffen und sogar die Erneuerbaren Energien, wie wir oben gesehen haben, teilweise nicht unproblematisch sind?
Die Lösung des Problems heißt „Home-Energy-Harvesting".

„Energy Harvesting" – dieser englische Begriff bedeutet übersetzt „Energie-Ernte".
Was aber verbirgt sich hinter diesem Begriff und seiner Übersetzung?
„Energy Harvesting" (EH) bezeichnet die – quasi beiläufige – Nutzung in der Umgebung vorkommender Energien ohne umfangreiche technische Maßnahmen zur Erschließung und Aufbereitung. Die Energie wird also nicht gezielt „erzeugt" wie der Dampf in einem Dampfkraftwerk oder wie beim Mais-Anbau für Biogas-Anlagen, sondern es geht hier um eine Art „Zweitnutzung", wenn man z.B. die sowieso auf die

[52] Siehe Tatum 1995, S. 91 ff. ; http://en.wikipedia.org/wiki/Autonomous_building ; http://www.humanecologyreview.org/pastissues/her122/smith.pdf ; Dickson 1978, S. 101 f.
[53] Siehe http://en.wikipedia.org/wiki/History_of_passive_solar_building_design ; Heymann 1995, S. 62 ff.

Erdoberfläche treffenden Sonnenstrahlen dazu benutzt, warmes Wasser in einem Solarkollektor zu erzeugen.

Energiequellen für EH sind Sonne, Wasser, Wind und andere Luftströmungen, (menschliche) Bewegungen, Abwärme bzw. Wärmedifferenzen, elektromagnetische Wellen, Vibrationen etc. – ein riesiges Potential, was sonst fast immer ungenutzt verpufft. Hierzu gehören die meisten Erneuerbaren Energien, aber auch bisher nicht genutzte „Abfall-Energie“ aus herkömmlicher Energieerzeugung.

Der grundsätzliche Unterschied von „Energy Harvesting“ zur herkömmlichen, fossilen Energieerzeugung mit Kohle, Erdgas, Erdöl und Atom ist die Länge der „Ressourcenketten“[54], d.h. die Anzahl der technischen Schritte, die zur Nutzung der Energien notwendig sind. Diese Anzahl ist bei den verschiedenen fossilen Energien durchaus unterschiedlich, und auch die Reihenfolge der Schritte kann sich je nach Energieform ändern. Die grundlegenden Schritte einer einfachen fossilen Wärmeerzeugungskette sind:

1. Suchen/Finden: z.B. gibt es nicht überall auf der Welt Erdöl, Kohle oder Gas.
2. Erschließen/Fördern: z.B. muss das gefundene Erdöl aus dem Boden an die Oberfläche gebracht werden, und zwar zu einem marktfähigen Preis.
3. Aufarbeiten: z.B. das Raffinieren von Erdöl, das Zerkleinern der Kohle, das Reinigen des Erdgases.
4. Transportieren: z.B. zur Raffinerie oder zum Kunden.
5. Speichern: z.B. in Tanks, Lagern, Kavernen etc.
6. Umwandeln: z.B. das Verbrennen in Gasthermen oder Ölheizungen zur Wassererwärmung
7. Nutzen: z.B. als Warmwasser oder als Heizung
8. Entsorgen: z.B. der Verbrennungsrückstände im Schornstein oder der Kohlenasche

Jedes dieser vielen Kettenglieder ist mit einem erheblichen Aufwand an Energie und finanziellen Mitteln verbunden, der selbstverständlich vom Endverbraucher bezahlt werden muss.

---

[54] Siehe Scheer 2002, S. 43 ff.

Noch länger werden die Ressourcenketten, wenn man in Kraftwerken die fossilen Brennstoffe nicht nur zur Wärmeerzeugung sondern zur Stromproduktion verwendet, und wenn komplexe bzw. gefährliche atomare Brennstoffe wie Uran oder Plutonium eingesetzt werden. Dann kommen weitere Schritte wie zusätzliche Umwandlungen, Transporte etc. hinzu. So rechnet Scheer bei der Stromerzeugung aus Gas, Kohle und Atom mit 9, 10 und 17 Kettengliedern.[55]

Dagegen kommt Energy Harvesting mit maximal vier Schritten aus, wenn z.B. eine Windenergieanlage die Windströmung in elektrische Energie umwandelt (1.), diese Energie über das Stromnetz dann zum Kunden/Verbraucher transportiert (2.), wo man sie eventuell zwischenspeichert (3.), um sie anschließend zu nutzen (4.). Die oben bei den fossilen Energieträgern genannten Punkte 1.-3. und 8. entfallen hier. Die wenigen Schritte des Energy Harvesting reduzieren damit gegenüber den fossilen Brennstoffen die Komplexität und die Kosten des Energieerzeugungs-System erheblich.

Die wenigen notwendigen Schritte bei der Energie-Ernte machen deutlich, warum auch einzelne Erneuerbare Energien nicht zum Energy Harvesting (EH) gehören:
Extra abgebaute/gezüchtete Biomasse (Raps, Mais etc., Hölzer wie Pappeln oder Weiden, aber auch Algen[56]) hat mit Aussaat, Düngung, Ernte etc. praktisch eine gleich lange Ressourcenkette wie die fossilen Energieträger.[57]
Ebenfalls längere Ressourcenketten haben regenerative Großtechniken wie die Wasserkraftwerke mit großen Stauseen oder die Tiefen-Geothermie: hier müssen die geeigneten Orte gefunden/untersucht werden, die Energie muss erschlossen/gefördert werden durch Aufstauung des Wassers oder durch Wasserverpressungen in tiefere Erdschichten, etc.
Nicht zur Energie-Ernte gehört auch der gezielte, zweckbestimmte Einsatz menschlicher oder tierischer Körperkraft, z.B. beim Ziehen eines Wagens oder beim Radfahren.

---

[55] Siehe Scheer 2002, S. 47

[56] Siehe http://idw-online.de/pages/de/news325399 ; http://www.mstonline.de/algenbioverfahrenstechnik ; http://www.algenolbiofuels.com/ ; http://www.plankton-manifest.de

[57] Siehe Scheer 2002, S. 74

Alle die o.a. Bereiche nutzen die zu verwertende Energie nicht beiläufig, sondern stellen sie erst gezielt bereit; daher kann man hier auch nicht mehr von „Umgebungsenergie“ sprechen.

Wie bei der Ernte im heimischen Obstgarten, so fällt auch bei der Energie-Ernte der Ertrag nicht immer gleich aus, sondern schwankt z.B. zwischen Sommer und Winter, Tag und Nacht, Sonnenschein und Regen etc. Zum Energie-Ernten passt symbolisch eher das Bild des Fischers mit seinen Reusen als das des modernen Landwirts mit seinen Milchquoten und fest gelegten Fruchtfolgen.

Beim Energy Harvesting (EH) muss man verschiedene Formen/Richtungen unterscheiden:

Das **Mikro-Energy-Harvesting** wird häufig allgemein mit Energy Harvesting (EH) gleichgesetzt. Es nutzt kleine und kleinste Energien aus Bewegungen, Radiowellen, Temperaturdifferenzen sowie Vibrationen, und wandelt sie in elektrischen Strom um. So können Sensoren oder Funkchips ganz autark und ohne Stromnetzanschluss betrieben werden. Diese Techniken sind vor allem für die Steuerung von Abläufen in Industrieunternehmen interessant. Zu diesem Bereich gibt es verschiedene öffentlich geförderte Forschungsprojekte.[58] Für die Energieversorgung eines Privathaushalts reicht das Mikro-Energy-Harvesting nicht.

Das **Marko-Energy-Harvesting** wird meist mit den Erneuerbaren Energien gleichgesetzt; es nutzt großtechnisch die Umgebungsenergien, um daraus Strom oder (Prozeß-)Wärme herzustellen. Zu diesem Bereich gehören, neben den bekannten großen Windenergieanlagen, Solarkraftwerke – ganz gleich ob fotovoltaisch (Solarzellen) oder solarthermisch (Parabolrinnen- und Turmkraftwerke), Laufwasserkraftwerke, Gezeiten-, Meereströmungs- und Wellenenergie-Anlagen. Wegen der teuren Großtechnik liegen hier die Interessen vor allem bei Kraftwerksbetreibern, Energieversorgungsunternehmen (EVUs), Industrieunternehmen sowie Investoren, und hier fließen für Forschungen aus verschiedenen staatlichen Finanzquellen entsprechende Geldmittel.

---

[58] Siehe http://cordis.europa.eu/fp7/ict/fet-proactive/2zerop_en.html

Das **Home-Energy-Harvesting (HEH)** , welches uns hier interessiert, liegt zwischen dem Mirko-Energy-Harvesting und dem Makro-Energy-Harvesting. HEH meint Energy-Harvesting für den Hausgebrauch bzw. den Eigenverbrauch, die alltägliche Energie-Ernte des privaten Haushalts mit Hilfe von Solarkollektoren, Photovoltaik-Elementen, Kleinwindanlagen etc. HEH sieht in jeder Region, ja in jedem Haushalt unterschiedlich aus, je nach den speziellen/individuellen Energie-Ernte-Möglichkeiten. HEH ist überall möglich, wenn auch nicht überall alle Energien gleichmäßig gut zur Verfügung stehen.
Home-Energy-Harvesting steht für die dezentrale, zunehmend autarke Energieversorgung der Familie bzw. des Privathaushalts. Angestrebt wird eine Selbstversorgung mit Energie (Off-Grid/Inselsystem) ohne Anschluss an die Strom- und Gasnetze und ohne den saisonalen Energie-Einkauf in Form von Erdöl, Holz-Pellets etc.

Dies bietet verschiedene Vorteile:
Technisch verkürzt HEH gegenüber dem Makro-Energy-Harvesting die Ressourcenkette um einen weiteren Schritt: der Transport der Energie über weitere Strecken entfällt. Damit entfallen aber auch die Energieverluste, die bei jedem großräumlichen Energietransport unvermeidlich sind – dies betrifft insbesondere sowohl den Strom als auch Gas und Fernwärme.
Ökonomisch macht HEH die Privathaushalt wieder stärker zum Selbstversorger mit Energie, bestenfalls sogar autark. Damit erhält der private Haushalt seine wirtschaftliche Eigenständigkeit bei der Energieversorgung zurück, die er meist spätestens Anfang des 20. Jahrhunderts verloren hatte. Mit dieser Eigenständigkeit verbleibt auch mehr Geld in der Haushaltskasse, weil die Energie kostenlos ist.
Politisch reduziert HEH die Inanspruchnahme des Privatmanns durch staatliche/politische Regelungen der Versorgungsnetze, durch Steuern und Abgaben, durch Energieboykotte etc.

Dass Teile der Wirtschaft und der Politik die Verbreitung der HEH-Techniken nicht gern sehen, ist daher klar. Kein Wunder also, dass das Wort „Autarkie“ in manchen Kreisen ein Unwort ist, das man besser nicht in den Mund nimmt. Kein Wunder auch, dass sich Staat mit der Forschungsförderung von neuen Energie-Ernte-Techniken für Privat-Anwender sehr schwer tut.

Inzwischen verbreitet sich das HEH immer mehr. Sichtbarste Beispiele für den gesellschaftlichen Trend zur Energie-Ernte sind die Windräder bei den Bauernhöfen und die Solaranlagen auf den Hausdächern. Eher unsichtbare Beispiele sind die Verbreitung der wasserführenden Kamine oder der Wärme-Nutzung von Abwässern und Abluft mit Hilfe von Wärmetauschern.
Nach einer repräsentativen Studie des Managementberatungsunternehmens Accenture GmbH von Mitte Januar 2010 halten es sogar 83 Prozent Befragten für wichtig, dass „möglichst viele Haushalte selbst Strom produzieren".[59] Die Mehrheit der Bürger lässt sich offensichtlich auch nicht mehr mit großtechnischen Visionen der regenerativen Energien wie Offshore-Windparks oder Sahara-Solarfeldern abspeisen, deren Strom die Bürger genau so kaufen müssen wie den Strom aus Atom- und Kohlekraftwerken. Plusenergiehaus statt nur Passivhaus, so lautet die Devise!

Die zunehmende Verbreitung des Home-Energy-Harvesting wird sich nicht aufhalten lassen. Die hierbei einsetzbaren Techniken zu fördern, ihre Möglichkeiten sowie Chancen aufzuzeigen und dabei auch über das bisher technisch bekannte hinaus zu gehen, ist Ziel dieses Buches. Doch bevor wir uns den einzelnen Techniken zuwenden, sind noch einige generelle Fragen zu klären.

[59] Siehe http://www.presseportal.de/pm/39565/1547632/

2. Funktioniert das?

Wann immer wirkliche technische Neuerungen auftauchen, welche die bisherigen Besitztümer, Gewohnheiten und Strukturen bedrohen, meldet sich sogleich der „Chor der Bedenkenträger und Kritiker“ zu Wort: „Das funktioniert doch nie richtig!“, „Wozu der ganze Aufwand – lohnt sich das überhaupt?“, „Das ist alles doch viel zu unsicher und unzuverlässig!“ lauten die ständig wiederholten Einwände.

Wenngleich dieser Bedenkenträger-Chor bei allen großen technischen Veränderungen auftritt, so war und ist er im Falle der Erneuerbaren Energien doch besonders heftig. Das hat seinen Grund darin, dass die Erneuerbaren Energien nicht nur eine quasi technische Geschmacksfrage sind, sondern die finanziellen Grundlagen unserer heutigen Energiewirtschaft in Frage stellen, die sich über das ganze 20. Jahrhundert hin ausgebildet und entsprechende Machtstrukturen geschaffen hat. Es ist eben nicht so wie beim Auto, wo man je nach Geschmack zwischen Cabrio, Kombi oder Limousine wählt, aber bei allem immer doch Kunde der Autoindustrie bleibt. Wer sich hingegen mit Erneuerbaren Energien privat autark, d.h. wirtschaftlich unabhängig macht, hört endgültig auf, Kunde der Energiewirtschaft zu sein und an sie zu bezahlen. Das erklärt auch die heftige Ablehnung, die dem Home-Energy-Harvesting (HEH) aus vielen Kreisen entgegen schlägt.

Dabei konzentriert sich die Kritik auf mehr oder minder auf drei Themenkreise, die das Funktionieren einer eigenständigen Energieversorgung der Privathaushalte grundsätzlich in Zweifel ziehen sollen: die technische Machbarkeit, die Versorgungssicherheit und die Finanzierbarkeit der Energie-Ernte-Techniken. Wenn man sich aber diese drei Themenkomplexe daraufhin genauer ansieht, kommt man zu überraschenden Ergebnissen – auch im Blick auf die herkömmliche Energiewirtschaft.

2.1. Ist das technisch machbar?

Die technische Machbarkeit einer autarken hauseigenen Energieversorgung ist natürlich die zentrale Frage. Müsste man sie mit „Nein“ beantworten, so bräuchte man sich um die „weicheren“ Fragen nach den Kosten und der Zuverlässigkeit, die ja von veränderlichen oder indivi-

duellen Faktoren wie Eigenleistung, Förderung, klimatischer Region, Lage des Grundstücks etc. abhängen, gar nicht mehr zu kümmern.
Gibt es also die entsprechenden Techniken? Ist eine autarke Haus-Energieversorgung – zumindest in absehbarer Zeit – möglich?

Ja, es gibt die entsprechenden Techniken; das autarke Haus ist möglich und wird in Ansätzen bereits gebaut: als „Plusenergiehaus".[60] Ein Plusenergiehaus erzeugt mit seinen modernen Energie-Gewinnungstechniken im Jahresdurchschnitt (!) mehr Energie, als es selbst für Heizung, Heißwasser und Strom verbraucht. Es ist also über das Jahr betrachtet ein Energieüberschusshaus, das aber aus Kostengründen heute meist noch keine eigenen Speicherkapazitäten hat, sondern das allgemeine Stromverbundnetz als Speicher benutzt. Deshalb bleibt auch dieser Typ meist im Winter auf Energie-Lieferungen angewiesen, ist also nicht völlig energie-autark. Aber das ändert sich gerade, weil die Kosten für die Speicher sinken: denn die Speichertechnik wird ständig weiterentwickelt (s.u.) und immer mehr Groß- wie Kleinabnehmer von Energiespeichern sorgen für eine Marktbelebung.

Das erste deutsche Plusenergiehaus wurde bereits Anfang der 1990er im relativ warmen und sonnigen Freiburg/Breisgau errichtet.[61] Inzwischen gibt es überall im deutschsprachigen Raum entsprechende Projekte und Realisierungen.[62] Sogar als Fertighaus ist ein Plusenergiehaus heute zu haben, und es gibt Modelle zur Sanierung von Altbauten zum Energieüberschusshaus.[63]
Dass das heutige Plusenergiehaus technisch noch lange nicht ausgereizt ist, zeigt der High-Tech-Wettbewerb „Solar Decathlon Europe"[64],

---

[60] Siehe http://www.plusenergiehaus.de ; http://www.rolfdisch.de

[61] Siehe http://www.oekosiedlungen.de/energieautarkes-solarhaus/steckbrief.htm

[62] Siehe http://idw-online.de/de/news415380 ; http://www.octagonhaus.de ; http://www.fabi-architekten.de/projekte/hausderzukunft.html ; http://www.reusolar.de/haeuser1.htm ; http://www.sowin-energiehaus.at ; http://www.weberhaus.de/index/aktion/generation50.html ; http://www.ludmilla-wohnpark-landshut.de ; http://de.wikipedia.org/wiki/Gemini-Haus ; http://www.bmvbs.-de/SharedDocs/DE/Artikel/B/neues-energie-plus-haus-berlin.html

[63] Siehe http://www.bien-zenker.de/highlight/plus-energie.html ; http://www.hausderzukunft.at/results.html/id5836

[64] Siehe http://en.sdeurope.org/ ; http://www.bine.info/topnavigation/presse/pressemitteilung/plusenergiehaeuser-im-wettbewerb/ ; http://www.bine.info/fileadmin/content/Presse/Projektinfos_2011/Projektinfo_0411/projekt_0411_i

dessen Prototyp-Häuser in Madrid allein mit Fotovoltaik z.T. ein Mehrfaches der Energie produzieren, welche die Hausbewohner verbrauchen.

Wohl gemerkt: dies alles sind keine Fantasien, Träume oder Zukunftshoffnungen, sondern funktionierende technische Lösungen, gelebte Wirklichkeit. Der Trend zur Energieautarkie ist unübersehbar und unumkehrbar – sei es bei Privatleuten und Kleinunternehmern[65], Kindertagesstätten und Schulen[66], Supermärkten und Biokläranlagen[67], Bürogebäuden und Industriebetrieben[68], Rechenzentren und Sendestationen[69], Gemeinden[70] oder ganzen Inseln[71] – eben auch, weil es inzwischen technisch möglich ist. Sogar Bundesländer machen sich zumindest bei der Elektrizität energieautark.[72]
Selbst unter extrem schwierigen Umweltbedingungen bewähren sich die Erneuerbaren Energien bei den unterschiedlichsten technischen Anforderungen: das Schiff „MS Tûranor PlanetSolar“ hat nur mit sei-

---

nternetx.pdf

[65] Siehe http://www.energiebauernhof.com/ ; http://www.economyaustria.at/leben/kein-konsumverzicht ; http://www.oekonews.at/index.php?mdoc_id=1055428

[66] Siehe http://idw-online.de/de/news439501 ; http://www.bine.info/hauptnavigation/publikationen/news/news/lernen-im-kraftwerk/?artikel=2014

[67] Siehe http://unternehmen.spar.at/spar/presse/presseaussendung/detail/02633.htm ; http://idw-online.de/de/news435078

[68] Siehe http://www.bk2a.de/projektbeschreibungen/044_openoffice.htm ; http://stadtwerke.konstanz.de/fileadmin/content/PDFs/Presse/Pressetexte_2011/Presseinfo_SWK_Energiewürfel_Fassade.pdf ; http://www.wkv-ag.com/ (Zukunftsfabrik) ; http://www.solar-fabrik.de/ (Nullemissionsfabrik)

[69] Siehe http://www.verneglobal.com/available-power ; http://www.presseportal.de/pm/15264/2019308/e_plus_gruppe

[70] Siehe http://de.wikipedia.org/wiki/Kötschach-Mauthen#Energiegemeinde ; http://www.kommunal-erneuerbar.de/de/detailansicht/article/284/energieautarke-stadt-guessing.html ; http://www.juwi.de/ presse_termine/presse/detail/in_namibia_geht_eine_der_groessten_solar_hybridanlagen_in_afrika_in_betrieb.html

[71] Siehe http://www.sonneninsel-el-hierro.de/blog/selbstversorger-erneuerbare-energie/ ; http://de.wikipedia.org/wiki/Utsira ; http://www.zfk.de/strom/stromspeicher/artikel/pellworm-wird-smarte-region.html ; http://www.younicos.com/de/produkte/Inselnetze/index.html

[72] Siehe http://www.oekonews.at/index.php?mdoc_id=1077187

nen Fotovoltaikzellen (PV) und der Kraft der Sonne die Erde umrundet[73], auch im oft verschneiten Russland funktioniert das Heizen mit Sonne (Solarthermie)[74], und in der Antarktis steht mit der belgischen Prinzessin-Elisabeth-Station ein energieautarkes Projekt in der unwirtlichsten aller Gegenden.[75]

Wer heute handwerklich geschickt und technisch versiert ist, findet auf dem Buchmarkt und im Internet eine Vielzahl an Anleitungen, wie er mit der Nutzung von Sonne und Wind energieautark werden kann oder dem Ziel zumindest ein gutes Stück näher kommt.[76]

Für den Privatmenschen steigen zudem die Möglichkeiten zur Energieautarkie mit der Verbreitung energiesparsamer Geräte und einem geringeren Energieverbrauch durch Verhaltensänderungen.[77] Wer wenig Energie verbraucht, für den ist der Sprung in die Energieautarkie schneller, kürzer und billiger. Das Aussortieren von „Energieschleudern" wie alten Gefrierschränken, Plasmafernsehern und Waschmaschinen sowie das Abstellen des Dauerlüftens des Hauses durch rund um die Uhr geöffnete Fenster machen den Weg in die Unabhängigkeit von den Energieversorgern leichter. Wer dagegen als vierköpfige Familie z.B. 8.000 Kilowattstunden (kW/h) Strom im Jahr verbraucht, dürfte nur unter extrem günstigen Umständen eine Chance auf Autarkie haben.

Die heutigen Plusenergiehäuser beziehen ihre Energie zumeist nur aus ein oder zwei Quellen (Sonne+Wind oder Wind+Erdwärme etc.). Dabei gibt es ein halbes Dutzend verschiedener Energie-Ernte-Feldern,

---

[73] Siehe http://www.spiegel.de/reise/aktuell/planetsolar-solarboot-kehrt-von-weltreise-zurueck-a-831418.html

[74] Siehe http://pal-antvlad.narod2.ru/PROEKT_EKODOM_DV/solar-5_engl/ ; http://www.sonnenenergie.de/sonnenenergie-redaktion/SE-2012-02/Layout-fertig/PDF/Einzelartikel/SE-2012-02-s036-Solares_Bauen-Solares_Heizen_in_Russland.pdf

[75] Siehe http://de.wikipedia.org/wiki/Prinzessin-Elisabeth-Station

[76] Siehe Brückmann 2012 ; Crome 2012 ; Späte/Ladener 2011 ; Themeßl/Weiß 2007 ; http://www.selbst.de/selber-bauen/solaranlage.html ; http://stromaussolar.blogspot.de/2012/04/kleine-solaranlage-selbst-bauen.html ; http://www.kleinwindanlagen.de/Forum/cf3/index.php ; http://www.das-windrad.de/forum/index.php

[77] Siehe Warnke 2009 ; http://1500kwh-haus.strom-check.at/

die man zur Energie-Gewinnung heran ziehen könnte (s.u.). Heute wird also technisch das mögliche Potential nicht einmal annähernd ausgenutzt. Das liegt neben der verbreiteten Unkenntnis auch daran, dass einzelne junge Techniken sich noch im Projekt-/Versuchsstadium befinden und trotz großer Fortschritte noch keine mit den konventionellen/fossilen Techniken vergleichbare Energie-Ausbeute liefern. Dieser vorübergehende Zustand wird von den Vertretern der Energiekonzerne weltweit immer wieder gern dazu benutzt, das HEH als Spielerei oder technische Sackgasse abzuwerten, um einen realistischen Blick auf die Alternativen zu den großen Energie-Versorgungsnetzen zu verhindern.

Dabei übersehen diese Kritiker stets, dass jede neue Technik eine gewisse Zeit zur marktfähigen Entwicklung und Reife braucht, und dass noch nie eine Technik quasi bei ihrer Geburt schon perfekt war.
Wer von uns würde heute mit einem Handy herumlaufen, wenn es sich um ein handtaschengroßes, schweres und 3.000,-- Euro teures Exemplar handeln würde wie noch die deutschen C-Netz-Geräte von 1991? Wer von uns hätte heute einen Computer, wenn die Rechner immer noch so Raum füllend und teuer wären wie ein IBM System/370 Model 195 von 1971? Von der noch vor 50 Jahren bei Computern verbreiteten Lochkartentechnik wollen wir erst gar nicht reden!

Aber betrachten wir doch einmal direkt die Energietechnik und gehen noch ein wenig in der Geschichte zurück, zum Otto-Motor und seiner Verwendung im Automobil: 1876 stellte Nicolaus Otto seinen selbst entwickelten Motor der Öffentlichkeit vor. Es dauert fast 10 Jahre, bis Carl Benz 1885 den bisher stationären Industriemotor in ein Dreirad einbaut. Bis zum Ende des 19. Jahrhunderts kamen die Autokonstruktionen kaum über das Niveau offener Dreiräder und Kutschen hinaus; die Motoren mit teilweise schon 2,8 Litern Hubraum erreichten nur 9 PS und beschleunigten die Fahrzeuge auf 50 km/h.
Mitte 1899 wurden dann erstmals die 100 km/h leicht übertroffen – von einem Elektroauto! Als dieser Weltrekord drei Jahre später mit 120 km/h überboten wurde, war es – nein, wieder kein Ottomotor, sondern ein Dampfwagen – ein damals bereits über 100 Jahre altes Antriebskonzept.[78] Für die Benzin-Kraftfahrzeuge begann erst 1901 mit

[78] Siehe http://de.wikipedia.org/wiki/Landgeschwindigkeitsrekord

dem von Wilhelm Maybach konstruierten 40-PS-Mercedes-Rennwagen der Aufstieg von Leistung, Hubraum – und Verbrauch!

Nicht besser sieht es bei der Geschichte der Dampfmaschine aus, dem entscheidenden Energielieferanten der frühen Industriellen Revolution. 1712 brachte der Brite Thomas Newcomen die erste Dampfmaschine heraus. Das riesige Gerät – allein der Kolben war 1,80 Meter hoch und von einem halben Meter Durchmesser – hatte einen Wirkungsgrad von gerade einmal 0,5 Prozent (!) und konnte wegen seines riesigen Brennstoffhungers nur an wenigen Orten zum Abpumpen des Wassers von (Kohle-)Gruben eingesetzt werden. Es dauerte mehr als ein halbes Jahrhundert und viele gescheiterte Versuche, bis 1769 James Watt seine technisch bessere Dampfmaschine patentieren ließ. Diese war zwar auch ein Ungetüm, aber sie verbrauchte nur ein Viertel der Kohle einer Newcomen-Dampfmaschine[79] und hatte einen Wirkungsgrad – von gerade einmal drei Prozent.
Aber immerhin waren die Wattschen Maschinen das Triebwerk der Industriellen Revolution und wurden in den folgenden Jahrhunderten immer weiter verbessert und verändert, bis sie schließlich Wirkungsgrade um die 10 Prozent erreichten.

Und wie sieht es dagegen mit einem der erfolgreichsten neuen Energie-Ernte-Systeme, der Photovoltaik aus? 1953/54 stellten die drei US-Amerikaner Daryl Chapin, Calvin Fuller und Gerald Pearson in den Bell Laboratories die ersten kristallinen Silizium-Solarzellen her. Diese Zellen hatten einen Wirkungsgrad von 4-6 Prozent. Bereits 1958 startete der zweite US-Satellit, Vanguard I, als erster mit Solarzellen ins Weltall, die seine Batterien sechs Jahre lang zuverlässig mit Energie versorgten. Die Solarzellen erreichten dabei einen Wirkungsgrad um die 10 Prozent.

Auch so kann ein Vergleich der „klassischen" Energie-Techniken mit den modernen Energie-Ernte-Techniken aussehen. Bisweilen zeigen die heute (noch) vorherrschenden Energie-Techniken, auf denen unsere industrielle Moderne aufgebaut ist, im direkten Vergleich ihre Unterlegenheit, Unzulänglichkeit, ihre technischen Um- und Irrwege. Wohlgemerkt, es geht hier nicht darum, klassische Techniker und Erfinder wie Carl Benz oder James Watt in ihren technischen Leistungen

[79] Siehe Matschoss 1908, Bd. 1, S. 371

herab zu setzen und sie der Lächerlichkeit preis zu geben. Es geht hier vielmehr darum aufzuzeigen, dass alle neuen Techniken bis zu ihrer erfolgreichen Durchsetzung eines gewissen zeitlichen Vorlaufs bedürfen. Keine Technik kommt als perfektes System „auf die Welt“. Es gibt immer einen Zeitraum, in dem eine Technik zwar schon bekannt/veröffentlicht ist, an ihrer Benutzbarkeit im Alltag aber noch gearbeitet wird. Diese Situation gab es schon bei den – heute – „klassischen“ fossilen Energie-Techniken, und sie ist bei den regenerativen Energie-Ernte-Techniken nicht anders. Jede Technik braucht ihre Zeit zum Wachsen und zur Reife.

Deshalb ist es wissenschaftlich unredlich, wenn immer wieder einzelne Vertreter der „klassischen“ Energie-Techniken betonen, wie leistungsstark, effektiv etc. doch ihre Verfahren als „Krone der Ingenieurskunst“ seien, und dass dagegen die alternativen, regenerativen Energieerzeugungs-Systeme doch nur kurios-nutzlose „Spielereien“ einiger technisch wie ideologisch verblendeter Bastler seien. Solche Aussagen sind nicht nur in vielen Fällen eine Geschichtsfälschung, sondern auch ein „Vergleich von Äpfeln und Birnen“, ein Vergleich von über Jahrhunderte ausgereiften Systemen mit relativ jungen, alternativen Innovationen.

2.2. Ist das zuverlässig?

Eine der Hauptsorgen jedes Haus- und Wohnungseigentümers ist, dass eine Störung die Energieversorgung seines Heims lahm legt, und er plötzlich im Dunkeln/Kalten sitzt. Dass die Eigentümer bei neuen Techniken noch vorsichtiger und kritischer sind als bei den gewohnten, ist verständlich und vernünftig.
Wie steht es also mit der Versorgungssicherheit?

Gut, kann man schlicht und wahrhaftig antworten. Home-Energy-H-Harvesting ist schon durch die Vielfalt der eingesetzten Systeme und die dazu gehörige Speichertechnik eigensicher, d.h. der Ausfall einer Ernte-Technik bedeutet noch nicht den Ausfall der ganzen Energie-Versorgung des Privathaushaltes. Denn neben der modernen Speichertechnik beschränkt sich HEH auch nicht auf die ein oder zwei Energie-Quellen der meisten heutigen Plusenergie-Häuser. Wenn also über einen längeren Zeitraum kein Wind weht, dann steht immer noch die

Solarenergie zur Verfügung. Und sollte die auch noch ausfallen, dann bliebe immer noch der mit Holz befeuerte Kaminofen, der mittels moderner Technik sowohl Wärme als auch Strom erzeugen kann. Dazu käme die Energiegewinnung aus Kompost und Fäkalien (s.u.) und einiges mehr.

Wie zuverlässig bereits heute die HEH- bzw. Erneuerbare-Energie-Techniken sind, können einige Beispiele unter extremen Herausforderungen zeigen:
In den Jahren 2007/2008 umrundete der Schweizer Louis Palmer in seinem „Solartaxi" allein mit Sonnenenergie die Erde und legte dabei auf Straßen über 53.000 Kilometer zurück.[80] Der Solarkatmaran „MS Tûranor PlanetSolar" umrundete 2010/2012 ebenfalls die Erde und legte dabei mit der Kraft seiner 30.000 PV-Zellen insgesamt 60.000 Kilometer auf allen Weltmeeren zurück.[81] Solarflugzeuge haben nicht nur Nachtflüge absolviert; sie sind bis zu 14 Tagen in der Luft geblieben und halten mit 29 km/97.000 feet den Höhenweltrekord für Propellerflugzeuge.[82]
Heizen mit Sonnenwärme (Solarthermie) bewährt sich zuverlässig nicht nur in Nordschweden und im sibirischen Wladiwostok[83], sondern sogar in der eisigen Antarktis auf der belgischen Station „Princess Elisabeth Antarctica".[84] Diese Station nutzt zudem, ebenso wie die deutsche „Neumayer-Station III"[85], die Windenergie und darüber hinaus auch die Fotovoltaik. Die „Princess Elisabeth Antarctica" ist, wie bereits erwähnt, die erste Antarktis-Station, die sich zu 100% mit Erneuerbaren Energien selbst versorgt.

[80] Siehe http://www.solartaxi.com/ ; http://de.wikipedia.org/wiki/Louis_Palmer

[81] Siehe http://www.planetsolar.org/de/ ; http://de.wikipedia.org/wiki/ Tûranor_PlanetSolar ; http://www.spiegel.de/reise/aktuell/planetsolar-solarboot-kehrt-von-weltreise-zurueck-a-831418.html

[82] Siehe http://www.solarimpulse.com/en/ ; http://www.solarflugzeuge.de/unbemannt.html

[83] Siehe http://www.asi.nu/ ; http://advantage-environment.com/byggnader/effective-solar-heat-for-any-building/ ; http://pal-antvlad.narod2.ru/ PROEKT_EKODOM_DV/solar-5_engl/ ; http://www.sonnenenergie.de/sonnenenergie-redaktion/SE-2012-02/Layout-fertig/PDF/Einzelartikel/SE-2012-02-s036-Solares_Bauen-Solares_Heizen _in_Russland.pdf

[84] Siehe http://www.antarcticstation.org/station/renewable_energies/

[85] Siehe http://www.awi.de/de/infrastruktur/stationen/neumayer_station/architektur/energieversorgung/

Diese Beispiele sowie hunderte seit Jahren funktionierende Plusenergie-Häuser und Inselanlagen/-netze[86] mögen als Beleg reichen, dass HEH eine zuverlässige Alternative zur herkömmlichen Energieversorgung und kein Vabanque-Spiel ist. Zudem gibt es für viele Kleinwind- und PV-Anlagen von den Herstellern 5-10 Jahre Garantie[87] – davon können viele Autokäufer nur träumen.

Natürlich sind auch HEH-Häuser nicht vor Naturkatastrophen (Erdbeben, Überschwemmungen) gefeit, die durch ihre Schäden zu einem Ausfall der eigenen Energieversorgung führen können. Natürlich gibt es auch beim HEH schlecht konstruierte, billige, unzuverlässige Technikkomponenten und unverantwortliche Handwerksbetriebe, die so etwas einbauen.[88] Und es gibt natürlich auch übertriebene Leistungs-Versprechen sowie den üblichen Pfusch am Bau, wenn gute Technikkomponenten unsachgemäß eingebaut werden oder die Gesamtkonzeption nicht stimmt. Doch das Gleiche gilt genau so für die herkömmliche Energieversorgung.

Sehen wir uns diese herkömmliche, großtechnische Energieversorgung doch einmal unter dem Aspekt der Versorgungssicherheit an:

Zuerst einmal ist unsere bisherige Energieversorgung langfristig sehr unsicher, weil sie fast ausschließlich auf fossilen Energien (Erdgas, Erdöl, Kohle, Uran) beruht, deren Vorräte auf der Erde zu Ende gehen. Selbst wenn es noch eine Weile dauert, bis der letzte Kubikmeter Erdgas gefördert und die letzte Tonne Kohle ausgegraben worden ist, so wird es lange vorher Versorgungsengpässe, Lieferschwierigkeiten etc. geben. Schon heute wird zwischen den Industriestaaten die Konkurrenz um Rohstoffe sichtbar, etwa wenn sich China mit großem finanziellen Aufwand Rohstoffe in Afrika sichert. Selbst künftige Rohstoff-Kriege sind nach den bisherigen geschichtlichen Erfahrungen sehr wahrscheinlich. Und gerade Deutschland muss einen Großteil seiner fossilen Energie-Rohstoffe importieren: „Rund 83 Prozent des Erdga-

---

[86] Siehe http://de.wikipedia.org/wiki/Inselanlage ; http://www.energie-lexikon.info/inselnetz.html ; http://energiedata.com/systemloesungen.html ; http://www.braun-windturbinen.com/inselbetrieb.html

[87] Siehe http://www.windturbinestar.com/warranty-support.html ; http://www.aleo-solar.de/fileadmin/fachhaendler/garantien/aleo_Garantiezertifikat_DE.pdf

[88] Siehe http://www.sfv.de/artikel/gewaehrleistungsfrist_genuegt_nicht.htm

ses und 61 Prozent der Steinkohle stammen aus dem Ausland. Erdöl wird zu 97 Prozent und Uran sogar vollständig importiert.“[89]

Neben diesem grundsätzlichen Unsicherheitsfaktor hat jedes der fossilen Energieversorgungs-Systeme noch seine speziellen Schwachstellen:

Erdgas für Westeuropa wird zu rund einem Drittel aus Russland, dem weltweit größten Gasförderer, per Pipeline[90] über das Territorium von Weißrussland oder der Ukraine hierher geleitet. Ab 2005 ist es zwischen Russland und den ebenfalls auf russisches Erdgas angewiesenen Durchleitungs-Ländern zu Konflikten um den Gaspreis gekommen, wobei anschließende Gaslieferstopps auch Westeuropa betrafen.[91] Es ist schon bezeichnend, dass die EU-Staats- und Regierungs-Chefs auf ihrem Gipfel Anfang Februar 2011 in Brüssel beschlossen, die Abhängigkeit von russischem Erdgas zu reduzieren.[92]

Erdöl stammt in Westeuropa und speziell in Deutschland zu rund der Hälfte aus krisenanfälligen Staaten.[93] Und die Konflikte in der arabischen Welt Anfang 2011 haben gezeigt, wie schnell aus einer abstrakten Krisenanfälligkeit eine echte Krise werden kann. Gegenüber dem Erdgas hat das meist auf Schiffen transportierte Erdöl zwar den Vorteil, dass man den Lieferanten leichter wechseln kann. Aber ein Terroranschlag auf den Erdöl-Transport, z.B. die Blockierung der Straße von Hormus durch einen oder zwei versenkte Großtanker, dürfte weltweit zu einer Erdölknappheit führen – da helfen auch solche Umgehungspipelines wie die in den Vereinigten Arabischen Emiraten nicht viel.

---

[89] http://www.unendlich-viel-energie.de/de/wirtschaft/versorgungssicherheit.html

[90] Siehe http://de.wikipedia.org/wiki/Erdgasleitung_Jamal-Europa

[91] Siehe http://www.tagesschau.de/wirtschaft/gasstreit114.html ; http://www.-merkur-online.de/nachrichten/politik/gaslieferstopp-mehrere-laender-betroffen-169325.html ; http://www.swp-berlin.org/fileadmin/contents/products/studien/2009_S18_wep_ks.pdf

[92] Siehe http://www.focus.de/finanzen/news/energieimporte-eu-will-sich-von-russland-loesen_aid_596901.html

[93] Siehe http://www.unendlich-viel-energie.de/de/detailansicht/article/4/mehr-energiesicherheit-erneuerbare-energien-reduzieren-importrisiko.html

Kohle wird selbst im einstigen Kohle-Land Deutschland kaum noch abgebaut – von dem die Landschaft vernichtenden Braunkohle-Tagebau und einigen klassischen Steinkohle-Zechen einmal abgesehen. Wie bei den meisten großen EU-Ländern importiert Deutschland seine Kohle aus Übersee.[94] Zu den größten Herkunftsländern gehören Südafrika, Kolumbien und die Russische Föderation – alles Länder, die sich nicht durch besondere politische Stabilität und Konfliktfreiheit auszeichnen. Aber auch ein politisch stabiler Kohleexporteur wie Australien bekam im Februar 2011 Probleme, als der Hurrikan Yasi die Bergwerks- und Kohle-Provinz Queensland traf. Gleiches gilt für den Kohleexport Neuseelands, dessen Südinsel im Februar 2011 durch ein Erdbeben erschüttert wurde.

Atomenergie wird zwar von einigen Befürwortern immer noch als saubere (keine CO2-Emissionen) und zuverlässige Energiequelle gepriesen, aber auch die mit so viel High-Tech ausgestatteten Kernreaktoren haben immer wieder Ausfallzeiten wegen Wartungsarbeiten, sicherheitstechnischen Nachrüstungen – und wegen Notabschaltungen nach technischen Pannen.[95] Dazu kommen die besonderen Gefahren bei Hochwasser/Überschwemmungen und Erdbeben – letztere auch in Deutschland, wie die gerichtlich verfügte Stilllegung des Atomkraftwerks Mülheim-Kärlich zeigt.[96]
Die Katastrophen in Tschernobyl und Fukushima haben zudem deutlich gemacht, dass diese Technik eine Unsicherheit verbreiten kann, die jedem Gedanken einer Versorgungssicherheit spottet. Sicher ist bei der Atomenergie letztlich nur, dass man mit ihr im Falle eines wirklichen GAUs eine ganze Industrienation „ins Aus schießen“ kann.

Elektrizitätsnetze sind noch stärker als Pipelines durch Naturereignisse gefährdet. Wenngleich die Stromausfallzeiten pro Kunde und Jahr im besonders versorgungssicheren Deutschland statistisch nur rund 16 Minuten betragen[97], so gibt es doch selbst hier immer wieder weiträu-

---

[94] Siehe http://www.verein-kohlenimporteure.de/download/Presseinfo%2011072011dt.pdf

[95] Siehe http://de.wikipedia.org/wiki/Liste_der_Unfälle_in_kerntechnischen_Anlagen ; http://de.wikipedia.org/wiki/Liste_meldepflichtiger_Ereignisse_in_deutschen_kerntechnischen_Anlagen

[96] Siehe http://de.wikipedia.org/wiki/Kernkraftwerk_Mülheim-Kärlich , Grünthal 2004, S. 14 ff.

[97] Siehe http://www.vde.de/de/fnn/aktuelles/Seiten/m20101201.aspx

mige Netzausfälle wie z.B. im November 2005, im November 2006[98] oder während der Schneekatastrophe 1978/79.[99] Doch die Netze können nicht nur von irdischen (Schnee-)Stürmen getroffen werden, auch Sonnenstürme[100] können zu einem Netzausfall führen. Und wenn die Sonne im Sommer lange intensiv genug scheint, kann eine Dürre dazu führen, dass unsere atomaren oder fossilen Dampfkraftwerke aus Wassermangel abgeschaltet werden müssen, wodurch das Netz leichter instabil wird.[101] Dagegen sind Netzausfälle durch bissige Eichhörnchen bisher zum Glück die Ausnahme.[102]
Dass Stromnetze ein Schwachpunkt für hochtechnisierte Gesellschaften sind, darauf weist u.a. das deutsche Bundesamt für Bevölkerungsschutz und Katastrophenhilfe hin, welches zum Thema „Energieausfall" sogar eine eigenes Merkblatt heraus gibt.[103] Wie verheerend solche Stromnetz-Ausfälle sein können, hat eine detaillierte, wissenschaftliche Analyse des Karlsruher Instituts für Technologie (KIT) vom Mai 2011 für den Deutschen Bundestag dargelegt.[104] Dabei werden die Risiken der neuen „smarten Energienetze" noch unterschätzt.[105]

---

[98] Siehe http://de.wikipedia.org/wiki/Stromausfall

[99] Siehe http://de.wikipedia.org/wiki/Schneekatastrophe_in_Norddeutschland_1978 ; http://www.naturgewalten.de/2winter7879.htm

[100] Siehe http://www.globalpost.com/dispatch/solar-superstorm/110222/solar-flare-storms-katrina ; http://de.wikipedia.org/wiki/Magnetischer_Sturm ; http://www.spiegel.de/wissenschaft/weltall/starke-sonnenstuerme-forscher-mahnt-bessere-schutzmassnahmen-an-a-828288.html

[101] Siehe http://www.nature.com/nclimate/journal/vaop/ncurrent/full/nclimate1546.html ; http://www.spiegel.de/wirtschaft/unternehmen/0,1518,765510,00.html

[102] Siehe http://www.shortnews.de/id/724252/Schweizer-Fernsehen-sendete-ueber-ein-Stunde-nicht-Eichhoernchen-soll-Schuld-haben ; http://www.shortnews.de/id/305197/Biss-ins-Kabel-Eichhoernchen-legt-Produktion-bei-Texas-Instruments-lahm ; http://www.spiegel.de/netzwelt/gadgets/0,1518,779218,00.html

[103] Siehe http://www.welt.de/wirtschaft/article9006053/Bei-Stromausfall-friert-und-stinkt-die-Republik.html ; http://www.bbk.bund.de/cln_012/nn_402322/DE/05__Publikationen/Publikationen__node.html__nnn=true

[104] Siehe http://dip21.bundestag.de/dip21/btd/17/056/1705672.pdf ; http://idw-online.de/pages/de/news424875

[105] Siehe http://www.tuev-sued.de/uploads/images/1365141030076759500377/security-safety-in-einer-smarten-energiewelt-17-folien.pdf

Fernwärmenetze bieten ebenso wie die Stromnetze keine 100prozentige Zuverlässigkeit; auch hier kommt es immer wieder zu Ausfällen.[106]

Gigantische Projekte regenerativer Energien wie Desertec[107], Riesenstaudämme oder Solarfarmen im Weltall, die die Energie per Laser/Mikrowellen zur Erde senden[108], werden an den prinzipiellen Unsicherheiten der Großtechnik nichts ändern. Wegen ihres Symbolwertes und der hier anzurichtenden Schäden dürften sie vielmehr verstärkt Ziel von Sabotage-Attacken, politischen Unruhen[109] oder zwischenstaatlichen Konflikten werden.

Dazu kommt in den letzten Jahrzehnten eine weitere, zunehmende Unsicherheitsquelle: der internationale Terrorismus. Wenngleich sich der Terror bis jetzt hauptsächlich gegen Orte mit hoher Menschendichte richtete, so sind doch künftig Anschläge gegen die Infrastruktur und damit auch gegen die Energieversorgungsnetze von Ländern höchst wahrscheinlich. Schließlich sind hunderte Großkraftwerke, tausende Kilometer Pipelines oder Hochspannungsleitungen sowie internationale Schifffahrtswege viel unvollkommener zu sichern als Regierungssitze oder Olympiastadien.

Noch größere Zweifel an der dauerhaften Sicherheit der herkömmlichen Energieversorgungsnetze sind angebracht, wenn man die neuen Möglichkeiten des Computer-Terrorismus mit einbezieht.[110] Was hier letztendlich möglich ist, hat bereits 2010/11 der Computerwurm „Stuxnet"[111] gezeigt, der sich trotz digitaler Firewalls im schwer gesicherten iranischen Atomprogramm verbreitete und dieses sabotierte. Schalt-

---

[106] Siehe http://www.welt.de/newsticker/news3/article112913452/Ausfall-von-Heizkraftwerk-sorgt-fuer-kalte-Wohnungen-in-Hamburg.html ; http://www.-tagesanzeiger.ch/zuerich/stadt/Nur-noch-kaltes-Wasser-im-Norden-Zuerichs/story/15512710?track

[107] Siehe http://de.wikipedia.org/wiki/Desertec#Kritik ; http://www.desertec.org/de/ ; http://www.iwr.de/news.php?id=17885

[108] Siehe Scheer 2002, S. 88 ; http://www.spiegel.de/wissenschaft/weltall/0,1518,511203,00.html

[109] Siehe http://www.iwr.de/news.php?id=17885 ; http://www.sueddeutsche.-de/wirtschaft/wuestenprojekt-desertec-nur-eine-fata-morgana-1.1054871

[110] Siehe http://www.migrosmagazin.ch/pdfarchiv/pdf/201114-DMHP0404-044-Interview.pdf ; http://www.csmonitor.com/USA/2012/0505/Alert-Major-cyber-attack-aimed-at-natural-gas-pipeline-companies ; http://www.ee.kth.se/~gyuri/Pub/Dan-ieeesgc10.pdf

zentralen von Verbundnetzen oder Steuerungscomputer für die Pumpen von Pipelines dürften gegenüber digitalen Angriffen erheblich weniger gesichert sein.

Fazit: Versorgungssicherheit ist also ein grundsätzliches Thema jeder Energieversorgung, und eignet sich nicht zur Propaganda gegen die Erneuerbaren Energien, geschweige denn gegen die Inselsysteme der Eigen-Energie-Ernte. Im Gegenteil: Home-Energy-Harvesting/HEH ist eine Chance, auch dann noch Strom und Wärme zu haben, wenn das Netz ausfällt. Und sollte einmal das eigene HEH-System ganz ausfallen, kann man immer noch zu seinem ebenfalls Eigen-Energie-Ernte betreibenden Nachbarn gehen. Hängen dagegen alle am (Strom-)Netz, sitzen – im Falle eines Falles – auch alle im Dunkeln.

2.3. Ist das ökonomisch?

Diese Frage steht hier an letzter Stelle, da sie nur für einen Teilbereich unserer Energieversorgung überhaupt interessant ist. Denn die Masse der von der Menschheit benötigten Energie liefern uns seit Jahrtausenden Sonne, Mond (Gezeiten) und Erdwärme völlig kostenlos! An diesen puren Energielieferungen der Natur kann niemand etwas verdienen, und es muss überhaupt nichts finanziert werden.

Insbesondere die Sonne spielt dabei eine entscheidende Rolle. Sie ist ein riesiger und zudem kostenloser Fusionsreaktor; sie ist damit eine Technik, die die Ingenieure seit Jahrzehnten vergeblich und völlig unnötiger Weise nachzubauen versuchen. Sie sorgt, gänzlich kostenlos, für die Deckung des größten Teils unseres Energieverbrauchs: sie lässt unsere Pflanzen wachsen und trocknet unsere Wäsche auf der Leine. Sie wärmt uns selbst im Winter, wenn sie schräg durch die Wohnzimmer-Fenster strahlt. Sie liefert die Energie für den Wind, der noch heute unsere Segelboote treibt und früher die großen Entdeckungsfahrten der Menschheit erst möglich gemacht hat.

Aber alle diese Leistungen tauchen in unseren Energiestatistiken nicht auf. Jedes gewaschene Taschentüchlein, dass mit einem Wäschetrock-

---

[111] Siehe http://de.wikipedia.org/wiki/Stuxnet ; http://www.heise.de/newsticker/meldung/Studie-Stuxnet-befaellt-deutsche-Energieversorger-1229240.html

ner getrocknet wurde, geht in die Energiestatistik ein, aber die Wagenladungen frischer Bettwäsche, die draußen auf der Leine trocknen, werden nicht berücksichtigt. So sind unsere Statistiken auch eine erfolgreiche Methode, die solaren Leistungen klein und die Leistungen der fossilen Energien groß zu rechnen, damit es uns noch schwerer und teurer erscheint, die fossilen Energien zu ersetzen.

Doch zurück zur eigentlichen Frage: ist der Einsatz von Energie-Ernte-Techniken finanziell lohnend, „rechnet sich das“?

Die Antwort ist ein klares „ja“, auch wenn das heute natürlich noch nicht für einige der unten aufgeführten Techniken gilt, die sich im frühen Experimental-Stadium befinden. Doch Fotovoltaik, Solarthermie, Windenergie und Wasserkraft sowie Biogas sind, genau betrachtet, in vielen Fällen schon heute nicht nur volkswirtschaftlich höchst profitabel[112], wie auch die o.a. Praxis-Beispiele zu „Ist das technisch machbar“ zeigen. Einige Techniken der Erneuerbaren Energien haben bereits heute die Netzparität (engl. *Grid Parity*) erreicht[113], d.h. ihre Stromerzeugungs-Kosten sind pro Kilowattstunde (kWh) genau so hoch wie eine aus dem Stromnetz bezogene kWh. Neben solchen Erneuerbaren Energietechniken wie z.B. Biomasse, Groß-Wasserkraft und -Windkraft gilt das auch für HEH-Techniken wie Klein-Wasserkraft und Fotovoltaik. Letztere erreicht z.B. in manchen Teilen Deutschlands die Netzparität nur mit Hilfe der EEG-Förderung; in anderen Teilen der Welt und Europas wie z.B. Spanien „rechnen“ sich PV-Anlagen bereits sehr gut ohne Förderung, obgleich auch dort noch die Speichertechnologien fehlen.[114]

---

[112] Siehe http://www.germanwatch.org/klima/energiekosten ; http://www.bee-ev.de/3:779/Meldungen/Aktuelle_Kostenschaetzungen_fuer_Energiewende_unserioes.html ; http://www.foes.de/pdf/2011_FOES_Vergleich_Foerderungen_lang.pdf ; http://www.ise.fraunhofer.de/veroeffentlichungen/studie-stromgestehungskosten-erneuerbare-energien/at_download/file

[113] Siehe http://de.wikipedia.org/wiki/Netzparität ; http://www.irena.org/DocumentDownloads/Publications/Renewable_Power_Generation_Costs.pdf ; http://www.volker-quaschning.de/artikel/2012-08-Der-unterschaetzte-Markt/index.php

[114] Siehe http://www.pvparity.eu/ ; http://dx.doi.org/10.1039/C2EE03489A ; http://idw-online.de/pages/de/news404035 ; http://www.iwr.de/news.php?id=22626

Häufig lassen sich Interessenten durch die angeblich hohen Anfangsinvestitionen abschrecken, die ein Umstieg der häuslichen Energieversorgung auf HEH-Techniken angeblich nach sich zieht. Doch solche Horror-Rechnungen stimmen allenfalls, wenn man einen maroden Altbau zum Plusenergiehaus umbauen möchte; einige alte Häuser sind nun einmal nur mit der Abrissbirne zu sanieren.
Da viele HEH-Systeme modular aufgebaut sind, d.h. sich später erweitern lassen, sind die Einstiegshürden gar nicht so hoch: so kostete in Deutschland im Sommer 2012 eine Fotovoltaik(PV)-Anlage bis zu 2.000 Euro pro Kilowatt installierter Leistung („kWpeak"); eine größere Hauswindanlage mit 2,5 kW rund 7.000 Euro.

Dagegen kostete ein 14-tägiger All-inclusive-Cluburlaub auf den Kanarischen Inseln für eine vierköpfige Familie (2 Erwachsene, 2 Kinder) rund 4.000 Euro im mittleren Preisbereich und rund 8.000 Euro im oberen Preissegment. Und bei Mittelklasseautos kann Sonderausstattung wie Radionavigationssysteme, Klimakomfortpackete und Ledersitze mit jeweils (!) über 2.000 Euro zu Buche schlagen. Diese Vergleiche machen deutlich: so teuer ist ein Einstieg in die HEH-Techniken nicht, zumal damit künftig erhebliche Energiekosten eingespart werden.

Generell gibt es selbstverständlich auch beim HEH einige Dinge zu beachten:

Profitabel ist ein Einstieg in die Energie-Ernte-Techniken häufig dann, wenn neu gebaut oder grundlegend saniert wird; dann sind sowieso Technik-Einbauten erforderlich und der heute noch meist etwas höhere Preis der Energie-Ernte-Techniken fällt finanziell nicht so ins Gewicht.

Profitabel ist ein Einstieg in die Energie-Ernte-Techniken häufig dann, wenn die Installationsarbeiten ganz oder überwiegend in Eigenarbeit erledigt werden können; schließlich machen die Arbeitskosten einen erheblichen Teil der Gesamtrechnung aus, der durch handwerkliches Geschick und entsprechende Kenntnisse eingespart werden kann. Mit Ausnahme großer Fotovoltaik-Installationen können die anderen Techniken, private handwerkliche Qualifikation vorausgesetzt, sogar in Eigenarbeit gefertigt werden. Dazu gibt es verschiedene Ratgeber.[115]

[115] Siehe http://www.einfaelle-statt-abfaelle.de/ ;
http://www.oekobuch.de/buecher/technik-erneuerbare-energie/index.htm

Profitabel ist ein Einstieg in die Energie-Ernte-Techniken häufig dann, wenn für die Technik-Installation keine Bank-Kredite aufgenommen werden müssen.

Profitabel ist ein Einstieg in die Energie-Ernte-Techniken häufig dann, wenn der Haushalt sehr sparsam mit Energie umgeht und nicht kurzfristig ein Spitzenbedarf entsteht wie z.B. durch das Einschalten einer elektrisch beheizten Sauna. Andernfalls müssen erhebliche technische Leistungsreserven vorgehalten werden, deren Anschaffungskosten sich wegen der seltenen Nutzung nicht rentieren.

Profitabel ist ein Einstieg in die Energie-Ernte-Techniken häufig dann, wenn die geographischen und topographischen Voraussetzungen ideal für die Energie-Ernte-Verfahren sind. Das kann bedeuten

… für die Solar-Energie: das Haus hat große Dachflächen mit einer möglichst guten Südausrichtung und einer möglichst idealen Dachneigung; diese Dachflächen werden nicht durch andere Häuser oder Bäume verschattet.
… für die Wind-Energie: das Grundstück ist groß genug, um eine bedürfnisgerechte Kleinwindanlage aufzustellen; das Gelände oder zumindest die Hauptwindrichtung wird nicht von hohen Häusern/Bäumen verstellt; es werden die Windgeschwindigkeiten erreicht, mit denen der Herstellen bei seinen Leistungsangaben rechnet.
… für die Wasserkraft: das Grundstück besitzt Wasserrechte an einem Bach/Fluss mit möglichst viel Gefälle oder gar einen eigenen Stau-Teich.
… für die Biogas-Nutzung: der Haushalt erzeugt genug Pflanzenabfälle und Fäkalien für den Betrieb einer Kleinstanlage (was bei Ein-Personen-Haushalten meist nicht der Fall ist).

Je besser diese Ausgangs-Situation ist, desto mehr und schneller lohnen sich größere HEH-Techniken zur Hausversorgung. Bereits heute sind die Kosten von netzunabhängigen („off-grid"-)Systemen[116] grundsätzlich nicht mehr allzu weit entfernt von denen des fossilen Energiesystems. Die unweigerlich steigenden Kosten der fossilen Energien und das Sinken der Kosten für die Energie-Ernte-Techniken durch ver-

[116] Siehe Hennicke/Bodach 2010, S. 97 f.

stärkte Forschung und Massenproduktion werden die noch verbliebenen Lücken kurzfristig schließen.

Dass sich kleine HEH-Techniken lohnen, ist heute sowieso unbestritten: Fahrrad-Dynamos oder solare Gartenleuchten sind längst Massenware und für rund € 10,-- pro Stück erhältlich. Wer beim Haus-Neubau ein solar beleuchtetes Hausnummern-Schild verwendet, spart nicht nur die Kosten für das Verlegen von Leitungen, sondern auch jede Nacht die Kosten für die Schild-Beleuchtung. Barometer zeigen uns kostenlos seit Jahrhunderten mit Hilfe des sich ändernden Luftdrucks, ob sich das Wetter eher schön oder schlecht entwickelt. Automatik-Armbanduhren ziehen sich beiläufig beim normalen Bewegen des Arms auf und ersparen uns den Kauf von Batterien.

Leicht werden die Leistungsmöglichkeiten der HEH-Techniken klein gerechnet, wenn man z.B. den Heizkosten-Anteil für den Warmwasser-Speicher nur mit 8-12 Prozent veranschlagt.[117] Dann kann sich eine solarthermische Anlage zur Warmwasserbereitung, die ca. die Hälfte des Warmwassers abdeckt, meist nicht mittelfristig rechnen. Nimmt man jedoch an, dass der Warmwasser-Anteil der Heizkosten ca. 18 Prozent beträgt, wie es in der bis Ende 2008 gültigen bundesdeutschen Heizkostenverordnung (HKV) § 9 (3) als Pauschalierungsanteil vorgesehen war, ergibt sich schon eine andere Rechnung. Dazu muss man noch wissen, dass der Anteil der Warmwasserkosten an den Heizkosten in gut isolierten Neubauten tendenziell höher ist (20-25 Prozent), weil die bessere Außenisolierung zwar die Heizkosten für die Wohnraumerwärmung mindert, aber keinen Einfluss auf das Dusch- und Badeverhalten der Bewohner hat.

Auch wird häufig nicht darauf hingewiesen, dass man beim Einbau einer solarthermischen Anlage seiner Wasch- und Geschirrspül-Maschine einen Warmwasser-Anschluss spendieren kann, um künftig einen erheblichen Anteil des bisher elektrisch erzeugten Wassers durch die Sonnenkraft produzieren zu lassen. Letzteres spart jedoch Strom und erhöht so die Rentabilität der Gesamtanlage.
Richtig ist, dass alle diese Rentabilitäts-Rechnungen sehr vom jeweiligen Gebäude und seinen Bewohnern abhängen; insofern können sich auch solche „Kleinrechnungen" in manchen Fällen als richtig erwei-

[117] Siehe Hanus 2007, S. 31

sen. Nur werden sie leider gern verallgemeinert, und gehen daher an der komplexen Wirklichkeit vorbei.

Neben der privaten Rentabilitäts-Rechnung steht die volkswirtschaftliche und die ökologische Rentabilitäts-Rechnung.
Eine Studie im Auftrage des deutschen Bundesumweltministeriums hat 2007 gezeigt, dass sich die Erneuerbaren Energien (EE) selbst inklusive der hiermit verbundenen EEG-Abgaben volkswirtschaftlich rechnen.[118] Immerhin werden durch die EE erhebliche Kosten bei Energie-Importen, Energie-Transporten und Entsorgung der Energieerzeugungs-Abfälle eingespart. Zugleich sinken die Investitionskosten für EE-Techniken, während sie bei den fossilen Kraftwerken ansteigen.[119]

Auch ökologisch rechnen sich die EE – die alten Vorwürfe, die Techniken der EE würden bei der Produktion viel mehr Energie verbrauchen, als sie während ihrer gesamten Lebensdauer produzieren könnten, sind längst widerlegt. Die Zeit der „Energetische Amortisation" ist allerdings von Technik zu Technik unterschiedlich lang[120]: in Mitteleuropa dauert es bei Fotovoltaik bis zu 40 Monaten, bei Solarthermie für Brauchwasser bis zu 10 Monaten, bei Wasserkraft bis zu 13 Monaten; während Großwindkraftanlagen im Binnenland bis zu 7 Monaten brauchen, bis sie die bei ihrer Herstellung verbrauchte Energie wieder eingespielt haben, kann man bei Kleinwindanlagen wegen der starken Abhängigkeit vom jeweiligen Standort kaum Aussagen treffen.

Doch sehen wir uns auch hier einmal auf der anderen Seite die fossile Energieversorgung an:
Gern verweisen manche Vertreter der Energieerzeugungs-Großtechnik (Energieversorgungs-Unternehmen/EVUs, Netzbetreiber, Kraftwerkbauer etc.) darauf, dass z.B. in Deutschland die Erneuerbaren Energien

---

[118] Siehe http://www.erneuerbare-energien.de/fileadmin/ee-import/files/pdfs/allgemein/application/pdf/ee_import_externe_kosten.pdf ; http://www.foes.de/pdf/2012-08-Was_Strom_wirklich_kostet_lang.pdf

[119] Siehe http://www.energie-studien.de/de/service/mediathek/grafik-dossiers-studien-im-vergleich/detailansicht/article/studienvergleich-entwicklung-der-investitionskosten-neuer-kraftwerke.html

[120] Siehe http://www.volker-quaschning.de/datserv/kev/index.php ; http://de.wikipedia.org/wiki/Energetische_Amortisation ; http://www.energie-sparhaus.at/energie/pv_energamort.htm ; http://www.unendlich-viel-energie.de/de/service/faq/faq-windenergie.html

durch das EEG staatlicherseits gefördert bzw. indirekt subventioniert würden. Ebenso gern verschweigen diese Vertreter, dass weltweit und auch in Deutschland die fossile Energieerzeugungs-Großtechnik über Jahrzehnte hin selbst staatlicherseits subventioniert[121] und privilegiert wurde - und wird:

- durch das deutsche NS-Energiewirtschaftsgesetz von 1935, das nur wenig verändert bis 1998 galt und die Energieversorgungs-Unternehmen durch die Gewährung von Gebietsmonopolen vor Wettbewerb schützte.[122]
- durch den in Deutschland immer noch weiträumig geltenden „Anschluss- und Benutzungszwang für Fernwärme“ und den praktisch fehlenden Wettbewerb bei der Fernwärme.[123]
- durch Sonderrechte wie den Bau von Hochspannungsleitungen über fremde Grundstücke hinweg oder den Verzicht auf Gebührenerhebungen für die Sondernutzung von öffentlichen Wegen durch private Energiedienstleister, wie z.B. in Hamburg seit 1994 für das Fernwärmenetz.
- durch den Verzicht vieler deutscher Bundesländer auf eine Förderabgabe für Braunkohle von den diese abbauenden EVUs[124]; dadurch wird die Braunkohle verbilligt.
- durch das autoritäre deutsche Bundesberggesetz (BBergG), das es EVUs beim Tagebau gestattet, Dorfgemeinschaften, Eigenheime und ggf. Solar-Anlagen einfach wegzubaggern.[125]
- durch jahrzehntelange Subventionierung fossiler Brennstoffe, insbesondere der Kohle, die in Deutschland durch eine Nähe

[121] Siehe http://www.worldenergyoutlook.org/media/weowebsite/energysubsidies/ff_subsidies_slides.pdf ; OECD (2012), S. 48, 55, 60 f. (2.1. Energiesubventionen)

[122] Siehe http://de.wikipedia.org/wiki/Energiewirtschaftsgesetz#Das_Energiewirtschaftsgesetz_von_1935 ; Becker 2010

[123] Siehe http://www.bverwg.de/media/archive/5619.pdf ; http://de.wikipedia.org/wiki/Anschluss-_und_Benutzungszwang ; http://www.solarify.eu/kein-wettbewerb-in-der-fernwarme/

[124] Siehe http://oliver-krischer.eu/detail/nachricht/einfuehrung-einer-foerderabgabe-fuer-braunkohle-ist-ueberfaellig.html

[125] Siehe http://de.wikipedia.org/wiki/Bundesberggesetz ; http://www1.wdr.de/themen/panorama/garzweiler102.html

von politischen Entscheidern und der Kohlewirtschaft begleitet wurde.[126]

- durch Steuerbefreiungen für flüssige Kraftstoffe wie Schiffskraftstoffe für die gewerbliche Schifffahrt und Flugbenzin[127], die nicht nur die Mineralölwirtschaft fördern, sondern zugleich die Umsetzung alternativen Technikentwicklungen wie Windschiffe oder Luftschiffe etc. erschweren.
- durch reduzierte deutsche Steuersätze für Heizöl und Dieselkraftstoff, wobei durch letzteres die Entwicklung von Hybrid- und Elektro-Autos behindert wird.[128]
- durch die staatliche Forschungsförderung der Atomkraftwerks-Technik und die vernachlässigten Kosten zur Entsorgung der abgebrannten Brennelemente, weshalb der Atomstrom immer noch als günstig gilt.[129]
- durch steuerfreie Rückstellungen der Energiekonzerne für Abbruch der Atommeiler.[130]
- durch die jahrzehntelange Steuerbefreiung der atomaren Brennstoffe.[131]
- durch die extrem günstigen Haftpflicht-Versicherungen in Deutschland, die dazu führen, dass nicht jedes AKW seine mögliche Schadenssumme abdecken muss.[132]

---

[126] Siehe http://www.oecd.org/site/tadffss/ ; Scheer 2002, S. 260, 302 f. ; http://gpurl.de/kohlesubventionen ; http://de.wikipedia.org/wiki/Deutsche_Steinkohle#Subventionen ; http://gpurl.de/schwarzbuch-kohlepolitik

[127] Siehe http://www.gesetze-im-internet.de/energiestg/__27.html ; http://www.deloitte-tax-news.de/steuern/indirekte-steuern-zoll/europaeischer-gerichtshof-urteil-zur-steuerbefreiung-von-flugbenzin.html ; http://de.wikipedia.org/wiki/Kerosinsteuer ; http://diepresse.com/home/wirtschaft/international/705797/Steuer-auf-den-Welthandel-fuer-die-Entwicklungshilfe

[128] Siehe http://de.wikipedia.org/wiki/Energiesteuergesetz_(Deutschland) ; http://www.spiegel.de/wirtschaft/unternehmen/auto-experte-fordert-ende-der-diesel-foerderung-a-893772.html ; http://de.wikipedia.org/wiki/Mineralösteuer_(Österreich)

[129] Siehe http://www.foes.de/pdf/2010_FOES_Foerderungen_Atomenergie_1950-2010.pdf ; http://www.taz.de/!86837/ ; http://de.wikipedia.org/wiki/Kernenergie#Wirtschaftlichkeit

[130] Siehe Scheer 2002, S. 286 f.

[131] Siehe Scheer 2010, S. 117 f.

[132] Siehe http://www.atomhaftpflicht.de/ ; http://www.gruene-bundestag.de/fileadmin/media/gruenebundestag_de/themen_az/atomausstieg/PDF/wer_zahlt_die_schaeden_eines_supergau.pdf

- durch Entlastung der energieintensiven Industrien von der EEG-Umlage[133], so dass die Unternehmen nicht zu größeren Energieeinsparungen gezwungen waren, die eventuell den Einsatz Erneuerbare Energien in den Unternehmen gefördert, aber den Umsatz der EVUs geschmälert hätten.
- durch die Verschleierung der Kosten der fossilen Energieversorgung, indem die Folgekosten der Gesundheits-, Umwelt- und Klimaschäden bei der konventionellen Energieerzeugung nicht vollständig eingepreist werden müssen.[134]
- durch die behördliche Behinderung von Kleinwind- und Kleinwasserkraft-Anlagen per Bauordnungen, per wasserrechtlichen Genehmigungen oder per Wassernutzungs-Entgelte.[135]
- durch die behördliche Behinderung von Solaranlagen – in den 1970er Jahren mit Strafzahlungen und Abbauverfügungen, weil die Anlagen angeblich das Ortsbild verunstalteten, Segler blendeten etc., heute noch durch Errichtungsverbote in Kleingartensiedlungen oder auf denkmalgeschützten Häusern.[136]
- durch die Regelung in Österreich, dass beim Neubau von großen Windkraftanlagen auch der Rückbau finanziell abgesichert werden muss, beim Neubau von fossilen Großkraftwerken hingegen nicht.[137]

---

[133] Siehe http://www.wdr.de/tv/monitor//sendungen/2011/1027/pdf/stromkosten.pdf

[134] Siehe http://www.nytimes.com/2011/11/07/opinion/krugman-here-comes-solar-energy.html?_r=4&ref=opinion ; http://www.env-health.org/IMG/pdf/heal_coal_report_de.pdf ; http://www.greenpeace.de/fileadmin/gpd/user_upload/themen/klima/Kohle-Gesundheitsreport.pdf

[135] Siehe http://www.aachen-hat-energie.de/wind/umweltallgemein.htm ; http://www.maslaton.de/data/presse/Beitrag%20Baurecht%20versus%20Kleinwindenergie.pdf ; http://www.erneuerbareenergien.de/windraeder-im-wald-denkverbot-aufgehoben/150/469/31601 ; Quaschning 2010, S. 228

[136] Siehe Skudelny 1979, S. 46 f. ; natur (Ztschr.) 3/1992, S. 18 ; http://www.stv-kleingaertner-schweinfurt.de/auszug_bundeskleingartengesetz.htm ; http://www.sz-online.de/nachrichten/solarzellen-herr-schulz-muss-seinen-garten-raeumen-1020295.html

[137] Siehe http://www.oekonews.at/index.php?mdoc_id=1065587 ; http://www.global2000.at/site/de/wissen/energie/stromkennzeichnung/article-stromfilz.htm

Wenn selbst konservativ-wirtschaftsfreundliche Politiker z.B. mit Blick auf die Atomenergie jetzt sagen[138], dass man schon aus ordnungspolitischen Gründen den Versorgern alle Kosten in Rechnung stellen müsse – von der Endlagerung bis zur Versicherung aller entsprechenden Risiken –, dann wird deutlich, wie sehr bisher die Kosten des fossilen Energiesystems auf andere, nämlich uns Steuerzahler und Verbraucher, abgewälzt wurden.
Es ist daher immer wieder erstaunlich, dass gerade Unternehmens- und Verbands-Vertreter aus Sparten, die über Jahrzehnte hin staatliche Sondervorteile hemmungslos für sich in Anspruch genommen haben, heute so heftig gegen eine staatliche Förderung wettern, wenn sie mal anderen Marktteilnehmern als ihnen selbst zu Gute kommt.

Immerhin bezahlen wir Bürger über 50% unserer Stromrechnung für die Strom-Übertragung und -Verteilung durch die Netze, d.h. für (Neu-)Bau, Instandhaltung, Stromverluste, Netzverwaltung etc.; nur ein kleinerer Teil unserer Stromrechnung dient der Energie, die wir verbrauchen.[139] Ähnlich ist es im Gas- und Wärmenetz, auch hier gibt es Verluste im einstelligen bzw. niederen zweistelligen Prozentbereich[140], die ja auch vom Konsumenten getragen werden müssen. Wer aber für seine eigene Energieversorgung eine Insellösung wählt, kann nicht mehr für die Kosten der Verteilernetze (Fernwärme, Gas, Strom) heran gezogen werden.

Schließlich: die konventionellen fossilen Energien werden immer knapper und damit teurer. Die Erschließungskosten der Erdöl- und Gas-Lagerstätten steigen, weil in immer größeren Tiefen und unter immer ungünstigeren Bedingungen (Polargebiete) nach den Bodenschätzen gegraben wird. Auch die Kohleverstromung wird künftig durch die klimapolitisch geforderte unterirdische CO2-Speicherung (CCS = engl. *Carbon Capture and Storage*)[141] nicht billiger.

---

[138] Siehe http://www.wiwo.de/politik-weltwirtschaft/atomindustrie-mit-allen-kosten-belasten-und-abschalten-lassen-461974/

[139] Siehe Scheer 2002, S. 81 f., 184 f., 246 ; http://www.presseportal.de/pm/6556/1632850/vku-begruesst-einlenken-der-bundesnetzagentur-bei-der-anerkennung-von-verlustenergiekosten

[140] Siehe http://www.heise.de/tp/blogs/2/147928 ; http://www.umweltdaten.de/publikationen/fpdf-l/3476.pdf

[141] Siehe http://www.agenda21-treffpunkt.de/lexikon/CO2-Sequestrierung.htm

Die Energie-Preise werden also weiter steigen: wegen der höheren Erschließungskosten, der stagnierenden bzw. sinkenden Fördermengen, der vermehrten Umweltauflagen und des zunehmenden Verbrauchs besonders in den Schwellenländern. Das alles verstärkt die Abhängigkeit des Verbrauchers von den Versorgern und deren Preispolitik. Wegen der Konkurrenz der Staaten um die fossilen Ressourcen auch die Kosten für die militärische Sicherung der eigenen fossilen Energiebasis steigen.

Daher müssen wir uns die Frage stellen, ob wir Bürger uns auf Dauer das herkömmliche fossile Energieversorgungssystem überhaupt noch leisten können, ob wir es weiterhin so subventionieren sollen und wollen. Die Antwort kann langfristig nur „nein" lauten.
Deshalb sind die Energie-Ernte-Techniken mittel- und langfristig immer die günstigere Alternative, zumal die Anlagen-Kosten stark gesunken sind und auch künftig weiter sinken werden. Schließlich: Das Geld, das wir Bürger für Erdgas, Strom etc. ausgegeben haben, ist endgültig weg, während wir z.B. unsere PV-Anlage auf dem Dach immer noch eines Tages als Gebrauchtanlage weiterverkaufen können[142] – und sei es auch nur zum Materialwert.

Selbstverständlich gibt es andererseits auch berechtigte Kritik an manchen Energie-Ernte-Technologien. So sind manche dieser Technologien immer noch so teuer, dass sie sich für den Privatmann zumindest kurzfristig finanziell nicht rechnet. Bei neuen, wirklich innovativen Technologien ist das verständlich, da die erheblichen Kosten für Forschung und Aufbau der Fertigungsanlagen möglichst schnell wieder herein geholt werden müssen. Bei anderen, schon länger verbreiteten Energie-Ernte-Techniken wie z.B. der Solarthermie sind es vor allem die hohen Arbeitskosten, während es bei der Technik durchaus Rationalisierungs-Gewinne gibt.

Grundsätzlich ist klar, dass sich auch Energie-Ernte-Systeme in der Zeit ihrer technischen Lebensdauer finanziell rentieren/„rechnen" sollen. Sie müssen ihrem Käufer/Nutzer einen finanziellen Vorteil gegenüber den Menschen bringen, die auf konventionelle Energie-Techniken setzen.

---

[142] Siehe http://joule.agrarheute.com/verkaufswert-pv-anlage ; https://www.-milkthesun.com/deu/verkaufswert_rechner_photovoltaik

Dass es die neuen Home-Energy-Harvesting-Technologien dabei nicht leicht haben, versteht sich von selbst: die meisten dieser Systeme sind auf elektronische Bauteile angewiesen, die von den selben Herstellern produziert werden, die auch die Systeme der Energie-Großtechniken (Kraftwerke, Schaltzentralen etc.) ausrüsten. Es ist daher nicht zu erwarten, dass diese Unternehmen dem HEH wohlwollend gegenüber stehen und damit sich quasi selbst in ihren angestammten Geschäftsfeldern (z.B. Kraftwerksausrüstung) Konkurrenz machen.

Letztlich aber entscheidet das Engagement und der Wille der Bürger, die oft genug auf die Statistenrolle des „Verbrauchers" reduziert wurden, wie unsere künftige Energielandschaft aussieht. Viele Bürger haben schon heute die Möglichkeit, sich selbst mit Energie zu versorgen und so frei und unabhängig von den großen Energieversorgern zu werden. Welche Techniken wir bereits heute zur Verfügung haben und welche kurz vor dem Durchbruch stehen, zeigen die folgenden Seiten.

Schon 1980 hatte der damalige niedersächsische Ministerpräsident Ernst Albrecht (CDU) in einer Fernsehrunde gesagt: „Über die Durststrecke der nächsten 20 Jahre kann uns nur die Kernenergie hinweghelfen. Dann können wir auf Sonnenenergie umschalten."[143]
Fangen wir mit dem Umschalten doch endlich einfach mal an!

[143] Zitiert nach Karweina 1981, S. 10

3. Sonne direkt

Die Strahlungs-Energie der Sonne ist die zentrale Energie-Versorgung unseres Planeten. Abgesehen von den Gezeiten („Mond-Energie") und der tiefen Geothermie (Wärmeenergie aus dem gesteinsflüssigen Erdinneren) ist sie für praktisch alle Energieformen der Erde direkt oder indirekt verantwortlich: Bioenergie, Windenergie, Wasserkraft (Wasserkreislauf), aber auch fossile Energien wie Erdöl, Erdgas und Kohle.

Menschen haben seit Jahrhunderten die Kraft der Sonne für sich genutzt – beim Ackerbau und zur Aufzucht von Pflanzen, bei der Hauserwärmung durch die Konstruktion und Ausrichtung der Häuser, zum Trocknen und Bleichen der Wäsche, zur geographischen und zeitlichen Orientierung (Athansius Kirchers Sonnenblumenuhr oder der Linnéschen „Blumenuhr"[144]). Im Folgenden werden nun die direkten, technischen Formen der Sonnenenergie-Nutzung behandelt.

3.1. Lichtlenkung

Die Lenkung des Lichts stellt zweifellos eine frühe, sehr intelligente Form der Sonnenenergie-Nutzung durch den Menschen dar. Hierbei gibt es verschiedene Bereiche.

3.1.1.Spiegel

Diese erste technische Nutzung des Tageslichts kam auf, als man im ersten Jahrtausend v. Chr. blank polierte Metallscheiben zur Signalübermittlung einsetzte.
Die energietechnische Weiterentwicklung dieser Nutzungsform waren flache metallene Brennspiegel (engl. *burning mirror*), wie sie wohl zuerst in China um 673 v. Chr. verwendet wurden; um 300 v. Chr. berichtete dann der Grieche Euklid in seiner „Katoptrik". Am Bekanntesten sind die Spiegel des Archimedes von Syrakus, mit denen eine römische Flotte in Brand gesetzt worden sein soll; ein technischer Versuch des MIT im Jahre 2005 zeigte allerdings, dass Holzschiffe mit

---

[144] Siehe http://www.infraroth.de/slinks.html ; http://de.wikipedia.org/wiki/Sonnenuhr ; http://www.metaphorik.de/14/Burkart.pdf, S. 3 ; http://de.wikipedia.org/wiki/Blumenuhr ; http://idw-online.de/de/news435461

den damaligen Spiegeln nur auf ca. 25 Meter Entfernung mühsam zu entzünden waren.[145] Zum Blenden der Schiffsbesatzungen dürften die Spiegel allerdings gereicht haben. Auch der spätantike Architekt und Mathematiker Anthemios von Tralles befasste sich in seinem Werk „Peri Paradoxon Mechanematon" mit Brennspiegeln.[146]

Bei allen diesen Brennspiegeln handelte es sich um ebene/plane Spiegel, von denen mehrere ihr Licht auf einen Punkt konzentrierten und dadurch dort Hitze bzw. Feuer auslösten. Diese Technik wurde im 18. Jahrhundert von dem französischen Naturforscher Georges Louis Leclerc de Buffon perfektioniert, der das Licht mit Hilfe hunderter beweglicher kleiner Spiegel konzentrierte.[147]
Heute wird dieses Verfahren als Großtechnik eingesetzt, indem hunderte von Spiegeln automatisch auf einen Solarturm ausgerichtet werden, um dort mit bis zu 1.000° Celsius und Wärmetauschern ein solarthermisches Kraftwerk anzutreiben.[148] Es gibt bisher weltweit nur wenige Solarturm-Kraftwerke. Wegen der hohen Temperaturen und des hohen Flächenbedarfs für die Spiegel ist diese Technik für den Privathaushalt uninteressant. Kleinere Versionen solcher linearer Spiegel-Systeme („LinearSpiegel")[149] dürften geographisch – auch wegen der komplexen Steuerung der einzelnen Spiegel – vor allem im Mittelmeerraum oder weiter südlich wirtschaftlich interessant sein.

Ohne den Brenneffekt lassen sich spiegelnde Flächen als Lamellen einsetzen, die Räume zum Teil verschatten und das noch einfallende Licht als Beleuchtung an die Zimmerdecken leiten (Tageslicht-Systeme).[150]
Was im Kleinen funktioniert, lässt sich auch im ganz Großen umsetzen: die zur Winterszeit im Lichtschatten eines Berges liegende Gemeinden Viganella/Piemont wird mit Hilfe von Spiegeln erleuchtet

---

[145] Siehe http://www.spiegel.de/wissenschaft/mensch/0,1518,381367,00.html ; http://fandomania.com/tv-review-mythbusters-8-27-presidents-challenge/
[146] Siehe Mouchot 1987, S. 82 f. ; Huxley 1959
[147] Siehe Knowles-Middleton 1961, S. 533 ff. ; Kreyszig 1994, S. 139 ff. ; Simms 2004, S. 711 ff. ; http://www.cs.drexel.edu/~crorres/bbc_archive/buffon_mirrors.jpg
[148] Siehe Quaschning 2010, S. 170 f. ; http://www.solarturm-juelich.de ; http://www.foursolaire-fontromeu.fr
[149] Siehe http://www.isomorph-deutschland.com/Infotext_LinearSpiegel_für_Partner.pdf
[150] Siehe http://www.bomin.de/ ; http://www.wingspro.de/

und erwärmt; ein ähnliches Projekt wurde in Rjukan/Norwegen umgesetzt, in Rattenberg/Tirol aufgegeben.[151]

Für das HEH lassen sich plane Spiegel zu verschiedenen Zwecken einsetzen: für die zusätzliche Beleuchtung teilverschatteter Solaranlagen auf Dächern, für das Abtauen des Schnees auf Solaranlagen im Winter, für die zusätzliche Erwärmung von Wintergärten oder kleinen Biogas-Anlagen in der kalten Jahreszeit.

3.1.2.Parabolspiegel

Gebogene Spiegel, d.h. richtige Brennspiegel, werden zuerst beim griechischen Mathematiker Diocles (ca. 240-180 v. Chr.) in seinem Buch „Von den Brennspiegeln" beschrieben, wobei Diocles die Konstruktion auf Dositheus von Pelusium (ca. 260-200 v. Chr.) zurückführt.[152]

Über die arabische Welt kam die Kenntnis in der Frühen Neuzeit nach Europa, wo bereits vor 1245 Roger Bacon einen stählernen Brennspiegel konstruierte.[153] Besonders im 16. und 17. Jahrhundert gab es hierzu eine Vielzahl an Literatur und Artefakten[154]: u.a. um 1573 verwendete Samuel Zimmermann einen zur Entzündung von Schießpulver; 1647 stellte der kaiserliche Optiker Gervasius Mattmüller in Wien einen Brennspiegel aus Eis her.[155] In Dresden, dem europäischen Solartechnik-Zentrum an der Wende vom 17. zum 18. Jahrhundert, bauten Ehrenfried Walther von Tschirnhaus 1690 einen kupfernen Brennspiegel und der Hof-Mechanicus Andreas Gärtner um 1700 u.a. ein Ungetüm von 3,19 m Durchmesser aus Holz mit Blattgoldauflage; 1755 folgte ein

---

[151] Siehe de.wikipedia.org/wiki/Viganella ; http://www.spiegel.de/wissenschaft/technik/heliostat-norwegische-gemeinde-rjukan-lenkt-sonnenlicht-mit-spiegeln-a-911765.html ; http://inhabitat.com/giant-sun-tracking-mirrors-bring-light-to-a-small-norwegian-town-during-dark-winters/ ; http://www.videoportal.sf.tv/video?id=9f724e97-b636-4389-9cc9-a09a79c9790b

[152] Siehe http://en.wikipedia.org/wiki/Diocles_(mathematician) ; http://en.wikipedia.org/wiki/Parabolic_reflector ; http://www.encyclopedia.com/topic/Apollonius_of_Perga.aspx

[153] Siehe http://de.wikipedia.org/wiki/Abu_Sad_al-Ala_ibn_Sahl ; http://de.wikipedia.org/wiki/Alhazen ; Mouchot 1987, S. 84 f. ; http://de.wikipedia.org/wiki/Roger_Bacon

[154] Siehe Mouchot 1987, S. 85-92 ; Keil 2000, S. 345

[155] Siehe Feldhaus 1970, Sp. 1047, 716, 1044

Messing-Hohlspiegel von Peter Hösen.[156] Diese Parabolspiegel wurden primär für Schmelzversuche mit Metallen und Glas verwendet, aber man briet auch Würste, Hühner und Fische damit.

Eine interessante Idee der Lichtnutzung war (und ist) der Parabolische (Wunder-)Garten von Andreas Gärtner.[157] In ihm sollten Pflanzen mit unterschiedlichem Licht- und Wärmebedarf gedeihen können. Durch den parabolischen Spiegel im Norden erhielten die Pflanzen auch von der Nordseite wachstumsförderndes Licht.

In der Folgezeit, d.h. mit Beginn des 19. Jahrhunderts, wurden Parabolspiegel im Signalwesen wie z.B. bei Leuchttürmen eingesetzt; hierher gehört auch das Werk des Hamburger Strom- und Kanalbaudirektors Johann Theodor Reinke „Über die parabolischen Reflektoren“ von 1803.[158] 1847 entwickelte der Franzose Charles Louis Franchot einen parabolischen Solarempfänger mit einem Siederohr in der Mitte; 1864 folgte der Wiener Carl Günter mit einem Konzept von Siederohren in parabolischen Kegeln.[159]

1866 stellte Augustin Mouchot[160], der bereits mehrere solarthermische Geräte entwickelt hatte, einen Parabolspiegel vor, den er weiter entwickelte und zusammen mit seinem Assistenten Abel Pifre 1878 auf der Pariser Weltausstellung zur Dampferzeugung und damit zum Antrieb einer Druckerpresse verwendete.
Der schwedisch-amerikanische Ingenieur John Ericsson baute zuerst einen parabolische Solar-Grill, dann 1872 einen Solar-Stirling-Motor, den er in der Folgezeit weiter entwickelte, und schließlich 1881 einen Vorläufer der Parabolrinnen-Kollektoren zur Erzeugung von Dampf.[161]

---

[156] Siehe Feldhaus 1970, Sp. 1048, 1045 f. ; http://public.beuth-hochschule.de/~schwenk/MietProf/mathe/schwenk1/Brennspiegel.html
[157] Siehe Feldhaus 1970, Sp. 352 f. ; http://www.deutsche-biographie.de/sfz19746.html ; http://digital.slub-dresden.de/ppn255001983/53 ; http://digital.slub-dresden.de/sammlungen/werkansicht/255001983/36/
[158] Siehe ADB 28, S. 88 ; Hamberger/ Meusel 1796-1834, Bd. 19, S. 300
[159] Siehe Mouchot 1987, S. 104 f. ; http://dingler.culture.hu-berlin.de/article/pj173/ar173100 ; http://agso.uni-graz.at/marienthal/biografien/guentner_carl.htm
[160] Siehe Strandh 1980, S. 163 f. ; Reusch 1982, S. 132, 246 ; http://en.wikipedia.org/wiki/Augustin_Mouchot

In den USA experimentierte Aubrey G. Eneas seit den 1890ern mit Parabolspiegeln für Solar-Motore („Solar Motor Company“) und erhielt am 26.03.1901 das US-Patent 670.917 darauf.[162] 1913 baute der US-Amerikaner Frank Shuman in Maadi im Süden von Kairo den ersten großen Parabolrinnen-Kollektor.[163]
Im 20. Jahrhundert verschwanden allerdings diese Techniken wegen des billigen Erdöls weitgehend aus dem öffentlichen Bewusstsein. Heute sind diese Verfahren in erster Linie als Großtechnik bzw. Makro-Energy-Harvesting verbreitet:

Erstens als Solar-Stirling-Anlagen (engl. *Dish-Stirling*)[164], bei denen ein Heißluftmotor im Brennpunkt eines Parabolspiegels sitzt und durch die konzentrierte Sonnenstrahlung angetrieben wird; der Heißluftmotor treibt dann wiederum einen Generator zur Stromerzeugung. Die größeren Anlagen erreichen elektrische Leistungen von 9-50 kW bei Spiegeldurchmessern von 7,5 Metern bis 17 Metern.[165] Zwar sind auch kleinere Systeme möglich[166], aber wegen der vielen technischen Komponenten wie Stirling-Motor, Spiegel, zweiachsig-automatische Nachführung des Spiegels etc. relativ teuer und daher nur in sonnig-südlichen Gebieten profitabel.
Als Home-Energy-Harvesting sind Parabolspiegel heute allenfalls als (Zigaretten-)Anzünder[167], als Solarkocher[168] und als Sterilisatoren oder

---

[161] Siehe Strandh 1980, S. 163 f. ; http://en.wikipedia.org/wiki/John_Ericsson ; http://de.wikipedia.org/wiki/John_Ericsson ; http://www.stirlingengines.org.uk/sun/sola2.html ; http://www.stirlingjunior.de/Downloads-Dateien/Books_Down/Geschichte_HeissLuft_5_10_print.pdf

[162] Siehe Martin 1934, S. 32 f., 112 ; Kryza 2003, S. 207 ff. ; http://www.facts-about-solar-energy.com/solar-energy-history.html

[163] Siehe http://ct.tarekshalaby.com/archive/44-green-community/79-the-maadi-1913-solar-power-machine , http://www.sun1913.info/

[164] Siehe Quaschning 2010, S. 172 f. ; http://de.wikipedia.org/wiki/Solar-Stirling

[165] Siehe http://www.fvee.de/fileadmin/publikationen/Themenhefte/th2002/th2002_02_03.pdf ; http://www.stirlingenergy.com/

[166] Siehe http://homepages.fh-regensburg.de/~elm39139/Spektr1-05ss_m.pdf ; http://www.infiniacorp.com/powerdish.html ; http://www.zenithsolar.com/

[167] Siehe http://www.ausgeruestet.com/2009/06/solarfeuerzeug-heated-itch-relief-und.html ; http://www.idcook.com/de/7-solarfeuerzeuge ; http://www.-sun-and-ice.de/catalog/shopliste.html

[168] Siehe http://www.sun-and-ice.de/ ; http://www.eg-solar.de/produkte/solartechnologie2011.pdf ; http://www.solare-bruecke.org/ ; http://www.globo-

Verbrennungsöfen für infektiöses Material[169], besonders in den Entwicklungsländern, verbreitet. Theoretisch ließe sich dort auch die Solar-Chirurgie-Technik[170] für andere Verfahren z.B. in der Metall- und Keramik-Bearbeitung einsetzen, was aber noch für einen längeren Zeitraum an den Kosten scheitern dürfte.
Schließlich lassen sich ganze Häuser als Parabolspiegel konstruieren, wie die unfreiwilligen Beispiele zweigen, bei denen z.B. Menschen und Autos durch entsprechend gebaute Hochhäuser angesengt wurden.[171]

Zweitens als Parabolrinnen-Kollektoren, die heute als Parabolrinnen-Kraftwerke in Wüstengebieten großtechnisch genutzt und mit speziellen Thermoölen bei rund 400° C betrieben werden – ihre „Idealgröße" liegt bei rund 150 Megawatt elektrischer Leistung und entspricht damit einem Achtel eines großen (Atom-)Kraftwerks.[172] Im Bereich des Home-Energy-Harvesting werden sie bisher allenfalls als Solarkocher oder als Solar-Wasserpasteurisierer eingesetzt.[173] Man könnte jedoch an Häusern, deren Giebel parallel zur Ost-West-Achse ausgerichtet ist, nach Süden am Giebel - aber auch unterhalb der Dachrinne - einen Parabolrinnen-Kollektor befestigen, der als platzsparender Solarkollektor im Sommer die heimische Solarthermie-Anlage unterstützt. Zwar müsste im Winter dieser Kollektor in nördlichen Breiten wegen Frostgefahr, mangelnder Isolierung etc. stillgelegt werden, im Sommer aber könnte er als „Booster" helfen, gut isolierte Langzeit-Warmwasser-Speicher aufzuheizen.

---

sol.ch/gs/solargeraete_parabol.htm

169 Siehe http://www.youtube.com/watch?v=ved0K5CtmsU&feature=youtu.be ; http://pubs.acs.org/doi/abs/10.1021/nn304948h ; http://www.create.org.in/solar_syringe_melting_oven.htm

170 Siehe http://dx.doi.org/10.1063/1.1558999 ; http://www.sciencedirect.com/science/article/pii/S0038092X02000257

171 Siehe http://www.spiegel.de/reise/aktuell/verbrannt-in-las-vegas-hotel-fassade-grillt-sonnenanbeter-a-721177.html ; http://www.spiegel.de/auto/aktuell/wolkenkratzer-in-london-bringt-jaguar-zum-schmelzen-a-920082.html

172 Siehe Quaschning 2010, S. 166 f. ; http://www.iwr.de/news.php?id=17745

173 Siehe http://www.blazingtubesolar.com/

3.1.3.Brennlinsen

Größere Brennlinsen (engl. *burning glasses*[174]) wurden in der Vergangenheit seltener eingesetzt als Brennspiegel, da ihre Herstellung schwieriger war. Es gab sie allerdings schon in der Antike: Plinius (+ 79 n. Chr.) beschreibt, wie Ärzte mit Hilfe von mit Wasser gefüllten Glasballons Wunden ausbrannten.[175] 1577 schlug der o.a. Samuel Zimmermann Brennlinsen zur Entzündung von Schießpulver vor; zur gleichen Zeit wollte der Franzose Ambroise Paré Brenngläser aus durchsichtigem Bergkristall bei der chemischen Destillation einsetzen.[176] Salomon de Caus konstruierte schon 1615 in Heidelberg Maschinen, welche mit Sonnenkraft Brunnen sprudeln und Pfeifen ertönen lassen konnten.[177] In Dresden baute 1694 Ehrenfried Walther von Tschirnhaus einen großen Brennlinsenapparat für Schmelzversuche, welcher in der Größe noch von dem riesigen Brennlinsenapparat von Antoine Laurent de Lavoisier um 1770 übertroffen wurde.[178] Diese mehrlinsigen Apparate zeigen deutlich das Problem dieser Technik: sie musste immer nach der Sonne ausgerichtet werden, was bei den großen Apparaten nur über eigene Rollen und permanente Bedienung möglich war.

Daneben gab und gibt es in Nachfolge der o.a. Glasballons kugelförmige Linsen, wie sie seit Jahrhunderten zur Verstärkung des Kerzenlichts bei Schreibarbeiten oder als Heliograph zur Aufzeichnung der Sonnenscheindauer verwendet werden.[179]

Heute werden in der Solartechnik meist Stufenlinsen bzw. Fresnel-Linsen verwendet, wie sie 1821 von dem Franzosen Augustin Jean Fresnel für Leuchttürme entwickelt worden waren.[180]

Diese Fresnel-Linsen kommen z.B. bei großen Solarthermie-Kraftwerken wie dem Fresnelsolarkraftwerk PE 1 im spanischen Almeria zum Einsatz.[181] Aber auch bei der Photovoltaik können diese Linsen in einer

---

174 Siehe http://en.wikipedia.org/wiki/Burning_glass

175 Siehe Mouchot 1987, S. 78

176 Siehe Feldhaus 1970, Sp. 668 ; Mouchot 1987, S. 87 f.

177 Siehe Strandh 1980, S. 163 ; Feldhaus 1970, Sp. 556 f., 1038 f. ; Reusch 1982, S. 125 f.

178 Siehe Feldhaus 1970, Sp. 630 ; http://www.deutsches-museum.de/sammlungen/ausgewaehlte-objekte/meisterwerke-vi/chemielabor/

179 Siehe http://de.wikipedia.org/wiki/Sonnenscheinautograph

180 Siehe http://de.wikipedia.org/wiki/Fresnel-Linse

181 Siehe http://idw-online.de/pages/de/news217972 ; http://www.novatecsolar.com/files/110315_folder_novatec_deutsch_web.pdf

auch für das Home-Energy-Harvesting geeigneten Größenordnung eingesetzt werden, wie das vom Fraunhofer-Institut entwickelte Flatcon-Modul zeigt.[182] Ebenfalls für das HEH – natürlich nur bei Sonnenschein und klarem Himmel – eigenen sich Ausführungen dieses Linsen-Typs, wie sie bei der Erzeugung von Solaren Rohstoffen (siehe dort) eingesetzt werden.[183]
Schließlich kann man auch mit Fresnel-Linsen gepulste Laser betreiben, wie verschiedene Studien und Pilotprojekte zeigen.[184]

3.1.4. Mischformen/Beleuchtung

Mischformen aus den verschiedenen Lichtlenkungs-Techniken gab und gibt es selbstverständlich auch. Historisch bekannt sind die Versuche von Marcellin du Carla-Boniface und der solare Schmelzofen von Sir Henry Bessemer mit Spiegeln und Linsen.[185]
Heute finden sich solche Mischformen vor allem bei der Tageslicht-Lenkung[186] bzw. Tageslicht-Lenksysteme, welche die natürliche Lichtstrahlung (nicht aber die Wärme) in die dunklen Ecken/Räume des Hauses leiteten und so künstliche Beleuchtung sowie den damit verbundenen Energieverbrauch tagsüber einsparen. Andere Tageslicht-Lenksysteme dienen mit ihren Lamellen- bzw. Spiegel-Strukturen unter dem Stichwort „aktive Fenster“[187] dazu, Räume vor der Überhitzung durch die Sonne zu schützen und damit Strom für die Klima-Anlagen einzusparen; solche Systeme sind erst wirklich interessant, wenn die Sensorsteuerung mit PV-Strom läuft.

---

[182] Siehe http://www.vision.fraunhofer.de/de/projekte/465.html

[183] Siehe http://www.markuskayser.com/work/solarsinter/ ; http://www.sundropjewelry.com/theStory.php

[184] Siehe http://dx.doi.org/10.1364/AO.51.006382 ; http://dx.doi.org/10.1016/j.apsusc.2011.08.086 ; http://wis-wander.weizmann.ac.il/solar-energy

[185] Siehe Mouchot 1987, S. 100 f. ; http://www.history.rochester.edu/ehp-book/shb/hb21.htm#page353 ; http://en.wikipedia.org/wiki/Henry_Bessemer

[186] Siehe http://www.bomin-solar.de/Acrobat/Systematik%20der%20Tageslichtsystemen.pdf ; http://www.irb.fraunhofer.de/bauforschung/baufolit.jsp?s=Tageslichtlenkung ; http://www.schorsch.com/de/wissen/redir/

[187] Siehe http://www.detail.de/architektur/themen/aktive-fenster-018818.html ; http://www.dbu.de/index.php?menuecms=123&objektid=25754&menuecms_optik=335 ; http://dx.doi.org/10.1038/nature12398

Einige Tageslicht-Lenksysteme bestehen aus dachfenstergroßen Prismenkuppeln auf dem Dach oder aus Prismenlamellen vor den Fenstern etc. Die Prismenkuppeln fangen z.B. über 99 Prozent der auf sie treffenden Solarstrahlung ein und leiten sie durch hoch verspiegelte Röhren (Durchmesser: ca. 25-53 cm) bis zu 12 Meter ins Innere des Gebäudes, in fensterlose, sonst dunkle Innenräume. Prismenkuppeln können durch die Prismen mehr Licht einfangen als ein von der Dachfläche vergleichbar großes Dachfenster und dürften wohl auch eine bessere Wärme-Isolierung erreichen. Allerdings kann man im Gegensatz zu einem Dachfenster mit ihnen nicht Lüften.
Wie gesagt, gibt es in diesem Bereich eine Vielzahl unterschiedlicher Systeme und Hersteller.[188]
Das einfachste System geht auf eine Idee von Ilac Diaz zurück und nutzt die in den Slums herumliegenden, gebrauchten Plastikflaschen: sie werden mit Wasser gefüllt und in die Dächer der Hütten eingelassen.[189] Dadurch gelangt Licht in die meist fensterlosen Hütten, während Hitze und Ungeziefer draußen bleiben.

Eine denkbare Fortführung dieser Idee wäre die Lichtlenkung auf bestimmte Chemikalien, welche die Lichtenergie speichern. Diese Chemikalien (man könnte sie LTCs = Light Transmitting Chemicals nennen) müssten anschließend lange Zeit möglichst im Tageslichtbereich strahlen und nicht nur wie die heutigen phosphorizierenden Stoffe leuchten. Dies wäre ein Weg, Solarenergie auch in der Nacht zu nutzen; ein „Ausschalten" solcher Lampen würde durch Abdeckung der Lampe erfolgen.
Beleuchtungslösungen sind wichtig, da rund ein Fünftel des elektrischen Stroms weltweit für die Beleuchtung benutzt wird. Und im Gegensatz zu den Brennlinsen bzw. Brennspiegeln funktionieren diese Techniken auch bei bedecktem Himmel.
Eine Sonderform der Tageslichtsysteme ist das Drehhaus bzw. Drehsolarhaus, das als ganzes Haus dem Sonnenlauf folgend gedreht wird.[190]

---

[188] Siehe http://www.skytube-nls.com/ ; http://www.lichtkamin.de/; http://www.solatube.com/ ; http://www.retrosolar.de/ ; http://www.bomin.de/prismenlamellen/ ; http://www.siemens.com/innovation/apps/pof_microsite/_pof-spring-2011/_html_de/lichtsysteme.html

[189] Siehe http://isanglitrongliwanag.org/ ; http://www.sunstar.com.ph/cagayan-de-oro/local-news/2011/09/03/entrepreneur-teaches-light-making-177139

[190] Siehe http://de.wikipedia.org/wiki/Drehhaus ; http://de.wikipedia.org/wiki/Drehsolarhaus ; http://de.wikipedia.org/wiki/Heliotrop_(Gebäude)

3.2. Solarthermie

Die passive bautechnische Nutzung der Sonnenwärme/Solarthermie ist die älteste Form der technischen Solarenergie-Nutzung: wie schon die Griechen und Römer, so richtete man ab dem Mittelalter auch nördlich der Alpen die Häuser nach der Sonne, d.h. nach Süden aus, wie es heute noch bei alten, einzeln stehenden Bauernhöfen zu beobachten ist.[191] Besonders nach dem Ende der mittelalterlichen Warmphase setzte man Fensterglas ein, um die Wärme im Haus zu halten und dennoch Tageslicht in den Räumen zu haben. Während es in der Neuzeit immer wieder einzelne Architekten/Baumeister gab, die sich beiläufig mit Fragen der solaren Architektur beschäftigten, stammt die erste „Sonnenbaulehre" vom Arzt Bernhard Christoph Faust aus den Jahren 1807/1824.[192] Dennoch blieb solares Bauen in den Städten auch später ein Randthema, das allenfalls mit den gebauten Haus-Entwürfen für die Berliner Bauausstellung 1932 stärker in den Blickpunkt der Öffentlichkeit trat.[193] Unter dem Eindruck des billigen Erdöls wurde das Thema weiter vernachlässigt und erst in den 1970er Jahren wieder entdeckt.

Heute achten Architekten und Bauherren darauf, dass das Privathaus seine großen Fensterflächen möglichst im Süden hat, und dass das Dach so zur Sonnenseite ausgerichtet sowie entsprechend geneigt ist, um ohne große bauliche Veränderungen Solarthermie- und/oder Fotovoltaik-Anlagen aufnehmen zu können.

3.2.1.Gewächshäuser

Ein Bereich der Solarthermie-Nutzung sind die Gewächshäuser/Treibhäuser.[194] Schon im Römischen Reich gab es solche Häuser, bei denen zumindest eine Seite aus relativ großen Fensterscheiben bestand, wenngleich das Glas wohl eher durchscheinend als durchsichtig war.[195] Nach einem eventuellen „Vorläufer" in Sevilla 1353 entstand das erste

[191] Siehe Reusch 1982, S. 24 ff., 47 ff.

[192] Siehe http://de.wikipedia.org/wiki/Bernhard_Christoph_Faust ; Reusch 1982, S. 81 ff.

[193] Siehe Reusch 1982, S. 109 f., 229 f.

[194] Siehe Reusch 1982, S. 108, 221 ff. ; Feldhaus 1970, Sp. 1184

[195] Siehe Feldhaus 1970, Sp. 1183 f., 452 f.

Gewächshaus 1599 im Botanischen Garten der Universität Leiden, wo dann 1710 der Mediziner Hermann Boerhaave das erste Treibhaus baute, dessen Schrägung des Glasdaches dem Einfallswinkel der Sonnenstrahlen angepasst war. Nachdem es 1688 dem Franzosen Lucas de Nehou gelungen war, Glas zu gießen und zu walzen, konnte man für die Gewächshäuser größere, durchsichtige Fensterscheiben in höheren Stückzahlen herstellen. Gab es im 17. und 18. Jahrhundert schon verschiedenen Gewächshausprojekte – ab 1689 wuchsen in den Gewächshäusern des Herrn von Münchhausen auf Schloss Schwöbber bei Hameln sogar die ersten Ananas Deutschlands[196] – , so erreichte die Technik doch erst im 19. Jahrhundert eine größere Verbreitung.
Heute werden Privat-Gewächshäuser zum Überwintern von Pflanzen, zum Vorziehen von Freiland-Gemüse, zur Erzielung mehrerer Ernten pro Jahr, zum Nachreifen von bestimmtem Freilandobst und zum Schnelltrocknen von Kaminholz genutzt. In Form von Wintergärten bilden sie zudem eine zusätzliche Kälteisolierung für das Haus und eine „Wohnzimmer-Erweiterung“ für die Übergangszeiten Frühjahr und Herbst.
Auch in diesem Bereich gibt es immer wieder neue Entwicklungen und Konzepte wie energetisch optimierte Solargewächshäuser, solare Erd- bzw. Unterboden-Gewächshäuser („Walipini“) oder „Energieschirme“ als Schattenspender zur Vermeidung sommerlicher Überhitzung.[197]
Das Bio-Solarhaus-Konzept[198] des deutschen Ingenieurs Klaus Becher verwendet mit seinem Haus-im-Haus-System quasi ein Gewächshaus als Wärmeschutzhülle für ein Wohnhaus, und kann so mit Unterstützung einer Solarthermie-Anlage und eines wasserführenden Holzofens gänzlich auf eine konventionell-fossile Heizung verzichten.

Für Gewächshäuser wäre es eine große Innovation, wenn es – an der Grenze zwischen Lichtlenkung und Solarthermie – gelänge, Folien oder Gläser zu entwickeln, die das Sonnenlicht so umwandeln, dass die Pflanzen mehr wachstumsförderndes Licht bekommen, zu große Hitze aber draußen bleibt. Erste Ansätze dazu gibt es bereits.[199]

---

[196] Siehe Busch 1801, Bd. 1, S. 21 ; Tute 2005, S. 32-36 ; http://de.wikipedia.org/wiki/Schloss_ Schwöbber

[197] Siehe Lorenz-Ladener 2012 ; http://www.bensoninstitute.org/Publication/Manuals/Walipini.pdf ; http://de.wikipedia.org/wiki/Energieschirm

[198] Siehe Becher 2012 ; http://www.bio-solar-haus.de/

3.2.2.Solarkollektoren

Für die unabhängige Wärme-Energieversorgung des Hauses, d.h. für Heizung und Warmwasser, sind Solarkollektoren der entscheidender Faktor.[200] Schon 1774 baute Horace Bénédict de Saussure den ersten Solarkollektor mit Glasabdeckung; 1837 setzte Sir John Herschel einen zweifach verglasten Solarkollektor am Kap der Guten Hoffnung ein.[201] Zwischen 1890 und 1945 entstanden in den USA eine Vielzahl zum Teil modern anmutender Solarkollektor-Typen, die auch in größeren Stückzahlen eingesetzt wurden.[202] Erst das Zeitalter des billigen Erdöls drängte diese Technik ebenfalls für Jahrzehnte zurück.

Heute ist es wichtig, dass für die Aufstellung der Kollektoren genügend Dachfläche zur Verfügung steht – und zwar hausnah auf Hausdächern, Garagen, Carports etc. Die Dachfläche sollte nach Süden (mit maximaler Abweichung von 50 Grad nach Ost oder West) ausgerichtet und unverschattet sein, wobei Verschattungen hier nicht so problematisch sind wie bei der Fotovoltaik. Optimal wäre ein Dachneigungswinkel von ca. 45 Grad; bei Flachdächern werden die Kollektoren aufgeständert.
Für das Home-Energy-Harvesting stehen mehrere Kollektortypen zur Verfügung:

Luftkollektoren[203] als einfachste Form der Solarkollektoren benutzen die Luft als Wärmetransportmedium. Sie sind kostengünstig und können auch im tiefsten Winter nicht einfrieren. Andererseits ist Luft ein schlechtes Wärmespeichermedium, so dass eventuell die Wärme – unter Umwandlungsverlusten – auf ein Wärmespeichermedium (Wasser, Zeolithe etc., siehe Kapitel „Energie-Speicher) übertragen werden muss. Zur Belüftung/Erwärmung feuchter Kellerräume oder Räume an der Nordseite des Hauses können Luftkollektoren mit PV-betriebenen

---

199 Siehe http://extension.psu.edu/plants/plasticulture/technologies/plastic-mulches/dress-for-success-mulch ; PM 6/1998, S. 51 ; http://idw-online.de/pages/de/news540406 ; http://dx.doi.org/10.1038/ncomms3047

200 Siehe http://www.sonnenhaus-institut.de/ ; http://www.solarenergy.ch/ ; Deutsche Gesellschaft für Sonnenenergie 2012 ; Oberzig 2012

201 Siehe Reusch 1982, S. 128 f.

202 Siehe Reusch 1982, S. 137-147

203 Siehe http://www.trubadu.de/ ; http://de.wikipedia.org/wiki/Luftkollektor ; http://www.energieportal24.de/forum/topic,7736,-solar-luft-kollektor.html ; http://www.asi.nu/ ; http://www.grammer-solar.com/cms/de/solarluft.html

Ventilatoren kombiniert werden, welche die Warmluft zu den entsprechenden Räumen transportieren.[204]

Schwimmbadkollektoren[205] sind meist große, schwarze, von Wasser durchflossene Kunststoff-Matten oder -Panele. Sie dienen dazu, in der Sommerzeit das Wasser von Außenpools/Schwimmbädern mit kostenloser Solarenergie aufzuheizen. Da diese Kollektoren nicht frostresistent sind, müssen sie im mitteleuropäischen Winter – wie der Pool – zumindest entleert, bisweilen auch abgebaut werden.
Schwimmbadkollektoren könnten aber auch bei Häusern mit großen Warmwasser-Speichern (und ganz ohne Schwimmbad) eine sinnvolle Energie-Ernte-Hilfe sein: als zusätzlicher „Booster" zum Aufheizen der großen Wassermengen. Sie ließen sich so, mit Hilfe eines Extra-Wasseranschlusses und einer entsprechenden Regelelektronik, in der Sommerzeit auf Gestellen im Garten oder auf dem Carport montieren.
Ähnlich ließe sich eine spezielle Art von Asphaltkollektoren einsetzen, die, unter dunklen Parkplätzen, Garagenauffahrten etc. verlegt, nur im Sommer zusätzliche Wärme einsammelt. Herkömmliche Asphaltkollektoren[206] sind wegen ihres Konzeptes (schneefrei halten von Parkplätzen) und ihrer Technik (spezielle Speicher, Wärmepumpe) dazu allerdings kaum geeignet.

Flachkollektoren[207] bestehen aus einer schwarzen, von Wasser durchflossenen „Heizschlange", die sich in einem „Kasten" („Modul") mit schwarzer Rückwand und einem durchsichtigen Glasdeckel als Vorderseite befindet.
In südlichen, frostfreien Gegenden werden sie nur zur Erzeugung von Trink-/Brauchwasser für das Händewaschen, den Geschirrspüler etc. verwendet; man erkennt diese Schwerkraft-Systeme[208] daran, dass quer

---

[204] Siehe http://www.grammer-solar.com/cms/de/neues-und-interessantes/381-kellerlueftung.html
[205] Siehe http://de.wikipedia.org/wiki/Sonnenkollektor# Schwimmbadabsorber/Absorbermatten
[206] Siehe http://www.bottrop.de/microsite/ic/medien/bindata/ Anhang_ICR_BOTTROP.pdf (S. 33) ; http://www.iftechnology.de/wm.cgi? id=274 ; http://www.detail.de/architektur/themen/die-bruecke-als-sonnenkollektor-000972.html
[207] Siehe http://www.solarthermietechnologie.de/technologie/kollektoren/ flachkollektoren/ ; http://de.wikipedia.org/wiki/Flachkollektor
[208] Siehe Quaschning 2011, S. 91 f.

oberhalb des Kollektors ein tonnen-/walzen-förmiger Wasserspeicher angebracht ist.
In mitteleuropäischen Gefilden, wo die Sonne weniger scheint, der Warmwasserbedarf höher ist und Kollektoren auch zur Heizungsunterstützung eingesetzt werden, sind die Warmwasser-Speicher selbstverständlich größer und befinden sich zusammen mit der elektrischen Pumpe für den Kreislauf meist im Keller des Gebäudes.
Flachkollektoren kosten relativ wenig, bringen aber auch weniger Wärmeleistung als die folgenden Vakuumröhrenkollektoren.

Vakuumröhrenkollektoren[209] sehen auf den ersten Blick den Flachkollektoren ähnlich, sind aber anders aufgebaut: statt einer „Heizschlange" haben sie im Inneren schwarzen Röhren, die wiederum so von Glasröhren ummantelt sind, dass zwischen den beiden Röhren ein Vakuum besteht. Die schwarzen Innen-Röhren durchfließt entweder Wasser oder sie sind als geschlossene „Heatpipes" ausgelegt, in denen ein Wärmemedium die Sonnenhitze aufnimmt und sie dann über einen Wärmetauscher an eine Wasserkreislauf abgibt. Seitlich neben den einzelnen Röhren befinden sich Reflektorbleche, die zusätzlich Sonnenlicht auf die Röhren reflektieren. Der aus mehreren Röhren und Reflektorblechen bestehende Kollektor wird an seiner Oberseite durch eine Glasplatte vor Verschmutzungen und Beschädigungen (Hagel) geschützt.
Vakuumröhrenkollektoren sind teurer als Flachkollektoren, bringen aber auch mehr Leistung, so dass sich selbst auf kleineren Dachflächen ansehnliche Ergebnisse erzielen lassen. So lassen sich – entsprechende Speichergrößen, Dachflächen etc. vorausgesetzt – 95% des ganzjährigen Wärmeenergiebedarfs eines Einfamilienhauses allein durch solche Kollektoren decken.[210] Zudem können einige Kollektor-Fabrikate als geschlossene Dachflächenabdeckung auch eine konventionelle Dachdeckung mit Pfannen oder Schindeln ersetzen, und so beim Bau bzw. der Dachrenovierung Kosten sparen.[211]

Hybridkollektoren[212] (PVT-Kollektoren) produzieren Strom (PV=Photovoltaik) und Wärme (T=Thermie) zugleich. Sie sind eine

---

[209] Siehe http://de.wikipedia.org/wiki/Vakuumröhrenkollektor ; Quaschning 2011, S. 104 f. ; http://de.wikipedia.org/wiki/Wärmerohr
[210] Siehe http://www.energetikhaus100.de/
[211] Siehe http://www.solifer.de/private-bauherren/entscheidungshilfen/solardach-statt-dachbelag

Kombination von Solarkollektoren und PV-Panelen, bei denen das Wasser der Kollektoren oft zugleich die wärmeempfindliche Fotovoltaik kühlt und so deren Leistung steigert. Zudem kann der Kollektor auch bei bedecktem Himmel Wärme ernten, wenn mache PV-Zellen-Typen kaum Strom liefern. Auch hier gibt es inzwischen einige unkonventionelle Lösungskonzepte.[213] Leistungsfähige Hybridkollektoren können künftig dafür sorgen, dass die Konkurrenz zwischen Solarthermie und Fotovoltaik um die oft zu kleinen Dachflächen beendet wird.[214]

Kollektoren können sowohl zur reinen Trink-/Brauchwasser-Erwärmung als daneben auch zur Heizungsunterstützung eingesetzt werden. Bei der Heizungsunterstützung empfiehlt sich allerdings eine Fußbodenheizung, da diese mit geringeren Vorlauftemperaturen arbeitet und so besser von den Kollektoren bedient werden kann. Auch ist zu bedenken, dass die Heizungsunterstützung gerade im Winter benötigt wird, wenn die Sonne am wenigsten scheint. Daher können die Anlagen bisweilen nur bis zu 25 Prozent des Heizenergiebedarfs abdecken. Anders sieht es bei modernen Plusenergie-Häusern aus.

Da, mit Ausnahme der Luftkollektoren, im Winter das Wasser im Kollektor bei strengem Frost gefrieren und den Kollektor zerstören würde, gibt es hier verschiedene Lösungsverfahren:
*der Zusatz von Frostschutzmitteln, die natürlich extra Geld und, wegen ihrer langsamen Alterung/Zersetzung, irgendwann extra Wartungs-

---

212 Siehe http://www.pvtwins.nl/principle.html ; http://www.solarhybrid.ag/Hybrid-Kollektor.52.0.html ; http://www.solarzentrum-allgaeu.de/de/pv-therm-kombimodul/die-idee-dahinter ; http://home.tudelft.nl/nl/actueel/laatste-nieuws/artikel/detail/afstudeerder-tu-delft-verbetert-hybride-zonnecollector-en-brengt-zonnesimulator-op-de-markt/ ; http://www.fh-ooe.at/fh-oberoesterreich/aktuell/presse/fh-ooe-news/fh-ooe-news/article/fh-ooe-oeko-energietechnik-student-entwickelt-neuartige-hybrid-solarkollektoren-in-australien/

213 Siehe http://www.bine.info/hauptnavigation/publikationen/projektinfos/publikation/solardaecher-doppelt-nutzen/ (Bine Projektinfo 10/2012) ; http://www.youtube.com/watch?v=yc9gIMIVesY ; http://www.erneuerbare-energien.de/niederlaendischer-student-entwickelt-neuen-hybridkollektor/150/406/31456/

214 Siehe http://www.sonnenenergie.de/index.php?id=30&no_cache=1&tx_ttnews[tt_news]=211 ; http://www.heise.de/tr/artikel/Konkurrenz-auf-dem-Dach-1473463.html

arbeit kosten, weil sie ersetzt und als Sondermüll entsorgt werden müssen.
*„Drain-Back-Systeme" (DBS), die den Solarkreislauf automatisch in einen hausinternen Speichertank entleeren, wenn am Solarkollektor die Temperatur zu sehr sinkt (oder steigt).
*Aqua-Systeme, die das Wasser des Solarkreislaufs bei niedrigen Temperaturen notfalls künstlich (z.B. elektrisch) aufheizen und so ein Einfrieren verhindern.
Diese Verfahren machen deutlich, dass die meisten Solarkollektorsysteme bei extremen bzw. langen Frost-Temperaturen die Grenzen ihrer Leistungsfähigkeit erreichen und dann nicht mehr weiter arbeiten können. Zudem ließe sich die Frostgefahr stark reduzieren bzw. bannen,

*wenn man bereits beim Hausbau auf eine Indoor-Lösung für die Kollektoren setzen würde: sie könnten hinter großen, eigenen, gut isolierten Dachschrägen-Fenster eingebaut werden und blieben daher gänzlich in der Wärme des Innenraumes. Praktische Versuche müssten zeigen, ob eine Verglasung unter Einbeziehung von Licht-Lenkungssystemen (s.o.) Vorteile brächte.
*wenn man die Erdwärmeverfahren, die z.B. für das Beheizen von Schienen und Weichen entwickelt wurden[215], für die Frost- und Eis-Verhinderung bei den Solarkollektoren (auch bei der PV) entsprechend anpassen würde. Diese Erdwärmekollektoren brauchen im Gegensatz zur Wärmepumpe keinen Strom, müssten aber oberhalb des Erdbodens gut isoliert verlegt werden.

Eine Montage von Solarkollektoren auf Nachführsysteme abseits vom Haus ist wegen ihres im Vergleich zur PV höheren Gewichts und der Wärmeverluste der längeren Rohrleitungen kaum möglich. Dafür lassen sich Solarkollektoren als „Fassadenkollektoren"[216] gut in sonnenbeschienene Hauswände integrieren. Sie liefern dort besonders im Winter gute Ernte-Erträge, da die Sonne fast optimal im rechten Winkel auf den Kollektor trifft, und der senkrecht stehende Kollektor immer schneefrei ist. Zudem machen sie das teure Verblend-Mauerwerk überflüssig.

---

[215] Siehe http://www.patent-de.com/20070726/DE102006012903B3.html ; http://www.faqs.org/patents/app/20100108294

[216] Siehe http://www.energiesparhaus.at/energie/solaranlage/fassade.htm ; http://www.trubadu.de/shop/pdfartikel/bauanleitung_luftkollektor_fassade_leseprobe.pdf

Insgesamt ist die Solarkollektor-Entwicklung noch lange nicht abgeschlossen[217]: einerseits gibt es neue Formen, z.B. kreisrunde oder in Form eines Blattes[218], andererseits kommen statt Kupfer neue, billigere Materialien (Aluminium, Stahl, Kunststoff) oder schon fast vergessene (Beton) zum Einsatz.[219] Dazu tragen auch immer wieder Bastler, Erfinder und Kleinunternehmen[220] bei, denn Solarkollektoren kann man, anders als bei PV-Modulen, mit „fachfremden" Altteilen wie Autokühlern, Fensterglas, schwarzen Holzkisten etc. experimentieren.

Im Gegensatz zur Fotovoltaik, wo es mit Solar-Taschenlampen, -Handys etc. eine Vielzahl von Kleingeräten gibt, sind kleinere, bewegliche Geräte im Bereich der Solarthemie selten. Dennoch gibt es einige Ausnahmen: Solarduschen[221] für den Garten sind seit Jahren im Angebot, haben sich aber nicht durchgesetzt, weil sie vor allem dann warmes Wasser bieten, wenn es im Sommer heiß ist. Verbreiteter, besonders in südlichen Ländern, sind die Solartrockner bzw. -dörrer.[222] Diese gibt es sowohl mit Luft- als auch mit Flachkollektoren, wobei letztere wegen des integrierten Wasserkreislaufs bei kurzfristigen Sonne-Wolken-Wechseln besser/kontinuierlicher arbeiten. So ähnlich sah auch der Solar-Herd aus, den die Firma AEG Hausgeräte/Nürnberg[223] in den 1980er Jahren vor allem für die „Dritte Welt" entwickelte: ein schräg stehender Vakuumröhren-Kollektor mit eingebetteten Heat-Pipes sam-

---

[217] Siehe http://esttp.org/ ; http://www.solarthermietechnologie.de/ ; http://www.mdr.de/einfach-genial/energie128.html ; http://www.youtube.com/watch?v=vqZYhPeIL9Y

[218] Siehe http://www.ensol.pl/de/category/4-intersolar-2012-in-muenchen ; http://www.sun-master.at/index.php/de/kollektoren/bionic-absorber ; http://www.bionicol.eu/

[219] Siehe http://www.savosolar.fi/de/technik/technik ; http://www.stahlabs.de/ ; http://www.sunlumo.at/de/index.php/company-blog/50-industrial-design-staerkt-image-vieler-konsumprodukte-2 ; http://www.sonnewindwaerme.de/content/kollektoren-aus-beton

[220] Siehe Mener 2002, S. 55 ff.

[221] Siehe http://www.suntherm.ch/wb/pages/solarduschen.php ; http://www.solardusche.de/ ; http://www.solardusche.org/

[222] Siehe http://de.wikipedia.org/wiki/Sonnendörrer ; http://www.solareagle.com/PREP/SOLDEHYD.HTM ; http://solarkocher.ch/fileadmin/solarkocher/docs/BauanleitungSD.pdf ; http://umweltvinschgau.files.wordpress.com/2011/09/bauanleitung-solardoerrer.pdf ; http://www.malnutrition.org/solar-flex.php

[223] Siehe AEG AG, Abteilung Hausgeräte, Prospekt H 264115600-028715./48

melt die direkte oder auch diffuse Sonnenstrahlung und gibt die gewonnene Sonnenwärme an einen gut isolierten Speicherkern weiter, über dem sich zwei Kochmulden befinden. Der Speicherkern hat eine Temperatur > 200°C und eine Kapazität von ca. 2 kWh; das reicht für die Zubereitung von 15 Liter Suppe oder 50 Fladenbroten. Der Solarherd steht auf zwei Rädern und der Basis des Kollektors; er lässt sich so leicht nach der Sonne ausrichten.
Solarthermie-Anlagen können ebenso zur Unterstützung von Wärme verbrauchenden Haushaltsgeräten wie Waschmaschinen, Geschirrspülern und Wäschetrocknern verwendet werden, indem man diese Geräte an eine entsprechende Warmwasser-Leitung anschließt und dadurch die elektrische Aufheizung des Wassers einspart.[224]
Schließlich ließe sich die Solarthermie auch zum Bierbrauen – nicht nur in großem Maßstab – sowie zum Dampfbiegen von Holz einsetzen.[225]

3.2.3. Solarthermie-Kraftmaschinen

Dass man die einfache, nicht-konzentrierende Solarthermie auch zur Krafterzeugung nutzen kann, zeigten bereits die vielen historischen solaren Wasserpumpen von della Porta, de Caus, Kircher, Dechales, Bélidor, de Liancourt und Mouchot.[226] Dazu kommen die Konzepte zu Solar-Dampfmaschinen von De la Cliche und Oliver Evans sowie die weitgehend unbekannte Sonnenkraftmaschine von (J.L.) Woisard in Metz von 1823.[227] Es bedarf dazu nicht immer einer Lichtkonzentration wie bei den o.a. Dish-Stirling-Motoren[228]. Wie einfach eine solche Niedertemperatur-Technik funktioniert, kann jeder sehen, der mal einen Handwärme-Stirlingmotor[229] auf eine Heizung stellt. Und in der Tat

---

[224] Siehe http://www.miele-presse.de/de/presse/artikel/artikel_037_2012.aspx ; http://www.miele-plag.de/cms-plag/index.php/hausgeraete/ifa-neuheiten/131-ifa-neuheit-miele-solartrockner-kommt-anfang-2013-

[225] Siehe http://www.bine.info/publikationen/publikation/mit-solarer-waerme-bier-brauen/ ; http://www.1-2-do.com/de/projekt/Leisten-mit-Dampf-biegen/bauanleitung-zum-selber-bauen/13552/

[226] Siehe Mouchot 1987, S. 135 ff. ; Reusch 1982, S. 129 f., 244 f. ;

[227] Siehe Mouchot 1987, S. 153 f. ; Dingler 1824, Bd. 13, Nr.18, S. 125-126 ; http://dingler.culture.hu-berlin.de/article/pj013/ar013018

[228] Siehe Quaschning 2010, S. 172 f. ; http://de.wikipedia.org/wiki/Solar-Stirling

[229] Siehe http://www.clipfish.de/video/2678916/handwaerme-stirlingmotor/

gibt es heute Entwicklungen, die die Solarthermie nicht nur als Wasserpumpen[230], sondern zur Erzeugung von elektrischem Strom nutzen: hierzu gehört der Solarwärme-Stirlingmotor der in Boulder/Colorade beheimateten US-Firma „Cool Energy“, der seine Energie vor allem im Sommerhalbjahr aus Solarkollektoren zur Hauserwärmung bezieht und daraus elektrischen Strom produziert.[231] Auch der thermohydraulischer Antrieb der Stuttgarter Firma „Archimedes Solar GmbH“ zur automatischen optimalen Ausrichtung ihrer Konzentrator-PV-Module stellt einen solchen Motor dar.[232]
Eine weitere Alternative ist die direkte Umwandlung der Solarthermie-Energie mittels thermovoltaischer Zellen in elektrischen Strom, wie sie vor allem am MIT und am Boston College in Newton/Massachusetts entwickelt wurde.[233]

Gegenüber den mit konzentriertem Licht arbeitenden Wärmekraftmaschinen wie etwa dem Dish-Stirling haben diese Solarthermie-Kraftmaschinen den Vorteil, dass sie meist auch bei diffuser Sonnenstrahlung arbeiten und dass man sie dem Lauf der Sonne nicht nachführen muss. Allerdings sind sie auch nicht so leistungsfähig wie die Konzentrator-Systeme, die mit höheren Temperaturen arbeiten. Daher wird man die Solarthermie-Kraftmaschinen auch kaum als Dampfmaschinen einsetzen, da der Energieaufwand für die Umwandlung des Wassers vom flüssigen in den gasförmigen Aggregatzustand einfach zu hoch ist. Die wohl bisher beste und ausführlichste Zusammenfassung zu solaren Wärmekraftmaschinen stammt von Dr. Laurence C. Spencer vom Department of Mechanical Engineering der Universität Perth/Australien.[234]

---

[230] Siehe http://www.youtube.com/watch?v=G2CCDwwRfhw ; http://www.youtube.com/watch?v=W2Bbht7O2Hc
[231] Siehe http://www.coolenergyinc.com/solar.html
[232] Siehe http://www.solarserver.de/solar-magazin/solar-report/konzentrator-photovoltaik-bringt-die-sonne-auf-den-punkt.html ; http://www.fvee.de/fileadmin/publikationen/Themenhefte/th1996/th1996_02_07.pdf
[233] Siehe http://www.gmzenergy.com/ ; http://www.nature.com/nmat/journal/v10/n7/full/nmat3013.html
[234] Siehe Spencer 1989, Vol. 43, Iss. 4, S. 191 ff.

3.3. Fotovoltaik

Fotovoltaik (PV), die direkte Stromerzeugung aus Sonnenlicht, hat ihre physikalische Grundlage in der Herauslösung von Elektronen aus der Oberfläche eines Halbleiters oder Metalls durch Bestrahlung. Diese Entdeckung wird meist dem Franzosen Edmond Becquerel 1839 zugeschrieben. Doch schon vor 1839 hatte Professor Salverio Barlocci vom Physikalischen Kabinett der Universität Rom entsprechende Versuche mit Kupferbeschichtungen gemacht.[235] 1877 wurde dieser Effekt auch für das Element Selen in einem wissenschaftlichen Beitrag für die Royal Society beschrieben; 1883 baute der US-Amerikaner Charles Fritts auf Basis von Selen die erste Fotozelle.[236]

Während sich die Selen-Zellen vor allem als Energielieferanten in den Belichtungsmessern zu teuren Fotoapparaten verbreiteten, kam die Fotovoltaik-Forschung zu kostengünstigen und leistungsfähigen PV-Zellen in der ersten Hälfte des 20. Jahrhunderts kaum voran: Halbleiter-Elektrolytzellen auf Basis von Kupferoxid/Natriumchlorid-Lösungen wurden von Peter Pringsheim und Robert Wichard Pohl erforscht, die 1914 zusammen das Buch „Die lichtelektrischen Erscheinungen" publizierten.[237] 1926 meldete die Westinghouse Brake GmbH in England und den USA ein Patent auf Kupfer-Kupferoxydul-Fotozellen an; in Deutschland forschten Walter Schottky und Bruno Lange in den 1920ern/30ern zu diesem PV-Zellen-Typ.[238]

Der große Durchbruch geschah erst 1954, als mehrere US-Wissenschaftler-Teams fast gleichzeitig zu neuen Ergebnissen kamen: die Gruppe um Paul Rappaport von den RCA Laboratories in Princeton verwendete ebenso wie die Gruppe von Chapin, Fuller und Pearson Silizium(Si)-Zellen, die einen Wirkungsgrad von ungefähr sechs Prozent erreichten; gleichfalls auf einen Sechs-Prozent-Wirkungsgrad kamen Reynolds, Leis, Antes und Marburger mit Cadmiumsulfid(CdS)-Zel-

---

[235] Siehe http://dingler.culture.hu-berlin.de/article/pj042/mi042061_6 ; Dingler 1831, Bd. 42, Nr. LXI./Miszelle 6, S. 216

[236] Siehe Warnke 1998, S. 307

[237] Siehe http://de.wikipedia.org/wiki/Peter_Pringsheim ; http://de.wikipedia.org/wiki/Robert_Wichard_Pohl

[238] Siehe http://de.wikipedia.org/wiki/Walter_Schottky ; Hartung 1996, S. 523 f. ; Warnke 1998, S. 307 f.

len.[239] Bereits ab 1957 erschien mit „Solar Energy“[240] das erste Solar-Fachmagazin; 1958 wurden mit dem US-Satelliten „Vanguard I“ erstmals Solarzellen in der Weltraumfahrt eingesetzt.

Heute gibt es für die Herstellung von Fotovoltaik-Zellen eine Vielzahl von Stoffen – alle mit ihren spezifisch-eigenen Vor- und Nachteilen. Die aktuelle Leistungsfähigkeit der einzelnen PV-Zellen-Typen lässt sich leicht aus der Liste „Progress in Photovoltaics“ oder künftig auch aus den „PV-Charts“ des Fraunhofer-Instituts für Solare Energiesysteme ISE ersehen.[241]

3.3.1. Silizium(Si)-Zellen

Silizium ist eines der häufigsten Materialien auf unserem Erdball. Es findet sich, im wahrsten Sinne des Wortes, wie „Sand am Meer“. Für die elektrische Solarenergie-Ernte muss das Silizium jedoch in einer hochreinen Form von über 99,99 Prozent vorliegen. Der technische Weg dorthin ist sehr energieaufwendig – das Silizium muss teilweise mehrfach aufgelöst, destilliert und bei Temperaturen von über 1000 °C weiter verarbeitet werden.[242] Si-Zellen unterteilen sich heute in verschiedene Unterformen:

Monokristalline Zellen[243] enstehen, wie der Name schon sagt, aus einem einzigen Kristall, zu dem sich das flüssige Silizium ablagert. Dieser runde Kristallstab wird in feine, nur ein Viertel Millimeter dicke Scheiben („Wafer“) geschnitten. Diese Scheiben werden dann mit gasförmigen Stoffen behandelt („Dotierung“), mit einer Anti-Reflektionsschicht überzogen. Dann werden maschinell die elektrischen Kontakte auf der Vor- und Rückseite aufgetragen. Monokristalline Zellen erreichen im Labor Wirkungsgrade von > 20%, als Module aus der Produktion Wirkungsgrade von > 16%.

---

[239] Siehe Rappaport 1959, S. 8 ; Oesterreicher/Trykowski 1987, S. 39

[240] Siehe Solar Energy 1957 ff.

[241] Siehe http://onlinelibrary.wiley.com/doi/10.1002/pip.1088/full ; http://www.pv-charts.com/

[242] Siehe Quashning 2010, S. 108 f. ; http://de.wikipedia.org/wiki/Silicium#Solarsilicium

[243] Siehe https://de.wikipedia.org/wiki/Monokristallin ; http://www.solaranlagen-portal.com/solarmodule/systeme/monokristallin

Polykristalline Zellen[244] bestehen aus zu Blöcken gegossenem Silizium; bei diesem Gießverfahren bilden sich eine Vielzahl von Kristallen (daher „polykristallin“ = „vielkristallig“). Die Blöcke werden anschließend zu Scheiben zersägt und wie bei den monokristallinen Zellen weiter verarbeitet. Sowohl poly- als auch monokristalline Zellen kann man mit Dicken von einem Drittel bis einem Viertel Millimeter als „Dickschichtzellen“ bezeichnen.
Im Gegensatz zum „vornehmen Schwarz“ der monokristallinen sehen die polykristallinen Solarzellen bläulich-schimmernd aus, was an der unterschiedlichen Orientierung der einzelnen Kristalle liegt.
Inzwischen geht man sowohl bei mono- als auch bei polykristallinen Zellen dazu über, die elektrischen Kontakte auf der Rückseite zu konzentrieren, um auf der Vorderseite mehr Platz für die Siliziumschicht zu haben (rückseitenkontaktierte Zellen).[245]

Zellen aus UMG-Silizium[246] bestehen aus einem Silizium („Upgraded Metallurgical Grade“), das einen geringeren Reinheitsgrad hat als das der mono- und polykristallinen Zellen. Dieses Silizium ist in seiner Herstellung billiger und weniger energieaufwändig als seine hochreinen Verwandten; beim Wirkungsgrad liegt es etwa zwischen den mono- und polykristallinen Zellen.

Amorphe Zellen[247] gehören, anders als die mono- und polykristallinen Zellen, zu den Dünnschichtzellen, die ca. nur ein Hundertstel der Siliziumdicke der beiden vorhergehenden Typen ausweisen. Sie können auf flexible Trägermaterialien aufgedampft werden, so dass man die Module auch auf unebenen bzw. gewölbten Flächen anbringen kann.

---

244 Siehe http://www.renewable-energy-concepts.com/german/ sonnenenergie/solaranlage-solartechnik/solarzellen-herstellung/giessverfahren-polykristallin-si.html

245 Siehe http://idw-online.de/pages/de/news223317 ; http://www.fvee.de/fileadmin/publikationen/Themenhefte/th2003/th2003_03_01.pdf ; http://www.ise.fraunhofer.de/presse-und-medien/presseinformationen/presseinformationen-2011/neue-silicium-solarzellenkonzepte-fuer-mehr-effizienz-forscher-des-fraunhofer-ise-erreichen-wirkungsgrade-ueber-20-mit-siebdrucktechnologie/

246 Siehe http://en.wikipedia.org/wiki/Polycrystalline_silicon#Upgraded_metallurgical-grade_silicon ; http://www.youtube.com/watch?v=B-lVbksaGJU

247 Siehe http://www.solaranlagen-vergleich.com/solarzellen/amorphe-solarzellen ; http://www.uni-solar.com

Die Materialersparnis und die Flexibilität erkaufen sich diese Zellen aber auch mit einem erheblich geringeren Wirkungsgrad (bis ca. 10% im Labor, bis ca. 7% in der Produktion) und damit einem gegenüber den herkömmlichen Zellen höheren Platzbedarf bei gleicher Leistung. Dafür ist die Herstellung billiger und die Zellen können auch eine teilweise Verschattung sowie hohe Temperaturen vertragen. Allerdings sinkt die Anfangsleistung im ersten Jahr (Anfangsdegradation), wobei das erreichte Niveau anschließend stabil bleibt.

Mikrokristalline Zellen[248] werden wie die amorphen Zellen aufgedampft; allerdings ist das Trägermaterial hier hitzebeständiges Glas. Erst dann wird das Silizium durch eine Hitzebehandlung kristallisiert. Der Silizium-Einsatz ist ähnlich gering wie bei den amorphen Zellen. Der Wirkungsgrad liegt zwischen den polykristallinen und amorphen Zellen; allerdings geht im Vergleich zu letzteren die Flexibilität wegen des Trägermaterials Glas verloren.

3.3.2. Seltene-(Halb-)Metall-Solarzellen

Während Silizium bereits als Element ein Halbleiter ist, gibt es andere, meist metallische Elemente, die erst in einer chemischen Verbindung miteinander zu Halbleitern werden. Bei diesen Verbindungshalbleitern zählt zumindest eines der verarbeiteten Metalle zu den eher seltenen (Halb-)Metallen (nicht zu verwechseln mit „Seltenen Erden"). Da diese Verbindungshalbleiter sich aus Elementen verschiedener Gruppen (II, III etc.) des chemischen Periodensystems zusammen setzen, unterscheidet man bei Ihnen II-VI-Halbleiter und III-V-Halbleiter.[249]
Wegen ihrer Seltenheit sind diese Metalle relativ teuer und werden künftig bei vermehrter (PV-)technischer Verwendung noch teurer werden. Andererseits sind diese Module alles Dünnschichtmodule, die sehr wenig Material verbrauchen. Aufgebracht auf ein flexibles Trägermaterial sind die Zellen biegsam und können sich also auch Kanten und gewölbten Oberflächen wie Hauserker, Wohnwagendächer etc. anpassen. Sie können zudem diffuses Sonnenlicht nutzen, wie es bei be-

---

[248] Siehe http://www.csgsolar.com ; http://www.neueenergie.net/index.php?id=1022 ; http://www.eurekalert.org/pub_releases/2009-12/dnl-gsp122109.php

[249] Siehe http://de.wikipedia.org/wiki/II-VI-Verbindungshalbleiter ; http://de.wikipedia.org/wiki/III-V-Verbindungshalbleiter

wölktem Himmel oder bei Halbverschattungen durch Bäume entsteht. Die wichtigsten dieser Zelltypen sind:

Galliumarsenid(GaAs)-Zellen[250] bestehen als Halbleiter aus einer Verbindung der Elemente Gallium und Arsen; letzterer ist ein hoch giftiger Stoff. Dies und die komplexe Herstellung haben die Verbreitung der Zellen trotz des guten theoretischen 25 %-Wirkungsgrades bisher behindert. Verbesserte und sparsamere Produktionsverfahren könnten künftig für einen verstärkten Einsatz dieses Typs sorgen. GaAs-Zellen werden heute vielfach in der Raumfahrt eingesetzt.

Cadmiumtellurid(CdTe)-Zellen[251] sind einfacher zu produzieren als die Galliumarsenid-Zellen, erreichen aber auch geringere Wirkungsgrade: Während der Rekordwert bei > 17 % liegt, erreichen die Serienmodule ca. 11 %. Die Zellen vertragen gut Temperaturschwankungen und erzielen auch noch bei diffusem Licht akzeptable Erträge. Allerdings sind sie bei Bränden wegen des verarbeiteten giftigen Cadmiums nicht unumstritten.

Kupfer-Indium-Diselenid(CuInSe2)-Zellen[252] werden meistens ganz unchemisch als „CIS-Zellen" bezeichnet. Es gibt bei diesem Zellentyp noch weitere Variationen wie Kupfer-Indium-Gallium-Diselenid (CIGS)- oder Kupfer-Indium-Disulfid-Zellen. Die Zellen sind einerseits sehr lichtbeständig (d.h. sie altern nicht unter Sonnenlicht-Einfluss), andererseits sind sie empfindlich gegen Luftfeuchtigkeit und müssen daher dauerhaft und zuverlässig luftdicht abgekapselt wer-

---

250 Siehe http://de.wikipedia.org/wiki/Gallium-Arsenid ; http://www.heise.de/tr/artikel/Der-bessere-Halbleiter-1006146.html ; http://rze-falbala.rz.e-technik.fh-kiel.de/~waller/ftp/solarseminar/ss04/Vortrag08-Folien.pdf ; http://www.freiberger.com/ ; http://www.azurspace.com/index.php?page=88

251 Siehe http://www.nrel.gov/pv/cdte/ ; http://de.wikipedia.org/wiki/Cadmiumtellurid ; http://investor.firstsolar.com/releasedetail.cfm?ReleaseID=593994 ; http://www.rechner-photovoltaik.de/photovoltaiklexikon/cadmiumtellurid-cdte ; http://www.firstsolar.com ; http://www.antec-solar.de/produkt/atf/

252 Siehe http://de.wikipedia.org/wiki/CIGS-Solarzelle ; http://www.presse.uni-oldenburg.de/download/einblicke/47/10-12-parisi-riedel.pdf ; http://www.scalenano.eu/; http://www.cis-solartechnik.de/ ; http://www.wuerth-solar.de ; http://www.miasole.com/ ; http://www.flisom.ch/

den.[253] CIGS-Module aus der Produktion erreichen einen Wirkungsgrad von knapp > 15%, während die Rekordzellen, je nach Trägermaterial bei > 18% (flexibel) bzw. > 20% (Glas) liegen.
Inzwischen ist es gelungen, CIGS-Zellen mit einem Tintenstrahldrucker herzustellen[254], was bei erfolgreicher Umsetzung in die Produktion die Zellen nochmals verbilligen würde.

Dies sind die am Markt bisher präsenten Kobinationen. Weiteren Verbindungs-Typen wie z.B. Blei-Sulfid-Zellen[255] sind in absehbarer Zeit noch nicht marktreif.

3.3.3. Farbstoff-Solarzellen

Die Farbstoff-Solarzellen[256] (engl. *Dye-sensitized Solar Cells/DSC*) wie z.B. die Grätzel-Zelle basieren auf Titandioxid-Partikeln, die von Verbindungshalbleitern wie Cadmiumselenid (CdSe) und Cadmiumsulfid (CdS) umhüllt werden, aus denen das Licht die Elektronen herauslösen kann. Diese Partikel werden dann mit Farb-/Lösungsstoffen vermengt. Anschließend kann die Farbe auf elektrisch leitenden Flächen verstrichen werden. Diese Zellen haben daher einen z.T. völlig anderen Aufbau als die konventionelle PV. Forschungsaufgaben sind hier insbesondere die Verbesserung der Stabilität/Lebensdauer, der Einsatz kostengünstigerer Materialien und die Erhöhung des bisher geringen Wirkungsgrades.[257]

---

[253] Siehe http://www.fraunhofer.de/presse/presseinformationen/2010-2011/17/flexible-folie.jsp

[254] Siehe http://www.elektronikpraxis.vogel.de/stromversorgung/articles/321263/

[255] Siehe http://www.chemie.uni-hamburg.de/bibliothek/2010/Dissertation-Vaupel.pdf ; http://www.abendblatt.de/ratgeber/wissen/article2210669/Nano-kristalle-fuer-mehr-Oekostrom.html

[256] Siehe http://www.colorsol.de/ ; http://lpi.epfl.ch/graetzel ; http://www.youtube.com/watch?v=3GAIvFDSNa4 ; http://www.uni-saarland.de/fak7/hartmann/cfn/Dokumente/Manuals/Farbstoffsolarzelle.pdf ; http://www3.nd.edu/~pkamat/publ-pvk.html Nr. 418 ; http://dx.doi.org/10.1021/nn204381g

[257] Siehe http://dx.doi.org/10.1038/nature11067 ; http://chemgroups.northwestern.edu/kanatzidis/ ; http://idw-online.de/pages/de/news475278 ; http://idw-online.de/de/news511288 ; http://idw-online.de/pages/de/news546014

3.3.4. Organische Solarzellen

Die Organischen Solarzellen (OPV)[258] bestehen aus Kunststoff(en), sind leicht, flexibel-biegsam, kostengünstig herzustellen und damit erheblich billiger als die Silizium- oder Seltene-Metalle-Technik. OPV-Module lassen sich, auch (halb) durchsichtig, als dünne, flache Oberflächen, als Textilien, Segel, Zelte und ausrollbare Matten etc. einsetzen. Allerdings hat ihre Alterungsbeständigkeit und Lebensdauer noch nicht das Niveau guter Silizium-Zellen erreicht, weil viele Kunststoffe unter UV-Licht relativ schnell altern. Zudem beträgt ihre Leistung derzeit um die 8% und liegt damit auf dem Niveau von amorphen Silizium.

Zu den OPV gehören die Kohlenstoff-Nanoröhren[259] und im weiteren auch die Hybrid-Solarzellen, bei denen Kunststoffe mit Halbleiter-Nanopartikeln vermischt werden.[260]

Immerhin haben OPV-Zellen inzwischen den reinen Experimentier- und Forschungsbereich verlassen; erste Hersteller sind mit entsprechenden Produkten am Markt.[261] Noch ganz am Anfang stehen die Biohybrid-Zellen, die organisches Material wie Protein-Komplexe von Pflanzen wie Spinat und Kudzu mit Silizium kombinieren.[262]

---

[258] Siehe http://www.lios.at/ ; http://de.wikipedia.org/wiki/Organische_Solarzelle ; http://www.solarserver.de/solar-magazin/solar-report/farbstoff-solarzellen-und-organische-photovoltaik.html ; http://www.nature.com/ncomms/journal/v3/n4/full/ncomms1772.html ; http://baogroup.stanford.edu/ ; http://idw-online.de/pages/de/news533240 ; http://inhabitat.com/super-efficient-transparent-solar-cells-could-turn-windows-into-clean-energy-generators/ ; http://dx.doi.org/10.1038/nphoton.2013.276

[259] Siehe http://en.wikipedia.org/wiki/Carbon_nanotubes_in_photovoltaics ; http://www.vdi.de/presse/publikationen/weitere-studien/weitere-technikstudien/kohlenstoff-nanoroehren/ ; http://dx.doi.org/10.1021/nn304410w ; http://nanocenter.nankai.edu.cn/script/nanocenter/PDF/ACS%20Nano_2012_Marc%20P%20Ramuz.pdf ;

[260] Siehe http://ehf.uni-oldenburg.de/pv/26319.html ; http://www.oekonews.at/index.php?mdoc_id=1047594

[261] Siehe http://www.konarka.com/ ; http://www.heliatek.com/ ; http://www.solarmer.com/

[262] Siehe http://www.laborwelt.de/aktuelles/nachrichten/2012-q3/solarzelle-aus-spinat.html ; http://dx.doi.org/10.1002/adma.201202794 ; http://www.vanderbilt.edu/chemistry/faculty/cliffel.php

3.3.5. Neue Materialien

Obgleich die o.a. Solarzellentypen noch ein erhebliches Entwicklungspotential bieten, geht die Suche nach neuen Materialien als Basis für PV-Zellen weiter. Als vielversprechend gelten derzeit u.a. geschichtete Sauerstoff-Heterostrukturen[263] (Metalloxide) und Graphen[264]. Diese Techniken befinden sich noch im frühen Forschungsstadium, wobei man Graphen-Zellen künftig durchaus Wirkungsgrade von 60 Prozent zutraut.
Günstiger und leichter herzustellen als Silizium-PV-Zellen sind Perowskit-Zellen.[265] Perowskit war als Halbleiter lange bekannt; die Zellen hatten aber eine geringe Stabilität/Lebensdauer, was erst in jüngster Zeit von den Forscher-Teams um Michael Graetzel/Lausanne und Henry J. Snaith/Oxford überwunden wurde. Der Wirkungsgrad der Zellen liegt allerdings noch unter 20%.

3.3.6. Optimierungen

Neben kostengünstigeren Produktionsverfahren[266] gibt es höchst verschiedene Ansätze, die heute vorhandene PV-Technik zu optimieren:

Bessere Verdrahtung: Ohne Verbesserungen an der Technik der Zellen lassen sich PV-Systeme optimieren, indem man z.B. den Wirkungsgrad der Wechselrichter erhöht[267], die Verschaltung verbessert, den Gleichstrom der Zellen verstärkt[268], bessere Leistungsoptimier-Systeme[269] (engl. *Power Optimizer Systems*) als Steuerelektronik ver-

---

[263] Siehe http://www.tuwien.ac.at/aktuelles/news_detail/article/8020/ ; http://dx.doi.org//10.1103/PhysRevLett.110.078701
[264] Siehe http://www.springerprofessional.de/bessere-photovoltaik-dank-graphen/4562588.html ; http://www.heise.de/tr/artikel/Die-neue-Kohle-kraft-1815250.html ; http://dx.doi.org/10.1038/nphys2564
[265] Siehe http://dx.doi.org/10.1039/C3TA10518K ; http://dx.doi.org/10.1039/C3EE40810H ; http://green.wiwo.de/fotovoltaik-effizienzsprung-bei-druckbaren-billig-solarzellen/
[266] Siehe z.B. http://www.1366tech.com/
[267] Siehe http://www.fraunhofer.de/presse/presseinformationen/2010-2011/17/solar-wechselrichter.jsp ; http://idw-online.de/pages/de/news425233
[268] Siehe http://media.freescale.com/phoenix.zhtml?c=196520&p=irol-newsArticle&ID=1256442 ; http://flashlightnews.org/story2012.shtml
[269] Siehe http://www.solon.com/de/produkte/privathaeuser/SOLraise/index.html ; http://www.tigoenergy.com/our_products.php ; http://www.jura-

wendet oder an jedem einzelnen Modul Mikroinverter[270] zur Kontrolle von Stromstärke und Spannung verbaut. Die meisten dieser Techniken sind für den Verbraucher unsichtbar, können aber für eine Anlage einen deutlichen Leistungsgewinn bedeuten.

Flächeroptimierung: Der Wirkungsgrad jeder einzelnen Solarzellen ist meist höher als der der aus ihnen zusammengebauten Module. Das liegt daran, dass ein Modul auch fotovoltaisch inaktive Flächen hat wie die elektrischen Kontaktbahnen der Verschaltung und den Modulrahmen, der unter Umständen sogar benachbarte Zellen verschatten kann. Techniker versuchen daher, die fotovoltaisch aktiven Flächen zu vergrößern, indem sie z.B. Rückseiten-Kontakte und schlankere Modulrahmen verwenden.[271] Zur Flächenoptimierung gehören auch dreidimensionale PV-Modul-Strukturen[272], bei denen mehrere Panels in Form einer Ziehharmonika miteinander verbunden sind. Diese fangen zudem das Licht auch bei tiefstehender Sonne gut ein.

Trägermaterialien: PV-Zellen werden auf ein Trägermaterial aufgebracht, dessen Auswahl die Nutzungsmöglichkeiten der Zellen bestimmt: flexibel-biegsam oder fest-belastbar. Da zudem die Trägermaterialien ihren Teil zur Haltbarkeit und zu den Kosten der Module beitragen, wird auch in diesem Bereich intensiv geforscht. So gibt es flexibles Trägermaterial – aus Papier oder Kunststoff-Folien[273] – für konventionelle Dünnschichtzellen oder druckbare Organische Fotovoltaik (OPV, s.o.), ausrollbare Stahlbleche für amorphe Silizium-PV-Zel-

---

watt.de/download/_managedByElements/pressemitteilung-solaredge-jurawatt-web_id2156.pdf

[270] Siehe http://enphase.com/products/microinverters/

[271] Siehe http://idw-online.de/pages/de/news425184 ; http://www.neueenergie.net/index.php?id=1815 ; http://www.freidok.uni-freiburg.de/volltexte/7372/

[272] Siehe http://zeppola.mit.edu/ ; http://pubs.rsc.org/en/content/articlelanding/2012/ee/c2ee21170j ; http://www.rsc.org/suppdata/ee/c2/c2ee21170j/c2ee21170j.pdf ; http://dx.doi.org/10.1063/1.3308490 ; http://web.mit.edu/newsoffice/2012/three-dimensional-solar-energy-0327.html

[273] Siehe http://www.pppv.de/ ; http://onlinelibrary.wiley.com/doi/10.1002/aenm.201100394/abstract ; http://www2.dupont.com/Photovoltaics/en_US/news_events/article20110601_de.html ; http://www.g24i.com/press,g24i-ships-worlds-first-commercial-application-of-dssc,172.html ; http://dx.doi.org/10.1038/srep01000

len[274], oder die PV-Zellen werden in Spezialglas- und Keramik-Produkten wie Dachpfannen/-schindeln/-ziegeln[275] eingepasst. Bei den Dachziegeln ist allerdings die Gefahr von Mini-Verschattungen nicht immer auszuschließen.

Nachführbare PV-Module: Durch Montage auf einen drehbaren Mast mit automatischer Nachführung lassen sich die Solarmodule stets nach dem Richtung der Sonne zur jeweiligen Tageszeit ausrichten (einachsige Nachführung). Da sich aber auch der Einfallswinkel der Sonnenstrahlung ändert, verwendet man meist zweiachsige Nachführungs-Systeme (engl. *Solar-Tracker*).[276] Solche Tracking-Systeme sind nicht billig, verbrauchen Strom, bedürfen der Wartung, und die Größe der zu drehenden Module schon ist aus Gründen der Windstabilität begrenzt. Allerdings steigern sie den Ertrag um ca. 30 %[277] und können im Bereich Home-Energy-Harvesting gerade auch morgens und abends viel Strom liefern, wenn dieser direkt im Haushalt benötigt wird. Zudem gibt es hierfür Selbstbau-Anleitungen.[278] Weitere Vorteile: sie lassen den meist begrenzten Platz auf den Dächern frei für Solarkollektoren, die man umgekehrt kaum als Nachführsysteme aufbauen könnte, und die PV-Zellen bleiben wegen der besseren Hinterlüftung kühler und damit leistungsfähiger. Eine wegweisende Konzeption ist die von Professor Hingrui Jiang an der University of Wisconsin-Madison[279] entwickelte Konstruktion, bei der eine lichtsensitive Kombination von Kohlenstoff-Nanoröhren und einem flüssigen kristallinen Elastomer die PV-Module automatisch immer der Sonne nachführt; dieses Verfahren funktioniert ohne (Nachführ-)Strom.

---

274 Siehe http://www.xunlight.com/

275 Siehe http://de.wikipedia.org/wiki/Willow_Glass ; http://www.solarod.-com/tile.html ; http://www.system-group.it/gruppo/business-units/system-photonics ; http://www.dowpowerhouse.com/why-powerhouse/index.htm

276 Siehe http://www.solarod.com/features.html ; http://www.degerenergie.de/ ; http://idw-online.de/pages/ de/news406697 ; http://www.solar-tracking.de/ ; Seltmann 2011, S. 75 f.

277 Siehe Quaschning 2011, S. 71

278 Siehe http://www.livingonsolar.com/solar-tracking.html ; http://www.youtube.com/watch?v=k7FzN7Dm8aI

279 Siehe http://www.news.wisc.edu/20967 ; http://www.youtube.com/watch?v=EtuDGdT6LJs&feature=youtu.be ; http://www.engr.wisc.edu/ece/faculty/jiang_hongrui.html

Konzentrator-PV: Diese Verfahren sind Kombinationen von Fotovoltaik und Lichtlenkungs-Techniken. Meist wird über Prismen oder Linsen, künftig auch durch Konzentratorfolien, das auf einer größeren Fläche einfallende Sonnenlicht auf kleine PV-Hochleistungszellen konzentriert.[280] So kann mit wenigen, aber teuren Zellen möglichst viel Licht eingefangen und zu Strom umgewandelt werden. Schon 1987 gab es mit der FLUKO-Solaruhr die erste Anwendung dieses Konzeptes beim HEH.[281]
Man unterscheidet heute Hoch-, Mittel- und Niedrig-Konzentrierte-PV (HCPV, MCPV, LCPV). Bisheriges Einsatzgebiet ist vor allem die Weltraumfahrt, wo die Größen der Panel-Flächen beschränkt sind und Kosten eine untergeordnete Rolle spielen. Beim Einsatz auf der Erde wird die Konzentrator-Technik wird meist auf Solar-Trackern/Nachführ-Systemen installiert. Wenn allerdings die Kosten weiter sinken, ist auch bei der Privat-Energieernte ein vermehrter Einsatz z.B. unter Prismen-Kuppeln u.ä. denkbar.

Mehrfach- und Vollspektrum-Solarzellen: Da die Solarpanels das einfallende Licht nicht vollständig einfangen, ist es möglich, Solarzellen zu konstruieren, bei denen verschiedene PV-Schichten übereinander gelegt werden, und so, optimal abgestimmt, verschiedene Spektralbereiche des Sonnenlichts umwandeln können. Neben den bekannten Tandem-Solarzellen gibt es inzwischen auch Dreifach- und Vierfach-Solarzellen, teilweise in Kombination mit der Konzentratortechnik[282] – Ziel ist die Vollspektrum-Zelle.[283] Mehrfach-Zellen sind sowohl mit Silizium- als auch mit den beiden anderen Zellen-Typen möglich. Mittlerweile gibt es hier eine Vielzahl von unterschiedlichen, Erfolg

---

[280] Siehe http://www.solarserver.de/solar-magazin/solar-report/konzentrator-photovoltaik-bringt-die-sonne-auf-den-punkt.html ; http://amonix.com/ ; http://en.wikipedia.org/wiki/Concentrated_photovoltaics ; http://www.zytech.es/viewall.asp?bigid=54&smallid=84 ; http://www.semprius.com/ ; http://www.solfocus.com/en/technology/ ; http://www.nsf.gov/news/news_summ.jsp?cntn_id=111903 ; http://green.wiwo.de/solarstrom-eine-neuartige-folie-soll-die-preise-radikal-senken/

[281] Siehe http://www.dgs.de/fileadmin/sonnenenergie/SE-1987-5/08-FLUKO-Solaruhr.PDF ; http://www.jenion.de/AS/nano10.htm

[282] Siehe http://de.wikipedia.org/wiki/Tandem-Solarzelle ; http://idw-online.de/pages/de/news534732

[283] Siehe http://idw-online.de/de/news465660 ; http://www.fullspectrum-eu.org/

versprechenden Ansätzen[284], insbesondere auch mit „Schwarzem Silizium“ (engl. *Black-Silicon*) zur zusätzlichen Verwertung des Infrarot-Lichts.[285] Hierher gehören auch die Hybrid-Solarzellen[286], bei denen unterschiedliche Solarzellen-Typen (z.B. Silizium-Zellen und organische PV-Zellen) als Tandems eingesetzt werden. Interessant ist der Einsatz von Hochkonvertern zur Nutzung des bisher ungenutzten Infrarot-Anteils (Wärmestrahlung) des Sonnenlichts: sie wandeln den Wärme-Anteil in nutzbares Licht um, so dass Silizium-Zellen auf einen Wirkungsgrad von 40% kommen können.[287]

Neue Zell-Formen und -Oberflächen: PV-Module haben glatte Oberflächen, um Schmutz abzuweisen und Belastungen wie z.B. Hagel besser widerstehen zu können. Und auch die unter den Schutz- und Antireflexions-Flächen[288] angebrachten PV-Zellen sind glatt. Um mehr Licht pro (Dach-)Fläche einzufangen und in Strom umwandeln zu können, bieten sich dreidimensionale Objekte an. Dieses kann technisch umgesetzt werden mit zylinderförmigen Modulen und einer Reflexionsschicht hinter den Modulen[289] oder PV-Zellen mit Nanostrukturen, in denen sich das Licht ohne Reflexion verfängt. Dazu können Matten aus Nanodrähten[290], Nano-Rasen[291], speziell nanoperforierte Oberflä-

---

[284] Siehe http://de.wikipedia.org/wiki/Tandem-Solarzelle ; http://www.heliatek.com/?page_id=117 ; http://www.ennsolar.com/news/201102281001.html http://www.stion.com/technology.html ; http://nano.monash.edu.au/case-studies/udo-bach.html ; http://www.chem.monash.edu.au/solar/ ; http://www.nature.com/nphoton/journal/v5/n8/full/nphoton.2011.123.html

[285] Siehe http://www.bine.info/hauptnavigation/publikationen/news/news/laserblitze-steigern-solarzellen-wirkungsgrad/?artikel=2166 ; http://idw-online.-de/de/news499086

[286] Siehe http://oekonews.at/index.php?mdoc_id=1047594 ; http://idw-online.-de/pages/de/news447931

[287] Siehe http://www.fraunhofer.de/de/presse/presseinformationen/2013/November/solarzellen-nutzen-waermestrahlung.html ; http://idw-online.de/pages/de/news559617

[288] Siehe http://de.alfasolar.biz/uploads/media/Whitepaper-Pyramid-glas-122009.pdf ; http://solutions.3m.com/wps/portal/3M/en_US/Renewable/Energy/Product/Films/Ultra_Barrier_Solar/

[289] Siehe http://www.solyndra.com/technology-products/cylindrical-module/

[290] Siehe http://daedalus.caltech.edu/publication/pubs/mk_ees_2011.pdf ; http://idw-online.de/pages/de/news419861; http://www.amonra.eu/

[291] Siehe http://www.ipht-jena.de/aktuelles/mehr/back/34/newsdate/2011/07/29/in-der-lichtfalle-ipht-jena-optimiert-solarzellen.html ; http://www.band-

chen[292], Nano-Säulen[293] und andere Formen[294] dienen. Diese Techniken erhöhen nicht nur die Stromausbeute, sondern sie sparen vielfach auch Material. Um sie jedoch beim Home-Energy-Harvesting einsetzen zu können, muss noch die zuverlässige Umsetzung in die Serienfertigung gelingen.

3.3.7. PV-Nutzung

Wer sich mit Home-Energy-Harvesting über Fotovoltaik-Technik elektrisch unabhängig machen will, hat in Mitteleuropa im Allgemeinen eine gute Ausgangsposition. Solange man nicht gerade ein denkmalgeschütztes Haus oder ein Reihenhaus besitzt, dessen Dach Gemeinschaftseigentum ist, kann praktisch niemand die Fotovoltaik-Anlage auf dem eigenen Dach verhindern. Das ist ein Vorteil gegenüber dem HEH-Einsatz der Wasser- und Windkraft, deren Nutzung meist leichter von Behörden und Nachbarn verwehrt werden kann.

Ideal für die PV ist eine möglichst gute Südausrichtung des Daches/der Dachschräge, auf dem/der die Solarmodule angebracht werden sollen. Die sonnenarme Nordseite geht dabei zwangsläufig „leer aus". Zwar ist es auch denkbar, ein Ost-West-Satteldach mit Solarzellen zu bestücken, ja man hat sogar theoretisch mehr Fläche als bei einer Südausrichtung, da man hier zwei Dachschrägen nutzen kann. Aber so lange Fotovoltaik-Module relativ teuer sind, lohnt es meist noch nicht, ganze Dächer damit zu bepflastern.

Gut ist ein Dach mit einem Neigungswinkel von 30-40 Grad; auf Flachdächern, auch bei Garagen und Carports, müssen die Anlagen aufgeständert werden. Noch wichtiger ist, dass keine Schatten auf das Dach und die PV-Anlage fallen: andere Gebäude und Bäume, aber auch eigene Schornsteine und Dachgauben können mit ihrem Schattenwurf die Leistung der PV erheblich beeinträchtigen. Diese Faktoren sollte man schon beim Hausbau berücksichtigen, etwa indem man Bäume auf dem eigenen Grundstück fällen lässt oder die Gauben weniger spitz und raumgreifend baut.

---

gap.com/nano-silicon.html

[292] Siehe http://nanophotonics.csic.es/static/publications/pdfs/paper107.pdf

[293] Siehe http://nano.eecs.berkeley.edu/research/ ; http://gtresearchnews.gatech.edu/3d-solar-cells/

[294] Siehe http://web.mit.edu/newsoffice/2010/slideshow-origami-0408.html ; http://www.stanford.edu/group/cui_group/papers/Yao Nanoshells 2012.pdf

Neben dem Hausdach und den o.a. nachführbaren PV-Modulen auf eigenen Standsäulen kommen als Standorte das Garagen- bzw. Carport-Dach[295] (auch als Ladestation für das Elektroauto), Garagentore, Balkon-Geländer[296] sowie als „gebäudeintegrierte Fotovoltaik" auch Solarfassaden[297] in Frage. Letztere sind profitabel wegen ihrer Doppelfunktion als schützende Haushülle und als Energie-Ernte-Technik, insbesondere wenn das Haus von Anfang an so geplant wurde. Verwendet werden für die Solarfassaden meist Dünnschicht-Module. Die senkrechten Flächen können allerdings per se 30% weniger Solarstrahlung aufnehmen als die PV auf einem Satteldach.
Künftig können wir, wenn sich der US-Ingenieur Scott Brusaw mit seinen „Solar Roadways"[298] durchsetzt, selbst hauseigene Garagenauffahrten und Parkplätze für die PV nutzen.

Aber auch kleine Flächen lassen sich für die Solarenergie-Ernte erschließen, was besonders effektiv ist, wenn sie gleichzeitig dem Sonnenschutz dienen: Solar-Fensterläden[299], die Sonnenblenden, Jalousien, Lichtlenkungs-Lamellen der „Shadow-Voltaik"[300], aber auch Rollos sowie feststehende und ausrollbare Markisen gehören zu diesem Bereich.[301] Letztere erreichen 40-50 Watt/qm, was bei den häuslichen Markisengrößen von ca. 15 qm eine Markisenleistung von bis zu 750 Watt bedeutet.

---

[295] Siehe http://www.carport-solar.de/ ; http://www.solarworld.de/produkte/produkte/suncarport/ueberblick/ ; http://de.giuliobarbieri.it/produkte/solarcarport-energy-parking

[296] Siehe http://www.solar.at/content/view/76/87/lang,/ ; http://www.heliopan.info/de/referenzen/27-solarbalkon.html

[297] Siehe http://www.solarfassade.info/en/ ; http://www.solarfassade.info/de/

[298] Siehe http://www.solarroadways.com/main.html

[299] Siehe http://www.astrid-schneider.de/images/Fensterladen-Info-32004.pdf

[300] Siehe ftp://www.bauwesen.fh-muenchen.de/Bauwesen/KellnerMruck/studentenarbeiten_2008_ws/005a_%20Hauser_Haunerdinger_Haider.pdf ; http://www.solarenergie.com/wwwboard/messages/112.html

[301] Siehe http://www.heise.de/newsticker/meldung/Ericsson-will-Fenster-zu-Antennen-machen-1809426.html ; http://www.binse-berchum.de/solarmarkise.html ; http://www.sweps. de/solar-markise.aspx ; http://www.oeko-energie.de/images/solarmarkisepvundthermie.jpg ; http://www.sonnenzeitung.at/upload/1131_Sonnenzeitung%202_2009_small.pdf , Sonnenstrom S. 8 ; http://de.dickson-constant.net/ ;
http://www.baulinks.de/webplugin/2006/0271.php4 ; http://www.stobag.com/

Generell gilt für den europäischen Raum: je größer und je mehr nach Süden ausgerichtet die Solarfläche ist und je südlicher der Standort des Gebäudes liegt, desto ertragreicher kann die Anlage sein. Für die Planungen von Anlagen gibt es inzwischen eine Vielzahl von geographisch-technischen Informationsmöglichkeiten: neben Datenbanken zur Solarstrahlung[302] gibt es auch Karten[303] und Regionalinformationen[304] zur Solarstrahlung. Dazu kommen verschiedene Rechner im Internet, die individuelle Ertragsdaten für den jeweiligen Stand von Fotovoltaik-Anlagen liefern.[305]
Zudem wurden einige gute Ratgeber für das Errichten einer privaten PV-Anlage publiziert.[306]

Wer möchte, kann seine PV-Anlage mit anderen Energieernte-Techniken koppeln: so gibt es verschiedene Solar-Wind-Kombinationen, entweder als Verkabelung einer PV- und einer Kleinwind-Anlage[307], oder als futuristische Designkombination in einem Gerät wie die „Light Blossom"[308], die „Holonic Streetlamp"[309] oder der „Greenerator"[310]. Auch die Kombination PV-Wärmepumpe[311] wird immer wieder ange-

---

302 Siehe http://www.volker-quaschning.de/artikel/solarstrahlung2/index.php

303 Siehe http://eosweb.larc.nasa.gov/sse/ ; http://re.jrc.ec.europa.eu/pvgis/ ; http://www.dwd.de/ ->Klima+Umwelt->Klimadaten->Solarenergie ; http://www.photon.de/solarstrahlungskarte/solarstrahlungskarte.htm

304 Siehe http://www.energieagentur.nrw.de/_database/_data/datainfopool/solaratlas.swf

305 Siehe http://www.solarserver.de/service-tools/online-rechner/pv-anlage-online-berechnen.html ; http://www.pv-ertraege.de/ ; http://www.sonnen-ertrag.de/ ; http://www.solaranlage.de/leistung/solarrechner#rechner

306 Siehe Haselhuhn 2010; Seltmann 2011

307 Siehe http://www.re-gen-energy.com/ ; http://www.urbangreenenergy.com/solutions/wind-solar-hybrid-streetlights ; http://www.terracon-energy.com/ ; http://www.huebner-giessen.com/de/geschaeftsbereich/energie-systeme/produkte/energycontainerr.html ; http://www.flexenclosure.com/

308 http://www.design.philips.com/about/design/designportfolio/brand_communication/simplicity_event/sustainable_city_light.page ; http://www.youtube.com/watch?v=eX60q6XHWxI

309 Siehe http://www.gizmag.com/holonic-streetlamp-solar-wind-power/22922

310 http://www.jonglob.com/industrialdesignportfolio.html#64 ; http://www.dailygreen.de/2010/10/19/greenerator-solar-und-windkraftwerk-fur-den-balkon-9116.html

311 Siehe http://www.enbausa.de/solar-geothermie/aktuelles/artikel/solarthermie-erhaelt-ernsthafte-konkurrenz-2221.html

boten, ohne sich durchsetzen zu können; die Garten-Wärmepumpe hat einen relativ hohen Stromverbrauch und muss besonders im kalten, dunklen Winterhalbjahr arbeiten, während die Solarzellen mehr Strom im Sommerhalbjahr erzeugen.

Wie die Zukunft solaren Bauens aussehen kann, zeigen die Websites der us-amerikanischen „Solar Decathlon“ und des „Solar Decathlon Europe“.[312] Bei diesen Wettbewerben treten mehrere, meist universitäre Teams gegen einender an, um am gleichen geographischen Standort das beste Solarhaus zu erreichten.

Mittlerweile haben sich PV-Module auch bei den verschiedensten Verkehrsmitteln einen festen Platz erobert:
Im Landverkehr[313] setzt man sie bei Fahrrädern, Autos, Wohnwagen, Bussen, LKWs, Schienenbahnen, ja selbst bei thailändischen „Tuck Tucks“ (motorisierte, offen-dreirädrige Ritschas) und Golfwagen ein.

Im Bereich der Luftfahrt[314] treiben sie Solar-Flugzeuge und -Luftschiffe an. Im Schiffsverkehr[315] versorgen sie Freizeitboote, energieautarke Kunst-Inseln, Fähren und andere gewerbliche Fahrzeuge; es gibt sogar Solar-U-Boote und bei den Leuchttonnen der Schifffahrt sind PV-Module inzwischen Standard.

---

[312] Siehe http://www.solardecathlon.gov/ ; http://en.sdeurope.org/

[313] Siehe http://www.owleye.de/ ; http://www.webasto.com/produkte-und-maerkte/pkw/de/html/ 8466.html ; http://www.hochschule-bochum.de/solar-car.html ; http://www.solo-duo.hu/ ; http://solar-spirit.de/solaranlagen/solaranlage-wohnmobil/ ; http://sunplugged.at/mobile-photovoltaik/ ; http://www.solarbahn.de/ ; http://www.c-fee.com/about_us.html ; http://www.sustainable-mobility.org/getting-around-today/two-wheels/bangkok-solar-energy-for-tuk-tuks.html ; http://en.wikipedia.org/wiki/Solar_golf_cart

[314] Siehe http://www.ifb.uni-stuttgart.de/icare/icare.html ; http://www.aurora.-aero/AdvancedConcepts/Odysseus.aspx ; http://www.solarimpulse.com/ ; http://www.solarflugzeuge.de/ ; http://de.wikipedia.org/wiki/Solarluftschiff

[315] Siehe http://www.solarwave.at ; http://www.planetsolar.org/ ; http://orsosisland.com/ ; http://www.solarfaehre.de/ ; http://www.solarfaehre-reichenau.-de/ ; http://www.gizmag.com/eco-marine-power-energysail-solar-sails/25005/ ; http://www.avinc.com/ ; http://www.youtube.com/watch?v=r3Cq8k4KfEk &list=UUZ1PHr6vPbMXw-tDAzjtfpw&index=1; http://www.wsa-luebeck.wsv.de/aktuelles/publikationen/faltblaetter/ Solartonnen.pdf

Mobil wird die kleine PV durch unterschiedlich große Solar-Ladegeräte[316], um neue Kraft in leere Akkus zu bringen – vom speziellen Handy-Akku bis zu den Standard-Akkus. Dazu kommen PV-Helme und andere Kleidungsstücke.[317] Schon 1997 schufen die französischen Designer Olivier Lapidus und Francois Lesage eine PV-Jacke, die sowohl dem Träger einheizen als auch sein Handy laden konnte.[318]
Auch allgemeine Behältnisse wie Rucksäcke, Taschen und Koffer lassen sich mit PV-Zellen bestücken und so als Ladegeräte verwenden.[319] Wer draußen mehr Energie braucht, kann zu faltbaren Solar-Matten Solar-Zelten, Solar-Tischen, Solar-Liegen und Solar-Sonnenschirmen greifen[320], wobei letztere als Energieversorger dann besonders interessant werden, wenn die gesamte Schirmfläche die Energie einsammelt. Noch größer sind die mobilen Solarlade-Stationen für E-Autos.[321]

Im Gegensatz zum Energy-Harvesting bei Wind- und Wasserkraft lässt sich die PV-Energie-Technik unkompliziert an kleine Energie-Bedarfe anpassen. Und so gibt es mittlerweile viele verschiedene elektrische Kleingeräte mit eingebauten Solarzellen und eingebautem Akku:

---

[316] Siehe http://www.suntrica.com/ ; http://www.solarjoos.com/ ; http://www.-powerguy.de/shop/produkte/87/1/10/power-guy-solar-ladegeraete/ ; http://www.clicc.de/

[317] Siehe http://idw-online.de/de/news460110 ; http://www.solarhelm.de/ ; http://www.scottevest.com/pdf/solar_insert_full.pdf.

[318] Siehe http://www.rdl.com.lb/1997/1940/art8.htm ; PM 2/1997, S. 27

[319] Siehe http://www.goneongreen.com/ ; http://www.g24i.com/pages,graetzel-solar-bag,90.html ; http://www.kraftwerk-taschen.de/ ; http://www.a-solar.eu/DE/Solar_power_bags_city_bag_go_pro.htm ; http://www.asolte.eu/solarkoffer/

[320] Siehe http://www.quickertek.com/products/solarJuicz.html ; http://www.-gizmag.com/orange-future-festival-solar-tent/12072/ ; http://newsroom.orange.co.uk/2009/06/22/orange-pitches-glastonbury-solar-concept-tent/ ; http://suntable.net/ ; http://www.ecochunk.com/5785/2013/ 01/28/sunbed-concept-harnesses-solar-power-to-recharge-your-gadgets/ ; http://www.zangenberg.de/fileadmin/user_upload/pdf/zangenberg_2011_locarno_locarno_solar.pdf ; http://www.solarmer.com/products.html

[321] Siehe http://envisionsolar.com/press-releases/ev-arc-plugs-in-charge-town-ev-week-bay-area/

Auf dem Weg in den Tag weckt uns im Schlafzimmer[322] eine Solarwecker und im Bad[323] warten eine PV-Personenwaage und ein PV-Rasierer auf uns.

Im Haushalt[324] werden wir unterstützt von solaren Wetterstationen, Rauchmeldern, Ventilatoren, Überwachungskameras, Mobilfunk- und andere Sendestationen, Solar-Elektronik-/Solartronic-Feuerzeugen und künftig auch von solaren Haustürklingeln[325].

In der Küche[326] stehen uns solare Milchaufschäumer, PV-Küchenwaagen sowie Solar-Kühlschränke und -Gefriertruhen zur Verfügung.

---

322 Siehe http://www.quantys.de/#/Solar/Neuheiten/Funkwecker ; http://www.-solarcosa.de/Shop/Wecker/index.cfm

323 Siehe http://www.soehnle.de/index.php?id=284 „Solar Sense“ ; http://www .ampercell.com/Produkte-Spezialleuchten_Spezailartikel-1-Solar_Rasierer-296

324 Siehe http://www.finetech.net/ ; http://tfa-dostmann.de/index.php?id=161 &L=0 ; http://www.quantys.de/solarprodukte/solar_wanduhr/index.html ; http://www.fritz-berger.de/campingartikel/solarventilator.htm ; http://www. smartsolar.co.uk/Smart-Vent-100/ ; http://www.thiecom.de/stabo/solarcam/index.htm ; http://www3.westfalia.de/static/Solar_UEberwachungskamera. 5337.0.html ; http://www.green-wifi.org/ ; http://bergenhusen.nabu.de/forschung/ brandgansforschung/sendergaense/ ; http://www.hama.de/webresources/article-documents/00062/man/00062722man_de_en_fr_72.pdf ; http://www.broesan-1000feuerzeuge.de/DEUTSCHLAND/ROWENTA.html

325 Siehe http://programm.ard.de/TV/mdrfernsehen/einfach-genial/eid_ 282296360803526?

326 Siehe http://www.solarc.de/cms/pages/de/produkte/consumerprodukte/ milchaufschaeumer.php ; http://consumer.ade-germany.de/de/produkte/küchenwaagen_c4016/ solarbetriebene-küchenwaage-ke-1130-helia_p17640 .html oder ke-1224-serena ; http://www.soehnle.de/produkte/ kuechenwaagen/ digitale-kuechenwaagen.html „Easy Solar“; http://www.greenpeace.de/themen/sonstige_themen/solarchill/ ; http://www.stecasolar.com/index.php?Gefriertruhe_de

Unterwegs[327] können wir Armbanduhren, GPS Solar Travel-Recorder, solare Handys und Headsets nutzen.

Für das Büro[328] gibt es solare Taschenrechner, Notebooks/PCs, Tastaturen und Mäuse.

Den Garten[329] verschönern Solar-Fontänen, PV-Duschen, Teichpumpen, solare Rasenmäher, Schädlingsbekämpfungs-Geräte und Solar-Elektrozäune.

Zur Unterhaltung[330] dienen E-Bookreader, Radios, und ehemals sogar solare Fotoapparate!

Der Vorteil dieser Kleingeräte ist nicht nur, dass sie sich selbst mit Energie versorgen und daher auch dann noch funktionieren, wenn die Energieversorgung des Hauses ausgefallen ist. Sie entlasten zugleich

---

327 Siehe http://www.junghans-center.de/de/junghans/solaruhren/index.htm ; http://www.casio-europe.com/de/watch/technologie/funkuhrentechnik/gshock/ ; http://www.qstarz.com/Products/GPS%20Products/BT-Q1200Ultra-F.htm ; http://www.ausgeruestet.com/2010/10/transystem-i-blue-747pro-gps-recorder.html ; http://www.solarhandy.info/ ; http://idw-online.de/pages/de/news546947 ; http://www.iqua.com/de/product/ iqua-sun ; http://onbeatheadphones.com/

328 Siehe http://www.casio-europe.com/de/calc/sgr/produkte/wissenschaftlicherechner/fx82solar/ ; http://www.samsung.com/ru/news/newsRead.do?news_seq=28130 &gltype=localnews ; http://www.tomshardware.de/solar-pc-stromsparen,testberichte-239 777.html ; http://www.logitech.com/de-ch/keyboards/keyboard/devices/8424 ; http://www.solarmaus.de/ ; http://my-elive.-com/product_Sun.htm

329 Siehe http://www.sued-solar.de/shop/pi1/pi2/pd102.html ; https://www.guede.com/sys/dl/94108_de.pdf ; http://www.megasol.ch/off-grid/garten/shoparticle/solar-teichpumpen-set/shop/catalog/product/view/6973/garten.html ; http://www.husqvarna.com/de/homeowner/products/robotic-mowers/automower-solar-hybrid/ ; http://www.solarcosa.de/Shop/Schaedlingsbekaempfung/index.cfm ; http://www.neogard.ch/fileadmin/redacteur/microsites/sumatrix/Dokumente/Sumatrix_Solarkatalog.pdf , Nr. 6, S. 41

330 Siehe http://cme.at/tag/biblio-leaf/ ; http://www.oled-display.net/solar-cell-e-book-from-lg-display ; http://www.biodomotica.com/e-book_reader.htm ; http://www.dual.de/?page_id=464 ; http://www.powerplus.nl/?page_id=137 ; http://commons.wikimedia.org/wiki/File:Revue_Solar_100.jpg

auch die häusliche Energieversorgung von einer Vielzahl von Kleinverbrauchern.

Ein praktisch eigener Bereich sind die Solarlampen.[331] Ursprünglich wurden sie für Entwicklungsländer mit Regionen ohne Stromanschluss entwickelt: so konnten die Menschen auch noch bei Dunkelheit lesen, ohne Lampenöl oder Feuerholz verbrauchen zu müssen.[332] Möglich wurde die Verbreitung der Technik durch den Einsatz der extrem sparsamen LEDs als Leuchtmittel.
Solarlampen gibt es als Taschenlampen, Weihnachtsbaum-Beleuchtung, Hausnummernschild-Beleuchtung, Gartenwege-Licht, Hilfs-/Not-Licht für Carports und Haustüren, Gartentisch-Leuchten zum Ersatz von Kerzen, Solarstrahler mit Bewegungsmelder etc. Weil sie keinen Anschluss ans Stromnetz benötigen, unterliegen sie auch nicht der Größenbegrenzung durch die üblichen Standard-Lampensockel, können daher in manchen Fällen auch größer und leistungsstärker als die vernetzten Leuchtmittel sein. Ein Beispiel dafür sind die PV-Gehwegplatten, die tagsüber das Sonnenlicht speichern und nachts aufleuchten, sobald man darauf tritt.[333]

Allerdings sollte man bei den Kleingeräten einige Dinge beachten, wenn man sie sinnvoll einsetzen will:
* Die Geräte sollten sonnenzugänglich sein: eine PV-Gartenleuchte oder eine PV-Haustürklingel (sobald es sie am Markt gibt), die ganztägig Licht einfangen, sind sinnvoller als z.B. ein Solarhandy, das den ganzen Tag in der Hosentasche steckt.
* Die Geräte sollten deutlich kostengünstiger sein als die Kombination von Nicht-PV-Gerät und PV-Ladegerät.
* Die Geräte sollten qualitativ hochwertig und haltbar sein – leider gibt es immer noch zu viele billige Solargeräte, die schnell defekt sind, und damit nicht nur die erstrebte Energie-Autarkie des Käufers sabotieren, sondern auch die PV-Technik insgesamt in Verruf bringen.

---

[331] Siehe http://www.solarlichtladen.de/ ; http://www.dimmer.de/shopping/grup-200.htm
[332] Siehe http://www.solux.org/ ; http://www.solarprojekt-freilassing.de/ ; http://sfa-pv.org/de ; http://www.oneplanetcrowd.nl/project/wakawaka-power-solar-charger-light
[333] Siehe http://partner.vde.com/cosima-mems/teams2012/pages/xpanel.aspx ; http://www.wochenspiegel-sachsen.de/nachrichten/news-einzelansicht/article/leuchtende-gehwegplatten-fuehren-durch-die-dunkelheit-1352791320/1/

3.4. Solare Kühlung

Solare Kühlung ist deshalb besonders interessant, weil sie meistens dann/dort benötigt wird, wenn/wo besonders viel Solarenergie zur Verfügung steht: an sonnig-heißen Tagen und in sonnig-heißen Gebieten. Zur Kühlung lässt sich die Solartechnik daher viel leichter einsetzen als zur Heizung; schließlich wird Heizungswärme hauptsächlich dann und dort gebraucht, wenn/wo wenig Sonnenlicht zur Verfügung steht: im Winter und in nördlichen Breiten, besonders auch nachts.
Bei der solaren Kühlung gibt es zwei verschiedene Ansätze:

Erstens kann sie ihre Energie von PV-Zellen beziehen; diese Energie treibt dann, wie der Strom aus dem Netz, den Kompressor eines Kühlschranks an oder er versorgt ein elektrisch-kühlendes Peltier-Element[334] wie in einer elektrischen Kühlbox. Heute sind verschiedene Solarkühlschränke auf dem Markt, etwa der „Wemo WL 91“ der Schweizer Wemo Geräte AG oder der „SolarChill“ von Greenpeace.[335]

Zweitens gibt es – vorwiegend für die Kühlung von Gebäuden – Kühlverfahren auf Basis der Solarthermie.[336] Diese funktionieren quasi auch wie ein elektrischer Kühlschrank, nur dass hier der elektrische Kompressor durch die Solarkollektoren ersetzt ist. In diesem Bereich gibt es verschiedene Verfahren (offene und geschlossene), Absorptions-[337] oder Adsorptions-Kältemaschinen[338], flüssige oder feste Sorptionsmaterialien.

---

334 Siehe http://de.wikipedia.org/wiki/Peltierelement

335 Siehe http://wemo.ch/ ; http://www.greenpeace.de/themen/sonstige_themen/nachrichten/artikel/startsignal_fuer_emsolarchillem/

336 Siehe Weyres-Borchert 4/2011, S. 28 f. ; http://www.solarwaerme.at/Sonne-und-Energie/Solare-Kuehlung/ ; http://energieberatung.ibs-hlk.de/plansol_kuehl.htm ; http://www.aktuelle-wochenschau.de/2010/w48/woche48.html

337 Siehe http://www.bhkw-info.de/kwkk/funktion.html ; http://de.wikipedia.org/wiki/Absorptionskältemaschine

338 Siehe http://de.wikipedia.org/wiki/Adsorptionskältemaschine ; http://www.ib-aton.de/service/fachaufs/Thd-art.pdf ; http://www.zeo-tech.de/pdf/SolarFreezer.pdf ; http://www.sonne-und-wind.de/solarkocher/Kuehlschrank/kuehlschrank.html

Die Auswahl der entsprechenden Verfahren hängt von den zu kühlenden Gebäuden etc. und von den Kosten der Materialien ab. Auf Grund der Forschungen in diesem Bereich ist es spannend, wohin künftig die Entwicklung geht. In jedem Fall steht die solare Kühlung in sonnenreichen und warmen Regionen gerade erst am Anfang.

3.5. Künstliche Fotosynthese

Während PV-Zellen das einfallende Sonnenlicht physikalisch nutzen, in dem sie mit seiner Hilfe Elektronen aus einem Material freisetzen, nutzt die Fotosynthese[339] der Pflanzen das Licht chemisch, indem es neue Stoffe (organische Moleküle, Zucker etc.) produziert. Die Fotosynthese kann dabei gut mit diffusem Licht umgehen, arbeitet also auch bei bedecktem Himmel. Da sie in der Natur weltweit verbreitet ist, die Lebensgrundlage sowohl bei Pflanzen, Algen, einigen Mikroben (Bakterien) als auch bei einem Tier (Meeresschnecke)[340] darstellt und offensichtlich ohne großen technischen Aufwand auskommt, wird weltweit von verschiedenen Forschungsgruppen die technische Nutzung dieses Potentials versucht. Zudem „verbraucht" die Fotosynthese das klimarelevante Gas Kohlendioxid.

Bei der gibt Nutzung es unterschiedliche Ansätze:

Erstens nutzt man vorhandene Biosysteme (z.B. Pflanzen), um ihre Energie/Produkte anzuzapfen. Hierher gehören die Forschungsarbeiten zur Nutzung eines Kaktusblattes am „Centre de recherche Paul Pascal" in Bordeaux[341], aber auch die Biophotovoltaic-Forschung in Großbritannien, insbesondere an der Universität Cambridge und ihrem Umfeld.[342]

Zweitens modifiziert man die Pflanzen, Algen, Viren oder Bakterien (auch gentechnisch), um sie für die Produktion von Stoffprodukten/Energie zu optimieren; hierher gehören die veränderten Viren der „Biomolecular Materials Group" von Angela Belcher am

---

[339] Siehe http://de.wikipedia.org/wiki/Photosynthese

[340] Siehe http://sbe.umaine.edu/symbio/3Slug/3techadv.html

[341] Siehe http://pubs.acs.org/doi/abs/10.1021/ac902537h ; http://www.crpp-bordeaux.cnrs.fr/spip.php?article612&lang=fr

[342] Siehe http://www.ceb.cam.ac.uk/pages/bio-photovoltaic-devices.html ; http://www.cam.ac.uk/research/features/the-hidden-power-of-moss/ ; http://www.bioenergy.cam.ac.uk/abc.html ; http://ortusenergy.com/bio-photovoltaics.htm

MIT[343], die Arbeiten von Igor Nabiev am „CIC NanoGUNE Consolider“ in San Sebastian[344], sowie die modifizierten Purpurbakterien von Gianluca M. Farinola und Massimo Trotta am stituto per i Processi Chimico-Fisici in Bari/Italien.[345]
Drittens gibt es unter dem Stichwort „künstliches Blatt“ verschiedene Ansätze, die Fotosynthese vollständig chemisch-technisch nachzuahmen. Hierzu gehören u.a. die Arbeiten der Teams von Harry B. Gray am California Institute of Technology[346], von Daniel Nocera am MIT[347], von Thomas Moore an der Arizona State University[348], von Frank Würthner an der Universität Würzburg[349], sowie von John Lupton an der Universität Regensburg[350].

Ziel aller dieser Ansätze muss es sein, die Effektivität der Fotosynthese zu erhöhen. Denn deren Wirkungsgrad liegt von Natur aus bei gerade einmal einem (!) Prozent, da ansonsten die Pflanzen die entstehenden Produkte nicht mehr abbauen („verstoffwechseln“) könnten und sich so selbst schädigen würden.[351] Messlatte für die künftigen Leistungen der Fotosynthese ist dabei die heutige Fotovoltaik, deren Technik um

---

343 Siehe http://belcher10.mit.edu/ ; http://www.nature.com/nnano/journal/v5/n5/full/nnano.2010.57.html ; http://www.nature.com/nnano/journal/v6/n6/full/nnano.2011.50.html

344 Siehe http://www.nanogune.eu/en/research/nanobiotechnology/people/ ; http://dx.doi.org/10.1002/ange.201003067 ; http://idw-online.de/pages/de/news393400

345 Siehe http://idw-online.de/pages/de/news503363 ; http://dx.doi.org/10.1002/ange.201203404

346 Siehe http://www.cce.caltech.edu/faculty/gray/

347 Siehe http://www.mit.edu/~chemistry/faculty/nocera.html ; http://nocera.-mit.edu/SolarEnergyConversion ; http://www.sciencemag.org/content/332/6031/805 ; http://dx.doi.org/10.1021/ar2003013 ; http://www.ipp.mpg.de/ippcms/ep/ausgaben/ep201203/0312_blatt.html

348 Siehe http://chemistry.asu.edu/faculty/t_moore.asp ; https://webapp4.asu.e-du/directory/person/96924

349 Siehe http://www-organik.chemie.uni-wuerzburg.de/lehrstuehlearbeitskreise/wuerthner/ ; http://dx.doi.org/10.1038/nchem.368 ; http://idw-online.de/pages/de/news342025

350 Siehe http://www.physik.uni-regensburg.de/forschung/lupton/lupton/ ; http://idw-online.de/pages/de/news400181

351 Siehe http://www.scinexx.de/wissen-aktuell-13416-2011-05-13.html ; http://www.sciencemag.org/content/332/6031/805.short

ein Vielfaches energetisch leistungsfähiger ist als die natürliche Fotosynthese.

3.6. Solare Rohstoffe

Das Thema „Solare Rohstoffe“ fällt inhaltlich teilweise aus dem Kreis der Home-Energy-Harvesting-Techniken heraus; dennoch gibt es eine Vielzahl von Berührungspunkten und Verbindungen, so dass diese Thema hier zumindest angerissen werden soll.
Die Verbreitung des Begriffs „Solare Rohstoffe“ geht zurück auf Hermann Scheer[352] und folgt der Erkenntnis, dass ein Ende der fossilen Rohstoffe nicht nur einschneidende Bedeutung für unsere Energieversorgung hat, sondern auch ein Wegbrechen der Petro-Chemie und damit ein Verschwinden unserer heutigen Warenwelt bedeutet – mit allen katastrophalen Folgen für die künftige Medizinversorgung, die Verkehrstechnik, ja selbst die Energie-Ernte-Techniken (z.B. Kunststoff-Flügel bei Windenergie-Anlagen). Es geht also vor allem darum, in der Kunststoff-Chemie das Erdöl durch Bioöle zu ersetzen.[353] Daher ergibt sich ein großer Überschneidungsbereich zwischen den „Solaren Rohstoffen“ und den „NaWaRo's“, den Nachwachsenden Rohstoffen.[354]

Doch diese Definition solarer Rohstoffe ist relativ eng gefasst. Schließlich handelt es sich bei der gesamten Botanik, zumindest bei allen zu verarbeitenden Nahrungs- und Nutzpflanzen auch um solare Rohstoffe: Weizen muss gemahlen und gebacken werden, Kartoffeln sind vor dem Verzehr zu kochen, Heilpflanzen müssen gereinigt, getrocknet und von nicht wirksamen Pflanzenteilen getrennt werden. Diese solaren Rohstoffe bilden die Grundlage der menschlichen Existenz und der Menschheitsgeschichte. Ihre Bearbeitung (kochen, trocknen) im Haushalt lässt sich gut mit der Energie aus dem HEH durchführen, zumal man hier beim individuellen Gartenbau auch von einem Home-Ressource-Harvesting (HRH) bzw. einer Privat-Ressourcenernte sprechen könnte.

---

352 Siehe Scheer 2002, S. 209 ff. ; http://www.leibniz-institut.de/archiv/scheer_20_05_08.pdf
353 Siehe http://auro.de/de/ueber-AURO/sanfte-chemie/fachbeitraege/FB_Von_den_fossilen_Rohstoffen_zu_den_solaren_Grundstoffen_2004.pdf
354 Siehe http://de.wikipedia.org/wiki/Nachwachsender_Rohstoff

Unter einem erweiterten Begriff von „solaren Rohstoffen“ lassen sich verschiedene Umwandlungs-Produkte und -Verfahren aufführen. Die Idee dazu ist nicht neu; schließlich nutzte schon Augustin Mouchot 1876 tragbare solare Destillierapparate zur Produktion von Branntwein, Dattel- und Feigengeist; um 1932 verwendete Dr. J. W. D. Chesney in Maywood,/Illinois die Sonnenenergie, um künstlichen Kautschuk herzustellen.[355] Letztlich ist sogar die Windenergie, die Paul LaCour ab 1895 zur dezentralen elektrolythischen Herstellung von Kunstdünger etc. verwenden wollte[356], eine durch die Sonne getriebene Kraft.

3.6.1. Wasserbehandlung

Auf diesem Gebiet gibt es zwei wichtige Teilgebiete, die sich mit Hilfe von Solarenergie einfach umsetzen lassen: die Wasser-Entkeimung und die (Meer-)Wasser-Entsalzung.

Bei der solaren Wasserfilterung und -entkeimung (engl. *solar water desinfection*)[357] ist das wohl einfachste Verfahren die Sodis-Methode[358] vom Wasserforschungsinstitut (Eawag) der ETH Zürich: dabei werden PET-Flaschen mit Wasser gefüllt und 6 Stunden lang der Sonne ausgesetzt. Da die UV-Strahlung der Sonne problemlos den Kunststoff durchdringen kann, werden von ihr alle Keime zerstört. Auf Basis dieses Verfahrens gibt es inzwischen verschiedene Geräte wie z.B. das schwedische „Solvatten“[359] oder den „Solar Ball“ des US-Studenten Jon Liow.[360] Die Wasserfiltrierung können einfache und durchdachte Geräte wie der 2011 prämierte „Eliodomestico“ des italienischen Designers Gabriele Diamanti übernehmen.[361]

---

[355] Siehe Mouchot 1987, S. 188 ff. ; http://blog.modernmechanix.com/2009/01/02/rubber-from-the-sun-and-power-too/ (Modern Mechanix, Mai 1932)

[356] Siehe Heymann 1995, S. 65 f.

[357] Siehe http://en.wikipedia.org/wiki/Portable_water_purification#Solar_water_disinfection

[358] Siehe http://www.sodis.ch

[359] Siehe http://www.solvatten.se/

[360] Siehe http://www.monash.edu.au/news/show/portable-solar-device-creates-clean-drinking-water

Die Technik der solaren (Meer-)Wasser-Entsalzung[362] mittels Destillation überschneidet sich mit der solaren Wasserentkeimung: auch hier werden, bei genügend hohen Temperaturen, viele Keime abgetötet, aber es geht hauptsächlich um die Trennung des Wassers von darin gelösten Feststoffen (Salzen). Die dabei eingesetzten Techniken reichen von Pfadfinder-Methoden über modulare und komplexere Eigenbauten bis zu universitären Entwicklungen.[363] Dass es hier dennoch erheblichen Forschungsbedarf gibt, zeigt das von der EU finanzierte ProDes-Projekt.[364]
Inzwischen gibt es für unterschiedliche Ansprüche schon und relativ kostengünstige Geräte aus der Serienproduktion.[365]

Neu ist die Idee der Wasser-Entsalzung mittels Sonnenenergie im kleinen Maßstab allerdings nicht: im Sommer 1955 stellten Renato Contina und Dr. Maria Telkes von der New York University, College of Engineering, ihre solaren Meereswasser-Entsalzer vor[366], nachdem es schon acht Jahrzehnte zuvor der schwedische Ingenieur Charles Wilson in Las Salinas eine solare Großanlage gebaut hatte.[367]
Aber die Technik wurde im Zeitalter des billigen Erdöls der 1950er und 1960er Jahre zurückgedrängt und geriet vielfach in Vergessenheit.

3.6.2. Solare Brennstoffe

Einer der wichtigsten Brennstoffe, die sich mit Solarenergie herstellen lassen, ist der Wasserstoff. Hierzu gibt es nicht nur in Europa eine Vielzahl von Forschungs-Projekten[368]. Und es gibt verschiedene technische Wege:

---

361 Siehe http://www.gabrielediamanti.com/projects/eliodomestico/ ; http://www.prixemilehermes.com/expo-en-ligne/

362 Siehe http://de.wikipedia.org/wiki/Solare_Meerwasserentsalzungsanlage

363 Siehe http://en.wikipedia.org/wiki/Solar_still ; http://www.i4at.org/surv/sstill.htm ; http://www.thesietch.org/projects/distiller/index.htm ; http://www.-mehrwasser.de/ ; http://www.pm.ruhr-uni-bochum.de/pm2003/msg00338.htm

364 Siehe http://www.prodes-project.org/

365 Siehe http://www.helioaquatech.com/ ; http://www.mage-watermanagement.com/ ; http://www.aqua-mate.co.uk/a-solar-still.htm

366 Siehe David 1955, S. 52 ; http://blog.modernmechanix.com/2008/05/27/hot-news-about-the-sun/

367 Siehe http://www.e-solar.cl/e-solar/uploads/archivosGrandes/Energia_Solar_Termica_en_Chile_-_Pedro_Sarmiento.pdf

Der am stärksten verfolgte Weg ist der mittels Elektrolyse: Solarstrom spaltet dabei Wasser in seine Bestandteile H2 und Sauerstoff auf. Der Wasserstoff wird dann für die spätere Weiterverwendung gespeichert. Bei diesem Verfahren kommt es vor allem darauf an, gute Katalysatoren zu finden, die den Prozess mit möglichst wenig Energieaufwand ablaufen lassen. Hierzu gibt es eine Vielzahl von Forschungsansätzen[369], u.a. auch von Professor Daniel Nocera vom MIT und seiner Firma „Sun Catalytix".[370] Erste Projekte zeigen, dass diese Elektrolyse-Technik auch für den Eigenheim-Bereich in naher Zukunft umsetzbar ist: so hat die Universität Pisa in Zusammenarbeit mit italienischen Konzern ENEL mit dem „Diamante" eine Einheit gebaut, die solaren Wasserstoff erzeugt und ihn auch speichert.[371] Der Autokonzern Honda hat sogar eine kleine H2-Tankstelle in der Erprobung, die mittels PV-Zellen den Wasserstoff-Bedarf für ein Auto in 8 Stunden quasi neben der heimischen Garage erzeugen kann.[372]

Ein weiterer Ansatz der solaren Wasserstoff-Erzeugung ist die Künstliche Fotosynthese (s.o.). Erste Erfolge können hierbei Lutz Geelhaar und Jumpei Kamimura vom Paul-Drude-Institut für Festkörperelektronik (PDI)[373] einerseits, sowie andererseits die Forschungskooperation zwischen dem Helmholtz-Zentrum Berlin (HZB) und der TU Delft verbuchen.[374]

H2 lässt sich auch durch solare Wärme erzeugen. Die meisten dieser thermochemischen Verfahren arbeiten mit sehr hohen Temperaturen

---

368 Siehe http://light2hydrogen.de/ ; http://www.nrel.gov/hydrogen/proj_production_delivery.html ; http://idw-online.de/pages/de/news308749 ; http://www.idw-online.de/en/news471852

369 Siehe http://pubs.acs.org/toc/achre4/42/12 ; http://www.nature.com/nphoton/journal/v6/n12/full/nphoton.2012.265.html

370 Siehe http://www.mit.edu/~chemistry/faculty/nocera.html ; http://www.-suncatalytix.com/

371 Siehe http://www.unipi.it/ateneo/comunica/comunicati/archivio/anniprece/2009/ottobre/diamante.htm_cvt.htm ; http://www.enel.com/en-GB/innovation/project_technology/renewables_development/solar_power/diamante.aspx?it=1

372 Siehe http://world.honda.com/FuelCell/SolarHydrogenStation/

373 Siehe http://idw-online.de/pages/de/news555512

374 Siehe http://dx.doi.org/10.1038/ncomms3195 ; http://www.helmholtz-berlin.de/pubbin/news_seite?nid=13764 ; http://www.tudelft.nl/en/current/latest-news/article/detail/tu-delft-verbetert-productie-van-waterstof-uit-zonlicht/

und benutzen dafür Solartum-Kraftwerke bzw. Sonnenöfen[375] oder zumindest Parabolrinnen-Kraftwerke. Sie sind daher für die Hausgebrauch nicht zu verwenden. Es gibt aber Ausnahmen:
Das System von Professor Nico Hotz an der Duke University setzt auf leicht modifizierte Solarkollektoren, deren Ausgangstemperatur von knapp über 200° C bereits reicht, solaren Wasserstoff zu produzieren.[376] Die Gesamtkosten für die Anlage zur solaren Wasserstoff-Versorgung vom Dach sollen für ein Haus bei 7.900 Dollar liegen; allerdings braucht Hotz für sein Reaktionsverfahren zusätzlich Bio-Methanol.
In Deutschland konstruiert die Firma „ODB-Tec" in Neuss einen mit Fotokatalysatoren versehenen Solarkollektor, der auch für Eigenheime geeignet sein soll; das Projekt wird vom „Bundesministerium für Bildung und Forschung" gefördert.[377]

Interessant und unabhängig von den o.a. Verfahren ist die japanische Entropia Laser Initiative[378], die u.a. vom Tokyo Institute of Technologie getragen wird: ein durch Solarenergie versorgter gepulster Laser eröffnet eine Vielzahl von Möglichkeiten, wobei zuerst an einen Magnesium-Wasser-Brennstoffkreislauf gedacht ist.

Neben Wasserstoff wäre Solar-Benzin, mit Hilfe von Sonnenlicht aus Wasser und Kohlendioxid hergestellt, ein weiterer interessanter Brenn- bzw. Chemiestoff. Solche Verfahren, wie sie an der ETH-Zürich bzw. am Paul-Scherrer-Institut oder am California Institute of Technology-entwickelt werden[379], stecken noch ganz in den Anfängen. Zudem sind die Prozess-Temperaturen mit bis zu 1500°C viel zu hoch für ein HEH.

---

375 Siehe http://www.dlr.de/desktopdefault.aspx/tabid-832/1332_read-2571/ ; http://www.weizmann.ac.il/ESER/People/Karni/research

376 Siehe http://www.pratt.duke.edu/duke_hotz_hybrid_system ; http://www.pratt.duke.edu/new_faculty_lectures/nico_hotz

377 Siehe http://www.odb-tec.de/00_downloads/ODB-Wasserstoff_Solarkollektor.pdf ; http://www.chemieundco2.de/_media/14_HyCats.pdf

378 Siehe http://www.mech.titech.ac.jp/~ryuutai/image/ISBEP4yabeELI.pdf

379 Siehe http://www.ethlife.ethz.ch/archive_articles/110104_solarthermischer_reaktor_per/index ; http://www.psi.ch/media/benzin-aus-wasser_-co2-und-sonnenlicht ; http://addis.caltech.edu/research/index.html

3.6.3. Solare Feststoffe

Gerade bei energieintensiven Prozessen liegt es nahe, wo immer möglich Sonnenenergie als Prozesswärme einzusetzen, um damit Stoffe umzuwandeln.[380] Jedes Kind, das mit einem Brennglas einen trockenen Zweig entzündet, macht es vor, aber die meisten Ingenieure sind zu sehr in Konstruktionstraditionen ihres Faches gefangen, um bestimmte Verfahren neu zu durchdenken. Andernfalls gäbe es heute längst größere Brenngläser als solare Abflammgeräte zur Unkrautvernichtung. Doch es gibt natürlich Ausnahmen:

Bereits 1883 ließ sich der Engländer J. Clark aus Kensington ein Deutsches Reichspatent (Nr. 27089 vom 18. September 1883) auf ein Verfahren eintragen, um mittels durch Linsen konzentrierte Sonnenstrahlen und Wasserstoff Metalle zu reduzieren; andere folgten seiner Idee. Vorbild für diese Technik dürften die Schmelz-Versuche von Tschirnhaus u.a. im 18. Jahrhundert gewesen sein.

Ende der 1970er Jahre entwickelte Professor Dr.-Ing. Knut Kauder an der Universität Dortmund zusammen mit seinem Team einen solaren Hochtemperaturofen zur Ziegelbrennerei.[381] Der mit mehreren Spiegeln arbeitende Ofen wurde in Spanien gebaut und in einer Dissertation beschrieben und analysiert.[382]

Das Schweizer „Solar Lime Project" zielte darauf ab, aus Naturkalk mit Sonnenenergie Brandkalk (Calciumoxid) herzustellen, welcher in der Bauindustrie benötigt wird. Das von 2000-2003 betriebene Forschungsprojekt wurde federführend vom Paul-Scherrer-Institut betrieben.[383]

Solar-Hochtemperaturöfen eignen sich ebenso für die sehr energieaufwändige Glasherstellung, wie entsprechende Untersuchungen und Erfahrungen belegen.[384]

---

[380] Sieh http://www2.hu-berlin.de/leibniz-sozietaet/archiv%20sb/055/02_blumenthall.pdf

[381] Siehe https://eldorado.tu-dortmund.de/bitstream/2003/26193/1/kauderpdf.pdf ; http://www.irb.fraunhofer.de/bauforschung/projekte.jsp?p=88038400118

[382] Siehe Hüttenhölscher 1985

[383] Siehe http://www.pre.ethz.ch/publications/0_pdf/Brochure_Solar_Production_of_Lime.pdf

Die o.a. Projekte sind Forschungs- bzw. Großprojekte, die zeigen, auf welchen Gebieten sich konzentrierte Sonnenenergie einsetzen lässt. Sie lassen sich meist sowohl aus Platz- als auch aus Kostengründen nicht im Bereich des HEH einsetzen. Dennoch gibt es Möglichkeiten, solche Techniken an die Möglichkeiten häuslichen Umfelds anzupassen, wie einige Beispiele zeigen:

So stellt die Firma „Sundrop Jewelry" in der nicht gerade sonnenverwöhnten US-Stadt Minneapolis mit Hilfe einer Fresnel-Linse Schmuckstücke aus Altglas her.[385]

Ein weiteres Beispiel sind die Projekte des bei Hannover geborenen und in London arbeitenden Industriedesigners Markus Kayser, der „SolarSinter"[386] und der „SunCutter"[387]. Der „SolarSinter" arbeitet mit einer Fresnel-Linse und erlaubt das Einschmelzen von (Wüsten-)Sand. Mit der entsprechenden Erfahrung lassen sich hiermit 3-D-Objekte herstellen. Der „SunCutter" bündelt das Sonnenlicht wie ein kugelförmiger Heliograph[388] zu einem dünnen Strahl, so dass man ihn quasi als Laser-Schneider verwenden kann.

Diese letzten, wenigen Beispiele mögen zeigen, dass wir uns auch im Bereich der privaten Erzeugung und Verarbeitung solarer Rohstoffe noch ganz am Anfang der Entwicklung befinden.

---

384 Siehe http://www.springerlink.com/content/x5w225202566w377/ ; http://www.springerlink.com/content/a88340r084107324/

385 Siehe http://www.sundropjewelry.com/theStory.php

386 Siehe http://www.markuskayser.com/work/solarsinter/

387 Siehe http://www.markuskayser.com/work/sun-cutter/

388 Siehe http://de.wikipedia.org/wiki/Sonnenscheinautograph

4. Windenergie

Im Gegensatz zu einigen Solartechniken wie die Fotovoltaik ist die Windenergie-Nutzung eine relativ alte Technik: zuerst wurde der Wind rund um den Globus bei Segelbooten genutzt – vom alten Ägypten über Indien und China bis in die Südsee. Jede dieser Kulturen entwickelte dabei ihre eigenen Schiffs- und Segeltypen. Erst um 1500 n. Chr. und damit sehr viel später wurden auch Segel und sogar Windräder als Antrieb für Landfahrzeuge eingesetzt.[389]

Das erste Windrad – mit waagerechter Achse – wurde wohl um 110 v. Chr. vom Erfinder Heron aus Alexandria Pumpenantrieb für eine Orgel entwickelt und in seiner „Pneumatika" beschrieben.[390]
Ab 644 n. Chr. finden sich Hinweise auf Windmühlen – mit senkrechter Achse – in der persischen Provinz Seistan an der Grenze zu Afghanistan.[391] Diese Mühlen waren teilweise umbaut, so dass der hier rund 120 Tage pro Jahr aus Nordwesten wehende Wind nur auf die eine Seite der Matten-Segel traf und so die Mühle drehte.
Mühlen mit Vertikal-Achsen, allerdings ohne Ummauerung, aber dafür mit Klappsegeln an den Enden eines großen Achsenkreuzes, gab es auch in China. Ob die Erfindung der Windmühle von Heron über persische Gelehrte bis hierher gelangte oder man sich in China tibetanische Gebetsmühlen zum Vorbild nahm und die Erfindung dann von chinesischen Kaufleuten nach Persien gebracht wurde, lässt sich nicht mehr genau bestimmen.
Jedenfalls findet sich im 12. Jahrhundert die „Bockwindmühle" als erster Windmühlen-Typ in Europa[392] – im Gegensatz zu Persien und China allerdings mit horizontaler/waagerechter Achse. Dem folgten weitere Typen mit horizontaler Achse wie die Paltrockmühle (Anfang 17. Jahrhundert) oder die Turmmühlen mit drehbarer Haube und die sich nach oben verjüngenden Holländer-Mühlen („Bodenholländer", „Galerieholländer").
Außer zum Mahlen von Getreide setzte man die Windkraft zur Entwässerung und für viele weitere Arbeitsgänge und Gewerbe ein; so entstanden Ölmühlen, Papiermühlen, Pulvermühlen, Sägemühlen,

[389] Siehe Strandh 1980, S. 111; Feldhaus 1970, Sp. 1270 f., 1274 f.
[390] Siehe Feldhaus 1970, S. 1326.
[391] Siehe Fröde 1981, S. 14 f., 64 f.
[392] Siehe Fröde 1981, S. 22 ff.

Schleifmühlen etc., ja es gab sogar fahrbare Windmühlen zum Seilzugantrieb von Pflügen.[393]

Da die Windmühle als Energiemotor effektiv menschliche und tierische Arbeitskraft ersetzen konnte, wurde hier immer wieder nach Verbesserungen des verbreiteten Horizontalachsen-Typs gesucht: 1680 bauten Holländer eine Mühle mit doppelten Flügeln (quasi ein „Doppeldecker"); 1745 konstruierte der Mühlenbauer Edmund Lee die Windrosette, um die Mühle auch bei drehenden Winden automatisch immer nach der Windrichtung auszurichten; Meikle baute 1772 die erste Flügelfläche aus jalousieartigen Klappen; 1799 schuf Meadhurst mit sternförmigen Windrädern das Vorbild für die späteren amerikanischen Windturbinen; Cubbit verbesserte 1807 den Jalousieflügel; Kirchweger konstruierte 1848 Flügel aus Eisenblech.[394]
Daneben gab es Spezialanwendungen: die Scheunenwindmühle[395], bei denen das große Windrad hinter einer Außentür in die Wand der Scheune eingebaut war, oder den ähnlich funktionierenden Luftzug-Uhraufzug, den der Uhrmacher La Plat 1751 der Pariser Akademie der Wissenschaften vorlegte.[396]

Auch die im Westen weniger verbreitete Vertikalwindmühle war Ziel von Verbesserungen: 1648 konstruierte John Wilkins eine mit gekrümmten Flügeln als Antrieb von Wagen; 1675 befand sich in der Sammlung von Grollier de Serviere ein Modell mit nach oben und unten umklappenden Flügelklappen; Leibniz konstruierte 1684 für sein Entwässerungsprojekt im Harzer Bergbau eine Horizontalturbine; 1714 entwarf DuQuet ein 12-flügeliges Vertikalwindrad; 1732 projektierte Gallon eine Windturbine mit 12 Leitschaufeln, deren Zwischenräume sich je nach Bedarf verschließen ließen.[397]

Bis zur Verbreitung von Dampfmaschine und Elektromotor stellten die Windkraft – allerdings nach der Wasserkraft – das energietechnische Rückgrat der Wirtschaft dar; das galt für Kontinentaleuropa bis zu den

[393] Siehe Feldhaus 1914, Sp. 794 f.
[394] Siehe Paulinyi/Troitzsch 1991, S. 41 f. ; Feldhaus 1914, Sp. 1330-1332
[395] Siehe http://www.scheunenwindmuehle.de/
[396] Siehe Feldhaus 1914, Sp. 1202
[397] Siehe Varchmin/Radkau 1981, S. 70 f. ; Feldhaus 1914, Sp. 1321 f.

1870er Jahren, wobei die Leistungen der historischen Windmühlen in der wissenschaftlichen Literatur mit 10-100 PS angegeben werden.[398]

1888 baute Charles F. Brush die erste Windkraftmühle zur Erzeugung von elektrischem Strom, bereits 1891 folgte ihm der Däne Poul La Cour; aber immer mehr Windmüller konnten mit der Konkurrenz der Motor- und Elektromühlen nicht mithalten.[399] Immerhin gab es 1909 noch 13.000 Windmühlen in Deutschland.[400] Doch der Mangel an geeigneten und kostengünstigen Energiespeichern führte dazu, dass immer mehr Mühlen verschwanden.

1920 berechnete der deutsche Physiker Albert Betz, dass man dem Wind technisch maximal 16/27stel seiner Leistung abgewinnen könne (also < 60 %, „Betzscher Leistungsbeiwert").[401] Dies führte bei dem unter den Ingenieuren vorherrschenden großindustriellen Denkschema ala „big is beautiful" zur Entwicklung riesiger Windenergieanlagen wie die des deutschen Ingenieurs Hermann Honnef, dessen Gittertürme mit über 400 Metern Höhe sogar den Eiffelturm überragt hätten.

Dem Gigantomanismus des Nationalsozialismus kamen solche Pläne anfänglich sehr entgegen; allerdings nahm die NS-Führung später davon Abstand, weil die Honnef-Rotore als Orientierungsmarken für feindliche Bomber dienen konnten. Vielmehr förderten Hitler und die SS sogar die Entwicklung kleinerer Windkraftanlagen in Größen von 600 bzw. 50.000 kW; sie sollten künftig die einzelnen Siedlungszentren von SS-Wehrbauern in Russland, der Ukraine und auf der Krim mit Energie versorgen, da ein großes Verbundnetz als zu teuer und zu sabotageanfällig angesehen wurde.[402] Die Windkraftanlagen waren wohlgemerkt für Siedlungs-Kollektive und nicht für die energetische Unabhängigkeit einzelner Höfe vorgesehen; in so fern blieb der totalitär-zentralistische NS-Staat seinem Prinzip der Herrschaft durch Technik treu.

---

[398] Siehe König/Weber 1990, S. 18 ; Debeir/Deleage/Hemery 1989, S. 148 ; Paulinyi/Troitzsch 1991, S. 42, 355 ; Bayerl 1987, S. 492

[399] Siehe http://de.wikipedia.org/wiki/Charles_Francis_Brush ; http://de.wikipedia.org/wiki/Poul_la_Cour ; Heymann 1995, S. 20 ff.

[400] Siehe Kreß/Mikelskis u.a. 1984, S. 115

[401] Siehe Quaschning 2010, S. 191 ; Betz 1926

[402] Siehe Stutz 2002, S. 42 f., 49 f., 60 f.

Das Ende des 2.Weltkrieges verhinderte die Umsetzung der Pläne, aber nach 1945 wurde die Entwicklung zur heute vorherrschenden Windenergie-Großtechnik vom Ingenieur Ulrich W. Hütter fortgesetzt. Diese Tendenz zur Großtechnik gibt es, trotz des zwischenzeitlichen technischen Misserfolges mit dem GROWIAN (Große Windkraft-Anlage)[403] 1983-87, bis heute: die umfangreiche wissenschaftliche Literatur zur Auslegung, Berechnung und Konstruktion von Windenergie-Anlagen[404] hat überwiegend den „Grosswind" im Blick hat, wenngleich viele der dortigen Berechnungen natürlich auch für den „Kleinwind" gelten.

Doch während sich die Politik und die Medien beim Thema Windenergie meist mit den Großwindanlagen zu Lande („onshore") und auf See („offshore") beschäftigen, hat sich daneben fast unbemerkt international ein großer Markt für Kleinwindanlagen/KWAs (engl. *Small Wind Turbines/SWTs*) entwickelt. In China laufen ca. 450.000 KWAs, 144.000 in den USA, 21.610 in Großbritannien, während man in Deutschland bisher über 10.000 Stück nicht hinausgekommen ist.[405] Dabei könnten sich auch hier in Gärten, auf Wiesen, Dächern, ja selbst auf Bäumen[406] über 100.000 KWAs drehen.

Der weiteren Verbreitung dieser Technik stehen – neben den an manchen Standorten ungünstigen Windverhältnissen – vor allem in Deutschland bürokratische Hürden und eine mangelhafte öffentliche Förderung entgegen.[407] Doch mittlerweile haben weltweit, neben speziellen Kleinwind-Vereinigungen, auch die Windenergie-Verbände die große Bedeutung des „kleinen Windes" erkannt.[408]

---

[403] Siehe http://de.wikipedia.org/wiki/GROWIAN

[404] Siehe Molly 1996 ; Quaschning 2011, S. 239-293 ; Gasch/Twele 2010

[405] Siehe http://www.heise.de/newsticker/meldung/Grosses-Interesse-an-kleinen-Windraedern-1286229.html ; Bundesverband WindEnergie 2011, S. 10

[406] Siehe http://joule.agrarheute.com/allesnutzer ; http://www.youtube.com/watch?v=HDOGc8eNFDI ; http://www.architekten-frey.de/

[407] Siehe http://www.bundesverband-kleinwindanlagen.de/index.php?menuid=18 ; http://www.vz-nrw.de/UNIQ131105697905297/windenergie ; http://www.klein-windkraftanlagen.com/category/news/

[408] Siehe http://www.kleine-windkraft.at/ ; http://www.husstandsvindmolle.org/ ; http://www.bundesverband-kleinwindanlagen.de/ ; http://www.wind-energie.de/politik/kleinwind ; http://www.awea.org/smallwind/ ; http://www.bwea.com/small/

Die Definition von Kleinwindanlagen wird recht unterschiedlich gehandhabt. Als wichtigster Maßstab hat sich mittlerweile die Europäische Norm EN/IEC 61400-2:2006 herauskristallisiert, nach der KWAs bis zu einer überstrichenen Rotorfläche von 200 m² definiert sind. Das entspricht etwa einem Rotordurchmesser von 16 Metern.[409] Wenn man berücksichtigt, dass Anlagen über 30 Meter Gesamthöhe im siedlungsnahen Bereich zumindest in Deutschland kaum genehmigt werden, ergibt sich hieraus eine Nabenhöhe von 20-22 Metern und eine Nennleistung von ca. 50 kW. Damit sind die größten KWAs für das HEH schon überdimensioniert. Für den Privatmann reichen meist gute Anlagen mit einer Nennleistung von 5-6 kW, die im eigenen Garten oder auf dem eigenen Hausdach aufgestellt sind und überwiegend zur Selbstversorgung dienen.[410] Bei einer überstrichenen Rotorfläche von ca. 20 Quadratmetern sind wären bei Windgeschwindigkeiten von 11 Metern/Sekunde (= ca. 40 km/h = Windstärke 6) und entsprechenden Speichern durchaus allein in der Lage, ein Einfamilienhaus mit Strom zu versorgen. Die dänische Kleinwindanlagenvereinigung, die „Husstandsvindmøller" (dt. *„Hausstandswindmüller"*)[411] ziehen die Leistungsgrenze bei 25 kW, was angesichts der Stromversorgung vieler Bauernhöfe sicherlich sachlich berechtigt ist.

Welche Energie können nun Windenergie-Anlagen im eigenen Garten bzw. auf dem eigenen Hausdach liefern? Generell errechnet sich die (Wirk-)Kraft des Windes (engl. *Power/P*) aus Luftdichte (ρ), Größe der Auftreff-Fläche/überstrichenen Rotorfläche (A, in m²) und Windgeschwindigkeit (v, in m/sec) nach folgender Formel:

$$P = 0{,}5 \cdot \rho \cdot A \cdot v^3$$

Bei einer durchschnittlichen Luftdichte ρ von 1,225 kg/m³, einer Auftreff-Fläche A von 1m² (Kleinst-Anlage) und einer Windgeschwindigkeit „v" von 5 m/sec ergibt sich als Leistung P (in Watt/W):

$$0{,}5 \cdot 1{,}225 \cdot 1 \cdot 5^3 = 77 \text{ Watt}$$

Aus dieser Gleichung geht auch eine wichtige Tatsache hervor: es ist wichtiger, das Windrad an einem Stand-Ort mit hohen Windgeschwin-

409 Siehe http://joule.agrarheute.com/kleinwindenergieanlagen

410 Siehe http://www.kleinwindanlagen.de/html/bis_10kw.html ; http://kleine-windkraft.wordpress.com/technische-faktoren/ ; http://www.bundesverband-kleinwindanlagen.de/index.php?menuid=15

411 Siehe http://www.husstandsvindmolle.org/

digkeiten aufzustellen als ein großes Windrad zu haben. Denn verdoppelt man die Auftreff-Fläche, so entsteht nur doppelt so viel Leistung, während wenn sich die Windgeschwindigkeit verdoppelt, wegen der dritten Potenz dann die 8fache Kraft wirkt. Daher ist für Windanlagen die Standortfrage entscheidend: eine kleinere Anlage auf dem zugigen Dach kann mehr bringen als eine große im Garten im Windschatten der Bäume. Windgeschwindigkeiten von 11 m/sec finden sich häufig nur auf Bergen oder an Küsten.

Wie wir bereits oben gesehen haben, ist wegen des „Betzschen Leistungsbeiwertes" nur eine technischen Nutzung knapp unter 60 % der Windenergie möglich. Dazu kommt, dass die verschiedenen Anlagen unterschiedliche Wirkungsgrade haben, die vom technischen Konzept, von der Größe, den internen Reibungsverlusten etc. abhängen.
Insbesondere die Standort-Situation (Starkwind-/Schwachwind-Standort)[412] mit ihren jährlichen Windstunden (maximal 8.760 Stunden/Jahr) und auch die Qualität/Stabilität der Anlage (wenige Stillstände) sind für das Energie-Ernte-Ergebnis wichtig. Ein Rotor, der schon bei schwachen Winden anläuft, kann mehr Ertrag bringen als ein Rotor, der tolle Spitzenwerte erzielt, aber sich erst bei seltenem Starkwind in Bewegung setzt.

Die angebotenen Anlagen lassen sich im Garten auf mit Abspanndrähten gesicherte Masten von unterschiedlicher Höhe setzen. Nur die kleineren Kleinwind-Anlagen eignen sich für eine Montage auf dem Hausdach – die entsprechende sichere Statik des Gebäudes/Dachstuhls vorausgesetzt! Insbesondere die Windkraft in der Stadt ist inzwischen vermehrt Gegenstand von Forschungen.[413]

Vor dem Kauf einer Kleinwindanlage sollte man mehrere Angebote einholen und die verschiedenen Hersteller fragen, welchen Jahresenergie-Ertrag sie an dem speziellen Standort garantieren können[414] – bis-

---

[412] Siehe http://www.windenergie-im-binnenland.de/Windklassenvergleich_DIBt-IEC.pdf ; http://www.ökostrom.info/unterscheidung-nach-windklassen
[413] Siehe http://kleinwind.htw-berlin.de/website/fileadmin/data/Download/Kleinwind_Handlungsempfehlungen_HTW-Berlin.pdf ; http://idw-online.de/de/news520791
[414] Siehe Bundesverband WindEnergie 2011 ; http://www.klein-windkraftanlagen.com/allgemein/verbraucher-aufgepasst-unserioese-kleinwindanlagen-hersteller-erkennen/ ; http://www.kleinwindanlagen.de/Homepage/in-

her werden für die Leistungsangaben der einzelnen Hersteller häufig unterschiedliche Windgeschwindigkeiten zu Grunde gelegt. Die erzeugte Elektrizitätsmenge ist, neben den Kosten der Anlage, die entscheidende Größe, damit sich eine Anlage rentiert. Generell können sich die heutigen marktgängigen Anlagen an einem Windstandort meist in einem Zeitraum von 15-25 Jahren amortisieren

Wer über viel technisches Verständnis und handwerkliches Geschick verfügen, kann eine Kleinwindanlage auch in Selbstarbeit bauen und aufstellen – entsprechende Pläne und Anleitungen gibt es als Buch oder im Internet.[415] Durch Eigenbau lassen sich bei entsprechenden technischen Verständnis die Anlagen-Kosten erheblich reduzieren.

Mittlerweile gibt es eine Vielzahl von Herstellern für Kleinwindanlagen sehr unterschiedlicher Größe – geeignet für die Stromversorgung eines Segelbootes oder eines ganzen Hauses.[416] Buch- und Internet-Publikationen bieten hier eine Marktübersicht[417]; einzelne KWA-Testfelder liefern wissenschaftlich belastbare Vergleichsdaten.[418]
Und es gibt sehr verschiedene Arten von (Klein-)Windanlagen:

4.1. Horizontal-Rotore

Horizontal-Rotore (Rotore mit horizontaler Drehachse) sehen meist aus wie die verkleinerten Ausgaben der bekannten großen Windkraftanlagen: sie haben den Elektrogenerator/Dynamo in einer kleinen Gon-

---

dex.php?option=com_content&view=article&id=63&Itemid=66

415 Siehe Hacker 2003 ; Hacker/Jerke 2006 ; Hallenga 2007 ; Crome 2012 ; http://www.windenergie-technik-crome.de/ , http://www.windsucherwesterwald.de/

416 Siehe http://www.superwind.com/swe/index.htm ; http://www.braun-windturbinen.com/ ; http://www.windenergy.com/products/skystream/skystream-3.7

417 Siehe http://wind-energy-market.com/de/nc/kleine-anlagen/ ; Bundesverband WindEnergie 2011 ; http://www.kleinwindanlagen.de/ ; http://www.klein-windkraftanlagen.com/

418 Siehe http://provincie.zeeland.nl/milieu_natuur/windenergie/kleine_windturbines/ ; http://www.lowtechmagazine.com/2009/04/small-windmills-test-results.html ; http://www.energieforschungspark.at/ ; http://www.folkecenter.net/gb/news/fc/testingfacilities/ ; http://www.warwickwindtrials.org.uk/resources/Warwick+Wind+Trials+Final+Report+.pdf

del hinter („Luvläufer“) oder vor („Leeläufer“) dem Rotor.[419] Heute sind praktisch alle großen Windturbinen Luvläufer, insbesondere, weil die Rotorblätter so nie im „Windschatten“ des Turmes liegen. Allerdings brauchen Luvläufer auch eine „aktive Nachführung“ – einen Motor, oder bei kleinen Anlagen eine Windfahne – , so dass die Achse des Rotors immer in Windrichtung zeigt. Weil bei Kleinwindanlagen die Windschattenprobleme nicht so groß sind, gibt es hier auch weiter Leeläufer[420], zumal so die Nachführung entfällt.

Horizontal-Rotore erzeugen bei gleichem Rotor-Durchmesser mehr Energie als ihre vertikalen „Verwandten“[421], sind aber auch teurer in der Anschaffung. Wegen der oben auf dem Mast befindlichen Generatorgondel ist die Wartung selbst bei vielen Kleinwindanlagen schwieriger; eventuell muss dazu der gesamte Mast gelegt werden.
Praktisch alle heutigen Anlagen zur Elektrizitätserzeugung sind „Schnellläufer“, d.h. sie arbeiten mit hohen Umdrehungszahlen und sind für eine Energie-Ernte bei höheren Windgeschwindigkeiten ausgelegt. Das hat auch Auswirkungen auf die Anzahl der Flügel: während die alten Windmühlen 4 oder 6 oder noch mehr Flügel hatten, um auch bei möglichst wenig Wind die schweren Mühlsteine langsam in Bewegung zu setzen, sollen die Schnellläufer die relativ leichten Generatoren bei viel Wind möglichst schnell drehen. Daher haben sich heute die dreiflügeligen Rotore bei der Stromerzeugung durchgesetzt, weil sie schneller laufen als vierflügelige Exemplare, aber bei Böen stabiler und runder laufen als Zweiflügler, die meist nur bei extrem großen Windenergie-Anlagen eingesetzt werden.[422]
Einflügler, wie der von MBB entwickelte „Monopterus“[423] sind seltene Ausnahmen geblieben: sie benötigen statt des zweiten Flügels ein Ausgleichsgewicht, sind noch Böen-anfälliger als Zweiflügler und laufen

[419] Siehe http://www.wind-energie.de/infocenter/technik/funktionsweise/lee-laeufer
[420] Siehe http://www.windkraft-anlagen.com/index-Dateien/Windgenerator.htm ; http://www.wespe-kleinwindkraft.de/ ; http://www.windependence.de/ ; http://www.skystreamenergy.com/
[421] Siehe http://www.heiner-doerner-windenergie.de/comparisonHAWTVAW-T.pdf
[422] Siehe http://www.heiner-doerner-windenergie.de/ (Windanlagen-Design-Philosophie)
[423] Siehe http://de.wikipedia.org/wiki/Monopteros_(Windkraftanlage)

weniger rund, wenn das Blatt die Stauluftzone unten vor dem Turm der Anlage passiert.

Noch wenig Verbreitung finden bisher die ummantelten Rotore.[424] Sie haben nicht nur den Vorteil, dass Gegenstände nicht so leicht in den Rotor gelangen können und dass von ihnen bei Gegenlicht weniger Lichtblitze ausgehen. Sie erbringen, eine richtig gestaltete Ummantelung vorausgesetzt, mehr Leistung als ein ansonsten gleicher, konventioneller Rotor. Kleinere Exemplare sind generell auch zur Dachmontage geeignet. Bei den ummantelten Rotoren kann man Exemplare mit feststehendem und mit drehendem Mantel[425] unterscheiden. Ummantelte Turbinen lassen sich durchaus in Eigenarbeit herstellen.[426] Ein spezieller Typ ist das „Dachkraftwerk" von Professor Kurt Spiegelmacher.[427]

Daneben gibt es besondere Rotore, wie z.b. die Bionik-Propeller von Evologics, die nicht mehr aus einzelnen Rotorblättern, sondern aus „Schlaufen" bestehen.[428] Diese Formen werden sich nur durchsetzen, wenn sie in der Produktion nur wenig teurer als die herkömmlichen Blatt-Rotore sind, aber ein deutliches „mehr" an Leistung bieten. Ähnliches gilt auch für „Flüster-Turbinen"[429]: sie sollten das „Mehr" an Laufruhe nicht durch zu große Leistungsverluste erkaufen.

---

424 Siehe http://www.enflo-windtec.ch/ ; http://www.earthtronics.com/honeywell.aspx ; http://www.renewabledevices.com/rd-swift-turbines/overview/ ; http://www.stormbladeturbine.com/ ; http://www.flodesignwindturbine.org/ ; http://www.windgate.ch/xml_1/internet/de/application/d2/f9.cfm ; http://www.wipo-windpower.com/ WindCore

425 Siehe http://www.windtronics.com/blade-tip-power-system ; http://www.transworldgroup.im/Projects-Hush-Wind-Energy.html ; http://www.geekosystem.com/japanese-wind-power/

426 Siehe http://windei63.de/03c1989bca1073303/mantelturbine/index.html

427 Siehe http://www.fh-kl.de/uploads/media/PM_13_08_23_Spiegelmacher_Greentec-Awards01.pdf ; http://idw-online.de/pages/de/news548267

428 Siehe http://www.evologics.de/en/products/propeller/index.html ; http://www.aeroliftpatent.com/ ; http://www.home-energy.com/int/windpower.htm ; http://www.homeenergy.nl/wind_power.php

429 Siehe http://www.resau.com.au/main/page_ecowhisper.html

Eine Besonderheit stellt die Andreau-Turbine[430] (franz. *L'Eolienne à dépression*) dar, benannt nach dem französischen Aerodynamiker Jean Andreau (1890-1953). Hierbei sind die Flügel hohl und mit Luftaustritten an den Flügelspitzen ausgelegt. Dreht der Wind die Flügel, so saugen sie Luft durch den unteren Turm an und pressen sie an den Flügelspitzen wieder hinaus. Vorteil des Systems: Turbine und Generator sitzen unten am Turm, können so leicht gewartet werden und belasten nicht die Tragstrukturen des Turms.
In den 1940er und 1950er Jahren wurden einige Anlagen bis 100 kW Leistung gebaut.[431] Dass diese Idee sich gerade in Frankreich entwickelte ist nicht erstaunlich, da hier mit dem Hubschrauber „Sud-Ouest SO 1221 Djinn" auch der erste Helikopter mit Blattspitzenantrieb (franz. *Hélicoptère à réaction*) entwickelt wurde.[432] Die Andreau-Turbine verschwand durch den Tod ihres Schöpfers und das aufkommende Zeitalter des billigen Erdöls fast völlig Blick der Windtechniker. Erst in den letzten Jahren gibt es hierzu wieder Forschungen.[433] Künftige Anlagen ließen sich auch wieder als Leeläufer auslegen; geeignete Design-Vorbilder wie die Kleinwindanlage Leewise 1000[434] gibt es durchaus. Da sich bei der Andreau-Anlage der Generator außerhalb der Anlage befinden kann, wären diese auch gut für eine Montage auf dem Hausdach geeignet.

Eine weitere Besonderheit bietet der Wagner-Rotor[435], der Anfang der 1980er Jahre von Dr. Günter Wagner in List/Sylt entwickelt wurde: der Rotorkopf war in 45-Grad-Stellung auf dem Achterdeck eines Schiffes angebracht; von den zwei Rotorflügeln, die zusammen ein „V" bildenden, stand einer immer senkrecht gegen den Wind, während der andere flach über das Schiffsdeck flog. Nur wenn beide Blätter auf ihrer Kreisbewegung seitlich aussenbords befanden, standen beide gleich-

---

[430] Siehe Heymann 1995, S. 304 f. ; Musgrove 2010, S. 83 f. ; http://inter.action.free.fr/pantheon/andreau/eolienne-andreau-sv.pdf

[431] Siehe http://www.eolienne-a-depression.fr/index.php?option=com_content&view=article&id=50&Itemid=60 ; http://petermusgrove.info/page5.htm

[432] Siehe http://de.wikipedia.org/wiki/Blattspitzenantrieb ; http://de.wikipedia.org/wiki/Sud-Ouest_SO_1221

[433] Siehe http://www.eolienne-a-depression.fr/

[434] Siehe http://www.windependence.de/

[435] Siehe http://www.spiegel.de/spiegel/print/d-14348133.html ; Scott 1984, S. 60 f.

zeitig im Wind. Der Wagner-Rotor wäre quasi als Anderthalb-Flügler anzusprechen.
Für das private Energy-Harvesting dürften kleinere Ausführungen dieses Rotors allenfalls auf kleinen (Haus-)Booten in geschützten, küstennahen Gewässern in Frage kommen, wo die nötigen Windgeschwindigkeiten vorhanden sind. In Deutschland wären das u.a. Jadebusen, Dithmarscher Bucht, die Förden, die Schlei und die Bodden-Gewässer.

Innovativ ist das französische Verfahren, mit einer speziellen Windturbine direkt die Luftfeuchtigkeit des Windes zu kondensieren und daraus Trinkwasser zu machen, was besonders für subtropische Wüstengegenden interessant ist.[436] Die derzeitigen Anlagen sind allerdings noch zu groß für das HEH.

Von den alten Windmühlen hat sich im regulären Arbeitseinsatz außerhalb von einigen Ausnahmen und Museumsvorführungen etc. bis heute nur die amerikanische Windturbine („Westernmill")[437] erhalten. Von den ursprünglich vielen verschiedenen Typen hat sich letztlich das Prinzip des vom US-Pastor Leonhard Wheeler erfundenen Eclipse-Windrades mit seiner Windfahnen-Steuerung durchgesetzt.[438]
Man findet diese Mühlen heute noch in windreichen Gegenden, wie z.B. den Kanarischen Inseln, als Wasserpumpen im Einsatz.[439] Solche Windräder lassen sich ebenso wie die anderen großen „Langsam-Läufer" zur direkten Warmwasser-Erzeugung – ohne den Umweg über elektrischen Strom – verwenden, indem man sie an Wasserwirbelbremsen koppelt.[440] Allerdings gab es auch schon früh Versuche, Westernmills zur Stromerzeugung einzusetzen; jedoch sind diese bereits bei schwachem Wind anlaufenden Langsamläufer den schnell drehenden Drei- und Zwei-Flüglern auf diesem Gebiet unterlegen.

---

[436] Siehe http://www.eolewater.com/ ; http://www.enerzine.com/3/13899+eole-water-recupere-leau-de-lair-a-partir-de-turbines-eoliennes+.html ; http://www.youtube.com/watch?v=zhe4jDWfFAY
[437] Siehe http://de.wikipedia.org/wiki/Westernmill
[438] Siehe Baker 1985, S. 29 ff. ; Heymann 1995, S. 44 ff.
[439] Siehe http://www.molzan-windkraftanlagen.de/
[440] Siehe http://www.patent-de.com/19990715/DE19711047C2.html ; http://www.prorotatherm.com/de/content/start

Eine weitere, fast vergessene Mühlentechnik stellen die Flutter oder Tjasker dar.[441] Die Technik besteht aus 4 Flügeln an einer schräg nach oben ragenden Welle. Am anderen Ende der Welle sitzt eine Archimedische Schraube, die in einen Wassergraben etc. ragt. Diese Mühlen dienten früher als effektive, einfache und kostengünstige Entwässerungstechnik in den friesischen Niederungen; heute könnte man sie zu diesem Zweck an einigen Standorten wieder einsetzen.

Bei den heutigen Kleinwindanlagen gibt es stets technische Weiterentwicklungen. Sie betreffen die hauptsächlich die Aerodynamik und das Material. Dabei gibt es hier immer wieder Innovationen[442], die bei den „großen Schwestern" technisch so nicht möglich wären.
Dass Windturbinen mit horizontaler Achse nicht immer ortsfest sein müssen, demonstrieren die mobile Windenergieanlage MoWEC[443], die in der Bundesforschungsanstalt für Landwirtschaft (FAL) in Braunschweig getestet wurde, und die „Revelation II", ein in Großbritannien gebauter, 11 Meter langer Katamaran.[444]

4.2. Vertikal-Rotore

Vertikal-Rotore (Rotore mit vertikaler Drehachse)[445] haben den Elektrogenerator wartungsfreundlich unterhalb des Rotors (eventuell sogar ebenerdig) und müssen nicht nach dem Wind ausgerichtet werden; einige Typen müssen nicht einmal bei Sturm abgebremst oder stillgelegt werden.
Allerdings bezahlen sie diese Vorteile mit einem physikalisch bedingten, um ca. 30 Prozent schlechteren Wirkungsgrad gegenüber den Horizontal-Rotoren: denn während bei einem Horizontal-Rotor alle Rotorblätter gleichzeitig vom Wind bestrichen werden, liegt bei den Vertikal-Rotoren zumindest ein Teil der Antriebseinheit im Windschatten von Rotorachse und den dem Wind zugewandten Teilen des Rotors, ein anderer bewegt sich sogar gegen den Wind nach vorn.

---

[441] Siehe http://de.wikipedia.org/wiki/Fluttermühle ; http://www.rhaude.de/umland/ihrhove/flutter.htm

[442] Siehe http://www.fusystems.de/

[443] Siehe http://www.huebner-giessen.com/fileadmin/dokumente/Energie_Systeme/Kleinwindanlagen/Mobile_Wind_Energy_Converter_MOWEC.pdf

[444] Siehe http://news.bbc.co.uk/2/hi/uk_news/1507825.stm ; http://www.multihullcentre.co.uk/mhcnews.htm

[445] Siehe Feldhaus, Sp. 1321 ff.

Dennoch können Vertikal-Rotore aus Gründen der Einfachheit, Wartungsfreundlichkeit und Wirtschaftlichkeit für den Privatmann die erste Wahl sein. Im Gegensatz zu den verbreiteten Horizontal-Rotoren, die sich praktisch nur noch in der Anzahl der strömungstechnisch optimierten Blätter und im (Nicht-)Vorhandensein einer Rotor-Ummantelung unterscheiden, gibt es hier eine Vielzahl von Typen:

Die heute verbreitetste Art der Vertikal-Windräder sind die Schalen-Anemometer[446], die man als Windgeschwindigkeitsmesser bei Wetterstationen oder auf dem Masten von Segelschiffen nutzt. Hier kommt es weniger auf die (schwache) energetische Leistung als auf die robuste Einfachheit und die präzise Eichung an.

Manche der heute neu vorgestellten Vertikal-Windräder haben deutlich geschichtliche Bezüge:
Es gibt Weiterentwicklungen der alt-persischen Windmühlen, indem die gesamte Konstruktion drehbar auf einen Mast gesetzt wird und so – untypisch für Vertikalrotore - den wechselnden Windrichtungen in unseren Breiten nachgeführt wird.[447] Quasi in der Tradition altchinesischer Segelwindräder stehen die vertikalen Klappenwindräder.[448] Die Idee der Leibnizschen Turbine[449] von ca. 1685, bei der man über Leitbrettern den Flügeln die Luft aus allen Windrichtungen zuführt, wird ebenfalls von verschiedenen Entwürfen aufgenommen.[450] Wegen des geringen Wirkungsgrades hat sich diese Technik nie beim Mahlen oder bei der Elektrizitätserzeugung durchgesetzt.

Der Savonius-Rotor[451] wurde 1925 vom finnischen Schiffsingenieur Sigurd Savonius entwickelt. Er besteht praktisch aus einem stehenden Fass, das mittig durch seine kreisrunden Böden aufgesägt und dann, etwa um den Radius versetzt, wieder aneinander montiert wurde. We-

---

[446] Siehe http://de.wikipedia.org/wiki/Anemometer
[447] Siehe http://www.eightwind.com/
[448] Siehe http://www.youtube.com/watch?v=Sq9eh0S_S2g&feature=fvwe2 ; http://www.youtube.com/watch?NR=1&feature=endscreen&v=sCSnq8tksgs
[449] Siehe http://www.gwlb.de/Leibniz/Leibnizarchiv/Leben_und_Werk/windmuehle.html
[450] Siehe http://www.tesnic.com/ ; http://www.youtube.com/watch?v=Vyv-f7iyi-wM ; http://www.youtube.com/watch?v=dJFxHHB8Gc8
[451] Siehe http://de.wikipedia.org/wiki/Savonius-Rotor

gen der größeren Laufruhe werden meist zwei dieser Konstruktionen um 90 Grad verschwenkt übereinander montiert.
Der Savonius-Rotor nutzt die in die Halb-Fässer/Schalen einströmende Luft auch durch Umlenkung; daher ist er kein reiner „Widerstandsläufer“ und hat einen höheren Wirkungsgrad als die zur Messung der Windgeschwindigkeit genutzten Schalen-Anemometer.
Vorteile des Savonius-Rotors sind: seine Einfachheit, unkomplizierte Herstellung, seine Sturm- und Turbulenz-Stabilität, sein schnelles Anlaufen und hohes Drehmoment schon bei niedrigen Windgeschwindigkeiten. Nachteile sind sein relativ geringer Wirkungsgrad und seine Begrenzung auf relativ geringe Baugrößen wegen mit der Größe stark zunehmender Unwucht-Probleme.
Der Savonius-Rotor ist eine der Kleinwindanlagen, die man auch in Selbstarbeit bauen und aufstellen – entsprechende Pläne und Anleitungen gibt es als Buch oder im Internet.[452]

Der Darrieus-Rotor[453] wurde 1927-1931 vom Franzosen Georges Darrieus entwickelt. Er besteht aus zwei gegenüberliegenden langen, stark gebogenen, an den jeweiligen äußersten Enden mit der Drehachse verbundenen Flügeln. Auch hier sind, wie bei den Horizontal-Rotoren, zwei- oder dreiflügelige Ausführungen machbar.
Darreius-Rotore können hohe Drehzahlen erreichen, laufen aber dann bei Schwachwind nur schlecht an; daher sieht man manchmal Kombinationen mit einem Savonius-Rotor. Kleine Darreius-Rotor-Systeme gibt es im Handel.[454]

Der H-Rotor, 1985 vom deutschen Ingenieur Götz Heidelberg[455] entwickelt, sieht zwar mit seinen geraden, senkrechten Flügeln ganz anders aus als ein Darreius-Rotor, funktioniert aber nach dem selben Prinzip. Nur sind die geraden Flügel natürlich einfacher und billiger zu produzieren als die gebogenen Blätter des Darreius-Rotors, weshalb sich der H-Rotor wie der Savonius besonders zum Selbstbau eignet.[456] Aller-

---

[452] Siehe Schulz 1989; http://www.kleinwindanlagen.de/Forum/cf3/index.php?f=14 ; http://www.youtube.com/watch?v=9UPe6A_UVPc&feature=related ; http://www.berezintechnologies.com/book/SavoniusRotorManual.html
[453] Siehe http://www.ifb.uni-stuttgart.de/~doerner/Darrieus.html ; http://de.wikipedia.org/wiki/Darrieus-Rotor
[454] Siehe http://www.aes-energie.de/
[455] Siehe http://de.wikipedia.org/wiki/Götz_Heidelberg
[456] Siehe http://www.daswindrad.de/forum/viewtopic.php?f=3&t=270

dings werden im Bereich der Kleinwindanlagen heute auch verschiedene H-Rotor-Komplettsysteme angeboten[457], selbst eine Kombi-Technik mit einem Savonius gibt es.[458] In Analogie zu den Horizontal-Achsern gibt es inzwischen H-Rotore mit drei senkrechten Flügeln.[459] Mittlerweile wurden die senkrecht-geraden zu senkrecht-gebogenen Flügeln weiter entwickelt, die den H-Rotor auch schon bei geringeren Windgeschwindigkeiten anlaufen lassen.[460] Diese Spiral-Rotore in Form einer Mehrfach-Helix sind eine weitere Ausführung der Darreius-Typen. Auch in diesem Bereich gibt es inzwischen eine Vielfalt von Komplettsystemen.[461]

Ebenfalls zur Gruppe der „Darreius-Abkömmlinge" zählen die V-Rotoren und ähnliche Typen[462] sowie der einflügelige Moser-Rotor[463] des Erdinger Erfinders und bildenden Künstlers Joseph Moser.

Eine Mischform aus den Darreius-Abkömmlingen mit ihren aerodynamischen, aber fest stehenden Flügeln und den o.a. Nachfolgern der altchinesischen Klappseglern stellen der C-Rotor[464] und der Lenz-Rotor[465] dar. Wegen der relativ vielen beweglichen Teile bleibt die Frage nach der langfristigen Haltbarkeit dieser Rotoren.

---

[457] Siehe http://www.neuhaeuser-windtec.de/de/produkte/vata.html ; http://windkraft-anlagen.com/vertikalwindrad.html ; http://www.aerocatcher.-de/ ; http://www.silentfuturetec.at/

[458] Siehe http://www.kleinwindanlage.de/

[459] Siehe http://www.windspireenergy.com/windspire/about-the-windspire/

[460] Siehe http://www.hs-bremerhaven.de/Twister_zieht_Energie_aus_jeder_Windstaerke_Weiterentwicklung_des_H-Rotors_wird_praktisch_erprobt.html ; http://www.turby.nl/99-downloads/Turby-DE-Anwendung-V3.0.pdf

[461] Siehe http://www.vencopower.com ; http://www.quietrevolution.com/landowners/index.htm ; http://www.bluenergyusa.com/ ; http://www.helixwind.-com ; http://www.re-gen-energy.com/ ; http://www.mbm-technologie.de/forseti.htm

[462] Siehe http://www.windandwet.com/windturbine/vawt1/vrotor1.php ; Sutherland/Berg/Ashwill 2012

[463] Siehe http://www.ifb.uni-stuttgart.de/~doerner/windcuriosity1.html

[464] Siehe http://www.daswindrad.de/forum/viewforum.php?f=2 ; http://www.youtube.com/watch?NR=1&feature=fvwp&v=M8ea-wOVYos ; http://www.youtube.com/watch?v=BVhNF71W024

[465] Siehe http://www.daswindrad.de/forum/viewforum.php?f=21 ; http://www.windstuffnow.com/main/vawt.htm ; http://www.agilewindpower.com/de/agile-windkraftanlage/agile-turbine

Horizontal-Querachsen-Rotore sind vordergründig eine Mischung zwischen den Horizontal- und Vertikal-Rotoren, wobei sie technisch eher zu den Vertikal-Rotoren gehören: diese Rotore haben eine horizontale Achse, die allerdings quer zur Windrichtung liegt. Als Flügeltypen werden die gleichen Arten wie bei den Vertikal-Rotoren verwendet, also Savonius, Darreius etc.[466] Vorteil ist, dass der quasi liegende Rotor an seinen beiden Enden gelagert werden kann und man so keine Abspannungen für das obere Ende des Rotors braucht. Bei einer Dachmontage stören diese Rotore nicht die Optik und verletzen nicht durch zusätzliche Höhe eventuell vorhandene Bauvorschriften. Sie können zudem – bei günstiger Ausrichtung des Daches zur Windrichtung – die dortige Überhöhung der Windgeschwindigkeit nutzen, die immer am oberen Ende von großen Windhindernissen auftritt und bis zum zweifachen des normalen Windes reichen kann.[467]

Mögen die Horizontal-Rotore theoretisch eine bessere Energieausbeute versprechen – Vertikal-Rotore haben dennoch einige Vorzüge zu bieten:
Sie kommen nicht nur mit schnell wechselnden Windrichtungen und -stärken (Böen) gut klar, sondern auch mit Verwirbelungen. Dicht nebeneinander aufgestellt, können sie sogar Energie aus den Luftwirbeln ihrer Nachbar-Rotore ernten, wie eine Studie am California Institute of Technology zeigt.[468] Horizontal-Rotore müssen hingegen weit voneinander entfernt aufgestellt werden, um einander nicht zu beeinträchtigen.
Weil Vertikal-Rotore keine schwenkbaren Generator-Gondeln haben, ist ihr Schwerpunkt praktisch immer gleich. Daher eignen sie sich besonders gut für schwimmende Objekte. Das müssen nicht immer große WKAs wie die „Vertiwind"[469] mit entsprechenden Plattformen sein – eine Boje/Tonne oder ein Boot reichen für das HEH auch. Und weil bei Vertikal-Rotoren kein Rotor plötzlich herum schwenken und so

---

[466] Siehe http://www.windwandler.de/ ; http://www.aerotecture.com/products.html ; http://www.windpods.com/ ; http://www.ridgeblade.com/ ; http://www.youtube.com/watch?v=WZ5kX5Yw4eY&NR=1

[467] Siehe Quaschning 2011, S. 244 f. ; http://www.youtube.com/watch?v=1-WqPITmhkw

[468] Siehe http://www.dabiri.caltech.edu/research/wind-energy.html ; http://dabiri.caltech.edu/publications/WhLiDa_BB10.pdf

[469] Siehe http://www.nenuphar-wind.com/technology

Verletzungen hervorrufen kann, eignen sie sich für personennahe Haushaltsanwendungen. So lässt sich die Technik als Energielieferant für autarke Lampen einsetzen[470], wie man es sonst nur von Solar-/PV-Leuchten kennt.

4.3. Sonderformen

Eine Sonderform sind die Hubflügel- bzw. Schlagflügel-Geräte (engl. *Wingmills*)[471], die es sowohl als Horizontal-Achser als auch als Horizontal-Querachser gibt. Diese Geräte können als Windkraft-, aber auch als Wasserkraft-Maschinen(!) eingesetzt werden; bei der Wind-Energie-Ernte benutzt man sie hauptsächlich zum Antrieb von Wasserpumpen. Trotz ihrer Einfachheit hat sich diese Technik bisher nicht gegen die Westernmills als Pumpenantrieb durchsetzen können.

Eine weitere Sonderform ist die „fliegende Windkraft".[472] Hierbei werden Rotore an Ballons/Luftschiffen[473] oder Kites/Flugdrachen[474] angebracht, welche am Boden verankert sind. Daneben gibt es Flugdrachen, bei denen sich der Energiewandler/E-Motor an der Halterung auf dem Erdboden befindet.[475]

---

470 Siehe http://www.yankodesign.com/2011/01/05/light-by-wind/ ; http://www.industrialdesignserved.com/Gallery/Light-Flower/181542

471 Siehe http://www.wingmill.net/ ; http://www.econologica.org/winged-mills.html ; http://www.youtube.com/watch?v=8RM4ExvUKoM ; http://www.aniprop.de/hubfluegelgenerator

472 Siehe http://de.wikipedia.org/wiki/Fliegende_Windenergieanlage#Weitere_Varianten

473 Siehe http://www.airborne-wind-turbine.com/airborne_wind_turbine_englisch/airborne-wind-turbine-start.htm ; http://www.magenn.com/ ; http://www.youtube.com/watch?v=m6vgWP5U5Ew&NR=1 ; http://www.altaerosenergies.com/

474 Siehe http://www.kuleuven.be/optec/files/Loyd1980.pdf ; http://www.makanipower.com/ ; http://www.jobyenergy.com/ ; http://flygenkite.com/ ; http://www.skywindpower.com/

475 Siehe http://www.x-wind.de ; http://www.kitepower.eu/technology/ ; http://www.ampyxpower.com/PowerPlane.html ; http://www.aeroix.de/de/projekte/enerkite/ ; http://www.swisskitepower.ch/ ; http://kitegen.com/ ; http://www.highwind.be/ ; http://www.skysails-power.com/ ; http://www.fraunhofer.de/de/presse/presseinformationen/2012/november/energie-gewinnen-mit-lenkdrachen.html

Fliegende Windkraftanlagen können, ohne dass dazu große Baumaßnahmen nötig sind, das größere Windenergie-Potential in solchen Höhen nutzen, welche sonst nur von großen Windenergie-Anlagen „abgeerntet“ werden. Diese Geräte kommen für die meisten HEH-Nutzer wegen der dichteren Umgebungs-Bebauung natürlich nicht in Betracht, können aber – eine positive Kosten-Nutzen-Rechnung vorausgesetzt – für Landwirte mit größeren Flächen oder auf dem Meer durchaus interessant sein.

Schließlich gibt es noch eine Vielzahl von Ideen, die Windenergie ganz ohne rotierende Generatoren abzuernten. Beispiele hierfür sind: künstliche Bambuswälder[476], bei denen die Bewegung der Halme über piezoelektrische Stoffe in Elektrizität umgewandelt wird; der „Windbelt“ der Firma „Humdinger Wind Energy“[477] in Honolulu/Hawai, dessen oszillierende Bänder über einen Linear-Generator Strom erzeugen und sich auch zu einer Art „Flachkollektoren“ zusammenfassen lassen; die vibrierenden Bänder von „Altenera Technology“[478]; das bereits 1993 in Osaka vorgestellte „Windtree“-Konzept des Japaners Edilson Shindi Ueda[479], bei dem die im Winde schwankenden Baum-Äste über angebundene Stahlseile Generatoren am Boden antreiben; die Zero-Blade Technologie von „Saphon Energy“[480] und auch das Vibro-Wind-Projekt der Arbeitsgruppe um Professor Francis Charles Moon an der Cornell-Universität gehören hierher.[481]

---

476 Siehe http://www.absoluteastronomy.com/topics/Len_Lye ; http://www.-landartgenerator.org/blagi/archives/1344 ; http://www.landartgenerator.org/blagi/archives/902 ; http://atelierdna.com/?p=144

477 Siehe http://www.humdingerwind.com ; http://www.triplepundit.com/2009/06/humdinger-wind-energy-what-the-flutter/

478 Siehe http://altenera.com/products ; http://spectrum.ieee.org/energywise/green-tech/wind/the-best-and-craziest-ideas-at-the-arpae-future-energy-pitching-session

479 Siehe http://www.libsou.com/pdf/01619371.pdf ; http://www.eng.chiba-u.ac.jp/outProfile.tsv?no=1047 ; http://ieeexplore.ieee.org/xpl/freeabs_all.jsp?arnumber=1619371 ; http://www.heiner-doerner-windenergie.de/windcuriosity4.html

480 Siehe http://www.saphonenergy.com/site/en/how-does-it-work.59.html

481 Siehe http://www.news.cornell.edu/stories/May10/VibroWind.html ; http://www.mae.cornell.edu/people/profile.cfm?netid=fcm3 ; http://www.youtube.com/watch?v=OhG9OStqWY0 ; http://www.youtube.com/watch?v=HyQItYvZE5I

Einige dieser Techniken lassen sich in Eigenarbeit nachbauen[482]; bei einem entsprechenden Kosten-Nutzen-Verhältnis können diese Techniken als Nischen-Anwendungen durchaus interessant sein.

Künftig sind neue Formen der Windenergie-Ernte denkbar wie z.B. piezoelektrische Folien, die an Hauswänden oder auf Dächern angebracht werden und bei jeder Schwankung der Windstärke Energie erzeugen. Solche Folien ließen sich auch hinter Dünnschicht-Solarfolien anbringen, so dass der Wind primär auf die Solarfolien drückt, die dann ihrerseits wieder auf die Piezofolien drücken würden.
Piezofolien lassen sich auch auf solchen Windkraft-Elementen anbringen, die anders als die Vorderseite der Horizontal-Rotore nicht so gleichmäßig vom Winddruck erfasst werden, also Hubflügel-Anlagen, Savonius- und H-Rotore etc. Dies könnte helfen, die Energie-Ernte bei diesen Typen zu verbessern.
Flugdrachen und Segel aus piezoelektrische Folien können Strom erzeugen, wenn der Wind in die Folien einfällt, sie sich wölben oder flattern. Trotz der schwankenden, quasi flatterhaften Energieerzeugung lassen sich damit Energiespeicher an Land oder an Bord von Schiffen aufladen.

Alternativ wird es künftig vielleicht auch möglich sein, die Windenergie über modifizierte LEC-Folien[483] (*„light-emitting electrochemical cells“* = Licht-emittierenden elektrochemischen Zellen) direkt in Beleuchtung umzuwandeln und so z.B. Segelboote in der Dunkelheit besser sichtbar zu machen.

An dieser Stelle lohnt es sich, noch einmal auf die Rolle der Windkraft zum Antrieb von Fahrzeugen zurück zu kommen:
Auf dem Wasser erlebt die Windkraft inzwischen eine Renaissance in Form von drachenförmigen Zusatzsegeln[484] für seegängige Frachtschiffe; diese Segel sind leicht anzubringen sind und helfen, bis zu 20 Prozent Treibstoff einzusparen. Vielleicht wird ein solches System bald schon für größere Sport-Motorboote u.ä. angeboten.
Daneben gibt es eine ganze Reihe weiterer Projekte zum Windantrieb von Schiffen, sei es mit neuen Segel-Konstruktionen, mit Flettner-Ro-

---

[482] Siehe http://www.lowtechmagazine.com/2007/10/build-your-own.html
[483] Siehe https://plus.google.com/116422279715881314737/posts ; http://dx.-doi.org/10.1038/ncomms2002
[484] Siehe http://www.skysails.de

toren, mit geraden, abgewinkelten oder gebogenen Tragflächen, mit Horizontal- und Vertikal-Rotoren.[485] Obgleich auch diese Konstruktionen in erster Linie auf gewerblich genutzte Schiffe zielen, da sich hier die Entwicklungskosten am Schnellsten wieder herausholen lassen, ist eine Übernahme einzelner Techniken in den Sport- bzw. Privat-Bereich denkbar.

Auch bei der Entwicklung von windgetriebenen Landfahrzeugen tut sich etwas, das über die Kopie alter Segelwagen (s.o.) in moderne, meist dreirädrige Strandsegler u.ä.[486] hinaus geht:
so gelang es im Jahr 2010 dem Blackbird-Windcar, einem durch einen großen Propeller angetriebenen Dreirad, schneller als der Wind zu fahren: es erreichte rund 60 km/h bei 21 km/h Rückenwind.[487]

Auch verschiedene andere moderne Wind-Landfahrzeuge[488] setzen beim Antrieb auf horizontale und vertikale Rotoren. Es vielfach von Hochschulen und studentischen Vereinigungen gebaute Unikate, die bei entsprechenden Wettbewerben[489] gegen einander antreten.
Solche Fahrzeuge eignen sich wegen des schwankenden Windangebots natürlich nicht für den alltäglichen Straßenverkehr, schon gar nicht in den Häuserschluchten von Großstädten. Sie demonstrieren aber die Energie, welche im Wind steckt. Warum sollte man also nicht bei künftigen Autos unter dem zu öffnenden Solarpanel-Dach einen ausklappbaren Windrotor anbringen, der während des Parkens zusammen mit den Solarzellen die Akkus lädt und der beim Losfahren wieder eingeklappt wird? Die künftigen Autos würden so noch unabhängiger von Ladestationen.
Wo immer die künftige Entwicklung hingeht – eines zeigt die Vielfalt der obigen Beispiele schon jetzt: Die Geschichte der Energie-Ernte-Techniken des Windes ist noch lange nicht zu Ende.

---

[485] Siehe http://www.windschiffe.de ; Risch 1990 (hier viele Berechnungen!)
[486] Siehe u.a. http://www.landsegler.de/ ; http://www.windjet.co.uk/ ; http://www.greenbird.co.uk/
[487] Siehe http://www.fasterthanthewind.org/
[488] Siehe http://en.wikipedia.org/wiki/Wind-powered_vehicle ; http://www.inventus.uni-stuttgart.de/ ; http://www.balticthunder.de/
[489] Siehe http://www.windenergyevents.com/News.html ; http://www.windenergyevents.com/

5. Wasserkraft

Wird heute von Wasserkraft gesprochen, so denken die meisten Menschen an Großkraftwerke wie Itaipu/Brasilien oder den „Drei-Schluchten-Damm"/China und an riesige Stauseen, die problemlos die Energie von einem oder mehreren Atomkraftwerken erzeugen. Dabei entstanden größere Wasserkraftwerke zur Stromerzeugung erst um 1880 in Cargside/England und an den Niagarafällen/USA.[490] In den Jahrhunderten seit der Antike bis heute wurde/wird die Wasserkraft auch in einem kleinerem Maßstab genutzt, der vielfach gut zum HEH passt. Insgesamt gibt es eine Fülle von noch ungenutzten HEH-Möglichkeiten.

5.1. Hauswasser-Nutzung

Die wohl ungewöhnlichste Idee ist, im eigenen Haus Energie aus Fliess-Wasser zu gewinnen – ohne einen Bach oder Fluss in der Nähe. Schon um 1680 entwarf und baute Johann Joachim Becher eine Regenwasser-Uhr[491] für den Kurfürst in Mainz und beschrieb sie in seinem Werk „Närrische Weisheit". Die Uhr wurde in einem extra dafür gebauten Haus aufgestellt, dessen Dach das Regenwasser sammelte. Der jährliche Niederschlag in Mainz beträgt heute rund 600 Liter pro Quadratmeter und dürfte damals nur geringfügig höher gelegen haben. Dabei gibt es in Deutschland durchaus Orte, die die anderthalbfache (Freiburg/Br., München, Passau), doppelte (Clausthal/Zellerfeld, Garmisch-Partenkirchen) oder gar dreifache (Oberstdorf) Niederschlagsmenge pro Jahr aufweisen. Selbst das ist international vergleichsweise gering, wenn man die Regenmengen in Singapur (2400 mm), Freetown/Sierra-Leone und Madang/Papua-Neuguinea (jeweils ca. 3600 mm), Monrovia/Liberia (4400 mm) oder gar Cherrapunji/Indien (11000 mm) betrachtet – um hier nur einige Beispiele zu nennen.

Was aber leisten diese Regenmengen? Volker Quaschning berechnet[492], ohne Bechers Regenwasser-Uhr explizit zu erwähnen, die Leistung des Wasserkraftwerks in der Regenrinne für den Standort Berlin,

---

[490] Siehe http://en.wikipedia.org/wiki/Hydroelectricity#History

[491] Siehe Becher 1682, S. 17-20 (Kapitel 15) ; Maurice 1968, S. 49 f. ; Michal 1976, S. 93

[492] Siehe Quaschning 2010, S. 214

der bezüglich des Niederschlages mit Mainz vergleichbar ist. Er geht dabei von einem 100-Quadratmeter-Dach – was in Berlin eine Jahres-Niederschlagsmenge von 60 Kubikmetern auffängt – und 10 Metern Fallhöhe aus und kommt auf einen Ertrag von 1,6 Kilowattstunden/Jahr, „gerade einmal ausreichend, um 80 Tassen Kaffee zu kochen – als Jahresertrag leider zu wenig für eine sinnvolle technische Nutzung."
Wie bei so vielen Aussagen über die Chancen von Energie-Ernte-Systemen ist auch hier nicht die zweifellos richtige Berechnung das Problem, sondern ihre Interpretation („zu wenig für eine sinnvolle technische Nutzung").
Nehmen wir das o.a. Musterhaus (100-Quadratmeter-Dach, 10 Meter Fallhöhe) und stellen es in die ländliche Umgebung von Freetown oder Madang, dann haben wir bereits einen Jahresertrag von 9,6 Kilowattstunden. Dies ist fast ausreichend, um hier, wo ein Telefonnetz fehlt, eine private Funkanlage im Standby-Betrieb (ca. 1,2 Watt Leistungsaufnahme) rund um Uhr 365 Tage lang zu betreiben (ca. 10,5 Kilowattstunden). Mit Unterstützung durch eine kleine Fotovoltaikanlage oder ein Windrad wäre auch ein zuverlässiger Sendebetrieb möglich. Solche Funkanlagen können gerade in der Dritten Welt in abgelegenen ländlichen und von Naturkatastrophen bedrohten Regionen lebenswichtig sein. Wie gesagt: das geht alles mit dem o.a. Beispiel-Haus. Nimmt man zu dem Haus noch den Regenertrag der Dachfläche eines 200-Quadratmeter-Stalls hinzu, dann lässt sich z.B. die o.a. Funkanlage auch in Gebieten mit weniger Niederschlag bequem betreiben. Gerade weil wir als Menschen zwar auf einem Planeten, aber unter verschiedenen geographischen, klimatischen etc. Bedingungen leben, ist es wichtig, die Energie-Ernte-Systeme nicht nur für die Situation vor der eigenen Haustür durchzurechnen.
Mittlerweile ist die Idee der energetischen Regenwasser-Nutzung („Regenwasserkraftwerk") in verschiedenen Entwürfen, Projekten und Patenten aufgegriffen worden.[493]

---

[493] Siehe http://www.all-in.de/nachrichten/allgaeu/buchloe/Buchloe-Wie-man-aus-Regen-Strom-gewinnen-kann;art2774,206419 ; http://www.rp-online.de/region-duesseldorf/duesseldorf/nachrichten/kraftwerk-fuer-jugend-forscht-1.1197852 ; http://blog.makezine.com/2008/06/27/bucketborne-hydro-electric/ ; http://strom-technik-news.blogspot.de/2009/06/strom-energie-aus-regenwasser-gewinnen.html ; http://www.mediaradius.it/fileadmin/user_upload/PDFs_2012/pdfs_2008/Radius_07_08_Energiequellen.pdf, S.37 ; http://www.patent-de.com/20020307/ DE10055548A1.html ; http://www.pa-

Ein noch junges Verfahren ist die Regen-Piezoelektrik[494]. Das Team der französischen Atomenergie-Komission CEA um Jean-Jacques Chaillout hat einen Kunststoffstreifen von 3 Millimetern Durchmesser und wenigen Mikrometern Dicke entwickelt, der den Druck der auftreffenden Regentropfen in elektrischen Strom umwandelt. Wenngleich die 2008 veröffentlichten Forschungen noch am Anfang stehen, so ist bei den Niederschlagsmengen in vielen Teilen Frankreichs ein Ertrag von einer Wattstunde/Jahr pro Quadratmeter zu erzielen – in Gebieten mit größeren Niederschlägen natürlich mehr. Insgesamt aber kann diese Technik nur in Kombination mit anderen Techniken einen Beitrag zur Hausenergieversorgung leisten.

Aussichtsreicher ist dagegen die energetische Abwasser-Nutzung. Dies betrifft nicht nur größere Abwassererzeuger oder Klärwerke, die sich für die Rückgewinnung der Bio- und Wärmeenergie des Abwassers interessieren.[495] Meist übertrifft die Abwasser- die Regenwasser-Menge; immerhin verbraucht ein 4-Personen-Haushalt rund 180 Kubikmeter Wasser pro Jahr. Und so gibt es in diesem Bereich verschiedene hausnahe Lösungsvorschläge: Tom Broadbent, Design-Student an der De Montfort University im englischen Leicester, entwickelte mit dem „HighDro Power" ein Gerät, dass die kinetische Energie des in den Fallrohren des Hauses hinabstürzenden Abwassers in elektrische Energie umwandelt[496]; nach dem gleichen Prinzip funktioniert der Entwurf des Design-Studenten Leo Yip an der Queensland University of Technology/Australien.[497]
Und der Sanitärhersteller TOTO fertigt den „EcoPower Self-Generating HydroPower Sensor", der bei Toiletten, Urinalen und auch Wasserhähnen eingesetzt wird.[498]

---

tent-de.com/20030821/DE10217629A1.html ; http://www.kleinstwasserkraft.-de/index.php?option=com_content&task=view&id=152&Itemid=160

494 Siehe http://www.cea-technologies.com/articles/article/8910/en

495 Siehe http://www.energie-abwasser.de/ ; http://www.energie-aus-abwasser.de/ ; http://www.e-qua.de/stromgewinnung1.html

496 Siehe http://thecreativeboom.com/news/waste-not-want-not-with-dmu-students-electric-idea/

497 Siehe http://www.ecofriend.com/entry/eco-electric-an-electric-generation-and-water-awareness-device/

498 Siehe http://www.totousa.com/Press/CorporateBackgrounders/APassionforExcellence.aspx

Eine weitere häusliche Energiequelle ist das Trinkwasser aus der Wasserleitung. Schon um die Wende zum 20. Jahrhundert gab es eine Vielzahl von Wassermotoren.[499] Meist benutzte man sie im häuslichen Bereich als Antrieb für Waschmaschinen. Sie wurden an die Wasserleitungen angeschlossen, nutzten also den Druck, der in den Wasserwerken aufgebaut wurde. Die einfache Energie-Ernte ging dabei einher mit einer erheblichen Verschwendung der Ressource (Trink-)Wasser. Unproblematischer ist es, wenn solche Motore nicht dauernd laufen, sondern nur eingesetzt werden, wenn das Wasser sowieso genutzt wird. Beispiele sind die feststehenden oder mobilen Gartenberegner/Rasensprenger[500] (engl. *Sprinkler*), wasserhydraulische Badewannenlifter[501], sowie das H2O-Duschradio[502], das den Duschenden während der Körperreinigung in der Duschkabine unterhält. Weitere sinnvolle Anwendungen dieser Technik könnten wassergetriebene rotierende Zahnbürsten sein, die heute noch ausschließlich elektrisch betrieben werden.

Aber auch Wasserhähne wie der von der o.a. Firma TOTO oder der Power-Fluid-Wasserhahn[503] nutzen die im Leitungswasser gespeicherte Energie, um sie mit Hilfe einer Mikroturbine in Strom für einen elektronisch geregelte Wasserhahn umzuwandeln. Bisher mussten solche elektronischen Wasserhähne extra mit Batterie- oder Netzstrom versorgt werden.

Noch grundlegender geht ein Projekt der Stadt New York in Zusammenarbeit mit der Firma Rentricity[504] die Gewinnung von elektrischem

---

[499] Siehe Samter 1896, S. 72 f. ; http://de.academic.ru/dic.nsf/technik/22769/Wassermotoren ; http://www.douglas-self.com/MUSEUM/POWER/watermotor/watermotor.htm

[500] Siehe http://www.gardena.com/de/water-management/sprinkler/ ; http://www.lrnelson.com/products/sprinklers/traveling-sprinklers/

[501] Siehe http://de.wikipedia.org/wiki/Badewannenlifter#Antriebseinrichtungen

[502] Siehe http://www.waterpowerradio.com/

[503] Siehe http://www.wbk.kit.edu/downloads/PM_PowerFLUID.pdf ; http://www.power-fluid.de

[504] Siehe http://www.nytimes.com/2012/05/09/nyregion/in-new-yorks-water-pipes-seeing-an-electricity-source.html?_r=1 ; http://www.rentricity.com/ ; http://de.wikipedia.org/wiki/Druckminderer

Strom aus Leistungswasser an: dabei nutzt man die technisch notwendige Druckminderung des Leitungswassers aus den Hauptleitungen beim Übergang zu kleineren Leitungssystemen wie den Hausleitungen und baut statt der konventionellen Druckminderer ein HEH-System ein. Ähnliche Trinkwasser-Turbinen/-Kraftwerke unterschiedlicher Größe gibt es auch in Baden-Württemberg, Österreich und der Schweiz.[505] Dieses Beispiel zeigt auch, dass nicht alle HEH-Systeme unbedingt auf Erneuerbaren Energien beruhen, denn der Wasserdruck des Leistungswassers wird, sofern er sich nicht aus dem natürlichen Gefälle ergibt, im Wasserwerk aufgebaut – meist mit konventionellen Energien. Daneben lässt sich selbstverständlich auch das natürliche Gefälle bei manchen (Haupt-)Wasserleitungen nutzen.[506]

Nicht zum HEH gehören die bekannten „wasserbetriebenen" Uhren[507] o.ä.: diese stellen in Wahrheit eine einfache Batterie dar, bei der die Ionen eines Metalls (z.B. Zink) durch das Medium Wasser zu einem anderen Metall (z.B. Kupfer) wandern – ist das Zink aufgebraucht, so bleibt die Uhr trotz weiterer Befüllung mit Wasser einfach stehen.

5.2. Kleinwasserkraft

Die Kleinwasserkraft nutzt traditionell die Energie der Bäche und Flüsse. Mittlerweile gibt es hier eine Renaissance: viele der ca. 20.000 reaktivierbaren alten Mühlenstandorte in Deutschland werden inzwischen wieder hergerichtet. Schließlich arbeiteten um 1900 rund 80.000 solcher Kleinkraftwerke an deutschen Gewässern, während es dagegen im Jahr 2000 nur noch knapp 8.000 waren.

Ziel ist heute nicht mehr (nur) das Mahlen von Korn oder das Verarbeiten von Papier, sondern eine zeitgemäße, umweltfreundliche Erzeu-

[505] Siehe http://www9.landtag-bw.de/WP14/Drucksachen/3000/14_3078_d .pdf ; http://www.wien.gv.at/wienwasser/versorgung/weg/wienerberg.html ; http://www.bfe.admin.ch/infrastrukturanlagen/01078/01132/index.html?lang=de&dossier_id=01692

[506] Siehe http://www.lucidenergytech.com/lucid-pipe/ ; http://www.earthtechling.com/2011/10/in-pipe-hydropower-deal-for-portland/

[507] Siehe http://www.handelsblatt.com/technologie/it-tk/ratgeber-tests/gadget-der-woche-zeitzeuge-mit-wasser-und-zitronensaft/6781528.html ; http://www.pearl.de/pdocs/NC3165_11_78930.pdf ; http://wwwitp.physik.tu-berlin.de/~basti/download/10Protokoll-galvan.pdf

gung von elektrischer Energie.[508] Auch in Österreich gibt es heute wieder ca. 2600 Kleinwasserkraftwerke, die mit ihren 5,1 Milliarden kWh/Jahr rund 9,5 Prozent des Strombedarfes des Landes decken, was den Bedarf von 1.600.000 Haushalten ausmacht.[509]

Die Nutzung der Kleinwasserkraft existiert bereits seit der Antike: schon Philon von Alexandria beschreibt um 230 v. Chr. unterschlächtige und oberschlächtige Wassermühlen[510], d.h. durch Wasser angetriebene Mühlen oder auch Schöpfräder, bei denen das Wasser auf den unteren Teil des Wasserrades trifft, oder – noch effektiver – von oben auf das Wasserrad hinab stürzt. Diese Mühlen waren im Römischen Reich verbreitet, und wurden bisweilen, wie in Arles um 200 n.Chr., zu großen Mühlenanlagen mit mehreren Wasserrädern hinter einander ausgebaut. Ihre eigentliche Verbreitung erlebten die Wassermühlen allerdings erst im Hochmittelalter, nachdem man um 940 n. Chr. die Nockenwelle erfunden hatte und so die Drehbewegung der Mühle in eine Auf-und-ab-Bewegung für Stampfen, Hammerwerke, Blasebälge etc. umwandeln konnte.
Ebenfalls noch aus der Antike stammen die horizontalen Wasserräder mit senkrechter Achse/Welle, bei denen das Wasser auf der einen Seite der Welle gegen senkrecht auf dem Rad stehenden Schaufeln gelenkt wird. Um 1500 ersann Leonardo da Vinci ein solches Wasserrad mit gekrümmten Schaufeln, 1565 entwickelte Jaques Besson eines mit Klappschaufeln; waagerechte Löffelräder konstruierten Agostiono Ramelli und Jacopo de Strada um 1588.[511] Schon 1508 war Leonardo auf die Idee eine quer zur Strömung stehenden Wasserrades mit Turbinenschaufeln gekommen.
1750 veröffentlichte der Göttinger Professor Johann Andreas von Segner sein Segnersches Wasserrad, das wie die Dampfmaschine des Heron von Alexandria oder ein sich drehender Rasensprenger funktionierte. Das 19. und 20. Jahrhundert wurde dann das Jahrhundert der Turbinen, wobei die Fortschritte in der Stahlbearbeitung entscheidend waren.[512]

---

[508] Siehe Wüst 1989, S. 280 ff.
[509] Siehe http://www.oekonews.at/index.php?mdoc_id=1059344
[510] Siehe Feldhaus 1970, Sp. 1299 f. ; Garbrecht 1985, S. 110 ff.
[511] Siehe Feldhaus 1970, Sp. 1303 f., 1299
[512] Siehe http://de.wikipedia.org/wiki/Wasserturbine ; Garbrecht 1985, S. 194 f.

Heute müssen sich die Interessenten bzw. künftigen Betreiber nicht nur mit widerstrebenden Behörden, Angelvereinen und Naturschutzverbänden auseinander setzen[513], sondern auch die technisch optimale Wasserkraftmaschine für ihren Standort finden.

An dieser Stelle ist es notwendig, über die Technik, die Wirkungsgrade und die nutzbaren Wassermengen der verschiedenen Wasserräder/Wasserkraftmaschinen[514] zu sprechen, d.h. mit welcher Effizienz sie die Kraft des Wassers in mechanische Energie umwandeln:

Das Stoßrad, die wohl älteste und einfachste Form des Wasserrades, wie es beispielsweise von Schiffsmühlen (s.u.) verwendet wird, nutzt nur die Bewegungsenergie (kinetische Energie) des strömenden Wassers. Sein Wirkungsgrad liegt bei < 15 Prozent.

Das unterschlächtige Wasserrad sieht zwar dem Stoßrad ähnlich, nutzt aber neben der Bewegungsenergie des Wassers auch das (geringe) Gefälle, also die potentielle Energie. Dazu sind bei der Mühle auch geringe Wasserbaumaßnahmen wie z.B. ein Wehr nötig. Der Wirkungsgrad beträgt < 40 Prozent.

Beim mittelschlächtigen Wasserrad trifft das Wasser in Höhe oder knapp unterhalb der Radachse auf die Radschaufeln. Das Rad nutzt hauptsächlich das Gefälle des Wassers. Dafür sind aber auch meist größere Wasserbaumaßnahmen als beim unterschlächtigen Wasserrad notwendig; der Einsatz von mittelschlächtigen Wasserrädern ist nicht an allen Standorten möglich. Der Wirkungsgrad beträgt < 75 Prozent.

Beim oberschlächtigen Wasserrad trifft das Wasser über eine Rinne knapp hinter dem oberen Scheitelpunkt des Rades auf die Radschaufeln, wobei das Rad ganz überwiegend das Gefälle des Wassers, d.h. seine potentielle Energie nutzt. Es versteht sich von selbst, dass diese Technik meist nur mit größeren Wasserbaumaßnahmen funktioniert bzw. dass die meisten Standorte im Flachland dafür überhaupt nicht in Frage kommen. Der Wirkungsgrad beträgt < 80 Prozent.

---

513 Siehe http://www.wasserkraft.org/wasserkraft-presse-55-Wasserkraft +könnte+mehr+Strom+liefern

514 Siehe http://de.wikipedia.org/wiki/Wasserrad ; http://www.udo-leuschner.-de/basiswissen/SB107-03.htm

Gerade die Menge der Wasserzufuhr hat einen Einfluss auf die Auswahl von Typ und Größe eines Mühlrades. So verträgt ein oberschlächtiges Wasserrad pro Meter Breite eine Wassermenge von maximal 200 Litern/Sekunde. Liefert der Bach/Fluss pro Sekunde mehr Wasser, so muss die Breite des Mühlrades erhöht werden, um die Wassermenge energetisch sinnvoll nutzen zu können. Das kann, je nach Standort, gerade auch bei oberschlächtigen Wasserrädern zu erheblichen wassertechnischen (Um-)Baukosten führen.
Dagegen lassen sich ein Meter breite mittelschlächtige Wasserräder auch bei Wassermengen bis zu 1200 Litern/Sekunde energetisch sinnvoll nutzen, wobei es hier Entwicklungen mit höheren Durchflüssen gibt.[515] Für unterschlächtige Mühl- und Stoßräder gibt es praktisch keine Wassermengenbegrenzung.
Um sinnvolle Erträge zu erzielen, müssen Mühlenbetreiber auf eine gute Lagerung des Mühlrades, optimal gestaltete Schaufeln und eine gute Wasserzufuhr achten.

Was kann ein solches Wasserrad an elektrischer Leistung erzeugen? Neben den geschätzten Leistungsangaben von 2-10 PS für die historischen Wasserräder in der Fachliteratur[516] und den Messungen an bestehenden Mühlen[517] lässt sich die Leistung aus der die Radschaufeln treffenden Wassermenge Q (Kubikmeter/Sekunde), der Wasserdichte (ca. 1000 Kilogramm/Kubikmeter), der Fallbeschleunigung g, der Fallhöhe H sowie dem Wirkungsgrad des Wasserradtyps genau berechnen.
Für eine erste Abschätzung reicht jedoch die Überschlagsformel:
Wassermenge Q x Fallhöhe H x 7 = Elektrische Leistung (in kW)
Ein Beispiel: bei einem mittelschlächtigen Wasserrad beträgt die Wassermenge (Q) 1,1 Kubikmeter/Sekunde, die Fallhöhe (H) zwei Meter.
Daraus ergibt sich: 1,1 m^3/sec x 2 x 7 = 15,4 kW

Beträgt die Wassermenge 0,8 Kubikmeter/Sekunde (= 800 Liter/sec), so ergibt sich als Berechnung bei gleicher Fallhöhe:
0,8 m^3/sec x 2 x 7 = 11,2 kW

---

[515] Siehe https://www.tu-braunschweig.de/statik/forschung/regenergie ; http://www.braunschweig.ihk.de/geschaeftsfelder/innovation-umwelt/innovation/innovation/wasserradtechnologie-pilotanlage.html

[516] Siehe Bayerl 1987, S. 492 ; Debeir/Deleage/Hemery 1989, S. 148 ; Paulinyi/Troitzsch 1991, S. 42, 355

[517] Siehe Neumayer 1989, S. 267 ff.

Wichtiger als die hier berechnete Leistung ist allerdings der Jahresertrag einer Wassermühle: was nützen die tollsten Leistungszahlen, wenn die Mühle die Hälfte des Jahres wegen Trockenheit und/oder Eisgang still steht. Andererseits ist klar, dass eine Mühle wegen Witterung und Wartungsarbeiten kaum 365 Tage eines Jahres in Betrieb sein wird. Wenn man also eine unfreiwillige Stillstandszeit von ca. eineinhalb Monaten einkalkuliert, kommt man zu folgender Berechnung:

Mühlenleistung x Einsatztage (ca. 320) x Tagesstunden (24) = Jahresertrag
Bezogen auf die o.a. Beispiele bedeutet das:
15,4 (kW) x 320 x 24 = 118.272 kW/h Jahresertrag
11,2 (kW) x 320 x 24 = 86.016 kW/h Jahresertrag
Selbstverständlich kann man die Mühlenleistung auch gleich mit den Jahreseinsatzstunden (320 x 24 = 7680) multiplizieren.

Wer aber heute einen alten (oder neuen) Mühlenstandort in Betrieb nimmt, muss nicht unbedingt mühsam alte Wasserräder restaurieren. Inzwischen gibt es auch auf diesem Gebiet eine Vielzahl neuer und verbesserter Techniken:

Das Segmentkranz-Wasserrad[518] wird nicht als ein Stück im Ganzen hergestellt, sondern wie der Name schon sagt, aus verschiedenen vorgefertigten Segmenten zusammen gebaut. Dadurch lassen sich kostengünstig fast beliebig große Wasserräder bauen – je nachdem, welche Größe für den jeweiligen Standort gewünscht bzw. notwendig ist.
Die Staudruckmaschine[519] ist ein Wasserrad zur effektiven Nutzung großer Wassermengen auch bei geringen Gefällen durch Aufstauen der Oberwassers mit Hilfe des geschlossenen Wasserrades bzw. der Radnabe. Es stellt eine spezielle Art eines oberschlächtigen Wasserrades dar. Ähnlich wie die Staudruckmaschine funktioniert auch die „Roue Barrage“ des Franzosen Michel Fonfrede[520], eine spezielle Form des mittelschlächtigen Wasserrades.

518 Siehe http://www.wasserrad-drews.de/
519 Siehe http://www.wicon.at/ ; http://de.wikipedia.org/wiki/Staudruckmaschine ; http://www.energy.soton.ac.uk/hydro/SDM_Bericht_v5.pdf
520 Siehe http://michel.fonfrede.pagesperso-orange.fr/63cf/ROUERM.htm

Beim Turas-Wasserrad[521] ist der gesamte Antriebsstrang in Form eines Radnabenplanetengetriebes im Stahlrahmen des Wasserrades montiert. Das Turas-Wasserrad kann einseitig gelagert werden, braucht also kein zweites Achslager und die dazu evtl. notwendigen Baumaßnahmen.

Die Wasserkraftschnecke[522] funktioniert als Umkehrung des technischen Prinzips der Archimedischen Schraube: statt durch die Drehung Wasser hoch zu pumpen, versetzt hinab fließendes Wasser die Schraube in Drehung. Die Wasserkraftschnecke eignet sich für geringe Gefälle, ist wasserbautechnisch meist relativ einfach zu installieren, hat eine niedrige Drehzahl und ist daher sehr fischfreundlich.

Das Wasserwirbelkraftwerk[523] nutzt in speziellen Anlagen die bekannten Wasserwirbel, um aus der Wirbel- und Schwerkraft des nach unten abfließenden Wassers Energie zu gewinnen. Ein erstes Versuchskraftwerk läuft im niederösterreichischen Ober-Grafendorf. Das Wasserwirbelkraftwerk ist eine technische Weiterentwicklung der historischen Horizontalrad-Wassermühle mit senkrecht stehender Achse.[524]

Das Zuppinger-Rad[525] mit seinen rückwärts gekrümmten Schaufeln eignet sich für unter- und mittelschlächtige Mühlstandorte mit geringen Durchflüssen. Der Wirkungsgrad dieser im 19. Jahrhundert entwickelten Wasserkraftmaschine beträgt >70%.

Meist höhere Wirkungsgrade als die o.a. Wasserräder erzielen bei der großtechnischen Wasserkraft-Nutzung der Wasserkraft die Turbinen: Kaplan-Turbinen (80-95 Prozent), Franzis-Turbinen, Turgo-Turbinen und Pelton-Turbinen.[526]

---

521 Siehe http://www.uni-siegen.de/fb10/fwu/wb/veranstaltungen/tagungsband_muehlentag.pdf, S. 12 f. ; http://www.bega-wasserkraft.de

522 Siehe http://de.wikipedia.org/wiki/Wasserkraftschnecke ; http://www.ritz-atro.de/ ; http://www.aquahelica.com/

523 Siehe http://www.watervortex.net/ ; http://www.zotloeterer.com/ ; http://www.gwwk.ch/

524 Siehe http://de.wikipedia.org/wiki/Horizontalrad-Wassermühle

525 Siehe http://www.hylow.eu/downloads/dresden-2009/Untersuchungen zur Optimierung eines Wasserrades_Dresden_Schneider.pdf ; http://www.wasserradfabrik.de/wasserkraftraeder.html ; http://de.wikipedia.org/wiki/Walter_Zuppinger

Diese lassen sich aus finanziellen, ökologischen und technischen Gründen an den meisten Mühlenstandorten nicht einsetzen: anders als die Wasserräder müssen die Turbinen wegen der höheren Drehzahlen aus Stahl sein und können meist nicht vom Eigentümer selbst gewartet werden; von der Durchströmturbine einmal abgesehen, sind die Turbinen meist teurer als die Mühlräder. Turbinen sind weniger fischfreundlich und bedeuten daher oft einen größeren Eingriff in die Gewässerfauna. Schließlich gibt es an vielen Standorten nicht die Einsatzbedingungen für solche Turbinen wie starke Gefälle oder große Wassermengen.
Wo aber wie z.B. in Bergregionen die äußeren Umstände günstig sind, lassen sich auch einzelne dieser Turbinen-Typen im Sinne des Home-Energy-Harvesting nutzen[527], wie u.a. die mit Hilfe der Schweizer „Stiftung Revita“ entwickelte Pelton-P2E-Universalturbine für den Bereich von 5,5 bis 55kW zeigt. Als einfachere, kostengünstig aus Holz herstellbare Alternative kann das traditionelle „Löffelrad“ dienen, eine kleine Vertikalachs-Turbine, die auch geringe Wassermengen bei hohen Gefällen nutzen kann.[528]

Doch es gibt durchaus einige HEH-geignete Turbinen-Techniken verschiedenster Hersteller.[529] Sogar die Firma Porsche baute nach 1945 verschiedene Turbinen-Typen, u.a. Durchströmturbinen.[530]
Bei der Durchström-/Querstrom-Turbine[531], wie sie heute von verschiedenen Herstellern[532] angeboten wird, strömt das Wasser von oben in die quer zur Wasser-Fließrichtung stehenden Turbine und wird von den Schaufeln umgelenkt. Die Mindest-Fallhöhe des Wassers liegt bei ca. 2 Metern; die Turbine kann durch die vorgeschaltete Wassersteue-

526 Siehe Quaschning 2011, S. 305 f. ; http://en.wikipedia.org/wiki/Turgo_turbine

527 Siehe http://www.kleinstwasserkraft.de/ ; http://www.lingenhoele.at/de/turbinenbau/PicoWasserkraftwerk ; http://www.p2e.ch/ ; http://www.revita.ch/

528 Siehe Kreiner 2002, S. 17 ff.

529 Siehe http://www.herkulesaquatec.com/downloads/technische_daten_bt.pdf ; http://www.hydrowatt.de/sites/produkt/prod_dt.html ; http://www.gugler.-com/pro_mikro.htm

530 Siehe Porsche Konstruktions- und Typennummern Nr. 285, 286, 288, 289, 291, 292, 294

531 Siehe http://de.wikipedia.org/wiki/Durchströmturbine

532 Siehe http://www.wkv-ag.com/deutsch/tech/tk_2_4.html ; http://www.ossberger.de/cms/de/hydro/ossberger-turbine/

rung auch noch bei geringen Wassermengen effektiv betrieben werden. Der Wirkungsgrad beträgt etwas über 80 Prozent. Die verbreitetste Form der Durchström-Turbine ist heute die Ossberger-Turbine.

Die Rohr-Turbine[533] ist Weiterentwicklung der Kaplan-Turbine für geringe Fallhöhen (> 1m) und kleinere Wassermengen. Im Gegensatz zur Kaplan-Turbine mit ihrer senkrechten Drehachse gibt es hier eine horizontale Drehachse, die von einem verstellbaren Propeller angetrieben wird. Wiederum Weiterentwicklungen der Rohr-Turbine sind die Straflo-Turbine[534], die über einen äußeren Kranzgenerator verfügt, d.h. dass der Generator nicht gekapselt in der Mitte der Turbinenschaufeln liegt und die „Almturbine“[535] des Erfinders Georg Hamann.

Das Schachtkraftwerk[536] ist eine Neuentwicklung des Teams von Professor Peter Rutschmann an der Technischen Universität München. Es eignet sich für Fallhöhen > 1m und es wird direkt auf der Sohle des Fluss-/Bach-Bettes aufgesetzt, so dass es praktisch unsichtbar ist. Die erforderlichen Baumaßnahmen sind relativ gering; es kann in bestehende kleine Wehre integriert werden.

Die bewegliche Unterwasser-Kraftanlage[537] soll auch an Wehren mit geringen Wasser-Fallhöhen Energie erzeugen. Dabei befindet sich das seitlich mit dem Wehr verbundene Turbinen-Gehäuse stets unter Wasser und wird sowohl oben wie unten vom Wasser umspült. Je nach Wasserstand, Treibgut, Geröllmitnahme etc. kann es angehoben oder abgesenkt werden. Erste Anlagen sind in Bad Sulza/Thüringen, Gengenbach und Offenburg im Einsatz.

---

533 Siehe Raabe 1992, S. 610 ff. ; http://www.wasserkraftverband.de/wissenswertes-uber-wasserkraft/ kaplan-turbine/ ; http://www.energiewelten.de/elexikon/lexikon/seiten/htm/050208_Die_Kaplan_Rohrturbine_Wasserkraft.htm ; http://www.hsi-hydro.com/cms/front_content.php?idcat=7

534 Siehe http://de.wikipedia.org/wiki/Kaplan-Turbine#Straflo-Turbine ; Raabe 1992, S. 610 ff.

535 Siehe http://www.mdr.de/einfach-genial/almturbine122.html ; http://www.smartkraft.homepage.t-online.de/html/preisliste.html

536 Siehe http://www.patent-de.com/20101021/DE102009037196B3.html ; http://www.lrz-muenchen.de/~t5431bn/webserver/webdata/Schachtkraftwerk/Flyer2011.pdf ; http://www.linhart.ch/AGAW/Trier2011/S43_vortrag.pdf

537 Siehe http://www.hydroenergie.de/bewegliche-wka ; http://www.3sat.de/mediathek/?obj=9354

Auch hier sind kleinere, angepasstere Anlagen denkbar.

Die Davis- und die Gorlov-Turbine[538] sind im Prinzip Varianten der bekannten vertikalen Windkraft, angepasst an die stärkeren Beanspruchungen durch die Wasserkraft. Immerhin hat Wasser eine rund 800 Mal so große Dichte wie die Luft.

Dies ist nur eine kleine Auswahl der fast unendlich vielen Turbinentypen.[539] Neben den drehenden Energiemaschinen wie Wasserräder und Turbinen gibt es, wie bei der Windkraft, auch noch andere Ansätze zur Stromerzeugung:
Der Hubflügelgenerator[540] wird mit seinem Gestell auf dem Boden des Flusses verankert und benötigt wegen der möglichst großen Vertikalbewegungen höhere Wassertiefe. Da bei größeren Flüsse wegen des Bootsverkehrs meist auch ein Abstand zwischen der höchsten Flügelstellung des Hubflügelgenerators und der Wasseroberfläche notwendig ist, wird dieser Generatortyp eher in Wassertiefen eingesetzt werden, die für Privatleute nicht zugänglich sind. Besser für flache Gewässer geeignet dürften sich horizontal bewegende Schlagflügel wie der „Transverpello"[541] sein.

Diese Vielzahl neuer, z.T. patentierter Techniken zeigt, dass das Potential der Klein-Wasserkraftanlagen und Micro-Wasserkraftanlagen heute bei weitem noch nicht ausgereizt ist.[542] Zwar sind nicht alle dieser Techniken überall anwendbar, manches steckt auch noch in den „Kinderschuhen".[543] Doch je nach Standort bleiben dem Interessenten schon heute verschiedene technische Möglichkeiten zur Energie-Ernte.

---

538 Siehe http://www.bluenergy.com/vertical-axis-turbine/vaht/ ; http://www.gcktechnology.com/GCK/pg2.html ; http://en.wikipedia.org/wiki/Gorlov_helical_turbine

539 Siehe http://www.deutsches-museum.de/sammlungen/maschinen/kraftmaschinen/wasserturbinen/ ; http://www.energie.ch/wasserturbinen ; http://www.youtube.com/watch?v=TyZXwBz12nc

540 Siehe http://www.aniprop.de/aniprop_hubfluegel.html ; http://www.aniprop.de/aniprop_hfg3_entwurf_0604.pdf

541 Siehe http://www.transverpello.de/

542 Siehe https://homepower.com/microhydro-power

543 Siehe http://dx.oi.org/10.1126/science.1230262 ; http://web.mit.edu/langerlab/langer.html ; http://www.welt.de/print/die_welt/wissen/article113167360/Kuenstlicher-Muskel.html

Über das „Verstromen“ hinaus lässt sich die Wasserkraft, wie schon die historischen Mühlen zeigen, auch zu anderen Zwecken einsetzen: zum Sägen, Pumpen, Hämmern und natürlich Mahlen. Diese alten Wasserkraft-Techniken sind heute fast aus dem Bewusstsein verschwunden, können aber in Einzelfällen sinnvolle Lösungen darstellen – nicht nur in der „Dritten Welt“.

So wurde die Wasseranke[544] oder „Schweizer Gnepfe“ als Gattersäge oder (Getreide-)Stampfe eingesetzt. Bei dieser einfachen Konstruktion konnte auf Wasserräder und Nockenwellen verzichtet werden. Es ist eine Überlegung wert, ob man solche modifizierten Stampfen auch mittels Piezoelektrik nutzen kann.
Wasserbetriebene Pumpen gab es in verschiedenen Ausführungen, wobei immer eine große Menge Arbeitswasser eine kleinere Menge Gebrauchswasser pumpt/anhebt. Dieses wurde vor allem im historischen Bergbau angewandt. Die französischen Geistlichen Denisart und de la Deuille entwarfen 1731 die erste Wassersäulenmaschine[545], wobei die Idee vielleicht schon 1618 beim Briten Robert Fludd vorhanden war.[546] Jedenfalls wurden im 18. und 19. Jahrhundert eine Vielzahl von solchen Maschinen entwickelt und im Bergbau eingesetzt. Diese Wassersäulenmaschinen arbeiteten mit Fallhöhen bis über 100 Meter, gingen also z.T. erheblich über die rund 16 Meter hinaus, die bei einer oberschlächtigen Mühle maximal üblich waren.
Der Hydraulische Widder[547] ist eine höchst einfache, aber wirkungsvolle Konstruktion des Heißluftballon-Erfinders Joseph Michel Montgolfier. Wenngleich er noch an einzelnen Orten als Wasserpumpe eingesetzt wird, so gilt er doch inzwischen als eine (fast) vergessene Erfindung[548]; dabei lassen sich durch ihn heute sehr gut Diesel- oder Elektropumpen ersetzen.[549]

---

544 Siehe http://www.deutsches-museum.de/sammlungen/maschinen/kraftmaschinen/wasserkraft/wasserraeder/schweizer-gnepfe-um-1800/ ; http://de.wikipedia.org/wiki/Gnepfe ; http://www.alti-sagi.ch/alti-sagi.html
545 Siehe Feldhaus 1970, Sp. 1302.
546 Siehe Wagenbreth 2003, S. 5.
547 Siehe http://de.wikipedia.org/wiki/Hydraulischer_Widder
548 Siehe Mähr 2002, S. 65 ff.
549 Siehe http://www.atmosfair.de/index.php?id=322

Ein interessantes Beispiel aus heutiger Zeit für die kleine Wasserkraft-Nutzung ist Europas erster nur mit Wasserkraft betriebener Fahrstuhl im Umweltzentrum „Haus am Strom“ bei Passau, der seine Vorläufer in den historischen, wassergetriebenen Seilbahnen hat.[550]

5.3. Schwimmende Wasserkraft

Die Wasserkraft der Flüsse wurde und wird nicht nur durch fest installierte Mühlen oder Turbinen genutzt:
Schiffsmühlen[551] waren vom Mittelalter bis in die zweite Hälfte des 19. Jahrhunderts auf fast allen großen europäischen Flüssen verbreitet. Die Mühlen bestanden aus zwei unter einander verbundenen Schwimmkörpern, die im Fluss verankert waren und von denen der größere das Mahlwerk trug; zwischen den beiden Schwimmkörpern war das Mühlrad gelagert.
Die Vorteile dieses Mühlentyps waren, dass er kein Bauland verbrauchte (z.B. in Städten), dass er sich dem Wasserstand des Flusses anpasste und dass er verlagert werden konnte, wenn etwa sich der Lauf des Flusses etwas änderte oder Feinde von einer Seite anrückten.
Das Ende der Schiffsmühlen lag weniger im schlechten Wirkungsgrad ihres Stoßrades (s.o.) begründet als vielmehr im zunehmenden (Dampfschiffs-)Verkehr, dem die großen Mühlen mit ihren Ankerseilen einfach im Wege waren.

Doch eine Renaissance der „Schiffsmühlen“ als Energie-Ernter ist machbar – allerdings nicht als schwere Hausboote mit einem riesigen Mühlrad. Inzwischen gibt es verschiedene Forschungs-Projekte und -Kooperationen, die sich des Themas „Schwimmende Wasserkraft“ annehmen: so gibt es das europaweite Forschungsprojekt „Hylow“ („Hydropower Converter for Very Low Head Differences“), während in Deutschland auch das Netzwerk „Flussstrom“ aktiv ist.[552] „Flussstrom“ setzt auf der Elbe in Magdeburg mit dem rund 14 m langen und 8 m

[550] Siehe http://www.niederbayern.de/link/de/32492 ; https://www.dbu.de/index.php?menuecms=123&objektid=1946&menuecms_optik=341 ; http://www.lowtechmagazine.com/2009/09/water-powered-cable-trains.html ; http://de.wikipedia.org/wiki/Nerobergbahn
[551] Siehe Hinsch 1989, S. 245 ff. ; Gräf 2006
[552] Siehe http://www.hylow.eu/ ; http://www.flussstrom.de/

breiten „VECTOR“ einen Versuchsträger ein, mit dem verschiedene Energy-Harvesting-Techniken getestet werden können.[553]

Zur energetischen Nutzung der Flusskraft auf schwimmenden Plattformen gibt es verschiedene Konzepte:
Erstens die traditionelle Form mit einem Wasserrad – Konzepte wie der „River Raider“, der „Energy Floater“, der Hylow-Versuchsträger der Universität Rostock, sowie die schwimmende Wasserkraft-Anlage von bis zu 130 kW der Firma EHG Energie Handel GmbH in Magdeburg gehören hier her.[554]

Zweitens gibt es den Strömungsgenerator in der klassischen Form eines Propellers wie z.B. der „Aquair 100“ oder der „Ampair UV“, die er heute auf Segelyachten zur Stromerzeugung verwendet werden.[555] Der Schwimmkörper hat also die Form eines Bootes, meist eines Katamrans. Hierzu zählt die Tyson-Turbine[556] des Australiers Warren N. Tyson aus Wagga Wagga/New South Wales in den 1980ern, während die Tocardo-Turbine[557] schon zu groß für die Micro- oder Pico-Wasserkraft des HEH ist. Eine Sonderform ist die Verwendung von Archimedischen Schrauben Anfang der 1930er durch einen Farmer in Arizona.[558]

Drittens lassen sich schwimmende Unterwasserturbinen verwenden, wie z.B. die Projekte „Strom-Boje“ der österreichischen Firma Aqualibre, die „Smart-Hydro“-Turbine, die US-amerikanische „Underwater Electric Kite“ von Philippe Vauthier oder die „Flussturbine“ der Fran-

---

553 Siehe http://idw-online.de/pages/de/news477847

554 Siehe http://www.baenecke-harz.de/content/riverider.php ; http://www.flussstrom.de/docs/products/Energy_floater_de.pdf ; http://www.auf-kw.uni-rostock.de/projekte/hylow-hydropower-converters-with-very-low-head-differences/ ; http://joule.agrarheute.com/wasserkraft-staudamm

555 Siehe Herrmann 2009, S. 72 f., 76 f.

556 Siehe http://www.ipaustralia.com.au/applicant/tyson-warren-neville/patents/AU1985049376/ ; http://www.patentbuddy.com/Patent/4722665 ; http://eprints.jcu.edu.au/377/2/02whole.pdf, S. 32 (Chapter 1, S. 6)

557 Siehe http://www.tocardo.com/digi_cms/60/t100.html

558 Siehe http://blog.modernmechanix.com/putting-natures-power-to-work/3/#mmGal , S. 57 f.

kenthaler KSB AG zeigen, wobei letztere allerdings noch an eingerammten Pfählen befestigt ist.[559]

Viertens eignen sich die aus der vertikalen Windkraft bekannten Turbinentypen, wenn sie unterhalb von Schwimmkörpern angebracht werden oder selbst einen halbtauchenden Schwimmkörper darstellen. Beispiele sind die kanadische New Energy Corporation, die Kobold-Turbine der italienischen Ponte di Archimede Company oder der Flipwing Rotor der US-Firma Hydrovolts.[560]

Fünftens ließen sich piezoelektrische Materialien, wie wir sie als Bänder bereits oben bei der feststehenden Wasserkraft gesehen haben[561], prinzipiell auch auf schwimmenden Plattformen wie z.B. Mehrrumpfbooten verwenden. Hier gibt es allerdings noch keine Entwicklungen.

Mögen manche der o.a. Techniken derzeit noch etwas zu groß für das HEH sein, so lassen sie sich fast alle beliebig verkleinern. Es ist auch für den Privatmann prinzipiell möglich, z.B. kleine Katamarane mit den entsprechenden HEH-Techniken einzusetzen – sie müssten nur ein Stromkabel zum Land oder Wechsel-Akkus haben. Solche kleinen Katamarane wären kaum von staatlichen Genehmigungen betroffen; sie wären auch anders als die großen Schiffsmühlen nicht auf große Flüsse beschränkt, sondern könnten auch in kleineren Fließgewässern überall dort eingesetzt werden, wo das Ankern möglich/nicht verboten ist – besonders wenn ein Bach/Fluss über das eigene Grundstück fließt.

Der Vollständigkeit halber muss hier die Wasserkraft als Schiffsantrieb erwähnt werden, und zwar nicht nur so, dass ein Schiff/Boot mit der Strömung einen Fluss hinunter treibt. Die Kraft der Wasserströmung wird teilweise auch heute noch genutzt, um Seilfähren quer zur Strömung von einem Ufer zum anderen zu bringen. Bei uns, aber noch mehr in Ländern der „Dritten Welt“ sind solche Gierseil- und Roll-

---

[559] Siehe http://www.aqualibre.at/ ; http://www.smart-hydro.de/ ; http://uekus.com/history.html ; http://www. ksb.com/ksb-de/investor-relations/IR-News/Verlinkungen-Pressemitteilungen/4918/flussturbinen-am-netz.html

[560] Siehe http://www.newenergycorp.ca/ ; http://www.ics.trieste.it/media/719498/22. Moroso.pdf ; http://www.pontediarchimede.it/language_us/ ; http://hydrovolts.com/technology/flipwing-rotor/

[561] Siehe http://dsc.discovery.com/news/2008/08/26/river-power-energy.html ; http://www.mascarocenter.pitt.edu/community/vandergrift-improvement.php

Fähren[562] sinnvoll, da sie häufig auf teure und wartungsintensive Maschinenantriebe verzichten können.
Dass man die Wasserkraft auch gegen die Strömung nutzen konnte, zeigen in früheren Jahrhunderten die verschiedenen Versuche zur Seilschifffahrt/Schiffstauerei[563], die vor allem dadurch scheiterten, dass die damaligen Seile nicht genügend belastbar/haltbar waren. Für das HEH kommen diese beiden Technik allerdings kaum in Frage.

5.4. Meeresenergien

Während die bisher genannten Wasserenergie-Ernte-Techniken an sehr vielen Standorten einsetzbar sind, wenden wir uns nun den HEH-Techniken für sehr spezielle Standorte wie Meeresküsten, Meeresbuchten, oder Flüsse im Einflussbereich der Gezeiten zu. In diesem Bereich gibt es eine Vielzahl von Techniken und Projekten, wie sie z.B. vom US-Departement of Energy aufgelistet werden.[564] An dieser Stelle sollen aber nur einige, für das HEH nutzbare Optionen erwähnt werden.

Gezeitenkraftnutzung ist heute den meisten nur noch als Großtechnik[565] bekannt: neben dem seit 1967 erbauten Kraftwerk (240 Megawatt) bei St. Malo am Fluss Rance gibt es noch eine Anzahl weiterer kleinerer Großkraftwerke. Zwischen 1920 und 1930 hatte man in Frankreich bereits zwei kleinere Gezeitenkraftwerke (franz. *L'usine marémotrice*) errichtet.[566] Auch in Deutschland gab es entsprechende Gedanken und Planungen[567]: Der Hamburger Ingenieur Emil F.G. Pein baute 1912/13 in Husum als Vorläufer für ein Gross-Flutkraftwerk ein kleineres Demonstrations-Flutkraftwerk, das allerdings technische Schwierigkeiten hatte und wegen des 1. Weltkrieges nicht weiter verfolgt wurde; 1950 wollte der Mühlenbauer Carl Becker praktisch das

---

562 Siehe http://de.wikipedia.org/wiki/Fähre ; http://www.faehri.ch

563 Siehe Feldhaus 1970, Sp. 942 f.

564 Siehe http://www1.eere.energy.gov/water/hydrokinetic/listings.aspx?type=Tech

565 Siehe Constans 1979, S. 121 ff. ; Geitmann 2010, S. 157 f. ; Quaschning 2010, S. 224

566 Siehe http://fr.wikipedia.org/wiki/Énergie_marémotrice#Histoire ; http://www.paluden.fr/3.html

567 Siehe Rasch 1925 ; DER SPIEGEL vom 6. Juli 1950, S. 40 f. ; http://www.geschichte-s-h.de/fundsachen/fundsache10.htm ; beaufort 6, Ausgabe 3/2007, S. 5 ; Hamburger Abendblatt vom 03.03.1977 (Donnerstag).

gesamte Wattenmeer zwischen Cuxhaven und Bremerhaven eindeichen, um es als Wasserreservoir für ein Gezeitenkraftwerk zu nutzen; 1977 wollte man den ganzen Jadebusen als Tidenkraftwerks-Reservoir nutzen.

Doch schon in früheren Jahrhunderten waren die Gezeitenkräfte, die Tide, durch eine Vielzahl von kleinen Gezeitenmühlen[568] genutzt worden – meist in England, den USA, Hollland, Portugal, aber auch in Deutschland. Diese kleinen Mühlen kamen und kommen mit einem geringeren Tidenhub aus als die großen Gezeitenkraftwerke.
Bei den Gezeitenmühlen gab es verschiedene Typen/Arten der Wasserversorgung:
Typ A arbeitete nur bei Ebbe. Diese Mühlen besaßen ein oder mehrere Bassins, die sich bei Flut mit Wasser füllten. Beim Höchststand des Wassers wurde das Bassin geschlossen, und nachdem die Ebbe stark eingesetzt hatte, wurde durch das Ableiten des Wassers über einen anderen Kanal das Mühlrad angetrieben.
Typ B arbeitete ähnlich wie der Typ A, nur dass hier auch beim Volllaufen der Bassins bei Flut ein Wasserrad angetrieben wurde. Dadurch konnte die Betriebszeit der Mühle ausgedehnt werden.
Typ C arbeitete ebenso wie der Typ A, nur dass es hier kein Meerwasser-Bassin gab, sondern durch die Flut ein Bach aufgestaut wurde, dessen Wasser bei Ebbe dann die Mühle antrieb. Dazu gab es auch noch regionale Unterschiede im Aufbau der Mühlen bzw. ihrer Wasserräder: So hatten z.B. die französischen, spanischen und später auch die amerikanischen Gezeitenmühlen meist horizontal-achsige Wasserräder, während die englischen und walisischen meist vertikale bevorzugten.

Bei allen Gezeitenmühlen war/ist die Leistung abhängig vom Tidenhub und der Größe des Wasserreservoirs. Überschlägig lässt sich sagen, dass bei 2 Meter Tidenhub 1 Watt pro Quadrarmeter Oberfläche des Reservoirs zu erzielen sind, bei 4 Meter Tidenhub aber bereits 3 Watt.[569] Während man aber bei großen Gezeitenkraftwerken meist von einem erforderlichen Tidenhub > 5 Meter ausgeht, weshalb dann Standorte z.B. in Deutschland nicht in Frage kommen[570], begnügten sich die wenigen Gezeitenmühlen Deutschlands mit einem Tidenhub

[568] Siehe Minchinton 1979, S. 777 ff. ; http://en.wikipedia.org/wiki/Tide_mill ; http://sites.google.com/site/molinosdemarea/ ; http://www.uni-leipzig.de/~grw/lit/texte_099/95__2001/mat_2_tide.htm
[569] Siehe MacKay 2008, S. 82

von < 3 Metern.[571] Der Vorteil der alten Gezeitenmühlen war, dass sie die erzeugte Energie direkt/ortsnah verbrauchten und sie nicht erst über große, teure Netze mit Transformatorenstationen und Überlandleitungen etc. verteilen mussten.

Wo es gelingt, die erzeugte Gezeiten-Energie zu speichern oder sie nur für Arbeiten/Prozesse während des stärksten Tide-Effektes zu nutzen, können kleine Gezeiten-Kraftmaschinen in den entsprechenden Regionen auch heute noch einen sinnvollen Beitrag zur Energieversorgung leisten. Als deutsche Standorte für solche Mühlen etc. kommen die Zuflüsse im Tidebereich der großen Flüsse Richtung Nordsee in Frage, in Deutschland also die Zuflüsse im unteren Bereich von Ems, Weser, Elbe und Eider. Gezeiten-Energie-Ernte direkt an der deutschen Nordseeküste dürfte schon aus Deichschutz-Gründen kaum genehmigt werden.

Neben den klassischen Mühlen gab es verschiedene weitere Versuche, die Gezeitenenergie technisch zu nutzen; allerdings sind genauere Informationen über viele alte Verfahren kaum noch zu finden: Am 03.03.1693 erhielt der Engländer John Ha(r)dley das englische Patent Nr. 315 auf eine Maschine „zur Gewinnung motorischer Kraft durch die Ebbe und Flut.“[572] In den 1890ern beantragte der Deutsche Johann Ferdinand Robert Knobloch international Patente auf einen Gezeiten-Motor.[573] Und schließlich finden sich 1897 Ebbe- und Flutmaschinen im Hafen von Ploumanach/Betragne. [574]
Mittlerweile gibt es eine hier Vielzahl unterschiedlichster Ernte-Techniken.[575] Natürlich eignet sich nicht jede davon für private Energie-Ernte-Projekte, da bei manchen Typen erhebliche Wasserbaumaßnahmen vorzunehmen sind.

---

[570] Siehe http://de.wikipedia.org/wiki/Gezeitenkraftwerk ; Quaschning 2010, S. 224.

[571] Siehe Neddermeyer 1832, S. 153, 188 ; Minchinton 2002, S. 26 f. ; http://de.wikipedia.org/wiki/Horneburg (Sierkesche Wassermühle)

[572] Siehe Feldhaus 1904, S. 42 ; Feldhaus 1970, Sp. 1298

[573] Siehe http://brevets-patents.ic.gc.ca/opic-cipo/cpd/eng/patent/51670/summary.html

[574] Siehe Feldhaus 1904, S. 109

[575] Siehe http://www.sd-commission.org.uk/data/files/publications/TidalPowerUK2-Tidal_technologies_overview.pdf ; http://www1.eere.energy.gov/ water/hydrokinetic/listings.aspx?type=Tech

Ein Gezeiten-Kleinkraftwerk, das einen geringeren wasserbaulichen Aufwand erfordert, ist das Atlantisstrom-Gezeitenkraftwerk des Wolfsburgers Dr. Kai-Ude Janssen.[576] Das Kraftwerk liegt auch bei Niedrigwasser ganz unter der Wasseroberfläche; es besteht aus einer quer zur Strömung liegenden Welle, an der klappbare Schaufeln angebracht sind, die sich selbständig gegen die jeweilige Strömungsrichtung aufrichten. Dadurch liefert das Kraftwerk sowohl bei Ebbe als auch bei Flut Energie. Wenngleich die derzeit geplanten Schaufelrad-Größen mit 8 Meter Durchmesser und 20 Metern Länge für den Privatgebrauch überdimensioniert sind, so lässt dieser Kraftwerkstyp prinzipiell auch kleinere, den örtlichen Umgebungen angepasste Auslegungen zu.

Weiterhin ist es denkbar, im Wasser stehende Duckdalben (große Pfähle) oder Pfeiler – eine entsprechende Wassertiefe vorausgesetzt – mit Vertikal-Rotoren zu versehen, wie sie u.a die kanadische Firma Blue Energy entwickelt[577], um so die Tidenströmung zu nutzen.
Ach könnte man an solche Pfeiler größere Schwimmkörper befestigen, die sich mit der Tide auf und ab bewegen, also den Tidenhub nutzen, und dabei über einen hydraulisch angetriebenen Generator in beiden Richtungen Strom erzeugen. Ähnliche Lösungen („Schwimmersysteme“) gib es bereits bei Wellenkraftwerken (s.u.).

Selbstverständlich lassen sich auch die o. a. Konzepte der „Schwimmenden Wasserkraft“ im Tidebereich als Gezeiten-Strommühle nutzen, sofern sie sich frei um einen Ankerpunkt drehen und damit nach der jeweiligen Strömung ausrichten können.

Wellenenergie-Nutzung wird – in Ansätzen – seit über 200 Jahren betrieben: schon am 12. Juli 1799 erhielten in Paris Vater und Sohn Girard das französische Patent Nr. 349 auf ein Verfahren zur Nutzung der Meerresbrandungs-Energie.[578] Ein weiteres Konzept war J. M. Plessners Hydromotor, auf den er 1878 das Deutsche Reichspatent Nr. 4469 erhielt.[579]
Auch verschiedene Tonnen (auch „Bojen“ genannt) nutzten die Wellenenergie: zuerst die Glockentonnen spätestens ab 1790, dann die

---

[576] Siehe http://www.atlantisstrom.de
[577] Siehe http://www.bluenergy.com/
[578] Siehe Feldhaus 1970, Sp. 1314
[579] Siehe http://dingler.culture.hu-berlin.de/article/pj233/mi233mi03_2

vom US- Amerikaner Courtenay 1876 entwickelten Heultonnen, bei denen der schwankende Wasserstand in einem nur unten und oben offenen, tief unter die Wasseroberfläche reichenden Rohr Luft durch eine Pfeife am oberen Ende des Rohrs blies oder ansaugte; und schließlich die Unterwasserglocke der Submarine Signal Compagnie in Bosten/USA von 1910.[580] Alle diese Wellenenergie-Tonnen dienten dazu, die Schifffahrt bei schlechter Sicht zu warnen bzw. bei der Navigation zu unterstützen.

Die erste Wellenenergie-Tonne, die elektrischen Strom zu Beleuchtung erzeugte, wurde 1902 von dem Ingenieur W. Gehre entwickelt und vor Büsum an der deutschen Nordseeküste eingesetzt.[581] Ein Vorteil dieses Systems war, dass die asymmetrisch gebaute Tonne im Innern einen nach außen völlig abgeschlossenen Unwuchtmechanismus zum Antrieb des Generators hatte (ähnlich wie eine Automatik-Uhr), so dass also keine beweglichen Teile der Korrosion durch das Salzwasser ausgesetzt waren. Ähnliche Ideen, auch in großtechnischem Maßstab, wurden in den USA ab den 1890er Jahren entwickelt.[582]

Zur Wellenkraft-Nutzung[583] gibt es heute eine Vielzahl von Projekten und Technik-Typen[584], die zum Teil öffentlich gefördert sind. Doch die meisten davon kommen nicht für einen individuellen „Hausgebrauch" in Frage: entweder es handelt sich um Mittel- und Großtechnik[585], oder die Verfahren benötigen extreme Wellenhöhen, schwer zu wartende Unterwasseranlagen oder Felsküsten für die Bauwerke, so dass die

---

[580] Siehe Lang 1965, S. 105 f., 109 f. ; Feldhaus 1970, Sp. 1015 ; Wiedemann/Braun/Haase 1998, S. 262 f., 264

[581] Siehe Wiedemann/Braun/Haase 1998, S. 259 f., 488 ; Strandh 1980, S. 166

[582] Siehe Cole 1932, S. 54 f. ; Madrigal 2011, S. 53-61 + Abb.

[583] Siehe http://www.uni-leipzig.de/~grw/welle/wenergie.html ; Constans 1979, S. 88-120; Graw 1995 ; http://de.wikipedia.org/wiki/Wellenkraftwerk ; http://www.emec.org.uk/marine-energy/wave-devices/

[584] Siehe http://www.wavec.org/index.php/17/technologies/ ; http://www.hydropowerlens.com/

[585] Siehe http://www.emec.org.uk/marine-energy/wave-developers/ ; http://voith.com/de/maerkte-branchen/branchen/wasserkraft/meeresenergien-539.html ; http://www.pelamiswave.com/ ; http://www.awsocean.com/technology.aspx ; http://www.wavedragon.net/ ; http://www.biopowersystems.com/biowave.html

meisten Standorte ausscheiden. Immerhin sind inzwischen sind selbst kleine Wellenhöhen ab 20 cm nutzbar.[586]

Für die private Wellen-Energie-Ernte kommen dagegen vor allem Bojen/Tonnen in Betracht. In Japan wurden allein 1963-1978 ca. 400 entsprechende Navigationsbojen gebaut.[587] Ein Model, das sich seit Jahrzehnten zur Energiegewinnung für bei Leucht-Bojen bewährt hat, ist die OWC-Boje des Japaners Yoshido Masuda und seiner Firma Ryokuseisha.[588] Diese Bojen funktionieren meist ähnlich wie eine Heultonne, nur dass sie an ihrem oberen Ende statt einer Pfeife eine Luftturbine haben, die die Luftströmung in elektrischen Strom umwandelt.
Ebenfalls noch relativ kleine Dimensionen hat der „Drakoo Wave Energy Converter" der Firma Hann Ocean Technology aus Singapur.[589]

Solche Bojen/Tonnen, aber auch Unwuchtmechanismen ähnlich der des o.a. Ingenieurs Gehre oder Stabmagnet-Konstruktionen könnten z.B. von Küstenfischern ausgebracht und dazu benutzt werden, künftig ihre Boote mit Energie zu versorgen (Akku-Lade- oder Wechsel-Stationen), sobald auch in diesem Bereich Elektromotore aus Kostengründen die Dieselmotore ablösen.
Diese Bojen müssen nicht unbedingt weit vor der Küste verankert sein, da Untersuchungen von Matthew Folley und Trevor J. T. Whittaker an der Queens Universtät/Belfast gezeigt haben, dass die Energie küstennaher Wellen nur unwesentlich geringer ist als die der Hochseewellen; insofern sind die Vergleichsergebnisse am European Marine Energy Centres (EMEC) auf den Orkney-Inseln im Norden Schottlands durchaus repräsentativ.[590]

Ankernde Sport- und Segelboote könnten sich künftig als schwimmende Wellenkraftwerke selbst mit Energie versorgen: dazu könnte man die Ankerleine/-kette in einer Schlaufe auf Deck auslegen und Anfang

---

[586] Siehe http://www.welt.de/newsticker/news3/article108910299/Erstes-Meereswellenkraftwerk-in-der-Ostsee-entsteht-vor-Usedom.html

[587] Siehe Stoy 1978, S. 162

[588] Siehe http://www.ryokusei.co.jp/foreign/products.html

[589] Siehe http://www.hann-ocean.com/solutions/drakoo-iii.html

[590] Siehe http://dx.doi.org/10.1016/j.renene.2009.01.003 ; http://www.sciencedirect.com/science/article/pii/S0960148109000160 ; http://derstandard.at/1271376572348/Neuberechnung-Wellenkraftwerke-koennten-naeher-an-die-Kueste-ruecken ; http://www.emec.org.uk/

sowie Ende des Schlaufenbogen direkt durch einen hydraulischen oder piezoelektrischen Generator verbinden, so dass dieser praktisch ein Teil der Leine/Kette wird. Hebt nun eine Welle das Schiff an, so entsteht ein Zug an der Ankerleine/-kette, welcher den Generator antreibt. Selbst fahrende Schiffe können die Wellenkraft nutzen, wie etwa der japanische Katamaran Suntory Mermaid II., die „Wave Glider" der US-Firma Liquid Robotics oder der Öko-Trimaran des Deutschen Jörg Sommer zeigen.[591]
Solche Konzepte sind leichter für das HEH zu nutzen als etwa das „Mobile Wave Energy Harvesting"-System[592] des Fraunhofer Center for Manufacturing Innovation (CMI) oder das Orcelle-Konzept[593] der schwedisch-norwegischen Wallenius-Wilhelmsen-Reederei mit den schwingenden Energieflossen zwischen den verschiedenen Rümpfen.

Ein anderes interessantes Verfahren wurde von Professor Mohammad-Reza Alam an der University of California entwickelt[594]: in küstennahen Flachwasser- und Brandungszonen wird eine Art Folienteppich ausgelegt, der den wechselnden Wasserdruck aufnimmt und über darunter liegende, am Meeresboden verankerte Stoßdämpfer-Generatoren in elektrischen Strom umwandelt. Noch eleganter sind u.a. von der TU Darmstadt und der Robert Bosch GmbH entwickelten Silikon-Folien[595] oder die Kunststoff-Reibungsfolien der Arbeitsgruppe von Zhong Lin Wang am Georgia Institute of Technology.[596] Diese Techniken ließen sich z.B. an Stegen, Molen und Ankerplätzen einsetzen, auch in Verbindung mit Energie-Ernte-Bojen.

---

[591] Siehe http://de.wikipedia.org/wiki/Suntory_Mermaid_II ; http://liquidr.-com/technology/wave-glider-concept/ ; http://www.oeko-trimaran.de/

[592] Siehe http://www.fhcmi.org/Projects/02.html

[593] Siehe http://de.wikipedia.org/wiki/Orcelle ; http://www.2wglobal.com /www/environment/orcelleGreenFlagship/index.jsp

[594] Siehe http://me.berkeley.edu/faculty/alam/index.html ; http://taflab.berke-ley.edu/rspa.2012.0193.full.pdf

[595] Siehe http://idw-online.de/pages/de/news545390

[596] Siehe http://dx.doi.org/10.1002/ange.201307249 ; http://www.nanos-cience.gatech.edu/

Osmosekraftwerke[597] gewinnen aus dem unterschiedlichen Salzgehalt von Süßwasser und Salzwasser elektrische Energie. Dies geschieht mit Hilfe einer halb durchlässigen Membran, die die beiden Wassersorten trennt, aber nur das Süßwasser passieren lässt, was wegen des Strebens der Flüssigkeiten nach einer Vermischung/Ausgleichung ihrer chemischen Konzentration auch geschieht. Dadurch entsteht auf der Salzwasser-Seite ein starker Überdruck, mit dem sich eine Turbine betreiben lässt. Ein Prototyp eines solchen Kraftwerks wird seit November 2009 von der Firma Statkraft im norwegischen Tofte betrieben.[598] Die Membranen sind noch relativ teuer, groß und leistungsschwach. Als mögliche Standorte kommen nur Flussmündungen ins Meer in Frage, wo es immer viel frisches Süßwasser und Salzwasser gibt, weshalb die Anzahl der Standorte für größere Kraftwerke weltweit überschaubar ist, wie eine Untersuchung des Ingenieurs Peter Stenzel am Lehrstuhl Energiesysteme und Energiewirtschaft der Ruhr-Universität Bochum ergab.[599] Doch auch hier gilt wie bei vielen anderen Techniken: je mehr künftig die Verfahren verkleinert und verbilligt werden können, desto mehr wachsen die möglichen Anwendungsgebiete.

Das Potential dieser Vielzahl an o.a. Wasserkraft-Techniken ist energetisch noch lange nicht ausgeschöpft. Das zeigen immer wieder Innovationen wie Pockenoberflächen auf Turbinenschaufeln oder Wasserströmungs-Verknotungen, die sich evtl. für künftige, effektivere Turbinen nutzen lassen.[600]

---

[597] Siehe http://www.ipp.mpg.de/ippcms/ep/ausgaben/ep200503/0305_osmosekraftwerk.html ; http://www.welt.de/wams_print/article1263876/Strom_aus_salzigem_Wasser.html ; http://idw-online.de/de/news524291

[598] Siehe http://www.statkraft.de/energiequellen/osmosekraft/

[599] Siehe http://idw-online.de/pages/de/news370578 ; http://www.ruhr-uni-bochum.de/rubin/rubin-fruehjahr-10/beitraege/beitrag3.html

[600] Siehe http://meetings.aps.org/Meeting/DFD10/Event/133206 ; http://dx.doi.org/10.1038/nphys2560 ; http://www.youtube.com/watch?v=YCA0VIExVhg

6. Bewegungs-Energie

Wir Menschen nutzen alltäglich die Bewegungsenergie („kinetische Energie"), ganz gleich ob wir vor dem Weitsprung Anlauf nehmen, unser Fahrrad oder Auto vor der roten Ampel ausrollen lassen oder Abends beim Billard „eine ruhige Kugel schieben". In diesem Kapitel geht es nun darum, wie die kinetische Energie in andere, speicherbare Energieformen umgewandelt werden kann, und wo wir solche nutzbaren Energien – außerhalb der bereits besprochenen Wind- und Wasserkraft – finden.

Doch bevor wir uns den verschiedenen Feldern der Bewegungs-Energie-Ernte zuwenden, müssen wir einen kurzen Blick auf die verschiedenen Umwandlungs-Techniken der kinetischen Energie werfen.
Das einfachste Verfahren ist, eine geradlinige Bewegung in eine andere geradlinige Bewegung umzuwandeln: wir kennen das unter anderem von den „Hau-den-Lukas"-Geräten auf den Jahrmärkten, wo man durch einen kräftigen Hammerschlag auf einen Amboss-Mechanismus versucht, ein Gewicht an einer Messstange möglichst weit nach oben zu treiben.
Das Verfahren, eine geradlinige Bewegung in eine Dreh-Bewegung umzuwandeln, ist vom Auto-Motor bekannt: die Kolben (gradlinig) versetzen über die Pleuel die Kurbelwelle in (eine Dreh-) Bewegung. Überträgt man nun die Drehbewegung der Welle auf einen Generator („Lichtmaschine"), so kann man elektrischen Strom erzeugen.
Umgekehrt funktioniert das natürlich auch: ein sich drehender Elektromotor treibt eine Kolben-Pumpe, die dann Luft (Kompressor) oder Flüssigkeiten pumpt.
Eine Dreh- zu einer Dreh-Bewegung haben wir, wenn ein Elektromotor eine Kreisel-Pumpe antreibt oder ein Wasserrad einen Generator oder Mahlstein.
Solche Umwandlungs-Techniken sind z.T. seit langem bekannt; schon im 18. Jahrhundert baute der geniale schwedische Ingenieur Christopher Polhem[601] unter dem Namen „Mechanisches Alphabet" eine Vielzahl von Modellen, die zeigen sollten, wie man auf unterschiedliche Weise eine gradlinige in eine Dreh-Bewegung umwandelt; im 19. Jahrhundert konstruierte und baute der deutsche Ingenieur Franz Reuleaux

---

[601] Siehe http://en.wikipedia.org/wiki/Christopher_Polhem

noch mehr solcher Modelle[602], und im 20. Jahrhundert versuchte sich der Kreiskolben-Erfinder Felix Wankel an einer Systematik aller nur denkbaren Variationen des Kreiskolben-Motors[603] – dies nur, um die wichtigsten Erfinder zu nennen.
Drehbewegungen lassen sich auch ohne den Umweg über einen Generator in Wärme umwandeln, z.B. durch Wasserwirbelbremsen in Flüssigkeiten, wie sie bereits im Kapitel Windenergie erwähnt wurden.

Relativ neu ist dagegen die Möglichkeit, mit Hilfe der Piezoelektrik[604] Bewegung/Druck direkt in elektrischen Strom umzuwandeln. Diese Technik nutzt den Umstand, dass bestimmte Kristalle unter mechanischem Druck eine elektrische Ladung erzeugen, die proportional zur Stärke der dabei wirkenden Kraft steigt. Bekannt ist die Piezoelektrik den meisten Menschen durch die entsprechenden Feuerzeuge, bei denen ein Fingerdruck einen Funken erzeugt, welcher das Gas im Feuerzeug entflammt.
Mit Hilfe der Piezoelektrik werden heute vor allem beim Micro-Energy-Harvesting die mechanischen Bewegungen von Objekten (kleine Schwingungen/Vibrationen) in Energie für Sensoren umgesetzt.[605] Inzwischen gibt es auch in der Piezo-Technik immer leistungsstärkere Systeme.[606]
Daneben beschäftigt sich die entsprechende Forschung mit neuen, bleifreien Piezo-Elementen aus Wismut-Eisenoxid (BiFeO3)[607], piezoelektrischen Polymeren (Kunststoffen)[608] und piezoelektrischen Lacken.[609]

---

602 Siehe http://de.wikipedia.org/wiki/Franz_Reuleaux ; http://kmoddl.library.-cornell.edu/model.php?m=reuleaux

603 Siehe http://www.der-wankelmotor.de/Felix_Wankel/felix_wankel.html ; http://d-nb.info/578221888

604 Siehe http://www.uni-saarland.de/fak7/hartmann/cfn/Dokumente/Manuals/Piezoelektrischer_Effekt.pdf ; http://www.kistler.com/DE_de-de/Technology_Piezoelectric/Der-Piezoeffekt.html ; http://de.wikipedia.org/wiki/Piezoelektrizität , http://www.piezomaterials.com/

605 Siehe http://www.perpetuum.co.uk/ ; http://www.cedrat.com/index.php?id=503&L=2&no_cache=1 ; http://www.enocean-alliance.org/de/enocean_technologie/ ; http://www.advancedcerametrics.com/pages/harvestor_power_module ; Bullinger/Röthlein 2012, S. 36

606 Siehe http://www.piezomechanik.com/ ; http://www.piezomechanik.com/f/core/frontend/http/http.php?dl=1746-file-2

607 Siehe http://dx.doi.org/10.1126/science.1177046 ; http://www.scientificamerican.com/article.cfm?id=bismuth-ferrite-piezoelectric-effect

Noch am Anfang der Entwicklung befinden sich Piezo-Generatoren aus Viren, woran das Team um Professor Seung-Wuk Lee an der University of California in Berkeley forscht.[610]

Triboelektrische Generatoren, die Reibungselektrizität in Strom umwandeln, sind eine weitere Option. Hier gibt es inzwischen verschiedene Ansätze, die in absehbarer Zeit einsetzbar sein werden.[611]

Wo nun lassen sich im Alltag die größten Bewegungs-Energien abernten? Natürlich dort, wo die größten Kräfte auftreten. Und da Kraft = Masse x Beschleunigung ist, sind hier in erster Linie Fahrzeuge zu nennen, da diese meist schwer und schnell sind.

6.1. Fahrzeuge

Eine Energie-Ernte bei **PKWs** in Form einer „Energie-Rückgewinnung“ gibt es seit Jahren bei Elektro-Fahrzeugen und bei Elektrohybrid-Autos wie dem Toyota Prius: beim Bremsen wirkt der Elektromotor als Generator, der – angetrieben durch die Bewegungs-Energie des Autos – die Auto-Batterien wieder auflädt; das Elektro-Antriebssystem wird dabei praktisch umgekehrt. Diese Technik wurde 2009 als KERS (Kinetische-Energie-Rückgewinnungs-System, engl. *Kinetic Energy Recovery System*) für die Rennwagen der „Formel 1“ eingeführt. Das Rückgewinnungsverfahren ist dabei nicht auf den elektrischen Weg mit einer Batterie/Akku als Speicher angewiesen; es funktioniert auch als Schwungradhybrid, als Drucklufthybrid oder als Hydraulikhybrid, wie er bei häufig anfahrenden und wieder bremsenden Autos (wie z.B. Müllabfuhrwagen) eingesetzt wird.[612] Die Systeme sind dort am wir-

---

608 Siehe http://dx.doi.org/10.1117/12.547133 ; http://onlinelibrary.wiley.com/doi/10.1002/adfm.201002663/abstract

609 Siehe http://idw-online.de/pages/de/news58533

610 Siehe http://leelab.berkeley.edu/research.php#E ; http://www.nature.com/nnano/journal/v7/n6/full/nnano.2012.69.html ; http://www.youtube.com/watch?v=ZeVdBDM3YmM

611 Siehe http://www.google.com/patents/EP0366591B1?cl=de ; http://www.ipfdd.de/fileadmin/user_upload/pg/arbeitsgebiete/elektrosortierung/AbschlussberichtSFB285_2004.pdf ; http://dx.doi.org/10.1002/aenm.201300376

612 Siehe http://www.porsche.com/microsite/intelligent-performance/germany.aspx ; http://www.scuderiengine.com/blog/; http://www.zeit.de/2007/02/T-Drucklufthybrid

kungsvollsten, wo man durch häufige Geschwindigkeitswechsel viel Bremsen muss – also im Stadtverkehr und auf einer kurvigen (Renn-)Strecke mehr als auf einer freien Autobahn.

Neben dem Abernten der Energie der Vorwärtsbewegung gibt es die Möglichkeit, die Energie der Abwärtsbewegung abzuernten: bei jeder Bodenwelle, bei jedem scharfen Bremsen wirken erhebliche Kräfte auf die Stoßdämpfer (engl. *Shock Absorber*) und verpuffen dort ungenutzt als Abwärme, wo bei unter extremen Bedingungen durchaus Temperaturen von 200°C auftreten können.[613] Hier gibt es inzwischen zwei Ernte-Techniken für die Bewegungsenergie:
Bei der einen Technik bewegt sich quasi der Stoßdämpfer im Magnetfeld einer ihn umgebenden Spule und erzeugt dadurch einen Strom. Diese Technik wurde von Professor Lei Zuo und seinem Team von der State University of New York at Stony Brook[614] entwickelt; die Wissenschaftler gehen davon aus, pro Stoßdämpfer bis zu 64 W (Watt) abernten zu können, also insgesamt ca. 250 W pro Auto.
Schon in den 1990er Jahren hatten Professor Ronald B. Goldner und Dr. Peter Zerigian von der Tufts University bei Bosten die Idee zu einem ähnlichen elektromagnetischen Linear-Generator, welche sie weiter entwickelten und 2003 und 2005 durch entsprechende Patente absicherten; die Verwertungsrechte an diesen Patenten liegen seit 2008 bei der Firma „Electric Truck LLC“.[615]
Auf eine andere technische Lösung setzt das Unternehmen „Levant Power“ aus Cambridge/Massachusetts mit seinen „GenShock“-Stoßdämpfern[616]: der Stoßdämpfer funktioniert hier als Pumpe, die Öl durch einen geschlossenen Kreislauf pumpt und dabei einen elektrischen Generator antreibt.
Wenn auch beide Techniken naturgemäß den höchsten Ernte-Ertrag bei schweren Fahrzeugen mit großen Federungswegen (LKWs und Geländewagen) bringen, so sind sie, falls nicht viel teurer als die heutigen Stoßdämpfer, eine wirkliche Alternative zur gewohnten Verschwen-

[613] Siehe http://www.volkswagen-motorsport.com/web/news/index.php?&flash=no&lg=d&st=538&id=4175

[614] Siehe http://me.eng.sunysb.edu/ ; http://iopscience.iop.org/0964-1726/19/4/045003/

[615] Siehe http://tuftsjournal.tufts.edu/2009/01_1/briefs/01/ ; http://surfip.ipexl.-com/directory/en/inventor/Peter_Zerigian_1.html ; http://el-truck.com/press.htm

[616] Siehe http://www.levantpower.com/genshocktech.html

dung. Selbstverständlich hängt hier der Ernte-Ertrag auch vom Einsatz des Fahrzeuges ab: ein Landwirt auf holperigen Feldwegen wird mehr davon profitieren als der Reisende auf der ebenen Autobahn.
Eine weitere Idee zu Stoßdämpfer-Ernte-Techniken sind piezoelektrische Verfahren[617] z.B. mit stark dehnbaren Kunststoffen u.ä. Die Möglichkeit, die am Stoßdämpfer entstehende Wärme über thermovoltaische Zellen in elektrischen Strom umzuwandeln, dürfte wegen der doppelten Umwandlungsverluste (mechanische Energie zu Wärme, Wärme zu Strom) wenig ertragreich sein.

Auch die Zentrifugalkraft bei Kurvenfahrten ist ein mögliches Feld der Bewegungs-Energie-Ernte. Hierbei kommt es auf möglichst große Massen an, die entsprechende Kräfte ausüben können. Als Ernte-Orte kämen die Verbindungen zwischen Karosserie und Radaufhängung, die Motoraufhängung oder die Sitzbefestigungen im Fahrzeuginneren in Frage – letztere besonders dann, wenn die Sitze mit Personen besetzt sind. Die Ernte könnte hier über entsprechende Piezoelektrik erfolgen. Andere Techniken würden sich bei den kurzen Kurven-Fahrtzeiten im normalen Straßenverkehr kaum lohnen, sondern nur das Fahrzeuggewicht unnötig erhöhen.

Häufig hört oder sieht man Ideen zu dauerhaft montierten Windrädern/-turbinen auf bzw. an Autos, die den Fahrtwind abernten sollen. Dies ist keine praktikable Idee! Solche Anlagen erhöhen den Luftwiderstand des Fahrzeugs und „vernichten" dadurch mehr Energie, als sie erzeugen könnten. Allerdings gibt es wissenschaftliche Versuche des Teams um Professor Yiannis Andreopoulos vom Mechanical Engineering Department des City College of New York, den Fahrtwind über Piezoelektrik zu nutzen.[618] Dies könnte u.a. dann funktionieren, wenn sich kleine Widerstände/Verwirbelungen positiv auf das gesamte Strömungs-Verhalten auswirken, wie das bei den regelmäßigen Einbuchtungen eines Golfballs der Fall ist.

Praktikabel, aber für den Privatmann aus Kostengründen kaum sinnvoll ist die Energie-Ernte aus Parkplätzen, Garagen-Ausfahrten etc. Zwar werden bereits verschiedene Systeme in den USA[619], Großbritan-

---

[617] Siehe http://idw-online.de/de/news415277

[618] Siehe http://meetings.aps.org/Meeting/DFD09/Event/110728 ; http://www-me.ccny.cuny.edu/research/aerolab/index.htm

nien[620] oder Israel[621] eingesetzt, doch hier handelt es sich um halböffentliche Verkehrswege, die von einer Vielzahl von Autos genutzt werden. Diesen fahrenden Autos wird dabei indirekt ein Teil ihrer (Motor-)Energie abgezapft; sie zahlen quasi eine verdeckte Nutzungsgebühr. Für den Privatmann hingegen, der auf seinem eigenen Grundstück nur sein eigenes Auto bewegt, ist ein solches System wegen der hinzukommenden Energie-Umwandlungs-Verluste vermutlich reine Geldverschwendung.

Bei **Fahrrädern** gibt es schon wegen ihres geringeren Gewichts weniger Erntemöglichkeiten als bei Autos; dennoch hat die Energie-Ernte hier Tradition: Seitendynamos und die noch effektiveren Nabendynamos ernten seit Jahrzehnten Energie für die Fahrradbeleuchtung. Heute lassen sich die Nabendynamos tagsüber dazu benutzen, über ein USB-Kabel Handys, GPS-Geräte etc. aufzuladen.[622]
Wie beim Auto, so gibt es auch beim Fahrrad inzwischen erste Systeme zur Rückgewinnung der Bremsenergie (KERS): zum einen hydraulisch wie das System von Mitarbeitern der Hochschule Niederrhein in Krefeld[623], zum anderen aber verschiedene elektrische bei den auch als Pedelecs oder Elektro-Fahrräder bezeichneten Hybrid-Fahrrädern.[624]
Ob sich eine Energie-Ernte über die Stoßdämpfer auch beim Fahrrad lohnen würde, ist zweifelhaft, zumal viele Fahrräder nicht einmal Stoßdämpfer benötigen und die bereits durch den Dynamo bediente Beleuchtung meist der einzige Verbraucher ist. Ein Experiment ist der Fahrradsitz-Dynamo von Alexander Nemedi-Varga, bei dem ein gefe-

---

619 Siehe http://www.newenergytechnologiesinc.com/motion_power ; http://www.nj.com/news/local/index.ssf/2009/09/burgers_with_a_side_of_energy.html

620 Siehe http://www.dailymail.co.uk/news/article-1193070/Shoppers-cars-soon-able-power-supermarkets.html ; http://www.guardian.co.uk/environment/2009/jun/15/sainsburys-kinetic-plates-speed-bumps

621 Siehe http://www.innowattech.co.il/

622 Siehe http://zzing.de ; http://www.thinkbiologic.com/products/reecharge-power-pack ; http://www.rollergen.com/ ; http://www.bumm.de/index.html?docu/361.htm ; http://sivacycle.com/products/

623 Siehe http://www.hs-niederrhein.de/news/news-detailseite/hydraulische-bremsenergie-rueckgewinnung-soll-brieftraegern-beim-anfahren-helfen/ ; http://idw-online.de/pages/de/news377654

624 Siehe http://senseable.mit.edu/copenhagenwheel/ ; http://www.bionx.ca/en/products/technology/

dertes Sattelrohr über einen Seilzug einen Generator antreibt.[625] Schon 2001 hatte der zehnjährige Gilbert Grell aus Schwerin ein Patent über einen „erwärmbaren Fahrradsattel“ eingereicht, welcher die Sitz-Bewegungen des Fahrrad-Fahrers in Wärmeenergie umwandelte.[626] Inzwischen gibt es sogar Kinderwagen/Buggys, die bei Bewegung der Räder über dort fest eingebaute Generatoren Handys aufladen können.[627]

6.2. Menschen

Selbst die alltäglichen Bewegungen von Menschen eignen sich dafür, Energie abzuernten. Damit sind nicht aktive Tätigkeiten wie z.B. das Wasserpumpen etc. gemeint, sondern die passiv-beiläufige Energieerzeugung (engl. *Passive Human Power*). Viele Menschen betreiben im Alltag heute schon Energie-Ernte, ohne sich dessen bewusst zu sein: wenn sie z.B. eine Automatic-Uhr tragen, eine mechanische Armbanduhr mit Perpetual-Rotor, die sich durch bloße Bewegungen des Arms quasi nebenbei aufzieht. Dieses Prinzip wurde 1924 vom britischen Uhrmacher John Harwood patentiert und 1931 von der Schweizer Uhrenfirma „Rolex“ weiterentwickelt.[628] Die Technik wird inzwischen nicht nur von vielen Uhren-Herstellern genutzt, sondern von einigen auch zu mechanisch-elektrischen Systemen weiterentwickelt.[629]
Das Verfahren ist auch auf andere Produkte übertragbar: der Schweizer Luxusuhren-Hersteller „Ulysse Nardin“ hat mit seinem „Chairman Cellphone“ 2009 ein Handy vorgestellt, das durch einen Perpetual-Rotor mit elektrischer Energie versorgt wird.[630] Andere Firmen arbeiten inzwischen auch an dieser Idee.[631]

---

[625] Siehe http://www.heise.de/hardware-hacks/projekte/Fahrradsitz-Dynamo-1353406.html

[626] Siehe Hamburger Abendblatt vom 10/11. November 2001, Journal S. 8 ; http://www.sn-live.de/das-magazin/wirtschaft-gesellschaft/details/news/mehr-denken-als-ausprobieren.html

[627] Siehe http://www.4moms.com/origami

[628] Siehe http://www.harwood-watches.com/ ; http://de.wikipedia.org/wiki/Automatikuhr ; http://www.rolex.com/de#/world-of-rolex/about-rolex/self-winding-movement

[629] Siehe http://de.wikipedia.org/wiki/Seiko#Kinetic

[630] Siehe http://www.ulysse-nardin.ch/ ; http://www.unchairman.com/ ; http://www.sybarites.org/2009/03/ulysse-nardin-chairman-cellphone/

Menschliche Bewegungsenergie lässt sich direkt über Schuhe und Stiefel[632], die Beugung des Knies[633], ja sogar über die Kau-Bewegungen des Unterkiefers abernten, wie Prof. Dr. Olfa Kanoun von der TU Chemnitz gezeigt hat.[634] Praktisch sind entsprechende Schuhinnensohlen, die man in verschiedenen Schuhen verwenden kann.[635] Kleidung kann beim Tragen Energie erzeugen, wie z.B. die Forschungen von Professor Zhong Lin Wang am „Georgia Institute of Technology“ und von Dr. Steve Beeby an der „School of Electronics and Computer Science“ der University of Southampton zeigen.[636] Selbst ein Handy in der Hosentasche kann mittels Reibungselektrizität aufgeladen werden, wenn sein Besitzer geht oder läuft.[637]

Rucksackgurte zur Energie-Ernte[638] entwickelten u.a. 2005 Dr. Lawrence Rome am „Marine Biological Laboratory“ und 2007 das Team von Professor Henry A. Sodano an der „Michigan Technological University“ in Houghton; bei einem Rucksack-Gewicht von 45 kg und einer Marschgeschwindigkeit von bis zu 3 km/h produziert das System etwa 45 Milliwatt (mW) – genug für Handys, LEDs und GPS-Geräte.

---

[631] Siehe http://www.newscientist.com/article/mg20527505.300-the-selfcharging-cellphone.html ; http://bit.ly/b8gFt3 ; http://conversations.nokia.com/2011/10/28/nokia-kinetic-bendy-phone-is-the-next-big-thing-video/

[632] Siehe http://news.latech.edu/2010/05/05/louisiana-tech-professor-featured-on-cnn-for-shoe-power-technology/ ; http://www.cnn.com/video/data/2.0/video/tech/2010/05/05/nr.power.walking.cnn.html ; http://science.howstuffworks.com/environmental/energy/hydropower-plant4.htm ; http://web.outsideonline.com/magazine/200010/200010disp11.html ; http://xncroft.com/projects/energyshoes.html ; http://www.time.com/time/specials/packages/article/0,28804,2029497_2030623_2029815,00.html ; http://www.instepnanopower.com/ ; http://dx.doi.org/10.1021/nl302879t

[633] Siehe http://www.sfu.ca/sfunews/Stories/sfunews020708018.shtml ; http://physicsworld.com/cws/article/news/2008/feb/08/knee-brace-harvests-negative-work

[634] Siehe http://www.tu-chemnitz.de/tu/presse/2008/11.11-11.29.html

[635] Siehe http://www.kickstarter.com/projects/764467377/solepower-power-by-walking-0 ; http://solepowertech.com/

[636] Siehe http://www.nanoscience.gatech.edu/zlwang/news/news.html ; http://www.esd.ecs.soton.ac.uk/news/3356

[637] Siehe http://dx.doi.org/10.1021/nl303573d ; http://www.heise.de/tr/artikel/Reibung-laedt-Handy-1755637.html

[638] Siehe http://www.mbl.edu/news/press_releases/2005/2005_pr_09_06b.html ; http://www.physorg.com/news108897656.html ; http://www.me.mtu.edu/~hsodano/

Ebenfalls in diese Richtung zielt das PEG der Firma „npower", dass man nach Nutzerinformationen sogar von einem Berggipfel hinab hängen lassen kann, um (Wind-)Energie zu ernten.[639]
Geradezu konservativ wirken dagegen am Gürtel zu befestigende Energie-Ernter; ähnliches ist seit langem als Schrittzähler/Wegmesser bekannt.[640]
Und selbstverständlich wäre es auch möglich, über ein entsprechendes Bettlaken oder eine entsprechende Matratze nächtliche Bewegungsenergie im Bett abzuernten. Modelle für Sessel/Stühle, die die Bewegungsenergie der auf ihnen Sitzenden in Strom umwandeln und speichern, gibt es dagegen bereits: den „Empower" des US-Amerikaners Ryan Klinger und den „chaise récupératrice d'énergie" des Teams „K'ISEN Cool" der Ingenieurhochschule in Lille/Frankreich.[641] Strom erzeugende Schauckelstühle entwickelten das Prager Designstudio „Novague s.r.o." und der israelische Designer Igor Gitelstain mit seinem „Otarky Rocking Chair"; beide Geräte versorgen bei Bewegung Leselampen mit Strom versorgt, während der Schaukelstuhl der Studenten Damien Ludi und Colin Peillex an der Lausanner Design-Hochschule ECAL sogar Mützen strickt („Rocking-Knit").[642]
Selbst aus einem sich lautlos senkenden Toilettendeckel ließe sich geringfügig Energie gewinnen.

Für die Energie-Ernte von Drehtüren gibt es inzwischen nicht nur Projektentwürfe, sondern praktische Umsetzungen wie die am niederländischen Bahnhof Driebergen-Zeist durch die Firma „Boon Edam".[643] Nun finden sich Drehtüren eher in Bürogebäuden als in einem normalen Haushalt. Doch was mit Drehtüren funktioniert, geht in technisch leicht abgewandelter Form auch mit den gewöhnlichen Haus- und

---

639 Siehe http://www.npowerpeg.com/off-the-grid

640 Siehe http://peswiki.com/index.php/Directory:M2E_Power ; Feldhaus 1914, Sp. 1310

641 Siehe http://cea.mblast.com/ws/wfaward/rsp/votenomination.asp?SessionID=3849117 ; http://idw-online.de/pages/de/news483427 ; http://www.enerzine.com/603/14007+le-projet-de-chaise-recuperatrice-denergie-de-kisen-cool+.html ; http://www.ecal.ch/en/1170/studies/bachelor/industrial-design/projects-workshops/low-tech-factory

642 Siehe http://www.novague.com/rocking-chair ; http://igorgitelstain.me/Otarky-Rocking-Chair

643 Siehe http://www.fluxxlab.com/projects/revolutiondoor.html ; http://www.-boonedam.de/energy/green-news.asp

Zimmertüren, wie ein Beispiel verdeutlicht.[644] Eine Mechanik in der Größe eines automatischen Türschließers reicht; die Umwandlung in elektrische Energie kann dann über die o.a. verschiedenen Verfahren erfolgen; eine Einspeisung ins Hausnetz bzw. in den heimischen Energiespeicher ist möglich. Ein weiterer Vorteil ist, dass Türen so nicht lautstark auf- oder zugeschlagen werden können.
Türen bieten noch eine weitere Form der Energie-Ernte: gegen Einbrecher gibt es keilförmige, etwa fussgroße Alarmanlagen, die von innen an der Unterseite der Türen verkeilt werden; wird die Tür geöffnet, löst das batteriebetriebene Gerät den Alarm aus. Hier bietet es sich an, diesen Türstopp-Alarm mit einer Piezoelektrik auszurüsten, die durch das Öffnen der Tür die Energie für den Alarm liefert.
Durch das Öffnen eines Garagentors lässt sich genügend Energie erzeugen, um die Garage für die Zeit des Ein- und Aussteigens zu beleuchten.[645]

Im Alltag gibt es oft kurze, gezielte Bewegungen, bei denen sich Energie ernten lässt. Mit jedem Druck auf den Knopf einer Fernbedienung, um z.B. das Fernsehprogramm zu wechseln, lässt sich prinzipiell zugleich die Energie erzeugen, die den Befehl an den Fernseher überträgt; einen entsprechenden Prototypen für solche Fernbedienungen haben 2009 die japanischen Unternehmen NEC und Soundpower vorgestellt.[646] Diese Piezoelektrik, für die es inzwischen verschiedene Hersteller gibt, funktioniert mit berühr- bzw. drückbaren Schaltern aller Art – mit drahtlosen Lichtschaltern[647], Touch-Screens[648], Handys[649] und

[644] Siehe http://www.fluxxlab.com/projects/doordynamo.html
[645] Siehe http://www.heise.de/hardware-hacks/projekte/Tor-auf-es-werde-Licht-1745682.html ; http://www.youtube.com/watch?v=nlUoCTW-Nkw
[646] Siehe http://www2.renesas.com/news/ja/archive/0911/1702.html ; http://www.soundpower.co.jp/products/products1.html ; http://www.greendiary.com/entry/nec-s-concept-piezoelectric-remote-control-runs-without-batteries/ ; http://www.heise.de/newsticker/meldung/Fernbedienung-ohne-Batterien-864969.html
[647] Siehe http://www.enocean.com/de/ ; http://www.cepro.com/article/masco_unveils_energy_harvesting_verve_lighting_system/ ; http://www.algra.ch/content.php?MAIN_RUB_ID=0&subcatid=22&objid=76
[648] Siehe http://www.princeton.edu/main/news/archive/S26/47/03A23/index.xml ; http://dx.doi.org/10.1002/adma.201090066 ; http://theconversation.edu.au/could-blood-pressure-power-pacemakers-in-future-1919
[649] Siehe http://www.core77.com/blog/object_culture/core77_exclusive_more_shots_of_kyoceras_eos_and_nxt_concept_phones_13209.asp

zur Energieversorgung von LCD-Monitoren[650] über die Tastatur. Schon 1999 entwickelte Adrian Crisan bei Compaq eine solche Tastatur zur Stromversorgung bei Computern[651]; 2011 folgte das ecoPad der koreanischen Designer Yonggu Do, Jun-se Kim und Eun-ha Seo.[652]

Interessant sind in diesem Zusammenhang die Haustürklingeln. Bereits vor einem Jahrzehnt hatte Hermann Scheer darauf hingewiesen, dass ein Klingelanlage im Haus für den dazugehörigen Trafo im 24h-Stand-by-Betrieb ca. 9-22 kWh pro Jahr verbraucht[653]; bei den heutigen Anlagen mit beleuchtetem Klingelknopf könnten es auch etwas mehr sein. Scheer schlug damals eine Fotovoltaik-Lösung vor, aber auch eine Piezoelektrik-Lösung wäre hier sinnvoll.
Wer im Büro dagegen das Schieben dem Druck vorzieht, kann Energie aus Bewegungen seiner Computer-Maus gewinnen.[654]

Im Sport sind viele Geräte „erntetauglich". Schon vor Jahren benutzte der Tennis-Profi Andre Agassi einen piezoelektrischen Tennisschläger[655], und mit entsprechenden piezoelektrischen „Schock-Aktoren" (Stoßenergie-Umwandlern)[656] ließen sich auch Golf- und Hockey-Schläger zum Aufladen kleiner, integrierter Akkus einsetzen. Weniger beansprucht ist die Piezotechnik im Gehstock der japanischen Firma „Soundpower", die die Energie für einen in den Stockgriff integrierten, kleinen LED-Scheinwerfer liefert.[657] Ähnliches ließe sich mit Ski-Stöckern umsetzen. Die Harvard-Forscherinnen Jessica Matthews und Julia Silverman haben sogar einen Piezoelektrik-Fußball entwickelt, der

---

[650] Siehe http://www.nanoscience.gatech.edu/zlwang/paper/2010/10_NL_06.pdf ; http://www.heise.de/tr/artikel/Aus-Druck-wird-Licht-1130721.html

[651] Siehe http://www.nytimes.com/1999/07/12/business/patents-magnets-coils-keyboard-may-help-cut-recharging-time-for-computer.html ; Mateu Saez 2004, S. 22

[652] Siehe http://www.fujitsu.com/global/news/pr/archives/month/2011/20110520-01.html ; http://www.fujitsu.com/img/PR/2011/20110520-01ml.jpg

[653] Siehe Scheer 2002, S. 178

[654] Siehe http://cea.mblast.com/ws/wfaward/rsp/votenomination.asp?SessionID=3849282 ; http://www.greenergadgets.com/index.php/design-competition/ ; http://www.nachwachsende-rohstoffe.biz/allgemein/biologisch-abbaubare-energiesparmaus-nachwachsende-rohstoffe-am-heimischen-computer/

[655] Siehe http://www.eet.com/story/OEG20020607S0077

[656] Siehe http://www.cedrat.com/index.php?id=503&L=2&no_cache=1 ; http://omnitekpartners.com

[657] Siehe http://www.soundpower.co.jp/products/products1.html

nach intensivem Spiel per Kabel mit einer LED-Lampe verbunden werden und diese stundenlang betreiben kann.[658] Das Gerät ist vor allem für die Dörfer Afrikas gedacht, kann aber selbstverständlich überall eingesetzt werden. Und natürlich lässt sich die Technik auch auf alle anderen Bälle der verschiedenen Ballsportarten übertragen.[659]

Jede Woche setzen/stellen sich Millionen von Menschen auf Trimm- und Trainings-Geräte, um überflüssige Pfunde los zu werden, ihre Muskeln zu stärken oder die Gelenke zu trainieren. Die dort erzeugte Energie wird meist mit einem Bremswiderstand in Wärme umgewandelt und verpufft wirkungslos. Eine originelle Idee setzt dagegen das Fertighaus-Bauunternehmen „SchwörerHaus KG" bei seinen Effizienshäusern um: es bietet mit dem „SchwörerTrainer" ein Fitness-Cross-Trainer, nebenbei zugleich das Brauchwasser des Hauses erwärmt.[660] Inzwischen gibt es solche Geräte auch frei verkäuflich.[661] Selbst Laufbänder ohne Elektroantrieb[662] würden sich als Ladegeräte eignen würden.
Solche Techniken werden sie erst seit kurzem vermehrt genutzt, um einen Beitrag zur Energie-Ernte zu leisten. Ein durchschnittlich trainierter Erwachsener kann es hiermit schaffen, eine Leistung von 100 Watt über eine Stunde hin zu erzielen; das wären 0,1 Kilowattstunden (kWh). Bei zwei Erwachsenen pro Haushalt käme man so in der Woche ganz nebenbei auf 1,4 kWh.
Schließlich könnten auch Kinderschaukeln, Schaukelpferde, Sprungbretter oder Trampoline zum HEH verwendet werden.

Selbst beim Tanzen funktioniert es: Discotheken können einen Teil ihres Energieverbrauchs aus den Stampf-Bewegungen auf der Tanzfläche ziehen.[663] Eine ähnliche Technik hat die „East Japan Railway Company" (JR East) seit 2006 in den Boden ihrer Zugänge zur Tokioter Station eingebaut, über die täglich tausende Pendler gehen.[664] Und

658 Siehe http://www.soccket.com/
659 Siehe http://www.naturpur-award.de/die-projekte/energie-durch-bowling/
660 Siehe http://www.schwoererhaus.de/de/unternehmen/presseservice/innovationen/81
661 Siehe http://eco-trainer.de/
662 Siehe http://www.woodway.de/performancetreadmills/curve.html
663 Siehe http://www.sustainabledanceclub.com
664 Siehe http://techon.nikkeibp.co.jp/english/NEWS_EN/20081204/162357/

in Toulouse arbeitet man an einem entsprechenden Bügersteig.[665] Diese Boden-Technik ließe sich auch auf allen viel begangenen Wegen innerhalb eines Hauses einsetzen – auf Fluren, Treppen etc. Erste Ansätze wie das „Piezoparkett“ und ähnliches gibt es bereits.[666] Sie funktionieren nur dort nicht, wo Möbel auf dem Boden stehen.

Dabei sind solche Techniken prinzipiell gar nicht so neu: bereits in den 1990ern vertrieb die deutsche Firma Soehnle[667] eine im oberen Preissegment angesiedelte kinetische Personenwaage, die ihre Messenergie aus dem Gewicht der zu wiegenden Person bezog.

6.3. Tiere

Die Energie von Tieren ist vom Menschen seit vielen Jahrhunderten genutzt worden, sei es mobil mit Pferdewagen und Ochsenpflug, sei es stationär als Maschinen-Antrieb über Pferde-Göpel und Ochsen-Tretscheiben. Doch hierbei handelte es sich nicht um eine Form der quasi beiläufigen Energie-Ernte, sondern um einen gezielten Einsatz tierischer Antriebskraft.

Energie-Ernte fand dagegen bei den Hunde-Laufbändern im ländlichen Bereich früherer Jahrhunderte statt, auf denen die Tiere ihren Bewegungstrieb ausleben konnten und zugleich Energie für kleine Maschinen lieferten.[668] Mittels eines piezoelektrischen Nanogenerators funktioniert die Energie-Ernte heute beim Hamster im Laufrad - entwickelt vom „Georgia Institute of Technology“.[669]

Wie bei Fahrzeugen gilt auch bei Tieren: je größer und schwerer das sich bewegende Objekt ist, desto mehr Energie kann man abernten. Das größte Tier, das im Allgemeinen Privatleuten zur Verfügung steht, ist ein Pferd. Hier ließe sich die elektrische Energie einerseits durch piezoelektrische Bodenbeläge an den Stall-Ein-/Ausgängen etc. gewin-

[665] Siehe http://projets-architecte-urbanisme.fr/trottoir-electrique-toulouse-innovation-ecologique/

[666] Siehe http://www.piezoparkett.com/piezoparkett.html ; http://www.mms.ei.tum.de/ ; http://powerleap.net/

[667] Siehe http://www.soehnle.de/

[668] Siehe http://www.zeno.org/nid/20000871125

[669] Siehe http://pubs.acs.org/doi/abs/10.1021/nl803904b ; http://www.technologyreview.com/energy/22103/

nen. Andererseits kommt der Sattel in Frage: gute Sättel zeichnen sich durch eine vielfältige und komplexe Polsterung aus. Hier ließen sich Lagen von piezoelektrischen Folien einarbeiten; die Energie würde in kleinen Akkus gesammelt und stände dann für das Handy bzw. für LED-Scheinwerfer bei Nachtritten zur Verfügung. Ob man daneben die Auf- und Ab-Bewegung des Reitens in dem Sattelknauf ähnlich wie beim Auto-Stoßdämpfer sinnvoll abernten kann, müssen erst Versuche zeigen.

In jedem Fall lassen sich ausrollbare Hundeleinen (engl. *Self-Power Generating Dog Leash*) – nach dem Muster der Anlasser von Außenbord-Motoren – zur Energie-Ernte verwenden, etwa für die Beleuchtung das Aufladen eines Handys.[670] Schließlich lässt sich selbst aus dem Flügelschlag kleiner Käfer genug Energie gewinnen, um damit eine auf deren Rücken angebrachte elektronische Spionageausrüstung zu versorgen.[671]

6.4. Atmosphäre

Der Luftdruck bzw. seine Schwankungen lassen sich in geringem Umfang zum HEH heranziehen. Dies geschah bereits in der Vergangenheit bei Uhren: so baute schon in den 1760ern der Brite James Cox (ca. 1723–1800) eine atmosphärische Uhr, die durch ein Quecksilber-Barometer angetrieben wurde; die Uhr befindet sich heute noch im „Victoria and Albert Museum“ in London.[672] Die 1864 erbaute Beverly-Clock läuft noch heute im Foyer des Physikinstituts der University of Otago/Neuseeland; sie wird allerdings sowohl vom Luftdruck als auch von der Temperatur angetrieben.[673] 1880 stellte Friedrich Ritter von Loessel (1817-1907) seine autodynamische Uhr vor, von der Exemplare in verschiedenen europäischen Städten errichtet wurden, wobei nur noch die in Bad Aussee/Österreich erhalten ist.[674] Diese Technik ist also längst erprobt und dokumentiert.[675]

---

[670] Siehe http://www.fido-fashion.com/about.php ; http://www.goddardtech.-com/consumer-product-portfolio/ ; http://www.pddnet.com/articles/2010/02/inside-design-power-generating-dog-leash

[671] Siehe http://iopscience.iop.org/0960-1317/21/9/095016/

[672] Siehe Hofer 2006, S. 19 ; http://en.wikipedia.org/wiki/Cox's_timepiece

[673] Siehe http://en.wikipedia.org/wiki/Beverly_Clock

[674] Siehe Schröer 2003 ; http://de.wikipedia.org/wiki/Friedrich_von_Lössl

[675] Siehe Loessel 1895

Allerdings konkurriert diese Verfahren mit den technisch ähnlich aufgebauten Energieernte-Systemen für kleine Temperaturdifferenzen. So ist davon auszugehen, dass die täglichen Barometerschwankungen durchschnittlich bis zu 5 Millimeter betragen. „Im Vergleich leistet ein einziger Grad Celsius ebenso viel wie 2,5 mm Barometerbewegung.“[676] Da die Tag-Nacht-Temperatur selbst im Winter um über 5° Celsius schwankt – im Sommer ist die Schwankung meist höher, in Gebieten mit extrem geringer Luftfeuchtigkeit wie z.B. Wüsten kann sie sogar über 40° Celsius betragen – sind Energie-Ernte-Verfahren auf Basis von Temperatur-Unterschieden solchen Verfahren auf Basis von Luftdruck-Unterschieden überlegen. Letztere könnten allenfalls interessant sein in (Innen-)Räumen, in denen die Temperatur konstant gehalten wird, der wechselnde Luftdruck sich aber auswirkt.

Die Energie aus künstlichem Luftdruck bzw. Druckluft wie z.B. im Autoreifen ließe sich zum Betrieb einfacher Reifendruck-Meßgeräte verwenden, da hier nur ein unwesentlicher Teil der gespeicherten Druckluft verbraucht wird.

---

[676] Hofer 2006, S. 32

7. Bioenergie

Bioenergie kennen die meisten von uns als Biogas[677], welches in der Landwirtschaft aus Pflanzen sowie Tierabfällen erzeugt und bisweilen dem Erdgas der Energie-Versorgungs-Unternehmen (EVUs) beigemischt wird. Biogas erzielt von allen Pflanzenkraftstoffen auch den höchsten Energieertrag pro Fläche[678]: so erreicht man mit Biogas ca. 75% mehr Energieausbeute als bei Bioethanol, 65% mehr als bei Pflanzenöl oder Biodiesel, und immerhin noch 5% mehr als bei den industriell-aufwändig hergestellten BtL-Kraftstoffen (engl. *Biomass-to-Liquid*); auch daher konzentrieren wir uns hier auf Biogas.

Biogas entsteht, wenn organische Substanzen von bestimmten Bakterien unter Luftabschluss („anaerob") zersetzt werden. Je nach Ausgangsmaterial und Zersetzungsprozess ist der Energiegehalt, der hauptsächlich auf dem entstehenden Gas Methan beruht, unterschiedlich: ein Kubikmeter Biogas hat die Energie von ca. 0,5-0,7 Litern Heizöl.
Biogas wird seit Jahrzehnten weltweit aus unterschiedlichen Quellen genutzt: aus landwirtschaftliche Abfällen, aus Abfällen der Holzverarbeitung (Zellulose), aus Fäkalien. Und auch die Anwendungen waren sehr unterschiedlich: sie reichen vom Kochen auf einfachen Gasherden bis zum Betrieb von Fahrzeugen – so wurden ab Mitte der 1930er Jahre in vielen deutschen Gemeinden die städtische Fahrzeuge auf Biogas umgestellt.[679] Bei der hausnahen Biogaserzeugung gab es in Deutschland verschiedene Projekte, u.a. einen Bauernhof in Rohrbach/Odenwald und das Versuchsgut Allerhop bei Soltau.[680] Doch das billige Erdöl der 1950er Jahre bedeutete das Ende der meisten Projekte. Ausnahmen bildeten einige Landwirte, die weiterhin mit Biogas experimentierten, wie der Bauer Böse in Päpsen bei Diepholz, der sich auch für Kleinwindanlagen stark machte.[681]

---

[677] Siehe http://www.biogas.org/ ; http://www.biogas.ch/ ; Geitmann 2010, S. 127 ff. ; http://de.wikipedia.org/wiki/Kompogas

[678] Siehe http://mediathek.fnr.de/grafiken/pressegrafiken/biokraftstoffe-im-vergleich.html

[679] Siehe http://graskraft.org/biogas/geschichte/index.html ; http://www.bio-construct.de/technologie/theorie-grundlagen/geschichte.html

[680] Siehe http://graskraft.org/biogas/geschichte/Rohbach1948.html ; DER SPIEGEL vom 5. März 1949, S. 18 („Angenehmes Nebenprodukt – Kuh und Komposthaufen")

Erst ab Mitte der 1990er Jahre begann der heutige Biogas-Boom[682]: die Zahl der Anlagen explodierte, die Größe der jeweiligen Einzelanlagen wuchs stark und die „Vermaisung“ der Landschaft, d.h. der gezielte Anbau von Energiepflanzen, nahm rasant zu.

Beim HEH geht es jedoch nicht um diese quasi industrialisierte Energie-Schiene mit ihrem gezielten Anbau von Energiepflanzen wie Raps, Mais oder auch Algen unter dem Begriff „Nachwachsende Rohstoffe“ (NAWAROs)[683], sondern um das „Abernten“ von Energien aus bereits vorhandenen, alltäglichen Bioprozessen. Deshalb wird hier auch nicht die gezielte Herstellung von Biodiesel oder die Stromerzeugung in Biomasse-Kraftwerken behandelt, sondern wir beschränken uns auf das Thema Biogas und seine unterschiedlichen Quellen.

7.1. Pflanzenabfälle und Fäkalien

Nach Angaben des Statistischen Bundesamtes hatte 2009 jeder Einwohner in Deutschland ein Abfallaufkommen von 111 Kilo Bioabfällen. Dabei sind die Fäkalien nicht eingerechnet, da sie zumeist über die Kanalisation entsorgt werden.

Haushalte mit einem Garten haben nach Möglichkeit einen Komposthaufen, auf dem abgemähtes Gras, gejätetes Unkraut, Laub sowie Bioabfälle aus der Küche entsorgt werden. Ein Garten von ca. 1.000 qm kann inklusive der familiären Küchen-Bioabfälle bis ca. eine Tonne Kompost-Material pro Jahr abwerfen. Die daraus zu erzielenden Biogasmenge ist höchst unterschiedlich und hängt stark von der Zusammensetzung der Biomasse („Substrat“) ab: während sich aus Grünabfällen ca. 100 Kubikmeter Biogas aus einer Tonne (t) Substrat gewinnen lassen, bei Speiseresten über 200 Kubikmeter/t und bei Frittieröl sogar noch mehr, sind es bei Rindergülle nur 20-25 Kubikmeter/t. Dabei lässt sich aus dem täglichen Abfall einer einzigen Kuh (80 Liter Gülle inkl. 5 kg Trockensubstrat) in einer Biogas-Anlage eine Energie-

---

[681] Siehe AutoBild 9/1986, S. 70 ; DER SPIEGEL Nr. 20/1983, S. 55-60 ; http://www.spiegel.de/spiegel/print/d-14018761.html

[682] Siehe http://de.wikipedia.org/w/index.php?title=Datei:DiagrammBiogas-AnlagenLeistungD_1992-2011.gif

[683] Siehe http://www.fnr.de/ ; http://www.nachwachsende-rohstoffe.biz/wiki-nawaro/ ; http://www.bioenergiedorf.de

Menge von 8,3 Kilowatt-Stunden erzeugen – genug, um alle elektrischen Haushaltsgeräte damit zu betreiben.[684] Allerdings benötigt eine Kuh für ihr ganzjähriges Futter ca. einen Hektar Weidefläche[685], die nur den wenigsten Privathaushalten zur Verfügung steht. Aus dem Mischgrün eines Gartens lassen sich dagegen immerhin 90 Kubikmeter Biogas/t gewinnen, wie ein Jugend-forscht-Projekt am Hamburger Friedrich-Ebert-Gymnasium 2012 ermittelt hat.[686]

Die häuslichen Abfälle ergeben natürlich nur einen Bruchteil des Bio-Materials, was auch ohne NAWARO-Anbau in einem landwirtschaftlichen Betrieb anfällt, um dann in einer Biogas-Anlage energetisch genutzt zu werden.[687] Dennoch sind die Mengen nicht das Hindernis für die häusliche Biogas-Ernte. Das eigentliche Problem: ein herkömmlicher Komposthaufen ist noch keine Biogas-Anlage. Und „kleine" Serien-Biogas-Anlagen beginnen in Deutschland bei einer Leistung von etwa 30 kW, sind also eher für den kleinen Bauernhof als für den Privatmann gedacht. Dass diese Größen nicht technisch bedingt sind, zeigt z.B. ein Blick nach China, Indien, Tansania etc., wo es einfache Biogas-Anlagen bereits für 4-Personen-Haushalte gibt.[688] Eine solche Technik ist prinzipiell auch in unseren Breiten einsetzbar; sie müsste nur entsprechend modifiziert und – wegen der kalten Jahreszeiten – besser isoliert werden.[689] Denn für die Zersetzungsprozesse innerhalb der Biogasanlagen benötigen die sauerstoff-unabhängigen („anaeroben") Bakterien, die hier die Hauptarbeit leisten, Temperaturen von mindestens 35-40°C. Ein Teil der Gasausbeute der Anlage könnte für eine kleine Direktheizung verwendet werden, welche die Temperatur in der Anlage nicht unter 35°C sinken lässt. Die kleine Anlage könnte zudem unter einer Garage oder in ein Gewächshaus eingebaut werden,

---

684 Siehe http://www.fnl.de/daten-fakten/greenfacts.html (vom 03.02.2010)

685 Siehe http://de.wikipedia.org/wiki/Viehbesatz

686 Siehe http://www.feg-hamburg.de/sites/all/files/mint/pdfs/poster_jf_biogas.pdf

687 Siehe http://mediathek.fnr.de/leitfaden-biogas.html ; http://www.biogasportal.info/

688 Siehe http://www.fastonline.org/CD3WD_40/JF/432/24-573.pdf ; http://www.arti-india.org ; http://www.ingenieure-ohne-grenzen.org/de/Projekte

689 Siehe http://agrarheute.landlive.de/boards/thread/16347/page/3/ ; http://biorealis.com/digester/construction.html ; http://www.small-farm-permaculture-and-sustainable-living.com/methane_generator.html

welches an kalten Wintertagen einen zusätzlichen Schutz böte. Nicht nur die „Dritte Welt“-Beispiele zeigen: kleine Biogasanlagen lassen sich bei entsprechender handwerklicher Kompetenz auch im Selbstbau errichten.[690]

Eine weitere Biogasquelle sind die (menschlichen) Fäkalien. In einem 4-Personen-Haushalt fallen Fäkalien – im Gegensatz zu einem landwirtschaftlichen Betrieb (Gülle) – nur in geringem Umfang an. Dafür aber fallen sie wie die Küchenabfälle und anders als die Gartenabfälle relativ gleichmäßig an. Eine eigene Nutzung ist heute hauptsächlich deshalb nicht möglich, weil die Fäkalien in unserer westlichen Kultur mit wertvollem Trinkwasser außer Haus gespült werden. Die Klärwerke am anderen Ende der Abwasserleitung werden sich künftig noch mehr freuen, denn hier gibt es inzwischen die unterschiedlichsten Konzepte, um aus den Fäkalien Energie zu gewinnen.[691]
Zwar existieren als moderne Nachfolger der alten Toilettenhäuschen mit ihrem „Donnerbalken“ heute Komposttoiletten/Trockentoiletten[692], die diese Wasserverschwendung vermeiden. Diese verbrauchen allerdings Strom für einen Ventilator, um die Biogase in der Toilette über ein Entlüftungsrohr aus dem Haus zu blasen. Dabei ließen sich auch die Fäkalien gut zur heimischen Biogaserzeugung einsetzen. Wie beim Kompost können die verbleibenden, weitgehend geruchsfreien Feststoffe später als Dünger genutzt werden. Wie viel Energie in den Fäkalabfällen steckt, zeigen die vielen Berichte über explodierende Toiletten ohne Wasseranschluss oder kontrollierte Entlüftung.[693]

---

[690] Siehe http://www.naturpur-award.de/fileadmin/uploads/projekte/downloads/Mini_Biogasanlage.pdf ; http://www.youtube.com/watch?v=3AZv6MjZylo ; http://www.youtube.com/watch?v=wvJ498BvIBo ; http://www. youtube.com/watch?v=HnYoRxDMvqo ; http://en.howtopedia.org/wiki/How_to_Build_the_ARTI_Compact_Biogas_Digestor
[691] Siehe http://www.umweltdaten.de/publikationen/fpdf-l/3347.pdf ; http://www.hamburgwatercycle.de/index.php/hamburg-water-cycle.html
[692] Siehe http://de.wikipedia.org/wiki/Komposttoilette ; http://www.komposttoilette.de/
[693] Siehe http://www.focus.de/panorama/welt/australien-mann-bei-explosion-von-mobiler-toilette-lebensgefaehrlich-verletzt_aid_649026.html ; http://www.merkur-online.de/lokales/landkreis-muenchen-nord/gas-explosion-dixi-klo-306306.html

Ein Sonderfall bei den Biogasquellen sind die Holzvergaser-Anlagen[694], die auch mit Scheiten von trockenem Altholz/Holzresten/Treibgut befeuert werden können und daraus Gas produzieren („Pyrolyse“). Moderne Anlagen haben nur noch wenig gemein mit den alten Holzvergaser-Autos, wie sie um 1945 wegen des Benzinmangels eingesetzt wurden. Und selbst hier gibt es noch ein erhebliches Forschungs- und Entwicklungspotential, wie z.B. die Arbeiten am schweizerischen Paul Scherrer Institut und das deutsche Bio-Syn-Vergasungsverfahren zeigen.[695]
Heutige Anlagen dürften sich nur in solchen Privathaushalten lohnen, die regelmäßig Holz(-abfälle) aus eigenen Quellen beziehen können, also über einen größeren Forst- oder Landbesitz verfügen. Und das sind die wenigsten. Gleiches gilt auch für die Strohballen-Vergasung.[696] Daneben gibt es bei getrocknetem Holz/Holzabfällen von Bäumen, Hecken etc. selbstverständlich die Möglichkeit der direkten Verbrennung in (wasserführenden) Öfen und Heizungen.[697]

Wie lassen sich nun die Biogase energetisch nutzen? Die einfachste Lösung ist die direkte thermische Nutzung (Verbrennung) des Biogases, wie sie auch in dem Kompost-Nutzungssystem des Franzosen Jean Pain (1928-1981) angelegt ist, der den Komposthaufen zur Erzeugung von Abwärme, Dünger und eben Biogas einsetzte.[698] So lässt sich dann das Biogas zum Kochen mit einem Gasherd, zum Bügeln mit einem Gas-Bügeleisen oder zum Aufheizen des Warmwasser- bzw. Heizungsspeichers nutzen. In einem Park in Cambridge/Massachusetts wurde mit Unterstützung des dort ebenfalls ansässigen Massachusetts Institute of Technology (MIT) eine Fermenter-Anlage eingerichtet, die

---

[694] Siehe http://de.wikipedia.org/wiki/Holzvergaserkessel ; http://www.kaminholz-wissen.de/holzvergaser-heizung.php ; http://www.bhkw-anlagen.com/blockheizkraftwerke/holzvergaserheizkessel/index.php ; http://www.holzgibtgas.com/ ; http://www.holzgasjournal.de/index.php/wissenswertes ; Ecker-mann/Grätz 2008 ; http://holzgibtgas.com/ ; http://www.holzstrom.net/

[695] Siehe http://idw-online.de/pages/de/news295441; http://www.energetische-biomassenutzung.de/fileadmin/user_upload/Steckbriefe/dokumente/03K-B003_Flyer_web.pdf

[696] Siehe http://www.bhkw-anlagen.com/blockheizkraftwerke/strohballenvergaser/index.html

[697] Siehe Ebert/Beimgraben 2011

[698] Siehe http://en.wikipedia.org/wiki/Jean_Pain ; http://www.jean-pain.com/ ; http://www.biomeiler.at/was_ist_der_biomeiler.html

mit Hundekot aus dem Park bestückt wird und deren Gas eine Gaslaterne antreibt.[699] Wie die britische Firma Geneco[700] mit ihrem VW-Beetle zeigt, ist auch eine Verwendung als Auto-Treibstoff möglich; die Toilettenabfälle von 70 Haushalten reichen aus, um dem Neu-Käfer eine Jahres-Fahrleistung von 16.000 Kilometern zu ermöglichen.

Eine weitere Möglichkeit ist die Kraft-Wärme-Koppelung (KWK)[701], wie sie auch in kleinen Blockheizkraftwerken (BHKWs)[702] Verwendung findet. Dabei wird das Biogas in einem Motor verbrannt; die Abwärme wird über das Kühlwasser an einen Warmwasser-Speicher abgegeben, der Motor treibt zugleich einen Generator und erzeugt so elektrischen Strom. Die verwendeten Motore können kleine Automotore sein, aber auch Stirling-Motore[703] („Heissluftmotor") ohne innere Verbrennung; der Stirling-Motor hat meist einen geringeren Wirkungsgrad als ein Otto-Motor, braucht aber weniger an Wartung. Relativ wartungsarm, aber teuer in der Anschaffung sind die Mikrogasturbinen[704], die bisher nur von wenigen Herstellern für relativ hohe Leistungen angeboten werden. Ob sich mit HEH meist genügend Biogase für den Betrieb eines Motors erzielen lassen, ist zweifelhaft.

Eine andere Form der KWK wäre die Verbrennung des Biogases zum Aufheizen eines Warmwasserspeichers und die Stromgewinnung aus den Abgasen mittels thermovoltaischer Zellen. Eine Restwärmenutzung über ORC-Anlagen[705] (engl. *Organic Rankine Cycle*) ist zwar technisch machbar, aber für den Haus-Bereich sehr aufwändig und die bisherigen Anlagen sind hierfür auch überdimensioniert.

---

699 Siehe http://parksparkproject.com/ ; http://www.mit.edu/

700 Siehe http://www.geneco.uk.com

701 Siehe http://www.bine.info/hauptnavigation/publikationen/publikation/kraft-und-waerme-koppeln/

702 Siehe http://www.hausenergiezentrale.de/

703 Siehe http://de.wikipedia.org/wiki/Stirlingmotor ; http://www.stirlingmotor.com/leistungsmot.html

704 Siehe http://de.wikipedia.org/wiki/Mikrogasturbine ; http://www.lfu.bayern.de/luft/fachinformationen/co2_minderung/doc/mikrogas.pdf

705 Siehe http://de.wikipedia.org/wiki/Organic_Rankine_Cycle ; http://www.-carmen-ev.de/dt/energie/bezugsquellen/orcanlagen.html ; http://www.firstsun-energy.de/

In jedem Fall nutzt die KWK die vorhandene Energie besser als bei einer reinen Verbrennung des Biogases[706]; allerdings ist die dazu gehörende Technik auch teurer, so dass man um eine genaue wirtschaftliche Kosten-Nutzen-Rechnung nicht umhin kommt.

Eine weitere Möglichkeit ist die Nutzung des Biogases mit einer Brennstoffzelle (BsZ).[707] Zwar gibt es (Hochtemperatur-)Brennstoffzellen, die sich auch für eine Kraft-Wärme-Koppelung eignen, aber nicht jeder BsZ-Typ verträgt Biogas und es kann schwierig sein, die Wärmeleistung zu optimieren, ohne zu viel bei der elektrischen Leistung zu verlieren.
Brennstoffzellen wandeln Wasserstoff oder Biogas/Methan mit dem Sauerstoff der Luft in einer „kalten Verbrennung" zu Wasser um, wobei sie elektrische Energie erzeugen. Dieser elektrochemische Prozess erfolgt kontinuierlich – anders als bei einer heißen Verbrennung z.B. in einem Wasserstoff-Motor.
Für die Biogas-Verstromung im häuslichen Bereich eignen sich vor allem die Schmelzkarbonat-BsZ (MCFC, engl. *Molten Carbonate Fuel Cell*) sowie die Membran-BsZ (PEMFC, engl. *Proton Exchange Membrane Fuel Cell*), welche u.a. vom Institut für Agrartechnik Bornim e.V. (ATB) an die Biogas-Verwendung angepasst wird.[708]

Der Einsatz von Brennstoffzellen bei der Abfallverwertung ist dabei längst keine „Zukunftsmusik" mehr, sondern wird sogar im großen Maßstab von Industriekonzernen eingesetzt: so entwickelte der US-Konzern Chevron Energy Solutions ein Verfahren zur Nutzung von Abwässern und Küchenabfällen im Klärwerk von Rialto/Kalifornien[709]. T-Systems testete seit 2007 ein mit Biogas betriebenes Rechenzentrum in München; der US-IT-Konzern Hewlett-Packard will sogar eine ganze Server-Farm mit elektrischem Strom aus Kuhmist versorgen.[710] In

[706] Siehe http://www.unendlich-viel-energie.de/de/detailansicht/article/4/biogas-nutzungspfade-im-vergleich.html
[707] Siehe Geitmann 2010, S. 181 ff. ; Quaschning 2010, S. 298 f. ; http://de.wikipedia.org/wiki/Brennstoffzelle
[708] Siehe http://www.atb-potsdam.de
[709] Siehe http://www.chevronenergy.com/case_studies/rialto.asp
[710] Siehe http://www.t-systems.de/tsi/servlet/contentblob/t-systems.de/de/228570/blobBinary/03_PM_Einweihung-Brennstoffzelle-ps.pdf ; http://graphics8.nytimes.com/packages/pdf/business/20100519cows/20100519hppaper.pdf

Berlin wurde schon 2006 im Auftrag der Berliner Stadtreinigung (BSR) vom Institut für Agrar- und Stadtökologische Projekte (IASP) an der Humboldt-Universität Berlin eine Auftragsstudie „Biogas aus Hundekot" durchgeführt.[711] Was im Großen funktioniert, funktioniert auch im Kleinen: in Deutschland läuft mit „Callux"[712] inzwischen ein Praxistest zum Einsatz der Brennstoffzelle im Eigenheim; und kleine Brennstoffzellen (welche allerdings bisher nur mit reinem Wasserstoff funktionieren) gibt es inzwischen sogar für Laptops, Smartphones etc.[713] Auch hier wird künftig die Technik zunehmend kleiner und anwenderfreundlicher, zumal sobald es in Serie gelingt, auch BsZs mit geringerer Betriebstemperatur an das Biogas u.ä. anzupassen.[714]

Doch nicht immer ist bei Fäkalien der Weg über das Biogas notwendig, denn Urin lässt sich auch auf direktem Weg in Strom verwandeln: in schmalen (1 mm dick), relativ kleinen (60x30 mm) Batterien auf Papierbasis, bei denen dünne, eingearbeitete Schichten aus Magnesium (Mg) und Kupfer-Chlorid (CuCl) die Anode bzw. Kathode bilden.[715] Solche Systeme (MEMS, engl. *Micro Electro Mechanical System*) wurden u.a. von Dr. Ki Bang Lee im Institute of Bioengineering and Nanotechnology/Singapore entwickelt.[716]

Auch mit Hilfe von Mikroben (Bakterien, Viren etc.) lässt sich zudem direkt elektrische Energie gewinnen. Die hier gemeinten Bakterien zerlegen organische Stoffe wie Bioabfälle, Bodensegmente in Seen oder dem Meer, Fäkalien, Urin etc. Dabei sind diese Bakterien eingebettet in so genannte Microbiologische bzw. Microbielle Brennstoffzellen (MBZ, engl. *Microbial Fuel Cell/MFC*)[717], die wie auch andere Brenn-

[711] Siehe http://www.iasp.asp-berlin.de/iasp0be.html ; http://www.iasp.asp-berlin.de/iasp0bc.html ; http://www.stiftung-naturschutz.de/fileadmin/img/pdf/Kleine_Anfragen/ka16-12524.pdf

[712] Siehe http://www.callux.net/

[713] Siehe http://www.hzwei.info/0108/HZwei-0108.pdf ; http://www.horizonfuelcell.com/store/minipak.htm ; http://www.pointsourcepower.com/

[714] Siehe http://www.greentechmedia.com/articles/read/a-bloom-box-for-your-pocket/

[715] Siehe http://iopscience.iop.org/0960-1317/15/9/S06

[716] Siehe http://www.ibn.a-star.edu.sg/

[717] Siehe http://www.iaf.fh-offenburg.de/Forschungsberichte/2008/Mibibzell.pdf ; http://www.aktuelle-wochenschau.de/2006/woche45b/woche45b.html ; http://en.wikipedia.org/wiki/Microbial_fuel_cell ; http://www.-microbialfuelcell.org/ ; http://www.geobacter.org/research/microbial/

stoffzellen elektrischen Strom erzeugen. Die dabei verwendeten Bakterienarten stammen aus den Geobacter- und Shewanella-Familien, wie z. B. Shewanella putrefaciens. Die Arbeitstemperatur der Zellen beträgt 20-40° C, liegt also erheblich unter den gewöhnlichen BSZs.

Insbesondere in den USA gibt es inzwischen ein breites Feld von Forschern und Forschungen, wie das erste „North American BioElectric Systems Meeting (NABESM)“ im Oktober 2010 an der University of Massachusetts in Amherst zeigte.[718] Das reicht von der Elektrizitätserzeugung aus Urin, wie es das Team um Prof. Gerardine G. Botte am Center for Electrochemical Energy Research (CEER) der Ohio University (OU) betreibt[719], über Prof. Hong Liu an der Oregon State University oder Prof. Yi Cui in Stanford und ihre Forschungen zur Abwassernutzung[720], über Prof. Bruce E. Logan und seine Mitarbeiter an der Pennsylvania State University, die neben sehr kompakten Microbiellen Brennstoffzellen auch Microbiellen Elektrolyse-Zellen zur Herstellung von Wasserstoff entwickeln[721] bis zu den Arbeiten des US-Naval Research Laboratory unter Leitung von Dr. Leonard M. Tender zum „Ocean Sediment Carbon Aerobic Reactor/OSCAR“ und der Weiterentwicklung „Benthic Unattended Generator/BUG“, einer „Sedimentbatterie“/benthischen MBZ, die ihre Energie aus den Ablagerungen auf dem Grund von Gewässern bezieht – und damit z.B. eine Wetter-Boje/Tonne auf dem Potomac River betreibt.[722]
In Großbritannien ist vor allem die „University of the West of England“ mir ihrem „Bristol Robotics Laboratory“ auf dem Gebiet der MBZ/MFC führend.[723] Ein Ziel der Forscher ist dabei, einen autonomen Roboter zu entwickeln, der seine Betriebs-Energie aus Abfällen bezieht; die aktuelle Version „Ecobot III“ zeigt deutlich die bisherigen

---

[718] Siehe http://www.bioelectricsystems.org
[719] Siehe http://www.ohio.edu/ceer/board/botte.cfm ; http://www.rsc.org/chemistryworld/News/2009/July/02070902.asp
[720] Siehe http://bee.oregonstate.edu/hong-liu ; http://pubs.rsc.org/en/content/articlelanding/2012/EE/C2EE21964F ; http://dx.doi.org/10.1073/pnas.1307327110 ; http://www.stanford.edu/group/cui_group/
[721] Siehe http://www.engr.psu.edu/ce/enve/logan/ ; http://www.heise.de/tr/artikel/Billiger-Wasserstoff-aus-Muell-276177.html
[722] Siehe http://www.onr.navy.mil/Media-Center/Press-Releases/2001/Plankton-Power.aspx ; http://www.nrl.navy.mil/code6900/bug/
[723] Siehe http://www.uwe.ac.uk ; http://www.brl.ac.uk

Fortschritte des Projektes.[724] Dagegen dürfte das hier erfundene Urin-betriebene Handy kaum Verbreitung finden.[725] In Deutschland werden Projekte zur MBZ/MFC unter anderem von der Deutschen Bundesstiftung Umwelt, den Universitäten Freiburg, Bochum und Greifswald sowie der Fachhochschule Offenburg gefördert bzw. betrieben.[726]

Alle diese Projekte zeigen die Vielfalt der Einsatzmöglichkeiten von Microbiellen Brennstoffzellen. Künftig könnte diese Technik nicht nur aus den häuslichen Abfällen und Abwässern Energie ernten; mit ihr ließe sich auch Energie aus Gartenteichen, aus an das Grundstück angrenzenden Seen oder aus dem Meer durch Bojen bzw. ankernde Schiffe gewinnen.

Auch jenseits der Microbiellen Brennstoffzellen gibt es eine Vielzahl von Forschungen und neuen Projekten zum Thema Biogas: zur Erschließung neuer Stoffquellen wie Pferdeäpfel etc.[727]; zum verbesserten Aufschluss des Ausgangsmaterials mittels neuer Bakterien, Pilzen, Ultraschallverfahren etc.[728]; zur Entwicklung neuer Behältnisse/Speicher.[729]

---

[724] Siehe http://www.brl.ac.uk/projects/ecobot/breadbot.html

[725] Siehe http://www.brl.ac.uk/news/urinepower.aspx

[726] Siehe http://www.dbu.de/projekt_26580/_db_1036.html ; http://portal.uni-freiburg.de/ag-gescher/topics/repower ; http://www.iaf.fh-offenburg.de/Forschungsberichte/2009/Biomassekonzentration.pdf ; http://www.uni-protokolle.de/nachrichten/id/89179/ ; http://www.aktuelle-wochenschau.de/2006/woche45b/woche45b.html ; http://www.ruhr-uni-bochum.de/siwawi/Forschung/Forschungsvorhaben.html ; http://www.idw-online.de/de/news65638

[727] Siehe http://idw-online.de/pages/de/news464392

[728] Siehe http://www.ultrawaves.de/de/technologie.htm ; http://www.bioenergie-region-we.de/fileadmin/downloads/Vorträe/Biogaskongress2009/Optimierung/Scherer_et_al._Hitzacker_24.11.09_Final.pdf ; http://www.nature.com/nbt/journal/v29/n10/full/ nbt.1976.html ; http://www.concordia.ca/now/what-we-do/research/ 20111003/from-compost-to-sustainable-fuels.php ; http://sauter-biogas.de/ _download/Beschreibung-SBS_L1111.pdf ; http://www.ares-technology.de/fileadmin/dateien/PDF/Unimagazin_2009_0102.pdf ; http://www.vogelsang.info/fileadmin/pdf/Prospekte/Vogelsang_BioCrack-DE.pdf ; http://www.uni-kassel.de/uni/nc/universitaet/nachrichten/article/bioenergie-ohne-preistreiberei-verfahren-der-uni-kassel-macht-abfaelle-nutzbar.html

[729] Siehe http://idw-online.de/de/news453465 ; http://www.tier-im-fokus.ch/nutztierhaltung/rinder_im_abgastest/

Eher ein Randbereich wird dagegen wohl künftig auch die Biolumineszens[730] sein, wie sie bei einigen tropischen Kleinpilzen (Mycena luxaeterna, Mycena luxarboricola) und Bakterien vorkommt. Hier scheint allenfalls eine Markierung von Wegen in den Tropen u.ä. denkbar.

7.2. Lebewesen

Aus dem Micro-Energy-Harvesting ist bekannt, dass man aus Lebewesen wie z.B. Schnecken geringe Mengen elektrischer Energie abzapfen kann – für das HEH allerdings zu wenig.[731] Aber auch größere Lebewesen lassen sich schadlos anzapfen.

Pflanzen können zum einen direkte mechanische Energie liefern. Das betrifft, wie bereits besprochen, Bäume bzw. deren Äste, die mittels Gurten mit mechanischen Energiewandlern in Form von Pumpen oder Dynamos etc. verbunden sind und so bei Wind aus der Bewegung Energie erzeugen.
Eine weitere denkbare Option wäre „Der Bambus-Motor“, wie ich ihn vor einigen Jahren als Parodie beschrieben habe: dicht gepflanzte, schnell sprießende (bis zu 60 Zentimeter am Tag) Bambus-Sprossen wachsen in einem (Plexi-)Glasbehältnis, das über eine Mechanik mit einem Generator verbunden ist, und das die Sprossen durch ihre Wachstumskraft anheben.[732] Nach 2-3 Tagen werden die oberen Pflanzenteile abgeerntet und als Nahrung und/oder Brennmaterial verwendet, so dass der Prozess von Neuem beginnen kann. Wie gesagt, diese ursprüngliche Parodie ist nicht mehr als ein Gedankenspiel, was theoretisch durchgerechnet und praktisch erprobt werden müsste.

Aber man kann aus Pflanzen auch direkt Strom gewinnen. So haben Wissenschaftler des französischen Forschungszentrums Paul Pascal

---

[730] Siehe http://de.wikipedia.org/wiki/Biolumineszenz ; http://www.lifesci.ucsb.edu/~biolum/ ; http://www.spiegel.de/fotostrecke/fotostrecke-47516.html ; http://www.isbc.unibo.it/ ; http://glowingplant.com/

[731] Siehe http://pubs.acs.org/doi/abs/10.1021/ja211714w ; http://www.clarkson.edu/camp/reports_publications/dec11/page4.html

[732] Siehe http://www.finetech.net/dteam.html ; http://de.wikipedia.org/wiki/Bambus ; http://www.bambus-lexikon.de/aufbau-einer-bambuspflanze.html

(CNRS)[733] die Fotosynthese von Kakteen-Blättern mit Hilfe einer Spezial-Elektrode angezapft und aus diesem Prozess 9 Microwatt (µW) pro Quadratzentimeter Kaktus-Oberfläche erzeugt – eine sehr geringe Leistung, aber dennoch ein Anfang, der sich weiter entwickeln lässt.
Mit ähnlichen Größenordnungen haben auch amerikanische Forscher am Massachusetts Institute of Technology (MIT) und an der University of Washington angefangen, die Strom aus dem Stoffwechsel von Bäumen gewinnen; mittlerweile lässt sich so viel Baum-Strom sammeln, dass damit z.B. Waldbrand-Sensoren betrieben werden können und die Firma Voltreepower diese entsprechend vermarktet und weiterentwickelt.[734]
Alle diese Techniken haben nichts mit den bekannten Kartoffel- oder Zitronen-Batterien zu tun, bei denen die Energie aus aus der Oxidation des Zinks (z.B. eines Zink-Nagels) stammt und damit über kurz oder lang endet.[735]

Wichtig für die elektrische Nutzung von Bäumen ist das genaue Verständnis der physikalischen und chemischen Abläufe in deren Stoffwechsel, woran Dr. Rohan Jayaratne und Dr. Xuan Ling von der australischen Queensland University of Technology (QUT) forschen.[736]
Schon stark auf eine praktische Umsetzung ausgerichtet sind die Arbeiten von David Strik, Jan Snel und Marjolein Helder an der Universität Wageningen/Niederlande im Rahmen des PlantPower-Projekts der Europäischen Union.[737] Der Vorteil dieser indirekten Nutzung der Sonnenenergie ist, dass man anders als bei der Fotovoltaik die Energie auch in der Nacht ernten kann.

---

733 Siehe http://www.cnrs.fr ; http://www2.cnrs.fr/presse/communique/1797.htm ; http://pubs.acs.org/doi/abs/10.1021/ac902537h
734 Siehe http://web.mit.edu/newsoffice/2008/trees-0923.html ; http://www.ee.washington.edu/research/parviz/html/ ; http://ieeexplore.ieee.org/xpl/freeabs_all.jsp?arnumber=5282623 ; http://voltreepower.com/ ; http://www.-futurity.org/science-design/plug-in-to-a-low-voltage-tree/
735 Siehe http://electrochem.cwru.edu/encycl/art-k01-Ktotwelve.htm ; http://www.hilaroad.com/camp/projects/lemon/lemon_battery.html
736 Siehe Siehe http://www.qut.edu.au/about/news/news?news-id=41536 ; http://eprints.qut.edu.au/43337/ ; http://pubs.acs.org/doi/abs/10.1021/es201152g ; http://staff.qut.edu.au/staff/jayaratr/
737 Siehe http://www.glastuinbouw.wur.nl/UK/expertise/energy/innovations/plantenergy/ ; http://www.plant-e.com/index.html ; http://www.greenchallenge.info/MediaDetails/MarjoleinHelder.htm ; http://www.plantpower.eu/

Eine weitere Art der Pflanzennutzung wäre machbar, wenn sich einige bekannte technische Verfahren auf lebende Gewächse mit süßen Pflanzensäften/Harzen wie Zuckerrohr, Zucker-Ahorn etc. übertragen ließen: so konstruierte im Dr. Stuart Wilkinson von der University of South Florida in Tampa den Roboter „Chew Chew", der mit Würfelzucker betrieben wird; die in London lebende Chinesin Daizi Zheng entwickelte ein Handy, das mit süßen Flüssigkeiten wie Cola oder Limonade zu betreiben ist.[738]

Tiere und Menschen können ebenfalls Teil der Energie-Ernte sein: neben der Energie der normalen Bewegung, die aber in einem anderen Kapitel dieses Buches behandelt wird, lässt sich der Stoffwechsel von Lebewesen direkt nutzen. So haben Forscher der University of Texas in Austin um Professor Adam Heller in den vergangenen Jahren eine Minibatterie entwickelt, die in den menschlichen Körper implantiert wird und ihre Energie aus dem Blutzucker bezieht; mit dieser Energie lassen sich Sensoren betrieben, die Körperfunktionen wie z.B. den Blutzucker überwachen.[739] Ebenfalls auf den Betrieb körperinnerer Sensoren zielen die Arbeiten von Zhong Lin Wang vom Georgia Institute of Technology in Atlanta.[740] Diese Minibatterien bestehen jedoch aus piezoelektrischen Drähten (Zink-Nanodrähte in einer Polymerhülle) und beziehen ihre Energie aus sich ständig bewegenden Muskeln (Herz, Zwerchfell).
Alle diese Verfahren produzieren nur winzige Stromstärken und sind nur zum Betrieb von Körpersensoren geeignet. Mehr Energie aus körperinneren Vorgängen ließe sich allenfalls erzeugen, wenn man einer Kuh eine kostengünstige Mini-Brennstoffzelle implantieren könnte, um die erheblichen Methanmengen zu nutzen, die von den Wiederkäuern hinaus gerülpst werden. Das ist jedoch derzeit technisch nicht machbar und tierschutzrechtlich problematisch; zudem sind Kühe, wie bereits gesagt, wegen ihres hohen Flächenbedarfs für die normale Haus-Energie-Ernte nicht geeignet.

---

[738] Siehe http://news.bbc.co.uk/2/hi/sci/tech/841839.stm ; http://www.economist.com/node/662281 ; http://www.daizizheng.com/projects.htm

[739] Siehe http://web.engr.utexas.edu/che/directories/faculty/heller.cfm ; http://www.nature.com/nsu/021111/021111-1.html ; http://www.wissenschaft.de/wissenschaft/news/174282.html

[740] Siehe http://www.nanoscience.gatech.edu/zlwang/ ; http://dx.doi.org/10.1002/adma.200904355

Ungewöhnlich ist das Konzept von James Auger und Jimmy Loizeau, eine Lampe zu konstruieren, die als künstliche fleischfressende Pflanze ihre Energie aus den gefangenen Fliegen bezieht.[741] Eine entsprechende Mausefalle gibt es auch. Beide Geräte wandeln die erlegten Tiere mittels einer Microbiellen Brennstoffzelle (MBZ) in Energie um. Eine weitere künstliche Energie-Fliegenfalle wurde von Mohsen Shahinpoor von der University of Maine entwickelt.[742]

Insgesamt dürfte deutlich geworden sein, dass es im Bereich der Bioenergie noch erhebliche Möglichkeiten der Energiegewinnung gibt, die bisher nicht oder nur unvollständig genutzt wurden. Das zeigt der heute schon mögliche Betrieb von Autos, Bojen, Brennstoffzellen und Robotern mit dieser Energiequelle.
Dabei lassen sich gerade in der Natur noch viele Optimierungen und neue technische Verfahren für die Bioenergienutzung finden, denn während z.B. der Große Leuchtkäfer (Lampyris noctiluca/Glühwürmchen) über 90 Prozent seiner eingesetzten Energie in Licht umwandelt, kommt eine gewöhnliche Glühbirne gerade einmal auf fünf Prozent.[743]

Geradezu konventionell ist dagegen die Idee des australischen Professors Nigel Morritt Wace, Kaninchen in einer Art überdachtem Hamsterrad als tierische Rasenmäher (engl. *Rabbit Lawn Mower*) einzusetzen, und so den Fress- und Bewegungstrieb der Tiere in grade Bahnen zu lenken.[744]

---

[741] Siehe http://www.auger-loizeau.com/index.php?id=13 ; http://www.-newscientist.com/article/dn17372-gallery-domestic-robots-with-a-taste-for-flesh.html ; http://www.newscientist.com/gallery/dn17367-carnivorous-domestic-entertainment-robots

[742] Siehe http://umaine.edu/mecheng/faculty-and-staff/mohsen-mo-shahin-poor-ph-d-p-e/ ; http://iopscience.iop.org/1748-3190/6/4/046004/

[743] Siehe http://glowingplant.com/ ; http://www.bund-hessen.de/themen_und_projekte/natur_und_artenschutz/natur_erleben/g/gluehwuermchen/

[744] Siehe http://en.wikipedia.org/wiki/Nigel_Morritt_Wace ; http://www.royalsociety.org.nz/1996/02/08/rolling-bunny-cage-mows-and-fertilises-lawn/ ; http://newsstore.smh.com.au/apps/newsSearch.ac → Sydney Morning Herald 12/02/1996

8. Abwärme

Die Abwärme-Nutzung durch den Menschen ist sicherlich eines der ältesten technischen Verfahren, da sie ihre Ursprünge bereits in der landwirtschaftlichen Viehzucht hat. In den großen, alten Bauernhäusern lag die Innentemperatur nur ca. 6° Celsius über der Außentemperatur; wenn es also im Winter draußen -8°C kalt war, herrschten drinnen frostige -2°C. Da die Bauernhäuser sowohl als Wohnraum als auch als Stall dienten, lagen die Schlafplätze häufig direkt über den Ställen; bisweilen schliefen die Menschen im Winter auch zwischen den Rindern und Schafen.

Ein weiteres Verfahren war die vielfältige Abwärme-Nutzung des Küchenherdes. Die Herdstellen lagen oft in der Mitte des Hauses; hierüber wurden die umliegenden Räume und – über den Schornstein – ggf. auch die Räume im oberen Stockwerk mit erwärmt. Daneben ließ sich die Abwärme der Herde auch zum Trocknen der Wäsche oder zum Dörren von Früchten etc. nutzen.
Doch am Herd wurde auch erstmals eine mechanische Abwärme-Nutzung umgesetzt, und zwar mit dem Bratenwender[745], der von einer Warmluftturbine im Schornstein über ein Zahnrad-Getriebe angetrieben wurde. Erfinder dieser Technik war wohl Leonardo da Vinci; sie fand wohl im 16. und 17. Jahrhundert in den Großküchen der Fürstenhäuser einige Verbreitung. Vorteil der Technik war, dass sich der Bratspieß um so schneller drehte, je kräftiger das Feuer brannte. Nachteil der Technik war, dass sie nur bei großen, offenen, extrem holzverzehrenden Herden funktionierte; beim Aufkommen der Holzsparherde war es natürlich damit vorbei.

Diese Bratenwender sind die „Ahnherren“ der modernen Aufwindkraftwerke, die in riesigen Dimensionen überall in heißen Wüsten- bzw. Trockengegenden der Welt gebaut/geplant wurden/werden.[746] Wenngleich auch ein kleines Aufwindkraftwerk in Deutschland mit nur 420 Quadratmetern überdachter Fläche gebaut wurde[747], so kommt diese Technik mit ihrem optimalen Wirkungsgrad von ca. 1 Prozent für

[745] Siehe Feldhaus 1914, Sp. 128 f.

[746] Siehe http://de.wikipedia.org/wiki/Thermikkraftwerk

[747] Siehe http://www.uni-weimar.de/cms/index.php?id=455&mitteilungid =49497

Mitteleuropa kaum in Frage – schon gar nicht als HEH-System für den Privatmann.

8.1. Energiewandler

Bevor wir uns die verschiedenen Orte der Energie-Ernte im Privatbereich ansehen, müssen wir noch auf die verschiedenen Umwandlungs-Möglichkeiten der Abwärme zu sprechen kommen:

Abwärme → Wärme
Hier geht es um Verfahren, bei denen ein warmes (Abfall-)Medium wie Brauchwasser oder Abluft einen Teil seiner Wärmeenergie an ein kühleres Nutzmedium abgibt. Die Übergabe der Abwärme kann einerseits direkt erfolgen, etwa wenn man einen Bratapfel-Bräter auf einen Kaminofen stellt. Andererseits lässt sich die Abwärme mittels Wärmetauscher/Wärmeübertrager und Wärmerohre wie HeatPipes und Thermosyphons auch in einen Wärmespeicher überführen.[748]

Wärmepumpen(WP)[749] sind quasi die Umkehrung des Kühlschrankprinzips: mit Hilfe eines leicht verdampfenden Mittels in einem geschlossenen Kreislauf wird aus der Umgebung Wärme aufgenommen. Das Kältemittel wird dann mit Hilfe eines meist elektrisch betriebenen Kompressors (Wärmepumpe) angesaugt sowie verdichtet und gibt seine Wärme in einem Wärmetauscher an einen Speicher oder einen weiteren Wärmekreislauf ab. Anschließend wird das Kältemittel durch ein Ausdehnungsventil entspannt (Expansion) und wieder dem Kreislauf-Abschnitt der Wärmeaufnahme (außerhalb des Hauses) zugeleitet. Wärmepumpen können die Wärmeenergie aus unterschiedlichsten Quellen beziehen. Je höher die abzuerntende Temperatur der Wärmequelle ist, desto effektiver kann die WP sein.
Am bekanntesten ist heute die Wärmepumpen-Heizung; sie bezieht ihre Wärmeenergie aus verschiedenen Quellen außerhalb des Hauses:
*aus der Außenluft (Luft-Wärmepumpe), was zwar bis zu Temperaturen von – 20°C funktioniert, aber wegen des schlechten Wärmespeichers/-leiters Luft wenig effektiv ist.

---

[748] Siehe https://de.wikipedia.org/wiki/Wärmeübertrager ; http://de.wikipedia.org/wiki/Wärmerohr

[749] Siehe http://wp-monitor.ise.fraunhofer.de ; http://www.waermepumpe.de ; http://www.guetesiegel-erdwaerme.at/

*aus dem Grundwasser (Grundwasser-Wärmepumpe), wozu eine extra Bohrung oder die Nutzung vorhandener Brunnen/Regenwasser-Versickerungsschächte notwendig ist.
*aus der Erdoberfläche/Garten (Flächenkollektor-Wärmepumpe), wozu entweder großflächig in ca. ein Meter Erdtiefe „Heizschlangen" oder Absorbermodule[750] verlegt werden müssen.
*aus der tiefen Erdwärme/Geothermie (Erdsonden-Wärmepumpe), wozu extra tiefe und teure Bohrungen durchgeführt werden müssen.
Wärmepumpen-Heizungen eigenen sich wegen der relativ niedrigen Temperatur des Kältemittels vor allem für Fußbodenheizungen, da diese eine niedrigere Vorlauftemperatur haben und so der Temperaturunterschied zum Wärmetransportmittel nicht zu groß ist.

Man kann sich darüber streiten, ob Wärmepumpen(-Heizungen) überhaupt ein Energie-Ernte-System darstellen können, da die benötigte Elektroenergie bei fast allen gegenwärtigen Anlagen über das Stromnetz bezogen und nicht selbst erzeugt/geerntet wird. Zumindest sind sie ein sekundäres Energie-Ernte-System, weil der Strom gezielt zur Energie-Ernte eingesetzt werden muss und die Energie nicht quasi beiläufig anfällt. Zudem lohnt sich ihr Betrieb heute nur, solange die Energie-Versorgungs-Unternehmen (EVUs) den Strom für Wärmepumpen relativ günstig zur Verfügung stellen.[751] Auch muss die Jahresarbeitszahl (JAZ, das ist das Verhältnis von erzeugter Wärmeenergie zu eingesetzter elektrischer Energie im Jahresdurchschnitt) bei ca. „4" liegen, d.h. dass man über das Jahr gesehen ca. viermal so viel Wärmeenergie aus der Anlage bekommen muss, wie teure elektrische Energie hinein gesteckt wird. Auch der Kombination von Fotovoltaik und Wärmepumpe (PV-WP) kann man bei Heizungen durchaus kritisch gegenüber stehen[752], zumal die WP besonders dann eingesetzt werden, wenn die PV wenig Energie liefert: im kalten und dunklen Winterhalbjahr.
Wärmepumpen können allerdings dort sinnvoll sein, wo relativ hohe Temperaturen bei Abwasser/Abluft auftreten, z.B. bei den Abwässern von Geschirrspülern, Waschmaschinen etc.

---

[750] Siehe http://www.waetas.de/produkte-und-technologien/erdwarme-absorber-module/
[751] Siehe http://www.energiesparclub.de/themenspezial/waermepumpen/lohnen-sich-waermepumpen/index.html
[752] Siehe http://www.sonnenenergie.de/index.php?id=30&no_cache=1&tx_ttnews[tt_news]=131

Abwärme → mechanischer Energie
Hier kommen, neben den randständigen Techniken die den o.a. Bratenwendern/Kleinaufwind-Kraftwerken, verschiedene Verfahren in Frage, die man als Antrieb für einen Generator einsetzen könnte, um daraus wiederum elektrische Energie zu gewinnen:

Heißluftmotore bzw. Stirling-Motore[753] sind ein seit 200 Jahren erprobter Wärmeenergie-Wandler, der auch heute wegen seiner Zuverlässigkeit und Laufruhe in High-Tech-Systemen wie z.B. U-Booten eingesetzt wird.[754] Da Stirling-Motore keine innere Verbrennung haben, sind sie einfacher und weniger wartungsaufwändig als z.B. Otto-Motore, was sie allerdings mit einem etwas geringeren Wirkungsgrad erkaufen. Auch muss Abwärme in Form von heißem Wasser meist erst einmal über einen Wärmetauscher in warme Luft „umgewandelt" werden. Heute gibt es verschiedene Hersteller mit unterschiedlichen Motorengrößen im Angebot.[755] Geschickte Techniker können einen solchen Motor auch selbst herstellen.[756] Dass Stirling-Motore prinzipiell heute schon HEH-fähig sind, zeigen die entsprechenden Modelle für heimische Block-Heizkraft-Werke (BHKWs).

ORC-Anlagen[757] (engl. *Organic Rankine Cycle*, dt. *organischer Rankine-Kreislauf*) sind nach dem schottischen Physiker William John Macquorn Rankine benannt und verwenden einen leicht verdampfenden organischen Stoff als Arbeitsmittel: dieser Stoff nimmt die Abwärme auf, geht dadurch in den gasförmigen Zustand über und treibt dann eine Turbine an – wie in einem konventionellen Dampfkraftwerk. Anschließend wird er wieder abgekühlt und damit verflüssigt, um so von neuem in den Kreisprozess einzusteigen. Während konventionelle

753 Siehe Werdich/Kübler 2007 ; http://de.wikipedia.org/wiki/Stirlingmotor ; http://old.stirlingmaschine.de/deutsch/presse_6.html ; http://www.s-tip.org/ ; http://www.stirlingmotor.org/
754 Siehe http://www.kockums.se/en/products-services/submarines/stirling-aip-system/
755 Siehe http://www.stirlingmotor.com/leistungsmot.html ; http://www.whispergen.co.nz/main/technology/ ; http://www.sticore.com/de/home.html ; http://www.cleanergy.com/ ; http://www.sunpower.com/
756 Siehe http://www.c-turbines.ch/
757 Siehe http://de.wikipedia.org/wiki/Organic_Rankine_Cycle ; http://www.-firstsunenergy.de/ ; http://www.turboden.eu/de/rankine/rankine-history.php ; http://www.gmk.info/ORC.133.html

Dampfturbinen bei mehreren 100° C arbeiten, genügen bei OCR-Prozessen schon Abwärmetemperaturen ab 80° C. Teuer und daher für das HEH kaum geeignet sind vor allem die Turbinen. Allerdings gibt es neue Entwicklungen[758], die künftig OCR-Anlagen auch für das HEH interessant machen könnten.

Formgedächtnis-Motore[759] (engl. *Memory Metal Engine* oder *Shape Memory Alloy Heat Engines*) gehen auf die Forschungen der us-amerikanischen Metallurgen William J. Buehler ab 1958 zurück und beruhen auf der Legierung von zwei Metallen wie z.B. Nickel-Titan („NiTi" bzw. „Nitinol"), die beim Herstellungsverfahren unter bestimmten Temperaturen in eine Form gepresst werden. Die Metall-Legierung ist bei normalen Temperaturen dehnbar und flexibel (bei NiTi bis zu 8 Prozent), nimmt aber bei Erreichen einer bestimmten höheren Temperatur sprunghaft und mit großer Kraft ihre ursprüngliche Form wieder an, in der sie bei der Herstellung gepresst wurden. Beim Absinken der Wärme unter diese Temperaturgrenze wird die Legierung wieder dehnbar.
Einsetzen lässt sich diese Technik zum Bau eines Motors, wenn die Metallform bei wechselnden Temperaturen hin und her springt (Zweiwegeffekt/ZWE). Führend bei der Entwicklung solcher Motore waren/sind die USA mit Forschern wie Ridgway Banks[760], Alfred Davis Johnson[761] und Frederick E. Wang („The Thermobile"™ 1981)[762]; neben vereinzelter Industrieforschung ist insbesondere die Virginia Polytechnic Institute and State University in Blacksburg auf diesem Ge-

[758] Siehe http://www.bine.info/hauptnavigation/themen/erneuerbare-energien/publikation/abwaerme-zu-strom-veredeln/ ; http://www.bine.info/fileadmin/content/Presse/Projektinfos_2011/Projektinfo_1311/ProjektInfo_1311_internetx.pdf ; http://www.orcan-energy.com/Orcan_Energy/Home.html ; http://electrotraction.fahrzeugtechnik-muenchen.de/content/view/272/131/lang,de/
[759] Siehe http://de.wikipedia.org/wiki/Formgedächtnislegierung ; http://www.packratworkshop.com/hotwater7.htm ; http://www.muskeldraht.de/Anwendung_Muskeldraht.pdf ; http://en.scientificcommons.org/ william_j_buehler
[760] Siehe http://www.google.de/patents/about/3913326_ENERGY_CONVERSION_SYSTEM.html?id=Q-03AAAAEBAJ ; https://www.youtube.com/watch?v=oKmYqUSDch8
[761] Siehe http://ip.com/patent/US4055955
[762] Siehe Kauffman/Mayo 1998, S. 313 f. ; http://www.patentgenius.com/patent/4275561.html ; http://www.grand-illusions.com/acatalog/Heatmobile.html

biet aktiv.[763] Daneben gibt es auch interessante Ansätze in Japan[764] und Deutschland.[765]
Heute werden Formgedächtnis-Motore praktisch nur als Spielzeug vertrieben.[766] Doch weil sie mit Abwärme-Temperaturen von unter 100° Celsius (= 373° Kelvin) funktionieren, sind sie prinzipiell gut für das HEH geeignet. Bei intensiver Weiterentwicklung – z.B. auch entsprechender Kunststoffe[767] (engl. *Shape Memory Polymer/SMP*) – und einer Massenproduktion könnten sie auf manchen Gebieten den Stirling-Motoren Konkurrenz machen.

Abwärme → elektrischer Energie

Thermoelektrische Elemente[768] sind für diese direkte Umwandlung das bisher erprobteste Mittel. Sie beruhen auf dem Seebeck-Effekt, benannt nach dem deutschen Goethefreund und Physiker Thomas Johann Seebeck: wenn man zwei metallische Drähte aus unterschiedlichem Material (z.B. Nickel und Nickel-Chrom) an ihren jeweiligen Enden mittels Löt- bzw. Schweißpunkten mit einander verbindet und nur einen dieser Punkte erwärmt, so fließt wegen des Temperaturunterschieds ein Gleichstrom.
Der Wirkungsgrad des Seebeck-Elementes liegt zwar nur bei < 10 Prozent, aber die Elemente sind billig und werden bereits als Peltier-Elemente zu Kühlung mit Strom in Massen hergestellt. Die vielfältigen

---

[763] Siehe http://www.autoblog.com/2009/11/02/gm-awarded-doe-money-to-research-shape-memory-alloy-heat-engines/ ; http://scholar.lib.vt.edu/theses/available/etd-02102001-172947/unrestricted/ETD.pdf ; http://scholar.lib.vt.edu/theses/available/etd-09252002-170731/unrestricted/ETD.pdf

[764] Siehe http://www.jstage.jst.go.jp/article/jmmp/4/7/4_1094/_article ; http://www.jstage.jst.go.jp/article/jmmp/4/7/1094/_pdf ; http://adsabs.harvard.edu/abs/2010JSMME...4.1094T

[765] Siehe Gümpel 2001 ; Musloff 2005 ; http://www.smaterial.com/SMA/engine/engine.html ; http://www.wikipatents.com/DE-Patent-3117112/thermostatic-bimetal-engine ; http://hal.archives-ouvertes.fr/docs/00/25/41/61/PDF/ajp-jp4199606C129.pdf ; http://www.fgl-netzwerk.de/ ; http://www.koord.hs-mannheim.de/arbeitskreise/FGL_Strittmatter.pdf, S. 13-16

[766] Siehe http://www.packratworkshop.com/hotwater7.htm ; http://www.muskeldraht.de/Anwendung_Muskeldraht.pdf ; http://www.grand-illusions.com/acatalog/Heatmobile. html

[767] Siehe http://www.pnas.org/content/103/10/3540.abstract ; http://www.presse.bayer.de/baynews/baynews.nsf/id/Ein-Kunststoff-der-sich-erinnern-kann

[768] Siehe Mähr 2002, S. 98-116 ; http://de.wikipedia.org/wiki/Thermoelement

weltweiten Forschungen, sowohl von Unternehmen[769] als auch von wissenschaftlichen Institutionen[770], machen weitere Effizienzsteigerungen und Kostensenkungen höchst wahrscheinlich: dabei geht es u.a. um höhere Energieausbeute mittels Dotierung der thermoelektrischen Stoffe mit Nanomaterialien[771], um den möglichen Einsatz von Quasikristallen[772], um die Entwicklung kostengünstiger thermoelektrischer Kunststoffe,[773] und um flexible Thermoelektrik-Materialien, die sich leicht an komplexen (z.B. gewölbten) Oberflächen anbringen lassen.[774]

Pyroelektrische Elemente[775] stehen noch am Anfang ihrer technischen Entwicklung. Der pyroelektrische Effekt beruht auf einer elektrischen Reaktion mancher Piezokristalle, bei Temperaturwechseln eine Spannung zu erzeugen. Ob sie sich als effektive Energiewandler künftig neben oder statt der thermoelektrischen Elemente beim HEH etablieren können, ist heute noch unklar.

Thermionische Generatoren[776] seien hier nur der Vollständigkeit halber erwähnt; sie wandeln ebenfalls Wärme direkt in elektrische Energie um. Sie nutzen dabei den Edison-Richardson-Effekt, bei der eine im Vakuum befindliche, stark erhitzte Glühkathode Elektronen aussendet. Thermionische Generatoren wurden zur Energieversorgung von

---

[769] Siehe http://www.micropelt.com/ ; http://www.bsst.com/ ; http://www1.eere.energy.gov/vehiclesandfuels/pdfs/thermoelectrics_app_2011/monday/meisner.pdf ; http://www.nextreme.com/

[770] Siehe http://www.its.org/ ; http://www.thermoelektrik.org/ ; http://www.eurekalert.org/pub_releases/2011-07/dbnl-auc072811.php ; http://prb.aps.org/abstract/PRB/v84/i4/e045205 ; http://www1.eere.energy.gov/vehiclesandfuels/pdfs/merit_review_2010/lightweight_materials/lm030_wang_2010_p.pdf

[771] Siehe http://dx.doi.org/10.1038/nchem.955 ; http://homepages.rpi.edu/~ganapr/ ; http://dx.doi.org/10.1021/jp908727b ; http://dx.doi.org/10.1021/nn101322p ; http://dx.doi.org/10.1063/1.3300826 ; http://www.spp1386thermoelectrics.de/

[772] Siehe http://www.uni-marburg.de/aktuelles/unijournal/6/Chemie/Chemie

[773] Siehe http://dx.doi.org/10.1038/nmat3012

[774] Siehe http://idw-online.de/de/news512211 ; http://idw-online.de/pages/de/news525668

[775] Siehe http://de.wikipedia.org/wiki/Pyroelektrizität ; http://idw-online.de/pages/de/news418356 ; http://wwwex.physik.uni-ulm.de/lehre/physikalische-elektronik/phys_elektr/node160.html ;
http://www.keramverband.de/keramik/pdf/04/2004_2_3.pdf

[776] Siehe http://en.wikipedia.org/wiki/Thermionic_emission

Satelliten entwickelt und galten noch in den 1960er Jahren als ernsthafte Konkurrenz für die Solarzellen.[777] Nachteil dieser Technik ist, dass sie bisher mit sehr hohen Temperaturen (rund 1000° C) arbeitet, die, von großen Brennlinsen- und Parabolspiegel-Geräten zur Nutzung der Sonnenenergie einmal abgesehen, im privaten Bereich kaum vorkommen.

Thermoelektrische Dioden[778], die Wärme konzentrieren und umwandeln können, werden seit Jahren am MIT erforscht, sind aber vom praktischen Einsatz noch entfernt.

8.2. Energiequellen

Für die Nutzung der Abwärme im Privathaushalt gibt es eine Fülle unterschiedlicher Energiequellen und Möglichkeiten:

Der Mensch
Die erste Energiequelle sind wir selbst, die Menschen. Was sogar im Großen funktioniert, z.B. bei der Beheizung eines Bürogebäudes durch die Körperwärme der Reisenden in der benachbarten Bahnhofshalle[779], funktioniert selbstverständlich auch in vielen kleinen Zusammenhängen:
So hatten die Uhrenhersteller Seiko und Citizen bereits 1998 bzw. 1999 die relativ teuren „Seiko Thermic“ bzw. „Citizen Eco-Drive Thermo“ im Angebot, die ihre Energie aus dem Temperaturunterschied zwischen der auf der warmen Haut aufliegenden Unterseite und der von kühlerer Luft umwehten Oberseite bezogen.[780] Im Oktober 2002 stellte die Firma Infinion auf dem „International Symposion on Wearable Computers“ in Seattle/USA eine Jacke mit integriertem MP3-Player vor, der von einem noch in der Entwicklung befindlichen Thermogenerator angetrieben werden sollte.[781] Schon näher an der Einsatz-

[777] Siehe Haug 1966; Warnke 1998, S. 308 f.
[778] Siehe http://web.mit.edu/newsoffice/2013/how-to-treat-heat-like-light-0111.html ; http://www.dradio.de/dlf/sendungen/forschak/120560/
[779] Siehe http://www.kungsbrohuset.se ; http://www.guardian.co.uk/environment/2010/sep/07/paris-metro-heating-zero-carbon
[780] Siehe http://www.seikowatches.com/heritage/worlds_first.html ; http://www.roachman.com/thermic/ ; http://www.globetrotter.de/de/beratung/hersteller/hersteller_a_z_detail.php?marke=Citizen

reife waren die thermoelektrischen Gummistiefel[782], die 2010 im Rahmen des meist nass-kalten Glastonbury Musik-Festivals in England vorgestellt wurden: sie ziehen ihre Energie aus dem Temperatur-Unterschied zwischen dem fußwarmen Inneren und dem kalten Äußeren und dienen dazu, Handy-Akkus aufzuladen. Gleiches gilt für entsprechende Schlafsäcke, Hosen und Mützen.[783]
Während die o.a. Geräte ihre Energie auf thermoelektrischem Weg ernten, lässt sich Körperwärme natürlich auch anders nutzen, wie das Beispiel des Handwärme-Stirlingsmotors[784] zeigt.
Generell bleiben die Energie-Ernte-Möglicheiten bei der menschlichen Körperwärme begrenzt, zumal wir Menschen uns ja auch gern in warmen Räumen aufhalten, wo das Temperaturgefälle zwischen Körper- und Umgebungstemperatur geringer ist. Kaum anders sieht es bei Haustieren aus, bei denen man künftig die Temperaturdifferenz zwischen Halsband-Innen- und Außenseite zum kleinen (GPS-)Senders nutzen könnte. Allenfalls bei Pferden dürfte sich durch das Anbringen thermoelektrischer Folien unter dem Sattel (das kalte „Gegenstück" wäre dann der Sattelknauf etc.) etwas mehr ernten lassen.

Elektrogeräte

Viele Elektroinstallationen sind Wärmequellen, deren Energie sich zumindest teilweise wieder abernten lässt; entsprechende Techniken werden teilweise sogar schon eingesetzt.

Computer heizen sich durch ihre elektronischen Bauteile so auf, dass die Wärme mit Lüftern oder Wasserkühlern abgeleitet werden muss, weil sonst ein technischer Kollaps des Gerätes droht. Dabei wäre es denkbar, einen Teil dieser Wärmeenergie zurück zu gewinnen – etwa mit ähnlichen Geräten, wie sie die Firma Micropelt[785] herstellt. Inzwischen beschäftigen sich mehrere Firmen mit entsprechenden neuartigen Computer-Kühlern.[786]

---

781 Siehe http://iswc.tinmith.net/ ; http://www.infineon.com/ ; http://www.heise.de/newsticker/data/pmz-22.10.02-000/

782 Siehe http://www.gotwind.org/orange_power_wellies.htm

783 Siehe http://www.gizmag.com/power-pocket-charger/27914/ ; http://www.ecs.soton.ac.uk/research/projects/799 ; http://www.acgears.com/lifestyle/variety/cool-smile-thermoelectric-cooling-cap

784 Siehe http://commons.wikimedia.org/wiki/File:MM-7_Stirling_Engine.jpg

785 Siehe http://www.micropelt.com/applications/energy_harvesting.php

786 Siehe http://www.activecool.com/ ; http://www.coolchips.gi/

Manche Haushaltsgeräte wie Elektroherde oder Geschirrspüler geben nicht nur Wärme ab, wenn sie gebraucht wird: im Gegensatz zu Gasherden heizen E-Herde und E-Backöfen noch lange nach, wenn sie abgeschaltet sind. Auch bei den Geschirrspülern erweist sich das Keramikgeschirr und ähnlicher Inhalt auch dann noch als guter Wärmespeicher, wenn das letzte Spülwasser längst abgepumpt ist. Hier müsste man Konzepte für thermoelektrische Elemente entwickeln, die sich erst dann zuschalten lassen, wenn das Elektrogerät seinen (Heiz-)Dienst erledigt hat.[787] Thermoelemente schon bei laufendem Betrieb z.B. eines Backofens o.ä. einzusetzen wäre sinnlose Energieverschwendung, da man erst zusätzliche Elektroenergie investieren müsste, um dann – mit Verlusten – nur noch einen kleinen Teil davon über die Thermoelektrik zurück zu gewinnen. Es kann also nur darum gehen, nach Abschaltung des Gerätes noch überschüssige und ansonsten sinnlos in die Umwelt entweichende Energie zurück zu gewinnen.

Die Photovoltaik-Anlage auf dem Dach ist eine weiterer Ort der Abwärme-Energie-Ernte. Wie wir bereits gesehen haben, sinkt die elektrische Ausbeute der PV-Zellen mit zunehmender Erwärmung. Wenn man die Abwärme der PV-Module konsequent nutzt, reduziert man zugleich ihren Aufheizeffekt. Abgesehen von solchen Moduleinheiten, die eine PV-Anlage mit einer Thermosolar-Anlage als Hybrid vereinen, kann das dadurch geschehen, dass man zwischen PV-Modulen und dem Hausdach einen wasserführenden Wärmeabsorber installiert. Eine solche Anlage wäre wegen der benötigten Pumpen, Frostschutzmittel etc. allerdings mit den Kosten einer normalen Thermosolar-Anlage vergleichbar. Die Alternative wäre auch hier der Einsatz von thermoelektrischen Elementen, die wohl einfacher zu installieren sein dürften.

Eine weitere Möglichkeit der Abwärmenutzung bei PV-Anlagen sind die Wechselrichter, die für die Umformung des von der PV-Anlage erzeugten Gleichstroms in den Wechselstrom des Netzes verantwortlich sind. Die Wechselrichter werden dabei sehr warm – deshalb sind sie meist auch das Teil mit der geringsten Lebensdauer der ganzen PV-Anlage – ; daher werden sie gern im kühlen Keller installiert. Eine

[787] Siehe https://www.tchibo-ideas.de/index.php/aufgaben/ansehen/haushalt/detail/idee/id/4790

Möglichkeit wäre, ihnen über thermovoltaische Elemente Wärme zu entziehen und diese in elektrischen Strom umzuwandeln.

Abluft und Abwasser

Abluftsysteme mit Wärmerückgewinnung finden bereits heute bei Plusenergiehäusern Verwendung. Dabei wird in einer Lüftungsanlage die Abluft eines Hausraumes/Haushaltes vor dem Verlassen des Hauses durch einen Wärmetauscher geleitet. Dort gibt sie ihre Wärme an die Frischluft ab, die ins Haus geleitet werden soll.

Zwei verschiedene Systeme kommen dabei zum Einsatz: ein dezentrales[788], das jeweils den einzelnen, z.B. besonders intensiv genutzten Raum belüftet, sowie ein zentrales System[789], welches für einen Luftaustausch im ganzen Haus sorgt.

Nachteil des zentralen Systems sind die vielen notwendigen Leitungen, die hohen Einbau-Kosten (ca. € 7000,--) sowie der Stromverbrauch für die Ventilatoren, welcher wegen der langen Luft-Leistungswege häufig höher liegt als bei dezentralen Lösungen. Gerade wegen des zusätzlichen Stromverbrauchs ist es zweifelhaft, ob man bei den bisherigen Systemen überhaupt von wirklicher Energie-Ernte sprechen kann, zumal für jede eingesetzte kWh Ventilatorenstrom mindestens 5 kWh Wärme gewonnen werden müssen, um überhaupt Primärenergie zu sparen.[790] Dennoch kann Abluft künftig eine Energiequelle sein, für die sich die Entwicklung neuer, echter Ernte-Systeme lohnt. Für kleine Systeme wären die Dunstabzugshauben in der Küche ein Einsatzfeld.

Abwärme-Systeme für das Brauchwasser[791] sind von der möglichen Energie-Ausbeute her noch sinnvoller als Abluftsysteme, weil Wasser ein besserer Wärmespeicher ist als Luft. In jedem Haushalt rauschen täglich dutzende von Litern über 20°C warmes Wasser außer Haus: von Badewannen und Duschen, von Spül- und Waschmaschinen etc. Nutzen ließe sich die Energie-Rückgewinnung nicht nur zur (Vor-)Er-

---

[788] Siehe http://www.bayernluft.de/ ; http://www.inventer.de/ ; http://www.ltg-ag.de/ ; http://gf-sol-air.de/media/pdf/Produktuebersicht09.pdf ; http://www.inventer.de/

[789] Siehe http://www.wohnungslueftung-ev.de/

[790] Siehe http://www.bine.info/hauptnavigation/publikationen/basisenergie/publikation/lueften-und-energiesparen/mechanische-lueftungsanlagen/

[791] Siehe http://www.renewability.com/powerpipe.htm ; http://www.brieswaterenenergie.nl/hoofdframe/intropage-wtw.html ; http://www.speichertechnik.com/thermocycle.html

wärmung von frischem Nutzwasser; über thermolelektrische Elemente könnte man z.B. das Temperaturgefälle zwischen dem warmen Wasser und dem kühlen Erdreich oder der Kaltwasser-Leitung zur Stromerzeugung einsetzen. Was im Großen längst funktioniert[792], funktioniert eben auch im Kleinen auf HEH-Basis.

Häuser mit effektiven Wärmerückgewinnungs-Systemen gibt es bereits seit der 2. Hälfte der 1970er Jahre, als Dänemarks Technische Hochschule/Universität das Lyngby-Haus errichtete, dass mit Hilfe von Wärmetauschern bei der Abluft 80% und beim Abwasser 50% der Energie zurück gewinnen konnte.[793]

Heizungen

Wasserführende Kaminöfen[794] heizen nicht nur direkt das Wohn- bzw. Kaminzimmer, sondern unterstützen zugleich das Zentralheizungssystem, indem sie den zentralen Pufferspeicher aufheizen. Während bei traditionellen Kaminöfen die Wärme häufig zum geöffneten Fenster hinaus gelüftet wird, weil der Ofen zu viel Wärme abgibt, wird hier die Wärme sinnvoll genutzt und zugleich eine Überheizung des Wohnzimmers weitgehend vermieden. Mittlerweile werden entsprechende Produkte von verschiedenen Herstellern angeboten.[795] Neben den aufstellbaren Kaminöfen gibt es auch gemauerte Grundöfen, die die selbe Funktion erfüllen.[796]

Eine erweiterte Form dieser Abwärmenutzung ist der Heizungsherd[797], der neben der wasserführenden Heizung(sunterstützung) die Möglichkeit zur Speisenerwärmung oder zum Wasserkochen bietet. Dieses Leistungsspektrum lässt sich mittels Thermoelektrik bei tragbaren

---

[792] Siehe http://www.dbu.de/phpTemplates/publikationen/pdf/10110609025715.pdf ; http://www.energieatlas.bayern.de/file/pdf/739/Broschüre_Rathaus_2011_druck.pdf ; http://www.ipp.mpg.de/ippcms/ep/ausgaben/ep200703/0307_abwasserwaerme.html

[793] Siehe Krause 1979, S. 50 f., 58 ; http://www.dtu.dk/

[794] Siehe http://de.wikipedia.org/wiki/Kaminofen#Wasserführende_Kaminöfen

[795] Siehe http://www.leda.de/ledacmsde.nsf/public/wassertechnik.html ; http://www.brunner.de ; http://www.wamsler-web.de ; http://www.wodtke.com/momo.html

[796] Siehe http://www.woelfel-grundoefen.de/ganzhausbeheizung.html

[797] Siehe http://de.wikipedia.org/wiki/Heizungsherd

Öfen wie dem „BioLite Campstove“[798] und bei spezielle Kochtöpfen erweitern: den von der japanischen Firma „TES Newenergy“ entwickelten „Pan Charger“, welcher mit Hilfe eines USB-Anschlusses Handys aufladen kann, oder den „PowerPot“ von David Toledo.[799]

Vorbild für die thermoelektrische Nutzung solcher Abwärme sind die früher in Russland sehr verbreiteten Petroleumlampen mit Thermoelementen am oberen Ende des Glaskörpers, die mit ihrem Strom Radios versorgten.[800] Quasi als Nachfolger des russischen Modells können der Teelicht-betriebene „tPOD1“ der US-Firma „Tellurex“ sowie die modernen thermoelektrischen Heizungsventile gelten.[801]

Ein weiterer Ernte-Ort ist der Schornstein. Selbst bei den geringen Abgastemperaturen heutiger Sparöfen ergeben sich hier immer noch erhebliche Temperatur-Unterschiede – z.B. zwischen der stets relativ kühlen nördlichen Außenseite des Schornsteins und seinem durch die Abgase aufgeheizten Inneren. Abernten lassen sich diese Temperatur-Unterschiede wohl am Einfachsten mit Thermovoltaik-Elementen, was sowohl das Royal Institute of Technology Stockholm („Generating Electricity for Families in Northern Sweden“, 1997) als auch Professor Serafettin Erel von der türkischen Kirikkale-Universität vorschlagen[802]; aber auch der Einsatz eines kleinen Stirling-Motors wäre in manchen Fällen denkbar.
Bei allen wasserführenden Kaminen und Öfen ist es prinzipiell möglich, den Strom für die Umwälzpumpen ganz oder teilweise aus direkt umgewandelter Wärmeenergie zu beziehen.

Dächer
Gerade bei dunklen Metalldächern und Metallwänden, die sich durch direkte und indirekte Sonneneinstrahlung stark aufheizen, ist eine sinnvolle Energieernte möglich: die vom Dach erhitzte Innenluft wird über Wärmetauscher und Wärmepumpen zur Brauchwasser-Erwärmung genutzt, wie auch eine Pilotanlage in der Jugendherberge Dahme/Ostsee

[798] Siehe http://biolitestove.com/
[799] Siehe http://tes-ne.com/PDF/epan.pdf ; https://www.thepowerpot.com/
[800] Siehe http://www.pelam.de/pdf_datasheet.php?products_id=530
[801] Siehe http://www.tellurex.com/products/power.php ; http://www.elektroniknet.de/power/sonstiges/artikel/84003/ ; http://www.pmdm.de/video.html
[802] Siehe http://www.triz-journal.com/archives/1997/01/a/index.htm ; http://ijerad.kku.edu.tr/sayi_1/IJERAD_0904.pdf

zeigt.[803] Letztlich ist diese Technik eine besondere Form der Solarenergie-Nutzung. Ob sich auch moderne und entsprechend isolierte Dachgeschosse bzw. Dachböden entsprechend nutzen lassen, wäre in entsprechenden Forschungsprojekten abzuklären.

Gartenbereich

Gepflasterte Flächen/Wege mit dunklem Belag können, wenn sie einen Großteil des Tages direkter Sonnen Einstrahlung ausgesetzt sind, besonders im Sommer einen Beitrag zur Abwärme-Ernte leisten. Heizschlangen, gefüllt mit einer salzhaltigen Flüssigkeit, könnten dieses Wärme aufnehmen und wären auch noch in der Übergangszeit (Frühjahr/Herbst) gegenüber leichten Nachtfrösten resistent. Die Wärme ließe sich auch in tieferen Speicher einlagern und im Winter zum Abtauen der Wege einsetzen, wie es z.B. im größeren Maßstab bei Brücken über den Elbe-Lübeck-Kanal jetzt schon geschieht.[804] Solche „Asphaltkollektoren" finden immer mehr Verbreitung.[805] Andere Techniken wie die Thermovoltaik dürften für so einen großflächigen Einsatz vorerst zu teuer sein.

Ein sehr einfaches „Wärmepumpen-Verfahren", das ohne elektrische Pumpe auskommt, hat der Hamburger Dipl.Ing. Wolfgang Feldmann für die Eisenbahn entwickelt.[806] In dünnen Rohren unter Druck stehendes CO2-Gas nimmt die Erdwärme in ca. 40-50 Metern Tiefe auf und leitet sie zu den Weichen, um diese frostfrei zu halten. Dabei kühlt sich das CO2 ab und sinkt wider in die Tiefe – ein ständiger Kreislauf entsteht. Das Energiepotential reicht hier natürlich nicht, um ein ganzes Haus zu heizen. Bei entsprechender Isolierung der Rohre könnte es aber im Winter dabei helfen, PV- und Solarthermie-Panels abzutauen bzw. frostfrei zu halten.

---

[803] Siehe http://www.energiewand.de/ ; http://www.baulinks.de/webplugin/2008/0126.php4 ; http://www.dbu.de/OPAC/ab/DBU-Abschlussbericht-A-Z-22581 .pdf ; http://www.uni-goettingen.de/en/85239.html ; http://www.djh-nordmark.de/jh/dahme.html

[804] Siehe http://idw-online.de/pages/de/news348511

[805] Siehe http://www.roadenergysystems.nl/pdf/RES (D).pdf ; http://www.ica-x.co.uk/solar_road_systems.html ; http://www.geothermie.de/news-anzeigen/2001/02/08/piste-des-flughafens-eindhoven-soll-21-mw-warme-liefern.html

[806] Siehe http://www.patent-de.com/20070726/DE102006012903B3.html ; http://www.faqs.org/patents/app/20100108294

Eine weitere Form der Energie-Ernte in diesem Bereich ist die Nutzung der Abwärme von Gewächs-/Treibhäusern (siehe Kapitel 3.2.1.). Die Gewächshäuser erzeugen insbesondere im Sommer große Mengen an Abwärme, die eigentlich viel zu schade ist, um sie nur durch geöffnete Oberklappen hinaus zu lüften. Hier lassen sich praktisch alle Energie-Ernte-Techniken des Abwärme-Teils einsetzen. Insbesondere die Technik-Ausstatter der großen niederländischen Gewächshäuser sind hier führend, wenn sie z.B. in den Böden wasserführende Heizschlangen installieren, die die überschüssige Wärme aufnehmen und für kältere Zeiten in einem Wassertank zwischenspeichern; aber auch in Deutschland gibt es sehr innovative Ansätze.[807] Wie die Niederlande, so fördert auch die deutsche Bundesregierung extra ein Projekt zur Energie-Rückgewinnung bei Gewächshäusern.[808] Einige Techniken daraus dürften künftig auch Privatleuten zugute kommen.

Komposthaufen werden schon heute als „Biomeiler"[809] genutzt: nach den Ideen des Franzosen Jean Pain (1928-1981) wird in einer großen Kompost-Anlage neben Methan und Humus auch Warmwasser z.B. zur Heizung eines Hauses erzeugt. Mit ihrer beim Vergären entstehenden Wärme von ca. 70° Celsius eignen sich solche Anlagen durchaus dafür. Das Problem ist eher, dass die dafür benötigten Kompost-Anlagen einen Durchmesser von 5 Metern oder mehr haben, und mit der nötigen Wärmeschlange sowie der Gasentnahme entsprechend geplant/angelegt werden müssen. Daher eignet sich diese Technik eher für einen Bauernhof als für einen Gartenbesitzer. Aber für die Nutzung in kleineren Maßstäben bieten sich andere technische Verfahren an: so ließen sich thermovoltaische Elemente etwa in Form einer großen „Heugabel" von oben oder von der Seite in den Komposthaufen stechen; auch das aufheizbare Ende eines speziellen Stirling-Motors ließe sich wie eine Lanze in einen solchen Haufen stechen.

---

807 Siehe http://www.climeco.eu//en/latest/flowdeck-energy-system-een-water-gevuld-kasdek.html ; http://idw-online.de/de/news444429 ; http://www.bsrsolar.com/sv/produkte1_e.html

808 Siehe http://www.kasalsenergiebron.nl/ ; http://www.zineg.de/

809 Siehe http://www.biomeiler.at/was_ist_der_biomeiler.html ; http://wiki.-biores.de/mw/index.php/Biomeiler-Versuch_am_28.09.08 ; http://www.drachenmuehle.de/biomeiler.htm

Seeufer, Flüsse/Bäche und evtl. Gartenteiche – falls sie groß genug sind und wegen ihrer Tiefe im Winter nicht durchfrieren – können eine weitere Energiequelle sein. Schon 1931 beschrieb Hanns Günther die Pläne für ein Eiskraftwerk[810], das den Temperatur-Unterschied zwischen dem polaren Packeis und dem wärmeren Wasser in der Tiefe ausnutzen sollte. Nun lassen sich selbst an größeren Gartenteichen keine Kraftwerke errichten. Aber auch hier ließe sich mit thermoelektrischen Einrichtungen die wechselnden Temperatur-Unterschiede nutzen: im Sommer ist es auf der Teichoberfläche wärmer, im Winter meist auf dem Teichgrund. Immerhin betreiben US-Navy, NASA oder Woods Hole Oceanographic Institution mit solchen Temperaturunterschieden kleine, unbemannte U-Boote wie „Solo-Trec“ oder den älteren „Slocum“-Thermal-Glider.[811]

Fahrzeuge

Besonders interessant ist die Rückgewinnung der Abgaswärme von Verbrennungs-Motoren, ganz gleich ob es sich um Kfz-, Schiffs- oder Flugzeug-Motore handelt. Schon Ende 2008 hatte BMW in Zusammenarbeit mit dem Deutschen Zentrum für Luft- und Raumfahrt (DLR) den Prototyp eines thermoelektrischen Generators (TEG) vorgestellt.[812] Inzwischen befassen sich auch andere Hersteller wie z.B. General Motors mit dem Thema Abgaswärmenutzung.[813] Selbst bei den künftigen Elektro-Autos dürften die Motore noch genug Abwärme erzeugen, so dass sich eine Ernte lohnt.

Zudem besteht bei einem in der Sommer-Sonne geparkten Fahrzeug ein großes Energiegefälle zwischen Innenraum und Unterboden, welches sich nutzen ließe. Fraglich bleibt, ob man auch die Abwärme der Bremsen verwerten kann.

---

810 Siehe Günther 1931, S. 58 f.

811 Siehe http://www.jpl.nasa.gov/news/news.php?release=2010-111 ; PM 5/1998, S. 34 f. ; http://www.webbresearch.com/thermal.aspx ; http://dx.-doi.org/10.1109/48.972077 ;

812 Siehe http://www.dlr.de/desktopdefault.aspx/tabid-667/7411_read-14596/

813 Siehe http://www.autoblog.com/2009/11/02/gm-awarded-doe-money-to-research-shape-memory-alloy-heat-engines/ ; http://www1.eere.energy.gov/vehiclesandfuels/pdfs/thermoelectrics_app_2011/monday/meisner.pdf

9. Schall

Den Schall technisch, und nicht nur zur Übermittlung von Informationen nutzen zu können, ist seit der biblischen Geschichte von den „Posaunen von Jericho“ eine alte Vision. Im 2. Weltkrieg baute der deutsche Wissenschaftler Dr. Richard Wallauschek bei Lofer/Tirol eine Schallkanone mit zwei Parabolspiegeln von 3,2 Metern Durchmesser, in die in kurzen Abständen ein Methan-Sauerstoff-Gemisch eingespritzt und dann entzündet wurde; das Prinzip funktionierte zwar, wurde aber nicht einsatzreif.[814] In den 1960er Jahren entwickelte Professor Wladimir Gavreau am Centre National de la Recherche Scientifique in Marseille eine solche Kanone und erhielt sogar ein Patent darauf.[815] Heute entwickeln sowohl us-amerikanische wie deutsche Unternehmen nicht-tödliche Schallwaffen z.B. zur Piratenabwehr.[816]

Wenn also Schall durchaus deutliche Wirkungen hervorrufen kann, muss man ihn auch ernten können. Dabei bleibt, wie schon bei den o.a. Waffentechniken, das grundsätzliche Problem, dass der Schall sich von seiner Quelle aus quasi kugelförmig ausbreitet. Das bedeutet, das mit zunehmender Entfernung von der Schallquelle der Schalldruck (d.h. die Energie des Schalls) überproportional abnimmt.

Mehrere Energie-Ernte-Verfahren können in diesem Bereich zum Einsatz kommen:
Erstens das klassische Tauchspulenmikrofon[817], welches umgekehrt funktioniert wie ein Lautsprecher: die Luft/der Schall bewegt eine Membran, an der eine Spule befestigt ist. Diese Spule bewegt sich dabei um einen feststehenden Permanentmagneten und induziert dort einen Strom.
Das zweite Verfahren ist der bekannte Piezoelektrische Effekt, der sich selbstverständlich auch hier nutzen lässt, da Schallwellen auch nichts anderes als sehr kurzzeitige Luftdruckschwankungen sind. Am MIT

---

[814] Siehe Lusar 1971, S. 405 ; Abbildung siehe http://17ercpz.xooit.fr/t1512-canon-a-air-canon-a-son.htm
[815] Siehe http://www.zeit.de/1968/05/Neue-Waffe-Infraschall ; http://www.cnrs.fr/
[816] Siehe http://www.lradx.com/site/ ; http://www.pan-acoustics.de/ ; http://www.wiwo.de/technik-wissen/posaunen-gegen-piraten-395141/
[817] Siehe Hering/Steinhart 2005, S. 296 f. [Abbildung 8.8]

gelang es z.B. im Frühjahr 2010 einem Forscherteam um Professor Yoel Fink piezoelektrische Fasern herzustellen, die sowohl Energie in Schall als auch Schall in Energie umwandeln können.[818]
Drittens können Schallschutz-Vorhänge wie der „Rossoacoustic“ den Schall in Wärme umwandeln.[819]
Viertens eine Modifikation des Stirlingmotors, wie er beim „Backhaus-Swift-Motor“ und anderen thermoakustischen Generatoren zum Einsatz kommt.[820] Allerdings ist bei allen diesen Motoren die Primärenergie Wärme, die dann erst in Schallwellen umgewandelt wird.
Fünftens gibt es noch ein von den Forschern Michael Armstrong, Evan Reed und Mike Howard 2009 am Lawrence Livermore National Laboratory entwickeltes Verfahren, Hochfrequenz-Töne in Strom bzw. Licht umzuwandeln.[821] Dieses noch junge Verfahren dürfte aber wohl bei der privaten Energie-Ernte für absehbare Zeit kaum eine Rolle spielen.

So exotisch das Thema Schall-Energie-Ernte für die meisten klingen mag, so gibt es bereits heute Ansätze für praktische Umsetzungen, die über die reine Energieversorgung von winzigen Sensoren[822] hinaus gehen: Professor Tahir Cagin von der Texas A&M University hat bereits im Jahr 2008 extrem dünne Piezoelektrik-Elemente entwickelt, die in nicht allzu ferner Zeit ein Handy allein durch den Sprachschall seines Nutzers antreiben könnten.[823] Ähnlich ist die Technik der Firma Sound Powered Communikations in Trenton/US-Bundesstaat New Jersey.[824]

---

[818] Siehe http://web.mit.edu/newsoffice/2010/acoustic-fibers-0712.html ; http://www.pbs.org/wgbh/nova/insidenova/2010/08/mit-smart-fibers-take-in-and-send-out-sound.html ; http://www.rle.mit.edu/rleonline/People/YoelFink.html

[819] Siehe Bullinger/Röthlein 2012, S. 102 ; http://www.nimbus-group.com/rosso/

[820] Siehe http://www.wissenschaft.de/sixcms/detail.php?id=160343 ; http://www.acs.psu.edu/thermoacoustics/refrigeration/garrett.htm ; http://www.thermoacousticscorp.com/ ; http://www.etalim.com/technology.php ; http://www.youtube.com/embed/43jv00l7pa0?rel=0

[821] Siehe https://publicaffairs.llnl.gov/news/news_releases/2009/NR-09-03-01.html

[822] Siehe http://news.sciencemag.org/sciencenow/2012/01/rap-music-powers-health-device.html ; https://engineering.purdue.edu/ZBML/

[823] Siehe http://engineering.tamu.edu/news/2008/12/03/self-powered-devices-possible-says-texas-am-researcher/

[824] Siehe http://www.soundpower.com/spcc/index.html

Als Energie-Quellen für die private Schall-Ernte kommen natürliche Phänomene wie Stürme oder Wasserfälle, aber auch künstliche wie Verkehrslärm (Straße, Bahn, Flugzeug) oder Rockkonzerte in Frage. Diese Schall-Emissionen ließen sich über mit entsprechenden Ernte-Techniken ausgestattete Lärm-Wände abernten. Wenngleich neue Forschungen[825] auf dem Gebiet der Schalltechnik langfristig zu einer höheren Energie-Ausbeute führen könnten, so bleiben doch die Ernte-Erträge wegen der geringen Dichte des Mediums Luft in einem Rahmen, der sich allenfalls zur Versorgung elektrischer Kleingeräte oder als eine zusätzliche Energie-Quelle unter vielen eignet.[826]
Ob sich Schall wirklich effektiv mittels Textilien zum Handy-Aufladen ernten lässt, wie es der britische Telekommunikations-Anbieter Orange 2011 mit einem Prototyp anlässlich des Glastonbury-Festivals demonstrierte[827], bleibt fraglich.

Besser sähe es aus, wenn es gelänge, die Schallenergie im Medium Wasser anzuzapfen[828], wenngleich das die Zahl der möglichen Einsatzorte einschränkt. Der Schall pflanzt sich schneller fort im Wasser (ca. 1500 m/sec) als in der Luft (ca. 330 m/sec), und hat im Wasser auch eine größere Reichweite. Bisher wird der Schall im Wasser nur als Informationsträger zur Schiffsortung mit Hilfe von passiven Sonaren eingesetzt.[829] Als Schallquellen kommen neben natürlichen Emissionen (Wasserfälle, Stromschnellen, Wellen/Brandung) auch künstliche wie Motorengeräusche von vorbeifahrenden Schiffen in Frage.
Da auch hier die Techniken noch kaum entwickelt sind, lässt sich die Menge der zu erntenden Energie heute kaum abschätzen.
Wenn künftig nicht nur künstlich erzeugter[830], sondern auch natürlicher Schall konzentriert werden könnte, ergäben sich sowohl neue Anwendungs- als auch neue Erntemöglichkeiten.

---

[825] Siehe http://newscenter.lbl.gov/press-releases/2009/10/26/hyperlens-for-sound-waves/ ; http://xlab.me.berkeley.edu/xlabnews.htm

[826] Siehe http://de.wikipedia.org/wiki/Schallleistung#Tabelle:_Schallleistung_und_Schallleistungspegel_diverser_Schallquellen

[827] Siehe http://web.orange.co.uk/article/news/t_shirt_recharges_mobile_phones

[828] Siehe http://de.wikipedia.org/wiki/Wasserschall

[829] Siehe http://de.wikipedia.org/wiki/Sonar#Passives_Sonar

[830] Siehe http://ns.umich.edu/new/releases/21044-super-fine-sound-beam-could-one-day-be-an-invisible-scalpel ; http://dx.doi.org/10.1038/srep00989

10. Elektromagnetische Wellen

Dass man elektromagnetische Wellen (E-Mag-Wellen) empfangen und auch ohne elektrische Verstärker nutzen kann, ist spätestens seit den Detektorradios (engl. *Crystal Radio*)[831] aus der Frühzeit des Rundfunks in den 1920ern bekannt: diese einfachen Geräte hatten keinen Stromanschluss und keine Batterien; dennoch konnte man mit ihnen über einen Kopfhörer die Radioprogramme empfangen. Die Rundfunkwellen, die auf das Radio trafen, erzeugten selbst genug Energie.

Heute beschäftigt sich die Forschung zur Energie-Ernte von E-Mag-Wellen hauptsächlich mit drahtloser Energieübertragung[832] für Geräte wie autonome Funksensoren oder mobile Geräten wie Handys, Laptops, MP3-Player etc. Diese sollen nicht nur beim Benutzen, sondern auch beim Laden frei von lästigen Kabeln sein.

International wird auf diesem Gebiet sehr intensiv geforscht, z.B. in Deutschland[833] und in den USA[834]. Seit Anfang September 2010 gibt es vom Wireless Power Consortium[835] den Qi-Standard, der die Technik von Induktions-Ladegeräten < 5 Watt der verschiedenen Hersteller vereinheitlichen soll.

Bei den ersten einfachen Geräten wie dem „Inductive Charger" von der US-Firma Energizer[836] legt man sein Handy ohne Kabelverbindung direkt auf das Ladegerät. Ähnlich funktioniert die Lösung der japanischen Firma Sanyo[837] namens „Eneloop Mobile Booster", wobei hier bis zu zwei mobile Lithium-Akkus aufgeladen werden, die dann wie-

---

831 Siehe http://de.wikipedia.org/wiki/Detektorempfänger ; http://www.oldradioworld.de/gollum/historie.htm ; http://www.jogis-roehrenbude.de/Kristall.htm ; http://www.crystalradio.us/ ; http://www.qsl.net/dk3wi/detektor.html ; http://www.crystal-radio.eu/

832 Siehe http://de.wikipedia.org/wiki/Drahtlose_Energieübertragung ; http://de.wikipedia.org/wiki/Wireless_Resonant_Energy_Link

833 Siehe http://www.kontenda.de/

834 Siehe http://web.mit.edu/isn/newsandevents/wireless_power.html ; http://witricity.com/pages/technology.html

835 Siehe http://www.wirelesspowerconsortium.com/

836 Siehe http://www.energizer.com/products/inductive-charging/Pages/energizer-inductive-charging.aspx

837 Siehe http://sanyo.com/news/2010/08/31-1.html

derum über jeweils ein USB-Kabel verschiedene mobile Geräte versorgen können.

Im wahrsten Sinn weiter geht Sony mit seinem Projekt, einen Fernseher über eine Distanz von 50-80 Zentimetern mit 60 Watt zu versorgen.[838] Ähnliches plant der chinesische Hausgeräte- und TV-Produzent Haier, der im Januar 2010 auf der Consumer-Electronics-Show CES in Las Vegas den Prototyp eines kabellosen Fernsehers vorstellte[839], der durch eine „nicht-strahlende magnetische Resonanzschaltung" mit Energie versorgt wird. Ebenfalls über magnetische Resonanz möchte der japanische Konzern Fujitsu künftig Handys laden.[840]

Größere Energien müssen beim künftigen drahtlosen Laden von Elektroautos übertragen werden; hierzu gibt es verschiedene Forschungen und Systeme.[841]

Jenseits aller technischen Umsetzungsprobleme und der Frage nach „Elektrosmog" bleibt die Tatsache, dass alle obigen Geräte – vom Kristall-Detektor-Radio einmal abgesehen – keine echten Energie-Ernte-Techniken sind, weil für sie extra Energie über eigene Energie-Sendegeräte bereit gestellt wird. Dennoch zeigen die Forschungsarbeiten zu solchen Geräten, dass elektromagnetische Energie-Ernte berührungslos möglich ist.

Wirkliche Energie-Ernte-Techniken entwickeln dagegen Nokia in ihrem Labor in Cambridge/England[842], Intel in Seattle[843], die Firma

[838] Siehe http://www.sony.net/SonyInfo/News/Press/200910/09-119E/index.html

[839] Siehe http://www.haiereurope.com/de/contents/ces-haier-praesentiert-den-ersten-vollstaendig-kabellosen-fernseher

[840] Siehe http://www.fujitsu.com/global/news/pr/archives/month/2010/20100913-02.html

[841] Siehe http://www.siemens.com/innovation/de/news/2011/kabelloses-laden-von-ecars-ueber-magnetspule.htm ; http://www.pluglesspower.com/ ; http://www.youtube.com/watch?v=dvCkTGdZJx8 ; http://www.iwr.de/news.php?id=19844

[842] Siehe http://research.nokia.com/research/labs/teams/nano_devices_cambridge_uk ; http://www.weltderphysik.de/gebiet/technik/news/2009/strom-aus-elektrosmog/

[843] Siehe http://blogs.intel.com/research/2008/10/rattner_the_promise_of_wireles.php ; http://www2.seattle.intel-research.net/~jrsmith/WREL-paper.pdf ;

Powercast mit ihrem bereits fertigen Powerharvester Receivers[844], verschiedene universitäre Institute[845], RCA mit seinem auf der Consumer-Electronics-Show (CES) Anfang Januar 2010 gezeigten Airnergy Charger[846], sowie die Ambient Backscatter Forschungsgruppe an der University of Washington/Seattle.[847]

Bis auf den Airnergy Charger, der die abgestrahlte Energie von WLAN-Basisstationen abernten soll, fangen die anderen Geräte die Energie von (Rund-)Funkwellen – meist verschiedener Frequenzen gleichzeitig – ein, arbeiten also ähnlich wie ein Detektor-Radio. Sie nutzen den in unserer modernen Umwelt überall vorhandenen „Elektrosmog". Doch die dabei eingesammelten Energiemengen sind gering und bewegen sich bisher meist eher im Mikrowatt-(millionstel Watt)-Bereich denn im Milliwatt-Bereich (tausendstel Watt). Daher können sie kaum einen effektiven Beitrag zur Energieversorgung von Haushalten leisten. Andererseits sollte man die Energien auch nicht unterschätzen, wie die zahlreichen Phänomene in der Nähe leistungsstarker Rundfunksender wie z.B. der US-Station bei Valley/Oberbayern zeigen.[848]

Ging es hier bisher um das Abernten von menschengemachten Energie-Emissionen, so machte der brasilianische Metallurgie-Wissenschaftler Dr. Fernando Galembeck im Sommer 2010 auf dem Jahrestreffen der „American Chemical Society" in Boston den Vorschlag, Gewitter-Elektrizität abzuernten und zu speichern.[849] Dass ein solches

---

http://www2.seattle.intel-research.net/~jrsmith/WISP-WARP.pdf

844 Siehe http://www.powercastco.com/products/powerharvester-receivers/ ; http://www.powercastco.com/true-wireless-power/

845 Siehe http://www.nytimes.com/2010/07/18/business/18novel.html?_r=1 ; http://rapids.ce.gatech.edu/pe_research.htm#2 ; http://www.dukenews.duke.edu/2008/04/reynolds.html ; http://www.nsf.gov/awardsearch/showAward.do?AwardNumber=0800858

846 Siehe http://www.ohgizmo.com/2010/01/09/ces2010-rca-airnergy-charger-harvests-electricity-from-wifi/ ; http://www.ohgizmo.com/2010/03/30/rca-airnergy-now-called-airpower-shows-off-new-designs-but-no-details/

847 Siehe http://abc.cs.washington.edu/ ; http://abc.cs.washington.edu/files/comm153-liu.pdf

848 Siehe http://www.sender-freies-oberland.de/htechsto.htm

849 Siehe http://www.bbc.co.uk/news/technology-11100528 ; http://www.fgq.iqm.unicamp.br/ ; http://www.technologyreview.com/blog/energy/tags/hygroelectricity/

Anzapfen möglich ist, weiß man spätestens seit dem tragischen Tod des Physikers Georg Wilhelm Richmann 1753 in St. Petersburg, und auch der Zeppelin „Hindenburg“ wurde 1937 Opfer der Gewitter-Elektrizität. In den 1920er/1930er Jahren gab es entsprechende Experimente zum Ernten der Blitz-Energie in der Schweiz. Die von Dr. Galembeck so genannte „Hygroelectricity“ könnte besonders in Gebieten eingesetzt werden, in denen die Solartechnik wegen der starken Bewölkung bzw. häufigen Gewitter nur geringere Erträge erbringt.

Das grundlegende Problem beim Anzapfen der elektromagnetischen Wellen/elektrostatischen Ladungen sind weniger die Ernte-Techniken als die Energiequellen, die in entsprechender Stärke dauerhaft flächendeckend kaum vorhanden sind. Daher sollte bei künftigen Ernte-Systemen auch an solche Energiequellen gedacht werden, die nur sehr regional begrenzt „sprudeln“: die Abstrahlung von Radaranlagen oder das elektromagnetische Feld unterhalb von Hochspannungsleitungen, das sogar Leuchtstoffröhren zum Leuchten bringen kann.[850]
Zudem entwickelte 2012 der Student Isaac M. Ehrenberg am MIT zusammen mit anderen ein Metamaterial, das die Energie von Radiowellen konzentriert.[851]
So könnte zumindest in sehr begrenzten Räumen die Energie-Ernte im Bereich der elektromagnetischen Felder/Wellen erhöht werden. Allerdings sind solche Nutzungen in verschiedenen Ländern derzeit noch verboten.

---

850 Siehe http://www.tagesspiegel.de/berlin/brandenburg/hochspannungsleitungen-leuchtender-protest-gegen-starkstromleitung/1905096.html ; http://www.hna.de/nachrichten/landkreis-northeim/northeim/demo-gegen-strom-freileitung-roehren-strahlen-selbst-1434753.html

851 Siehe http://web.mit.edu/newsoffice/2012/new-metamaterial-lens-focuses-radio-waves-1114.html ; http://dx.doi.org/10.1063/1.4757577

11. Energie-Speicher

Die Sonne scheint nur tagsüber, der Wind weht nicht jede Woche im Jahr und auch die Wasserkraft muss bei zugefrorenen Flüssen im Winter manchmal Pause machen – wie bei den regenerativen Energien generell, so ist auch bei den HEH-Techniken das Energie-Angebot schwankend, selbst wenn man mehrere dieser Techniken kombiniert.

Für einen zeitlichen Ausgleich des schwankenden Energie-Angebotes sorgen Energie-Speicher. Damit unterscheiden sich Speicher grundsätzlich von den Energie-Netzen, die für einen räumlichen Ausgleich sorgen, der aber für ein autarkes Haus uninteressant ist.

Bei den Speichern gibt es eine Vielzahl von Techniken, die jeweils ihre besonderen Stärken und Schwächen haben und daher spezielle Einsatzgebiete abdecken können. Viele dieser Techniken haben ihr Leistungsoptimum noch lange nicht erreicht; an ihnen wird international zum Teil mit erheblichem wissenschaftlichem und finanziellem Einsatz geforscht und entwickelt.
Warum ist die Speichertechnik immer noch die „Achillesferse" bei den Erneuerbaren Energien? Ganz einfach: es wurde bis zum Beginn des 20. Jahrhunderts kaum auf diesem Gebiet geforscht. Die großen Fossil-Kraftwerke hatten/haben ja ihre Speicher, ohne die auch sie nicht funktionieren würden: Kohlebunker, Brennstoff-Tanks, Brennelemente-Lager und das Gasnetz. Speichermöglichkeiten für regenerative Energien wurden mangels Bedarfs lange vernachlässigt. Abgesehen von den Kraftspeichern bei der Armbrust (Bogen und Sehne), bei den Uhren (Feder, Gewichte) und bei den Gezeitenmühlen (Wasserreservoir) tat sich über Jahrhunderte nichts. Erst Befürworter der modernen Windenergie wie Sir William Tompson/Lord Kelvin (1824-1907) oder der dänische Windkraft-Pionier Paul LaCour (1846-1908) beschäftigten sich in den 1880ern bzw. 1890ern mit der Energiespeicher-Frage, wobei sie den neuen Bleiakku bzw. anfangs die Wasserstofferzeugung und -speicherung bevorzugten.[852] Doch die breite Forschung insbesondere an Stromspeichern wurde erst intensiviert, als man diese Technologie für mobile Fahrzeuge wie Autos, aber insbesondere die militä-

---

[852] Siehe Heymann 1995, S. 55, 62 ff. ; http://de.wikipedia.org/wiki/Bleiakkumulator

risch wichtigen U-Boote brauchte. Es ist kein Zufall, dass auch die moderne Brennstoffzellen-Technologie ihre Karriere in U-Booten begann.

Neben den Wärmespeichern liegen die heutigen Forschungs-Schwerpunkte hauptsächlich bei den Stromspeichern und der Erhöhung ihrer Wirkungsgrade.[853] Der Grund liegt darin, dass Strom in unserer elektrifizierten Gesellschaft quasi als „Leitwährung“ gilt.

Bei der Entwicklung der Speicher geht es hauptsächlich um die Faktoren Haltbarkeit, Kapazität, Kosten, Sicherheit und Wirkungsgrad. Die Werte/Ergebnisse für diese „HaKaKoSiWi“-Faktoren unterscheiden sich nicht nur von Speichertypen-Gruppe zu Speichertypen-Gruppe (z.B. Wärmespeicher zu Schwungrädern), sondern können sich auch innerhalb einer einzelnen Gruppe (z.B. Akkus) erheblich unterscheiden, je nachdem, auf welchem der „HaKaKoSiWi“-Faktoren die Speicherforscher ihren Schwerpunkt legen – weshalb sie dann bei anderen der Faktoren Abstriche machen müssen.

Die Anzahl der marktgängigen Speicherlösungen für einen heimischen „Inselbetrieb“ (off-grid-system) mag heute noch recht überschaubar sein, doch das wird sich in den nächsten Jahren grundlegend ändern: allein der Massenmarkt der Elektromobilität wird zu leistungsfähigen Energiespeichern in Privathand führen. Alles, was im mobilen Bereich als Energiespeicher funktioniert, ist auch im stationären Bereich einsetzbar. Umgekehrt gilt das nicht, aber dafür stehen im stationären Bereich viel mehr Speicherlösungen zur Verfügung – auch billige wie z.B. Heißwasser. Das alte Argument gegen energietechnische „Insellösungen“ bzw. gegen die Unabhängigkeit des Bürgers von den Versorgungsnetzen „geht nicht, denn es gibt keine Speicher“ hat demnächst endgültig ausgedient.

11.1. Wärmespeicher

Wärmespeicher sind uns im Alltag durch die Thermoskanne und als Warmwasserspeicher unserer Heizung vertraut. Im Gegensatz zu den Stromspeichern, deren Beanspruchung hauptsächlich innerhalb von 24 Stunden schwankt (geringer Stromverbrauch während der Nachtruhe

[853] Siehe http://www.unendlich-viel-energie.de/uploads/media/AEE-Stromspeicher-Wirkungsgrade.pdf

der Bewohner), zeigen sich bei Wärmespeichern die größten Schwankungen zwischen Sommer- und Winterhalbjahr (Heizperiode). Wärmespeicher für das HEH müssen also saisonale Speicher sein, das sie im gesamten Winterhalbjahr den Warmwasser- und Heizungs-Bedarf abdecken sollten. Entscheidend bei allen Wärmespeichern einschließlich ihrer Leitungsrohre ist immer auch eine möglichst gute Isolierung, für die heute Aerogele und Vakuumdämmungen favorisiert werden.[854] Bei den Wärmespeichertechniken[855] gibt es verschiedene Konzepte mit jeweils unterschiedlichen Energiedichten und Kosten:

Warmwasserspeicher[856] – insbesondere als Puffer für Solarkollektoren – haben in den letzten Jahren an Volumen zugelegt: werden für die rein solare Trinkwassererwärmung (z.B. für Bad, Dusche, Waschmaschinen) Trinkwasserspeicher mit etwas über 300 Litern Inhalt verbaut, so sind es bei Trinkwassererwärmung + Heizungsunterstützung als Kombi-Speicher (z.B. „Tank-in-Tank-Speicher") normaler Weise bis zu 1.000 Liter. Inzwischen werden bei Solarhäusern, d.h. für Häuser mit einem möglichst hohen solaren Wärmedeckungsgrad, sogar Wasserspeicher von >7.000 Litern zentral über mehrere Stockwerke in die Häuser eingesetzt.[857] Selbstverständlich lassen sich solchen großen Speicher auch in Heizungskellern (wo zuvor die Öltanks lagen), unter Terrasse und Carport oder im Garten unterbringen.[858]
Ein besonderer Warmwasserspeicher ist der solare Eisspeicher.[859] Diese Technik benötigt immer eine Wärmepumpe und funktioniert wie ein Latentwärmespeicher, nur dass der Eisspeicher statt eines Phasenwech-

[854] Siehe http://de.wikipedia.org/wiki/Aerogel ; http://www.nasa.gov/topics/technology/features/aerogels.html ; http://de.wikipedia.org/wiki/Vakuumwärmedämmung

[855] Siehe Schossig 2010, S. 10 ff. ; http://solarweissach.de/files/waermespeicher.pdf ; http://www.unendlich-viel-energie.de/uploads/media/AEE-Waermespeicher-Energiedichte.jpg

[856] Siehe http://www.saisonalspeicher.de/ ; http://fsave.de/ ; http://www.sonnewindwaerme.de/marktuebersicht/waermespeicher

[857] Siehe http://www.helma.de/index.php?id=819 ; http://www.solar-partnersued.de/referenzen/051-referenzen.pdf ; http://www.lorenz-behaelterbau.de/Sonnenhausspeicher.html

[858] Siehe http://www.mall.info/produkte/neue-energien/pufferspeicher-thermosol.html ; http://www.ebitsch-energietechnik.de/2max-ueberblick

[859] Siehe http://www.consolar.de/produkte/solare_waermepumpe_solaera.html ; http://www.isocal.de/solareis/solareis-konzept.html ; http://www.viess mann.de/de/ein-_zweifamilienhaus/topinfos/Eisspeicher-System.html ;

selmaterials normales Wasser verwendet. Physikalischer Hintergrund: Beim reinen Wechsel des Aggregatzustandes (fest<->flüssig) werden selbst bei gleich bleibenden Temperaturen große Energiemengen benötigt bzw. freigesetzt. So kann bei aus einem Speicher beim Wechsel von 0°C Wasser zu 0°C Eis die selbe Energiemenge (333 kJ/kg) mittels Wärmepumpe entnommen werden wie wenn man einen 80°C warmen Wasserspeicher auf 0°C Wasser herunter kühlt. Daher können Eisspeicher im Verhältnis zu ihrem Volumen besonders viel Energie speichern. Eisspeicher eignen sich auch zur Kühlung der Hauses im Sommer. Aufgeladen wird der Speicher mit einer Solarthermie-Anlage. Bei Wärmebedarf für Warmwasser/Heizung wird dem Speicher die Wärmeenergie mittels einer Wärmepumpe entzogen, bis der Speicher – meist zum Ende der Heizperiode – fast ganz durchgefroren ist. Gerade die elektrische Wärmepumpe ist aber auch das Problem dieser „Eisheizung“: bei geringen (<4) Jahresarbeitszahlen (JAZ: eingesparte Wärmeenergie geteilt durch eingesetzte elektrische Energie) kann die Eis-Heizung zu einer teuren und energieaufwändigen E-Heizung werden (s.u.).

Thermoöle[860] sind Wärmeträgeröle mineralischen oder synthetischen Ursprungs. Sie vertragen höhere Temperaturen als Wasser, welches bereits bei ca. 100°C in Dampf übergeht. Neben industrieller Wärmespeicherung finden Thermoöle auch in Bäckerei-Öfen Verwendung. Allerdings ist die Wärmeübertragung bei den Ölen nicht ganz so gut wie beim Wasser, und sie sind auch teurer als dieses.

Latentwärmespeicher[861] kennen wir aus dem Alltag hauptsächlich in Form von Handwärmekissen[862] und im Auto als Kaltstarthilfe[863], wo er die sonst über den Kühler entsorgte Wärme aufnimmt, speichert und

---

860 Siehe http://www.apparatebau-wiesloch.com/uploads/media/Gaswaerme_08_2007_01.pdf ; http://www.miwe.de/product_baking_miwe_thermo_express_de,265.html

861 Siehe http://de.wikipedia.org/wiki/Latentwärmespeicher ; http://www.bine.info/hauptnavigation/publikationen/publikation/latentwaermespeicher/ ; http://www.bine.info/hauptnavigation/publikationen/publikation/latentwaermespeicher-in-gebaeuden/ ; http://www.latentspeicher.com/de ; http://www.zae-bayern.de/files/pcm_gu.pdf

862 Siehe http://en.wikipedia.org/wiki/Hand_warmer ; http://www.chemieunterricht.de/dc2/tip/01_99.htm

863 Siehe http://www.pflanzenoel-auto.de/deutsch/node77.html

sie beim Start am nächsten Morgen wieder zur Verfügung stellt. Künftig werden sie auch die Batterien von Elektroautos kühlen.[864]
Latentwärmespeicher nutzen den hohen Energieaufwand, der beim Übergang eines Stoffes von einem Aggregatzustand zu einem anderen (z.B. vom festen zum flüssigen Zustand, also vom Eis zum Wasser) auftritt. Der Energieverbrauch bzw. die Energiefreisetzung bei einer geringen Temperaturveränderung, die einen Zustandswechsel auslöst, ist erheblich höher als bei einer gleich großen Temperaturveränderung ohne Aggregatzustands-Wechsel (s.o.). Daher lässt sich auch mit wenig Material auf wenig Raum einen große Energiemenge speichern.
Die dabei verwendeten Phasenwechselmaterialien (engl. *Phase Change Materials/PCM*) reichen von Salzen bis zu Parafinen. Meist setzt man sie in gut isolierten Behältnissen ein; sie werden aber auch in Wänden, Tapeten und Vorhängen verarbeitet.[865] Latentwärmespeicher eignen sich sowohl für den stationären als auch den mobilen Einsatz in Autos oder Booten und für die Speicherung niedriger Temperaturen.
Vorteil gegenüber Warmwasser-Speichern ist ihr geringerer Platzbedarf und die Dauer der Wärmespeicherung; ihr Nachteil ist der gegenüber Wasser höhere Preis von teilweise € 1.000,-- pro Kubikmeter. Allerdings dürften die Preise künftig sinken, und kleinere Exemplare könnten dann bei entsprechendem technischen Verständnis selbst hergestellt werden.[866]

Sorptionsspeicher[867] sind thermochemische Wärmespeicher mit Zeolithen oder Silikatgelen als Sorptionsmittel sowie Wasser als Arbeitsmittel. Zum Wärmespeichern treibt man z.B. mit Hilfe der Solarthermie das Wasser als Dampf/Luftfeuchtigkeit aus den Sorptionsmitteln aus (Desorptionsphase). Zur Wärmenutzung wird der Prozess umgekehrt: man leitet kühl-feuchte Luft über die Sorptionsmittel; diese nah-

---

864 Siehe http://www.fraunhofer.de/de/presse/presseinformationen/2012/juli/batterien-von-elektroautos-gut-gekuehlt.html
865 Siehe http://www.bine.info/hauptnavigation/publikationen/publikation/latentwaermespeicher-in-baustoffen/
866 Siehe http://wuestenbaum.de/energie/praktischer_versuch.html
867 Siehe https://intra.saena.de/tycon/file.php?id=1096 ; http://de.wikipedia.org/wiki/Thermochemischer_Wärmespeicher ; http://www.aee-intec.at/0uploads/dateien335.pdf ; http://www.bine.info/hauptnavigation/publikationen/publikation/heizen-mit-zeolith-heizgeraet/ ; http://www.bine.info/hauptnavigation/publikationen/news/news/tiefkuehlen-mit-zeolith-und-wasser/?artikel=1733 ; http://de.wikipedia.org/wiki/Kieselgel

men das Wasser auf und geben Wärme ab (Adsorptionsphase). Vorteile der Sorptionspeicher sind ihre hohe Speicherkapazität und ihre Anpassungs-Fähigkeit an ein großes Temperaturspektrum (> 30°C), dass den gesamten Leistungsbereich der häuslichen Solarthermie abdeckt; Nachteil sind die immer noch relativ hohen Kosten.

Feststoff-Wärmespeicher[868] aus (Spezial-)Beton oder Naturstein sind dauerhaft und umweltfreundlich. Derzeit werden solche Techniken u.a. vom Deutschen Zentrum für Luft- und Raumfahrt (DLR) als „Cell-Flux-Speicher“ vor allem für große Solarkraftwerke im Sonnengürtel der Erde entwickelt.[869] Solche Speicher sind prinzipiell auch für Niedertemperatur-Wärme und für kleinere Dimensionen geeignet.[870] Erdsonden-Wärmespeicher[871] bestehen aus wasserdurchflossenen Betonrohren, die bis zu 100 m tief in die Erde eingelassen werden, um im Sommer die Wärme einer Solarkollektoranlage im tiefen Beton zu speichern und sie im Winter für die Raumheizung wieder nutzbar zu machen; die Technik ist durch die erforderlichen tiefen Bohrungen recht teuer und wird bisher nur bei größeren Projekten wie Siedlungen etc. genutzt. Ein neuer Erdspeicher ist der „eTank“[872]; er wird isoliert unterhalb der Bodenplatte eines Hauses eingebaut, um überschüssige Wärme der Solaranlage aufzunehmen. Die Wärme-Entnahme erfolgt mit einer Wärmepumpe, die wegen der konzentrierten Wärme eine erheblich besserer Jahresarbeitszahl (JAZ 6-8) hat als eine normale Wärmepumpe und sich daher wohl auch über größere Hausakkusysteme versorgen ließe.

Neben diesen Wärmespeichern gibt es auch weitere, die allerdings das Experimentierstadium noch nicht verlassen haben und daher in den kommenden Jahren beim HEH kaum eine Rolle spielen werden.[873]

---

868 Siehe http://www.ethrat.ch/de/sektion-medien-news/die-sommersonne-im-beton ; http://www.pk-i.de/publikationen/docs/kieswasser_otti_2004.pdf
869 Siehe http://www.dlr.de/desktopdefault.aspx/tabid-13/135_read-26786/
870 Siehe http://www.mineralit.com/index.php?page=48&mod=23&article=43
871 Siehe http://www.saisonalspeicher.de/Speichertypen/Erdsonden/tabid/75/language/de-DE/Default.aspx ; http://www.bine.info/fileadmin/content/Publikationen/Projekt-Infos/2013/Projekt_01-2013/ProjektInfo_0113_internetx.pdf
872 Siehe http://etank.de/funktion-4/
873 Siehe http://web.mit.edu/newsoffice/2011/update-energy-storage-0713.html ; http://dx.doi.org/10.1021/nl201357n

Wärmspeicher eignen sich vor allem für die Wärme-zu-Wärme-Speicherung (Warmwasser/Warmluft), d.h. sie nehmen Wärme auf und geben diese wieder als Wärme ab. Wie wir im oben Kapitel Abwärme gesehen haben, lässt sich Wärme aber auch über OCR-Verfahren, Stirling-Motore, thermovoltaische Zellen etc. in Strom umwandeln. Im Gegensatz zum Abernten von Wärme-Abfall-Energien sind solche Entnahmen bei Wärme-Speichern nur dort interessant, wo Wärme im Überfluss vorhanden und nicht ein Mangelprodukt ist wie meist in den nördlichen Breiten. Selbstverständlich lassen sich Wärmespeicher auch elektrisch mit Strom aus Erneuerbaren Energien aufheizen. Doch ist Strom aus HEH kaum regelmäßig in einem solchem Überfluss vorhanden, dass man im Eigenheim auf die Solarthermie als Wärmelieferant verzichten könnte. Sinnvoller kann es sein, bei einem Strom-Überangebot im Sommer tagsüber die gut isolierte Gefriertruhe zusätzlich herunter zu kühlen, während man nachts das Gerät vom Netz trennt – so hat man einen kostengünstigen, weil schon vorhandenen Strom-Kälte-Speicher.
Bei großen Wärmespeichern kann ausnahmsweise auch auch eine Wärmepumpe (WP) sinnvoll sein, um den Speicher möglichst tief zu entladen; der Stromverbrauch der WP ist bei so einem warmen Ausgangsmedium auch gering.

11.2. Schwungrad

Schwungräder (engl. *Flywheels*)[874] begleiten die Menschheit in Form von Töpferscheiben oder Schleifsteinen schon seit Jahrtausenden. Heute finden sie sich in unserem Alltag z.B. als Antrieb für Rasierappatate[875] oder als Jo-Jo-Kinderspielzeug.
Auch das Schwungrad als technischer Energiespeicher hat eine lange Tradition: schon 1791 baute der russische Erfinder Iwan Petrowitsch Kulibin ein Dreirad, das einen über Pedale angetriebenen Schwungrad-Energiespeicher hatte, um auch größere Steigungen überwinden zu können.[876] Zur Schwungradtechnik gab und gibt es eine umfangreiche Forschung mit einer Vielzahl von auch in häuslichen Dimensionen umsetzbaren technischen Erfahrungen: in Russland/Sowjetunion führte

---

[874] Siehe http://rpm2.8k.com/basics.htm ; http://en.wikipedia.org/wiki/Flywheel_energy_storage
[875] Siehe http://www.finetech.net/dbath.html
[876] Siehe Gulia 1989, S. 97 f.

man im 20. Jahrhundert die Tradition Kulibins in einer Vielzahl von Projekten weiter, wobei der Techniker A.G. Ufimzew bereits 1924 einen Schwungrad-Speicher für ein Windkraftwerk in Kursk baute.[877] In den USA[878] entwickelte sich durch Wissenschaftler wie Jack Bitterly, David W. Rabenhorst, sowie durch die Arbeiten am Center for Electromechanics an der Universität von Texas/Austin und am Argonne National Laboratory in Illinois eine umfangreiche Forschungsszene, die auch Schwungradspeicher für Eisenbahnen, Weltraumfahrzeuge etc. projektierte.
In Deutschland[879] lief die staatliche Forschung über das Projekt „Dynastore" sowie das Forschungszentrum Karlsruhe und führte auch zu Patenten.

Schwungradspeicher werden in der (regenerativen) Energietechnik längst im Großmaßstab[880] eingesetzt. Kompaktere Lösungen verwendet man (s.o.) als Bremsenergiespeicher KERS (Kinetische-Energie-Rückgewinnungs-System, engl. *Kinetic Energy Recovery System*) in Rennwagen.[881] Den ersten Rennwagen mit Schwungrad-Speicher baute übrigens Chrysler mit dem „Patriot" ab 1994.[882] Varianten solcher Schwungrad-Kers, die kurzfristig (<9 Sekunden) sogar bis zu 120 kW leisten, lassen sich für das HEH als Stromspeicher der Solar- und Windenergie einsetzen.
Mittlerweile gibt es international verschiedene Firmen, die sich mit dieser Technik beschäftigen und entsprechende Produkte herstellen[883];

877 Siehe Gulia 1989, S. 107-151
878 Siehe http://www.wired.com/wired/archive/8.05/flywheel.html ; http://www.washingtonpost.com/wp-dyn/content/article/2008/07/25/AR2008072503421.html ; http://www.utexas.edu/news/2003/11/06/nr_flywheel/ ; http://www.transportation.anl.gov/pdfs/G/215.pdf ; http://www.boeing.com/news/releases/1998/news_release_980217c.html
879 Siehe http://www.bine.info/hauptnavigation/publikationen/projektinfos/publikation/kinetische-speicherung-von-elektrizitaet/ ; http://www.sumobrain.com/patents/wipo/Flywheel-energy-accumulator/WO1997032386.html
880 Siehe http://de.wikipedia.org/wiki/Utsira
881 Z.B. beim Porsche 911 GT3 R Hybrid, http://www.wiwo.de/blogs/wattgetrieben/tag/schwungradspeicher/ ; http://www.xtrac.com/pdfs/Torotrak_Xtrac_CVT.pdf
882 Siehe http://en.wikipedia.org/wiki/Chrysler_Patriot ; http://www.allpar.com/model/patriot.html
883 Siehe http://www.beaconpower.com/ ; http://blueprintenergy.com/ ; http://www.pentadyne.com/ ; http://www.vyconenergy.com/

in Deutschland sind u.a. die Firmen Compact Dynamics GmbH, rosseta Technik GmbH und Rotokinetik auf diesem Gebiet tätig.[884]

Vorteile von modernen Schwungrad-Speichern sind ihre große Lebensdauer, die vielen Ladezyklen, die schnelle Leistungsabgabe, das relativ geringe Gewicht und die hohe Effizienz.
Nachteile sind die relativ hohen Verluste als Dauerspeicher und die mangelnde Beweglichkeit durch die physikalische Kreisel-Stabilität, so dass wegen letzterem solche Speicher z.B. für Flugzeuge nicht in Frage kommen. Schwungradspeicher geben die gespeicherte Energie entweder direkt-mechanisch oder über einen Generator als elektrischen Strom ab.

11.3. Schwerkraftspeicher

Schwerkraftspeicher kennen wir von den Aufzugsgewichten der Stand- und Kuckucksuhren. In der konventionellen Energietechnik zählen die Pumpspeicherkraftwerke dazu. Bei den HEH-Techniken kennen wir Schwerkraftspeicher in südlichen Gefilden von den meist einfachen Solarkollektoren/Solarwärmeanlagen, bei denen der Wasserspeicher direkt oberhalb des Kollektors angebracht ist und für den Wasserdruck im Kollektor sorgt.

Mittlerweile gibt es Überlegungen, die potentielle Energie der Schwerkraft durch „Hubspeicher“[885] zu nutzen, also mit großen Gewichten (z.B. schweren Containern) und hohen Kränen größere Energiemengen zu speichern. Von Vorteil ist, dass man erprobte Techniken einsetzen kann, dass die Speicher wenig Platz beanspruchen und keine Speicherverluste auftreten.
Was im Kleinen (Aufzugsgewichte von Standuhren) und im Großen (Hubspeicher) funktioniert, kann selbstverständlich auch im mittleren (Haus-)Bereich funktionieren: bei mehrstöckigen Häusern ließen sich

---

[884] Siehe http://www.compact-dynamics.de/entwicklung/technologien-und-entwicklungsbeispiele/schwungrad-speicher/ ; http://www.rosseta.de/srsy.htm ; http://www.rosseta.de/srsdaty.htm ; http://rotokinetik.com

[885] Siehe http://wwwfh.fh-heidelberg.de/hubspeicherkraftwerk/ ; http://www.hubspeicher.de/ ; http://www.patent-de.com/20090723/DE102008003693A1.html

im Lichtschacht des Treppenhauses Gewichte anbringen, die z.B. tagsüber durch überschüssige Solarenergie mittels Elektromotoren hochgezogen werden und diese Energie nachts wieder abgeben (z.B. für Beleuchtung).

Die Formel dafür lautet: Erdbeschleunigung (9,81 Nm/Newtonmeter bzw. m/sec²) mal Aufzugshöhe in Metern mal Masse/Gewicht in kg. 9,81 Nm sind dabei das gleiche wie 9,81 Ws/Wattsekunden, was sich für Abschätzungen auf 10 Ws aufrunden lässt.
Wenn man die Aufzugshöhe des Gewichts mit 1m und die Masse mit 1kg annimmt lautet die allgemeine Formel also:
9,81 · 1 · 1 = 9,81 Ws (rund 10 Ws)
Bei 12m Aufzugshöhe und einer Masse von 300 kg lautet die gerundete Formel:
10 x 12 x 300 = 36.000 Ws oder 10 Wh/Wattstunden.
Dies zeigt, dass es sich trotz der relativ großen Höhen und Gewichte um einen relativ kleinen Haus-Energiespeicher handelt.

Bessere Ergebnisse würde man erst erzielen, wenn man ganze Häuser auf hydraulische Gestelle setzte und das Haus als ganzes als Gewichtsspeicher/Lageenergiespeicher verwenden würde, ähnlich wie es Großprojekt von Professor Eduard Heindl geplant ist.[886] Die Zugänge zum Haus müssten dann mit variablen Brücken wie bei Schwimmpontons versehen sein.

Darüber hinaus wäre es denkbar, bei stabil konstruierten Häusern die Regenwasserspeicher auf oder neben („Wasserturm“) dem Dach auch als kleine Pumpwasserspeicher zu nutzen. In Trockenregionen wären, sofern es die Gebäudekonstruktionen oder die Grundstückstopographie hergibt, auch Sandspeicher denkbar.[887]

11.4. Elastizitätsspeicher

Wir kennen sie von den Aufzugsfedern bei Uhren, dem Bogen der Armbrust und Gummimotoren in Spielzeug-Flugzeugen u.ä. - Gummi ist zweifellos eines der besten einfachen Speichermaterialien. Der rus-

---

[886] Siehe http://eduard-heindl.de/energy-storage/

[887] Siehe http://www.notechmagazine.com/2013/01/sand-powered-water-wheel.html

sische Erfinder Nurbej V. Gulia beschreibt, dass er sich einen Gummimotor patentieren ließ, ihn in einen Kinderwagen (!) einbaute und damit bis zu 300 Metern weit fuhr.[888] In den USA fuhr ein Kinderauto mit Gummimotor angeblich sogar 3 Meilen (ca. 4,8 km) weit, wie die Zeitschrift Modern Mechanix in einem reich bebilderten Artikel in ihrer Februarausgabe 1933 berichtete.[889]
1997 veröffentlichten britische Wissenschaftler des Institute of Transport Studies der University of Leeds einen Forschungsbericht zu Elastomeren als Kurzzeit-Speicher für die Rückgewinnung der Bewegungsenergie von Autos („An Elastomeric Energy Storage System to Improve Vehicle Efficiency“).[890]
Um die Jahrtausendwende entwickelte George Heaven in Van Nuys/Kalifornien mit einem Team das Ein-Personen-Flugzeug „Rubber Bandit“ mit einem Gummiband-Energiespeicher, nachdem es schon um 1988 mit dem RB-1 einen Vorläufer gegeben hatte, der wohl von Mark T. Lokken in Oshkosh/Wisconsin konstruiert wurde.[891]

Auf Basis der modernen Chemie[892] und der Erforschung hoch dehnbarer Naturstoffe (Muschel- und Spinnen-Seide etc.)[893] lassen sich heute noch erheblich elastischere Stoffe („Elastomere“) herstellen. So lassen sich superelastische Polymere, wie sie von Professor Roland Weidisch und seinem Team an den Universitäten Jena und Halle-Wittenberg entwickelt wurden, ohne Formverlust/Materialermüdung auf mehr als das 10fache ihrer Ausgangsgröße ausdehnen.[894]

---

888 Siehe Gulia 1989, S. 30 f.
889 Siehe http://blog.modernmechanix.com/2008/02/18/rubber-bands-drive-this-baby-auto-three-miles/
890 Siehe http://eprints.whiterose.ac.uk/2108/
891 Siehe http://articles.latimes.com/2000/jul/01/local/me-46839 ; http://www.-lightsportaircraftpilot.com/rubberband_powered_ultralightaircraft/index.html ; http://blog.cafefoundation.org/?p=3992
892 Siehe http://www.sciencemag.org/content/334/6055/494.abstract ; http://de.wikipedia.org/wiki/Dielektrische_Elastomere
893 Siehe http://www.newscientist.com/article/dn21540-spider-silk-spun-into-violin-strings.html ; http://prl.aps.org/accepted/L/25078Ye0Yef1163-de18a8722105e7914a797506ee ; http://www.naramed-u.ac.jp/english/eng/graduate_bio.html
894 Siehe http://www.matwi.uni-jena.de ; http://www.innovations-report.de/html/berichte/materialwissenschaften/bericht-72349.html

Dazu kommt die Pseudo-Elastizität der bereits im Formgedächtnislegierungen (engl. *Shape Memory Alloy*)[895], die man unter bestimmten Umständen auch als Energiespeicher verwenden kann.
Außer den o.a. Kleinmotoren gibt es heute keine größer dimensionierten Elastizitätsspeicher. Sollte es künftig jedoch gelingen, solche zu bauen, so könnte hier eine interessante und recht kostengünstige Speicher-Alternative entstehen, besonders bei den Kurzzeit-Speichern.

11.5. Druck(luft)speicher

Bei diesen Speichern ist zu unterscheiden zwischen reinen Druckluftspeichern, die das Gas in Stahlflaschen etc. pressen, und den Hydraulikspeichern[896], bei denen eine Hydraulik-Flüssigkeit in ein mit (Stickstoff-)Gas befülltes Druckbehältnis gedrückt wird und dort das Gas zusammenpresst. Druckluft als Energiespeichermedium kennen wir von Luftgewehren, von Spielzeugautos mit Luftballon-Antrieb, von Gasflaschen und Feuerlöschern.

Im Bereich der Verkehrstechnik erhielt der Wiener Pfarrer Andorfer bereits am 15.12.1838 ein Patent auf eine durch Pressluft betriebene Lokomotive[897], worauf viele weitere Entwicklungen folgten. Heute wird Druckluft als Bremsenergiespeicher in Autos eingesetzt, und zwar sowohl als Druckluft-Hybrid[898] als auch als Hydraulik-Hybrid[899]. Daneben gibt es auch Entwicklungen zu reinen Druckluft-Autos.[900]

---

[895] Siehe http://www.ifm.maschinenbau.uni-kassel.de/~helm/shape-memory-alloys.html
[896] Siehe http://de.wikipedia.org/wiki/Hydraulikspeicher
[897] Siehe Warnke 1997, S. 368
[898] Siehe http://www.scuderigroup.com/blog/tag/air+hybrid?start=10 ; http://www.wiwo.de/technik-wissen/neuer-hybridmotor-mit-druckluftspeicher-377139/
[899] Siehe http://de.wikipedia.org/wiki/Hydraulikspeicher ; http://www.innovations-report.de/html/berichte/maschinenbau/hydraulikspeicher_verbessern_wirkungsgrad_antrieben_129971.html ; http://epa.gov/otaq/technology/research/research-hhvs.htm ; http://www.psa-peugeot-citroen.com/en/inside-our-industrial-environment/innovation-and-rd/hybrid-air-an-innovative-full-hybrid-gasoline-system-article
[900] Siehe http://www.mdi.lu/ ; http://www.aircaraccess.com/

Als stationäre Speicher sind Druck-(Luft-)Speicher vor allem im großtechnischen Bereich als Puffer für die Offshore-Windparks im Gespräch[901], wobei es auch Konzepte zu groß dimensionierten Hydraulik-Speichern gibt.[902] Die Effektivität dieser Technik lässt sich noch dadurch erhöhen, dass man die Wärmeenergie zurück gewinnt/abschöpft, die bei der Kompression der Luft entsteht.[903]

Trotz der langen und breiten Erfahrungen mit der Druckluft-Nutzung als Großtechnik und in der Industrie[904], ist das Angebot für entsprechende Energie-Speicher beim Home-Energy-Harvesting bisher kaum vorhanden. Allerdings gibt es inzwischen durchaus praxisnahe Entwicklungen.[905] Neben Luft ließe sich auch heimisch erzeugtes Biogas in so einem Speicher für den Bedarf vorrätig halten.

Zudem ist die Technik noch längst nicht ausgereizt, wie z.B. die Entwicklungen von Unterwasser-Druckluftspeichern von Professor Horst Schmidt-Böcking[906] und an der Universität Nottingham zeigten. Bei der Nottighamer Entwicklung wird von Windkraftanlagen erzeugte Energie in auf dem Meeresboden verankerten Kunststoff-Ballons gepresst, die sich dabei ausdehnen.[907] Diese Kunststoff-Ballons werden durch den Wasserdruck stabilisiert; ihre Hülle ist daher weniger aufwändig bzw. teuer, als es bei gleich großen, konventionellen Speicherhüllen der Fall wäre. Wenngleich diese Energiespeicher eigentlich

---

[901] Siehe http://www.bine.info/hauptnavigation/publikationen/news/news/druckluftspeicher-sollen-windstrom-speichern/333/ ; http://de.wikipedia.org/wiki/Druckluftspeicherkraftwerk ; http://www.generalcompression.com/ ;

[902] Siehe http://www.solarserver.de/solar-magazin/anlage-des-monats/hydraulische-energiespeicher-fuer-den-ausbau-der-erneuerbaren.html

[903] Siehe http://www.sustainx.com/technology-isothermal-caes.htm ; http://www.kompressoren-druckluft.com/waermerueckgewinnung/

[904] Siehe http://www.wsr.ac.at/~sts/down/da/DA_06_Hofer.pdf ; http://www.-lightsailenergy.com/tech.html

[905] Siehe http://www.rosseta.de/dluftspz.htm ; http://www.rosseta.de/dlufta-z.htm ; http://www.rosseta.de/dluftiz.htm

[906] Siehe http://de.wikipedia.org/wiki/Pumpspeicherkraftwerk#Unterseeisch ; http://www.stadtwerke-itzehoe.de/fileadmin/documents/service/tana/2012/tana-1-2012/2012_1_s_6_9.pdf ; http://de.wikipedia.org/wiki/Horst_Schmidt-Böcking

[907] Siehe http://www.nottingham.ac.uk/News/pressreleases/2010/June/zero-carbonfuture.aspx ; http://www.youtube.com/watch?v=UkY2bmBUito&feature=channel

Offshore-Windanlagen gedacht sind, so ließen sich solche kleineren Speicher z.B. auch auf dem Grund von privaten Seen oder Teichen anbringen.

Selbstverständlich lassen sich, Erfahrung, Fachkompetenz und handwerkliches Geschick vorausgesetzt, kleine, ja sogar mobile Druckluft-Speicher selbst herstellen.[908] Allerdings sind solche Eigenbauten für größere Speichermengen beim HEH kaum geeignet.

11.6. Wasserstoff und Synthese-Methan

Wasserstoff, als Gas 1766 vom britischen Chemiker Henry Cavendish entdeckt, ist das leichteste und flüchtigste aller Elemente. Auf der Erde kommt es dauerhaft nur in chemischen Verbindungen wie dem H_2O (Wasser), dem Methan oder dem Erdöl (Kohlenwasserstoffe) vor.

Während Wasserstoff im industriellen Maßstab meist aus Erdgas, Erdöl und Kohle erzeugt wird[909], kommen bei der heimischen Erzeugung zur Speicherung der Energie-Ernte nur die Elektrolyse oder photoelektrochemische Prozesse in Frage.
Die Elektrolyse funktioniert mit dem Strom aus Fotovoltaik-Zellen oder Windkraftanlagen.[910] Bereits ab 1891 entwickelte der dänische Windkraftpionier Paul la Cour (1846-1908) Wasserstoff-Speicher und konnte 1895 seine Windkraftanlage in Askov regulär zur Erzeugung von Wasserstoff-Gas für die Beleuchtung nutzen.[911] 1985 baute der Ingenieur Olaf Tegström im schwedischen Härnösand ein energieautarkes Haus, das den mittels Windenergie elektrolysierten Wasserstoff zur Wassererwärmung, Heizung etc. und zum Betrieb eines Saab 900 verwendete.[912] In den 1980ern errichtete der Schweizer Architekt Markus Friedli in Zollbrück/Emmental das erste PV-Wasserstoff-Wohnhaus

---

[908] Siehe http://www.werkzeug-news.de/Forum/viewtopic.php?f=18&t=6709&sid=6e2bc86efe2320d58f950aaab0d39d9e

[909] Siehe http://www.hydrogeit.de/wasserstoff.htm

[910] Siehe HZwei 10-2010, S. 10 ff. ; http://www.h2hamburg.de/downloads/Windwasserstoff-Kurzfassung-final.pdf ; http://www.h2hamburg.de/downloads/Praesentation_100920_final.pdf

[911] Siehe Heymann 1995, S. 62, 64

[912] Siehe http://www.dgs.de/fileadmin/sonnenenergie/SE-3-1986-ganz/autark-mit-Wasserstoff.PDF (Sonnenenergie 3/1986, S. 17 f.) ; http://www.zeit.de/1986/36/pack-die-sonne-in-den-tank

Europas. Mit überschüssigem Solarstrom betrieb er ein Elektrolysegerät, und konnte 1989 erstmals mit Wasserstoff kochen und seinen umgebauten Toyota-Van antreiben.[913]
Inzwischen gibt es bei der Wasserstoff-Herstellung Ansätze zu Anlagen für den Hausgebrauch und sogar Solar-Wind-Kombisysteme mit Brennstoffzellen.[914]
Bei den photoelektrochemischen Prozessen (Photokatalysatoren) wird der Wasserstoff direkt aus Sonnenlicht erzeugt[915] – was, anders als bei bestimmten Hochtemperaturprozessen zur Wasser-Aufspaltung (z.B. mit Heliostaten), schon bei relativ niedrigen Temperaturen funktioniert. Die Wasserstoff-Erzeugung aus Urin wird dagegen schon wegen des Mengenproblems wohl immer ein technisches Randphänomen bleiben.

Die Vorteile des Wasserstoffs sind sein Energiegehalt (der zur Verbrennung benötigte Sauerstoff kann aus der Luft entnommen werden), seine leichte Brennbarkeit (Knallgasexperiment), und dass er, zumindest in gebundener Form, überall auf der Erde vorhanden ist.
Die Nachteile des Wasserstoffs sind sein Vorkommen nur in gebundener Form, seine leichte Brennbarkeit (Katastrophe des Zeppelins „Hindenburg“) sowie, dass er sich nur bei hohen Drücken (ca. 300 bar) oder bei geringen Temperaturen (-253°C) oder in speziellen Stoffen (Metallhydriden, MOFs, Kohlenstoff-Nanoröhren) speichern lässt.[916]
Wasserstoff muss also wie elektrischer Strom erst einmal künstlich hergestellt und dann speziell gespeichert werden, was Energie verbraucht und Geld kostet[917], auch wenn beim Hausgebrauch die Aufwendungen für den Transport entfallen.

---

913 Siehe Natur 5/1992, S. 12 ; http://www.youtube.com/watch?v=2rDxeqqVtio

914 Siehe http://idw-online.de/de/news464662 ; HZwei 04-2009, S. 15

915 Siehe http://www.odb-tec.de/00_downloads/ODB-Wasserstoff_Solarkollektor.pdf ; HZwei 04-2009, S. 12 ; http://www.h2hamburg.de/downloads/Studie_burger_zusammenfassung.pdf

916 Siehe http://de.wikipedia.org/wiki/Wasserstoffspeicherung ; http://idw-online.de/de/news432376 ; http://de.wikipedia.org/wiki/Metal_Organic_Framework

917 Siehe http://www.itas.fzk.de/tatup/061/boss06a.htm ; http://www.erneuerbareenergien.de/tipp-zum-energie-hamstern/150/477/71606/

Eine weitere Form, die Energie-Ernte zu speichern, ist die Herstellung von künstlichem Erdgas (Synthese-Methan).[918] Dabei wird regenerativ erzeugter Wasserstoff in einem weiteren Umwandlungsschritt mit Kohlenstoff verbunden. Es gibt verschiedene Verfahren und Ausgangsstoffe, die sich, wie z.B. Wasserstoff und Calciumcarbonat, mit solarer Energie aus dem Meerwasser gewinnen lassen. Das Verfahren wird, je nach dabei verwendeter Primär-Energiequelle, auch Solar- oder Windgas genannt.[919] Wie der Wasserstoff, so braucht auch das Synthese-Methan einen Druckgasspeicher, in dem es für eine erneute energetische Umwandlung bereit gehalten wird.

Abgesehen vom Wirkungsgrad bzw. den bei den Umwandlungen entstehenden Energieverlusten bleibt hier die Frage, ob sich die Verfahren auch so an einen verkleinerten technischen Rahmen anpassen lassen, dass sie im häuslichen Umfeld wirtschaftlich dauerhaft verwendbar sind.

Wenn man den aus der Energie-Ernte erzeugten Wasserstoff bzw. das Methan anschließend wieder in Energie umwandeln will, bleiben im wesentlichen zwei Möglichkeiten: die direkte thermische Verbrennung in einem Motor/einer Turbine oder die elektrische Umwandlung mittels Brennstoffzellen (BsZ). Die Entwicklung von speziellen Wasserstoff-Motoren wurde über viele Jahre vor allem von BMW voran getrieben. Mittlerweile ist von BMW zusammen mit österreichischen Firmen sogar eine Wasserstoff-Dieselmotor entwickelt worden.[920]

---

[918] Siehe http://home.mnet-online.de/borm/Entwurf.pdf ; http://www.zsw-bw.-de/fileadmin/ZSW_files/Infoportal/Presseinformationen/docs/pi06-2010-ZSW-StromzuErdgas.pdf ; http://de.wikipedia.org/wiki/Methan ; http://www.-solar-fuel.net/loesung/

[919] Siehe http://www.greenpeace-energy.de/fileadmin/docs/sonstiges/Greenpeace_Energy_Gutachten_Windgas_Fraunhofer_Sterner.pdf ; http://de.wikipedia.org/wiki/Windgas

[920] Siehe HZwei 07-2009, S. 32 f.

Brennstoffzellen (BsZ)[921] wandeln Wasserstoff- und Sauerstoff-Atome bzw. Methan-Moleküle ohne Verbrennungsprozess zu Wassermolekülen um und gewinnen dabei elektrischen Strom. Bei den Brennstoffzellen gibt es eine Vielzahl von BsZ-Typen (z.B. AFC, DMFC, PEMFC, PAFC, MCFC, SOFC), die bei unterschiedlichen Betriebstemperaturen und mit unterschiedlichen Kraftstoffen (Wasserstoff, Methan, Methanol, Kohlegas, Biogas) arbeiten und unterschiedliche Wirkungsgrade erzielen. Zu allen Typen gibt es Forschungen/Entwicklungen zur Verbesserung der Leistung und zur Verbilligung der technischen Materialien.

Die österreichische Firma Fronius International GmbH hat mit der „Fronius Energiezelle" ein System vorgestellt, das Wasser tagsüber mittels Photovoltaik in Sauerstoff und Wasserstoff zerlegt, wobei letzterer in einem Speicher zwischengespeichert wird, während der Sauerstoff in die Luft entweicht. Nachts wird bei Bedarf der Wasserstoff aus dem Speicher mit dem Sauerstoff der Luft wieder in einer Brennstoffzelle zu Gleichstrom und Wasser umgewandelt. Das entstandene Reaktionswasser lässt sich speichern und erneut mittels Photovoltaik zerlegen; so entsteht ein gewisses Kreislaufsystem.[922] Bereits heute werden BsZ mobil in Wasserstoff-Autos, -Schiffen, -Flugzeugen und als tragbare Zusatzladegeräte eingesetzt.[923]
Der Vorteil der Brennstoffzellen liegt in ihrem leisen, zuverlässigen Wirken, ihrem hohen Wirkungsgrad und ihren sauberen „Abgasen" (reines Wasser). Die Technik kommt aus der Raumfahrt, ist erprobt und funktionsfähig – es gibt sogar schon entsprechende Experimentierkästen für Schulen.
Allerdings werden, wie gesagt, nicht alle BsZ-Typen mit Wasserstoff oder Bio-Methan betrieben; es gibt starke Interessengruppen, die als

---

[921] Siehe Geitmann 2010, S. 181 ff. ; http://www.dwv-info.de/ ; http://de.wikipedia.org/wiki/Brennstoffzelle ;
http://www.hydrogeit.de/brennstoffzelle.htm ; http://www.hyport.de ;
http://www.lange-flugzeugbau.com/htm/deutsch/aktuelles/neuigkeiten.html ;
http://www.clearedgepower.com/

[922] Siehe http://www.fronius.com/cps/rde/xbcr/fronius_oesterreich/4000062837_PRO_0107_fronius_energiezelle_de.pdf

[923] Siehe http://www.netinform.net/h2/H2Mobility/Default.aspx ; http://www.hydrogeit-verlag.de/wasserstoff-autos.htm ; http://www.powertrekk.com/ ;
http://www.efoy-comfort.com/de ; http://www.nectarpower.com/

BsZ-Gas das Erdgas vorziehen, welches sich nahtlos in die Abhängigkeitsstrukturen des traditionellen Energiemarktes einpasst.

11.7. Akkus

Bei diesen chemischen Energiespeichern sind nur die wiederaufladbaren (engl. *rechargeable*) Sekundärzellen für die Speicherung der Energie-Ernte geeignet, keinesfalls aber die nicht-wiederaufladbaren Primärzellen („Wegwerf-Batterie"), wobei eine strikte sprachliche Trennung zwischen Akku (wiederaufladbar) und Batterie (nicht-wiederaufladbar) auch in der wissenschaftlichen Literatur nicht durchgehalten wird.

Nachdem Alessandro Volta 1800 die erste Batterie gebaut hatte, entwickelte Wilhelm Josef Sinsteden 1854 den ersten wiederaufladbaren (Blei-)Akku, der von Gaston Planté 1859 verbessert und 1881 von Camille Alphonse Faure weiterentwickelt wurde, bis ihn schließlich Henri Tudor 1882 zur Serienreife konstruierte.[924] Bis Mitte der 1890er wurden die Akkus hauptsächlich als Pufferbatterien eingesetzt: in der Telegrafietechnik, für Klingel- und Telefonanlagen, bei Zugbeleuchtungen, für Elektrizitätswerke, Bergwerke und Straßenbahnwagen.[925] Größere, netzunabhängige Systeme wie bei Elektroautos und U-Booten blieben die Ausnahme bzw. kamen vermehrt erst ab Mitte der 1890er Jahre auf.[926] Früh schon wurden Akkus zur Speicherung erneuerbarer Energie genutzt: Akku-Konstrukteur Henri Tudor versorgte seine eigenen Akkus mit dem Strom aus der Wassermühle Rosport, der Flocken-Elektrowagen von 1888 lud seine Akkus mittels Energie aus Wasserkraft, und der dänische Windpionier Paul la Court nahm 1902 sein erstes Wind-Elektrizitätswerk mit Speicher in Betrieb.[927]

---

[924] Siehe Lindner 1985, S. 195 f. ; http://de.wikipedia.org/wiki/Alessandro_Volta ; http://de.wikipedia.org/wiki/Wilhelm_Josef_Sinsteden ; http://fr.wikipedia.org/wiki/Gaston_Planté ; http://fr.wikipedia.org/wiki/Camille_Alphonse_Faure ; http://de.wikipedia.org/wiki/Henri_Tudor

[925] Siehe Lindner 1985, S. 196 ; Blank http://webdoc.sub.gwdg.de/edoc/p/fundus/4/blank.pdf, S. 114

[926] Siehe http://de.wikipedia.org/wiki/Gustave_Trouvé ; http://de.wikipedia.org/wiki/Flocken_Elektrowagen ; http://de.wikipedia.org/wiki/Gymnote_(Q_1) ; http://de.wikipedia.org/wiki/U-Boot#Militärische_U-Boote_Ende_des_19._Jahrhunderts

[927] Siehe http://de.wikipedia.org/wiki/Henri_Tudor ; http://de.wikipedia.org/wiki/Flocken_Elektrowagen ; Heymann 1995, S. 68

Blei-Akkus sind heute als Starter-"Batterie" in fast allen Autos verbreitet. Allerdings ist der Bleiakkumulator auch der schwerste, schwächste und am wenigsten dauerhafte (Anzahl der Ladezyklen) Speichertypus unter der Akkus. Daher wird intensiv an anderen Akku-Typen geforscht, von denen hier nur größten Gruppen eingegangen werden soll.

Lithium-Akkus sind heute durch die Lithium-Ionen-Akkus (LiIo) in unseren Notebooks weit verbreitet. Da diese Akkus prinzipiell auch in Brand geraten können, was bei größeren Speichereinheiten für Eigenheime oder Elektroautos zu erheblichen Gefahren führt, hat man sich in den letzten Jahren hier besonders intensiv mit dem Thema Sicherheit beschäftigt. Lithium-Ionen-Akkus[928] werden u.a. von den Firmen Akasol Engineering, Leclanché S.A und Envia Systems hergestellt.
An Lithium-Polymer-Akkus (LiPo)[929] arbeiten auch das Fraunhofer-Institut für Solare Energiesysteme ISE und die Firma Dispatch Energy Innovations GmbH im schleswig-holsteinschen Itzehoe.
Lithium-Metall-Polymer-Akkus (LMP)[930] werden z.B. vom französischen Bolloré-Konzern für sein „Bluecar"-Projekt verwendet.
Lithium-Eisen-Phosphat-Akkus[931] werden u.a. in dem in Dresden gebauten Kleinwagen „CitySax" verbaut.
Lithium-Eisen-Magnesium-Phosphat-Akkus (LiFeMgPO4)[932] stellt die Firma Valence Technology in Austin/Texas her.
Die Lithium-Eisen-Kohlenstoff-Technik[933] ist dagegen noch sehr jung und befindet sich in der Entwicklungsphase.

---

[928] Siehe http://www.akasol-engineering.de/ ; http://www.leclanche.eu/ ; http://enviasystems.com/technology/
[929] Siehe http://www.kolibri-ag.com/ ; http://www.ise.fraunhofer.de ; http://www.dispatchenergy.de/
[930] Siehe http://www.bluecar.fr/fr/pages-bollore-pininfarina/puissance-deux-groupes.aspx ; http://www.batscap.com/
[931] Siehe http://de.wikipedia.org/wiki/Lithium-Eisenphosphat-Akkumulator ; http://www.a123systems.com/ ; http://citysax.com/citysax/html/batterie.html ; http://www.thunder-sky.com /home_en.asp
[932] Siehe http://www.valence.com/LiFeMgPO4/why-lithium-iron-magnesium-phosphate
[933] Siehe http://idw-online.de/de/news413126

Lithium-Mangan-Akkus (LiMn)[934] sind eine Weiterentwicklung der Lithium-Ionen-Speicher; als Batterie für Elektrofahrräder werden sie u.a. von Panasonic hergestellt.
Lithium-Titanat-Akkus (LTO)[935] bauen u.a. die Firmen Altairnano in Reno/Nevada und Younicos in Berlin.
Lithium-Luft-Akkus[936] sollen künftig deutlich mehr Energie speichern können als die Li-Io-Akkus; für Elektro-Autos entwickelt IBM solche Speicher in seinem Almaden-Research-Center bei San Jose/Kalifornien.
Lithium-Schwefel-Akkus (Li-S)[937] hatten in der Vergangenheit Probleme mit der Haltbarkeit, die nun überwindbar scheinen; sie wurden z.B. 2008 beim 3-Tage-Flug des unbemannten Solar-Flugzeugs „Zephyr-6" erfolgreich eingesetzt.
Lithium-Feststoff-Akkus[938] sollen künftig die Li-Io-Akkus mit höherer Haltbarkeit und schnellerem Speichervermögen ablösen, befinden sich aber noch in der Grundlagenforschung.

Nickel-Akkus sind seit langem durch die wegen ihrer Umweltgefährlichkeit inzwischen EU-weit verbotenen Nickel-Cadmium-Akkus (NiCd) bekannt. Nickel-Eisen-Akkus (NiFe)[939] gelten als einfach, stabil, wartungsarm, aber auch sehr stark selbstentladend (Verlust 20-

---

934 Siehe http://de.wikipedia.org/wiki/Lithium-Ionen-Akkumulator#Lithium-Mangan-Akkumulator ; http://www.torqeedo.com/ ; http://www.panasonic.-com/industrial/batteries-oem/oem/rechargeable-coin/manganese-lithium.aspx

935 Siehe http://idw-online.de/pages/de/news424687 ; http://idw-online.de/pages/de/news484807 ; http://www.altairnano.com/ ; http://www.younicos.com/de

936 Siehe http://www.sciencemag.org/content/337/6094/563.abstract ; http://www.eastchem.ac.uk/profiles/sta/bruce.html ; http://www.almaden.ibm.com/st/smarter_planet/battery/ ; http://www.almaden.ibm.com/institute/2009/agenda.shtml

937 Siehe http://de.wikipedia.org/wiki/Lithium-Schwefel-Akkumulator ; http://www.stanford.edu/group/cui_group/papers/CycleLife.pdf ; http://dx.-doi.org/10.1038/ncomms2327 ; http://www.sionpower.com/ ; http://news.bbc.co.uk/2/hi/science/nature/7577493.stm

938 Siehe http://de.wikipedia.org/wiki/Lithium-Ionen-Akkumulator#Lithium-Feststoff-Akkumulator ; http://presse.tugraz.at/pressemitteilungen/2013/15.07.2013.htm ; http://dx.doi.org/10.1021/jz401003a

939 Siehe http://www.akku-abc.de/nickel-eisen-akku.php ; http://www.changhongbattery.com/Ni-Fe_battery_for_Solar_&_wind_appliances_p53_m2.2.2.html

40%/Monat); sie werden heute hauptsächlich in China produziert – auch als Speicherlösung für die Solar- und Wind-Energie. Der verbreitetste Typ dieser Gruppe ist der Nickel-Metallhydrid-Akku (NiMH), der heute von vielen Herstellern produziert wird; der Akku im Hybrid-Auto Toyota Prius wird z.B. von der Firma Panasonic gebaut.[940] Während Nickel-Wasserstoff-Akkus (NiH2)[941] kaum außerhalb der Raumfahrt Verwendung finden werden, könnte neben dem Nickel-Zink-Akku (NiZn)[942] auch der Nickel-Lithium-Akku (NiLi)[943] künftig eine größere Rolle spielen – z.B. als Hauptspeicher für Elektroautos und damit wohl auch für Häuser.

Allerdings sollte man den verbotenen Nickel-Cadmium-Akkus (NiCd)[944] eine zweite Chance geben. Es war zwar in der Vergangenheit richtig, die Verbreitung der kleinen Akkus dieses Typs für mobile Anwendungen wie Radios, Kassettenrecorder, Walkmans etc. einzuschränken, da zu viele weggeworfene Kleinakkus mit ihrem giftigen Schwermetall Cadmium die Umwelt verseuchten. Aber für große stationäre Akkus, wie z.B. dem häuslichen Energiespeicher im Keller, besteht eine solche Gefahr nicht, zumal wenn dafür ein amtlicher Kauf- und Entsorgungs-Nachweis notwendig wäre. Stationäre NiCd-Energiespeicher wären relativ stabil und kostengünstig; ihre größeren Abmessungen und ihr höheres Gewicht gegenüber Lithium-Ionen-Akkus würde im Keller keine Rolle spielen. Zugleich könnte das nur begrenzt verfügbare Metall Lithium für mobile Anwendungen wie z.B. in Elektroautos „reserviert" werden. Es ist überdies nicht einzusehen, warum wassergefährdendes Heizöl in Privatkellern gelagert werden darf, während das unter gleichen Bedingungen für die NiCd-Akkus verboten ist.

Metall-Luft-Batterien sind fast ausschließlich Primärzellen, also nicht wieder aufladbar. Doch wiederaufladbare Zink-Luft-Akkus[945] haben die Firmen ReVolt Technology und Eos Energy Storage entwickelt.

---

940 Siehe http://www.priuswiki.de/wiki/Hybridbatterie

941 Siehe http://www.nickelinstitute.org/index.cfm/ci_id/19223/la_id/3.htm ; http://www.nasa.gov/offices/oce/llis/0568.html

942 Siehe http://de.wikipedia.org/wiki/Nickel-Zink-Akkumulator

943 Siehe http://dx.doi.org/10.1021/ja906529g ; http://www.greencarcongress.-com/2009/10/ni-li-20091006.html

944 Siehe http://de.wikipedia.org/wiki/Nickel-Cadmium-Akkumulator

945 Siehe http://www.revolttechnology.com ; http://www.eosenergystorage.-com/

Ebenfalls an einem wiederaufladbaren Metall-Luft-Akku arbeitet das Team um Professor Cody Friesen an der Arizona State University.[946] Natrium-Luft- und Natrium-Ionen-Akkus[947] haben langfristig ein ähnliches Potential wie die entsprechenden Lithium-Akkus, sind aber noch nicht vergleichbar erforscht.

Redox-Flow-Zellen[948] (Flussbatterien) haben den Vorteil, dass bei ihnen quasi keine Selbstentladung auftritt. Dafür sind sie technisch recht aufwendig: die flüssigen, salzhaltigen Elektrolyte werden jeweils in gesonderten Tanks aufbewahrt und erst bei Bedarf in die durch eine Membran geteilte Reaktionszelle gepumpt, wo sie geladen oder entladen werden. Bei den Redox-Flow-Zellen gibt es verschiedene Typen, so die Vanadium-Redox-Batterie und die Zink-Brom-Batterie.[949]

Hochtemperatur-Akkus[950] wie die Natrium-Schwefel- und Natrium-Nickelchlorid-Typen („Zebra-Batterie“) arbeiten mit einer Betriebstemperatur von 300-400 °C oder mehr. Wegen der damit verbundenen Anforderungen dürften sie kaum als Hauptspeicher für Einfamilienhäuser in Frage kommen. Für große Inselnetze hingegen wie z.B. auf der Azoren-Insel Graciosa können solche Speicher als Groß-Akkus sehr vorteilhaft sein.[951]

Weitere Akku-Techniken

Natrium-Mangan-Akkus (NaMn)[952] bauen auf einfachen Alkali-Mangan-Batterien auf, sind aber als RAM-Zellen (Rechargeable Alkaline

---

[946] Siehe http://asunews.asu.edu/20091105_friesenbatteryresearch

[947] Siehe http://www.uni-giessen.de/cms/ueber-uns/pressestelle/pm/pm244-12 ; http://dx.doi.org/10.1038/nmat3486 ; http://idw-online.de/pages/de/news434824

[948] Siehe http://www.isea.rwth-aachen.de/eess/technology/redox-flow ; http://www.primuspower.com/ ; http://web.mit.edu/newsoffice/2011/flow-batteries-0606.html ; http://www.tubulair.de/

[949] Siehe http://www.cellstrom.com/Produkte.39.0.html ; http://www.pdenergy.com/ ; https://prof.hti.bfh.ch/fileadmin/home/mik1/Zinkbatterie.pdf

[950] Siehe http://www.isea.rwth-aachen.de/eess/technology/high-temperature ; http://de.wikipedia.org/wiki/Zebra-Batterie ; http://www.nrel.gov/docs/fy99osti/25553.pdf ; http://www.ambri.com/

[951] Siehe http://www.younicos.com/de/produkte/Inselnetze/index.html

[952] Siehe http://de.wikipedia.org/wiki/RAM-Zelle#RAM-Zellen ; http://www.aquionenergy.com/technology/

Manganese) wiederaufladbar; an der Erhöhung der möglichen Ladezyklen (z.B. auf über 5.000) wird gearbeitet.
Natrium-Ionen-Akkus[953] sollen die Lithium-Akkus durch mehr Leistung mittelfristig ersetzen; u.a. arbeitet Toyota an diesem Typ.
Mit Magnesium-Ionen-Akkus[954] könnte künftig das teure Lithium durch das billigere Magnesium in der Akku-Technik ersetzt werden; allerdings stehen die Forschungen noch ganz am Anfang.
Fluorid-Ionen-Akkus[955] stellen ein völlig neuartiges Konzept dar und stehen somit erst am Anfang der Entwicklung. Gleiches gilt auch für die Konzepte eines metallfreien Polymer-Akkus, sei es auf Basis von Algen, Papierabfällen oder als Organische Radikalbatterie (ORB).[956]

Alle o.a. Akku-Typen haben ihre spezifischen Stärken und Schwächen, die sich durch die intensive Forschungs- und Entwicklungsarbeit auf diesem Gebiet ständig verändern. Der neueste Trend ist dabei, solche Akkus biegsam, dehnbar, flexibel, verformbar, sogar aufsprühbar und aus Naturstoffen herzustellen.[957]
Die breite und intensive Forschung an den verschiedenen Techniken wird bereits in wenigen Jahren zu deutlich billigeren und leistungsfähigeren Akkus führen. Schon heute gibt es eine Auswahl von Haus-Akkus, die die selbst erzeugte Energie speichern und das Eigenheim in energiearmen Zeiten versorgen können.[958]

---

[953] Siehe http://www.heise.de/tr/blog/artikel/Akku-Technik-2-0-1754188.html ; http://www.dx.doi.org/10.1021/nl400998t ; http://green.wiwo.de/innovation-us-startup-will-stromspeicher-bezahlbar-machen/

[954] Siehe http://www.technologyreview.com/news/507561/toyota-plugs-away-at-the-next-gen-electric-car-battery/ ; http://idw-online.de/de/news535034

[955] Siehe http://www.kit.edu/besuchen/pi_2011_8281.php

[956] Siehe http://dx.doi.org/10.1021/nl901852h ; https://www.liu.se/forskning/forskningsnyheter/1.333609?l=en ; http://dx.doi.org/10.1126/science.1215159 ; http://idw-online.de/pages/de/news489936 ; http://www.uni-jena.de/Mitteilungen/PM111110_Energiespeicher_Forschergruppe.html

[957] Siehe http://dx.doi.org/10.1002/adma.201202196 ; http://dx.doi.org/10.1021/nn1018158 ; http://www3.imperial.ac.uk/people/e.-greenhalgh ; http://dx.doi.org/10.1038/ncomms2553 ; http://www.youtube.-com/watch?v=jZ7A51h6cwU ; http://dx.doi.org/10.1038/srep00481 ; http://www.enerzine.com/14/10853+le-projet-de-batterie-vegetale-du-cnrs+.html ; http://dx.doi.org/10.1126/science.1209150

[958] Siehe http://www.solaranlagen-portal.com/photovoltaik/stromspeicher/photovoltaik-speicher

11.8. Superkondensatoren

Superkondensatoren (engl. *Supercapacitors/Super-Caps*), auch als elektrochemische Doppelschicht-Kondensatoren (EDLC)[959] bekannt, wurden erstmals in den 1950er Jahren entwickelt und patentiert. Sie speichern die elektrische Energie im Gegensatz zu den Akkus rein physikalisch und nicht chemisch. Äußerlich ähneln viele Superkondensatoren den heute im Handel erhältlichen Akkus.
Vorteile der Super-Caps sind ihre Fähigkeit, schnell große Mengen an Energie speichern und wieder abgeben zu können sowie ihre große Lebensdauer über viel Ladezyklen hin.
Ihre Nachteile gegenüber Akkus sind die geringere Energiedichte, die schnellere Selbstentladung und der höhere Preis.[960]

Super-Caps können dabei sowohl stationär als auch mobil eingesetzt werden: nachdem AEG vor einigen Jahren schon ein Konzept der Notstromversorgung großer Rechenzentren mit Hilfe von SuperCaps vorgelegt hatte[961], kommt für das HEH die schnelle Pufferung von Lastspitzen bei Strom aus Wind und Sonnenenergie, sowie die Bremsenergie-Rückgewinnung bei Elektroautos in Frage.[962]

Um die Superkondensatoren noch besser auf diesen vielfältigen Gebieten einsetzen zu können, versucht man auch hier die entsprechenden Speicherstoffe zu verkleinern bzw. ihre Oberfläche bei gleich bleibendem äußeren Umfang zu vergrößern. So züchtete ein Forscherteam um Professor Hao Zhang an der Universität Peking nur millionstel Millimeter (Nanometer) große Manganoxid-Blumen, die eine Stromdichte bis zu 77 Ampere/Gramm ermöglichen.[963]
Andere Forschergruppen, wie das Team um Gary Rubloff und Sang Bok Lee vom NanoCenter der Universität Maryland, verwenden tiefe Nano-Poren in Aluminium-Oxid, die dann mit nur Atom-dünnen

---

959 Siehe http://de.wikipedia.org/wiki/Doppelschicht-Kondensator

960 Siehe http://www.technologyreview.com/energy/37519/ ; http://de.wikipedia.org/wiki/Energiespeicher#Speichern_elektrischer_Energie

961 Siehe http://www.aegpartnernet.com/aeg/export/sites/aegpartnernet/en/service/news/2009/2009-11-10_DCD_London_Presentation_EN2009.pdf

962 Siehe http://www.innovation.kit.edu/downloads/R2B_2008_03.pdf ; http://chargecar.org/ ; http://www.nanotune.com/

963 Siehe http://pubs.acs.org/doi/abs/10.1021/nl800925j ; http://www.weltderphysik.de/de/4245.php?ni=1104

Schichten aus einem Metall, einem Isolator und einem weiteren Metall überzogen werden.[964]
Am Nanotechnologie-Institut der Drexel University erzeugt ein Team um Professor Yury Gogotsi flexible Kohlenstoff-Filme beliebiger Größe, die als biegsame Superkondensatoren dienen.[965]
Dagegen setzen Forscherteams am Rensselaer Polytechnic Institute[966] und an der Stanford University[967] auf ein mit Tinte aus Kohlenstoff-Nanoröhren getränktes Papier als biegsamen Superkondensator. Jedenfalls könnten Polymer-Kunststoffe und Kohlenstoff-Nanoröhren eine Lösung sein, die Energiedichte der Super-Caps zu steigern und zugleich die Kosten dieser Technologie zu senken.[968] Ein weiterer Weg zu kostengünstigen Super-Caps sind Biokunststoffe, die aus (tropischen) Früchten hergestellt werden können; ein Projekt dazu leitet Professor Dino Isa an der University of Nottingham Malaysia Campus (UNMC).[969] Vielleicht lassen sich auf diesem Wege Super-Caps mittels einfacher chemischer Verfahren und 3-D-Druckern sogar privat herstellen.

Selbst der alte Bleiakku könnte in Kombination mit Super-Caps noch mal „zu Ehren“ kommen: die Firma Ecoult in Sidney vertreibt die vom nationalen australischen Forschungsinstitut CSIRO („Commonwealth Scientific and Industrial Research Organisation“) entwickelte „Ultra-Battery“, die aus beiden Speicherkomponenten besteht und für die – kostengünstige – Speicherung regenerativer Energien ausgelegt ist.[970] Hybrid-Stromspeicher aus Super-Caps und Li-Io-Batterien vertreiben

---

964 Siehe http://www.nanocenter.umd.edu/news/news_story.php?id=3773

965 Siehe http://www.materials.drexel.edu/News/Item/?i=4379 ; http://www.-materials.drexel.edu/News/Item/?i=4226 ; http://www.sciencemag.org/cgi/content/abstract/328/5977/480

966 Siehe http://news.rpi.edu/update.do?artcenterkey=2273 ; http://news.rpi.e-du/update.do?artcenterkey=2770

967 Siehe http://www.stanford.edu/group/cui_group/yicui.html ; http://www.p-nas.org/content/early/2009/12/04/0908858106.abstract

968 Siehe http://www.fastcapsystems.com/technology.html ; http://idw-online.-de/pages/de/news489176 ; http://idw-online.de/pages/de/news404906 ; http://idw-online.de/pages/de/news437327 ; http://arxiv.org/abs/1006.5221

969 Siehe http://www.scidev.net/en/news/malaysian-scientists-use-tropical-fruits-to-make-batteries.html ; http://www.nottingham.ac.uk/engineering/departments/eee/people/dino.isa

970 Siehe http://www.ecoult.com/ ; http://www.csiro.au/news/UltraBattery.html

die US-Firmen Ioxus aus Oneonta/New York und JSR Micro aus Sunnyvale/Kalifornien.[971] Eine Kombination einer drahtförmigen Solarzelle mit einem Kondensator hat Professor Huisheng Peng an der Fudan Universität/Schanghai entwickelt.[972]

Originell ist auch die Idee, die das Londoner Imperial College zusammen mit anderen europäischen Institutionen verfolgt: Autoteile (Dach, Türen etc.), gefertigt aus einem speziellen, patentierten Verbundstoff von Kohlenstoff-Nanoröhren und Polymerharzen, sollen als Energiespeicher die Funktion der herkömmlichen Akkus übernehmen und so die Autos um insgesamt 15% leichter machen.[973] In ähnliche Richtung zielt die Forschung von Professor Zhixiang Wei am National Center for Nanoscience and Technology/Peking, der nach dem Muster der sich selbst verdunkelnden Sonnenbrillen-Beschichtung PV-Fenster herstellen will, die Energie liefern und zugleich als Super-Caps speichern können.[974]

---

[971] Siehe http://www.ioxus.com/technical-center/ ; http://jsrmicro.com/index.-php/EnergyAndEnvironment/

[972] Siehe http://www.polymer.fudan.edu.cn/polymer/research/Penghs/main_en.htm ; http://dx.doi.org/10.1002/anie.201207023

[973] Siehe http://www3.imperial.ac.uk/newsandeventspggrp/imperialcollege/newssummary/news_5-2-2010-10-26-39 ; http://www.ri.se/sites/default/files/keynote_structuralenergystoringmats_final_kompatibilitetslage_0.pdf

[974] Siehe http://sourcedb.cas.cn/sourcedb_nanoctr_cas/yw/rc/200906/t20090602_252686.html ; http://dx.doi.org/10.1039/c2ee21643d

12. HEH-Chancen

Hier soll nun anhand einiger Objekte beispielhaft aufgezeigt werden, wo welche Chancen zum HEH bestehen:

12.1. Beispiel Haus

An dieser Stelle können und sollen nicht die vielen zuvor beschriebenen HEH-Optionen des privaten Haushalts wiederholt werden. Hier geht es nur um eine systematische Einordnung der Energieversorgungs-Optionen. Wichtige Grundlage für das HEH ist der sparsame Umgang mit Energie (gute Hausdämmung, wenige Stand-by-Zeiten, Verzicht auf unnötige „Luxus-Elektrifizierung“) und das Vorhandensein effektiver Energiespeicher.
Generell gibt es beim HEH am/im Haus zwei Sorten von Energiequellen: Umwelt-Energien wie z.B. Sonne, Wind etc. und Abfall-Energien wie z.B. Abwärme aus Abluft/Abwasser; letztere können übergangsweise auch fossilen Ursprungs sein.

Hauptenergiequellen sind Fotovoltaik, Solarthermie und Bioenergie (in Form von Biogas aus Abfällen/Fäkalien und Holz-/Abfällen). Sie sind überall und unabhängig vom Standort vorhanden.

Erweiterte Hauptenergiequellen sind Kleinwasserkraft und Kleinwindenergie. Zwar ist ein nutzbares Kleinwasserkraft-Potential durch Regenwasser und häusliches Abwasser etc. überall vorhanden, aber wirklich interessant ist diese Ernteoption erst dort, wo Bäche, Flüsse oder das Meer zur Verfügung stehen. Die Windenergie ist an einzelnen Orten wie z.B. im Windschatten von Bergen oder Wäldern nicht/kaum nutzbar, aber ihr Nutzungspotential ist viel höher, als es heute angezapft wird bzw. werden darf.

Hilfsenergiequellen sind die übrigen Techniken. Auch sie können ein erhebliches Ernte-Potential erzielen, aber das hängt sehr von der individuellen Situation ab.

Energie-Nutzungen/-Umwandlungen, die beim HEH zum Tragen kommen, sind z.B.:
Solarwärme → Warmwasser/Heizung

Solarwärme → Thermoelektrik → Strom (für Licht/E-Geräte)
PV → Strom (für Licht/E-Geräte)
PV → Strom → Warmwasser/Heizung
Wind → Strom (für Licht/E-Geräte)
Wind → Strom → Warmwasser/Heizung
Wasser → Strom (für Licht/E-Geräte)
Wasser → Strom → Warmwasser/Heizung
Biogas → Verbrennung → Warmwasser/Heizung
Biogas → Brennstoffzelle → Strom (für Licht/E-Geräte)
Holz → Verbrennung → Warmwasser/Heizung
Holz → Verbrennung → Thermoelektrik → Strom

Keine HEH-Lösungen sind die elektrisch angetriebene Wärmepumpe und die gasgetriebene Kraft-Wärme-Koppelung (KWK) z.B. von Blockheizkraftwerken (BHKWs). Bei beiden bleibt meist die Abhängigkeit von den EVUs erhalten, da mit HEH nicht genügend Biogas für die KWK erzeugt werden kann (Ausnahme: große Bauernhöfe) und die Wärmepumpe ihren höchsten Strombedarf gerade in kalten Winternächten hat, wenn z.B. PV als Stromlieferant ausfällt.

12.2. Beispiel Handy

Das Handy ist inzwischen das wohl am meisten verbreitete Mobilgerät; es soll hier als Beispiel dafür stehen, was das HEH bei mobilen Kleinanwendungen leisten kann:
Solar-Handys[975] mit eingebauten PV-Panels gibt es inzwischen auf dem Markt. Ihr Nachteil ist, dass das Handy häufig in/unter der Kleidung (Hosentasche/Jackett) getragen wird, wo kein Sonnenlicht hinkommt. Hier können aber kleine, in die Kleidung integrierte oder dort ansteckbare Solarpanels Abhilfe schaffen.
Bewegungsenergie, wie sie meist bei Uhren und nur selten bei Handys eingesetzt wird, ist eine weitere Versorgungsoption.[976]
Daneben gibt es die Idee, Handys mittels Reibungselektrizität quasi in der Hosentasche aufzuladen.[977]

---

[975] Siehe http://www.solarhandy.info/
[976] Siehe http://de.wikipedia.org/wiki/Automatikuhr ; http://de.wikipedia.org/wiki/Seiko#Kinetic ; http://www.eta.ch/swisslab/205911/205911.html ;
[977] Siehe http://dx.doi.org/10.1021/nl303573d ; http://www.heise.de/tr/artikel/Reibung-laedt-Handy-1755637.html

Aus dem Temperaturgefälle zwischen der Hand- bzw. Körperwärme des Nutzers und der meist kälteren Umgebungstemperatur kann man zusätzliche Energie gewinnen.[978]
Schließlich ließen sich die Schallwellen des Sprechers nicht nur per Handy übertragen, sondern auch in Energie umwandeln.[979]

12.3. Beispiel Auto

Energie-Ernte beim Auto hat zwei Aspekte: die Nutzung regenerativer Energien der Umwelt und die Rückgewinnung von zumeist noch (!) konventionell (z.B. per Verbrennungsmotor) erzeugter Abfall-Energien.

Abwärme[980] lässt sich beim konventionellen Auto am Verbrennungsmotor und am Auspuff ernten. Das erstere geschieht bereits heute durch Latent-Wärmespeicher[981] (siehe Kapitel „Speicher"). Diese speichern die auf längeren Fahrten anfallende überflüssige Kühlwasser-Hitze über Nacht in flüssigen Salzen und geben sie morgens beim Starten wieder an den kalten Motor ab.
An der Wärmeenergie-Gewinnung aus Abgasen arbeitet, neben anderen[982], auch BMW, deren thermoelektrischen Generator (TEG) bei Serienreife mit 250 Watt ca. die Hälfte des Bordnetzverbrauchs eines 5erBMWs liefern soll.[983]
Diese beiden Abwärmequellen werden beim KfZ der Zukunft, welches wohl ein Elektro-Auto sein wird, nicht mehr zur Verfügung stehen. Es bleiben aber die Hitze der Bremsen und des Elektromotors, die sich thermoelektrisch nutzen ließen. Dazu kommen die normalen Tempera-

---

[978] Siehe http://www.ipp.mpg.de/ippcms/ep/ausgaben/ep200704/0407_waerme.html ; http://www.wissenschaft.de/wissenschaft/hintergrund/149465.html
[979] Siehe http://www.eurekalert.org/pub_releases/2008-12/tau-sdp120108.php
[980] Siehe http://www.iav.com/_downloads/de/techn_veroeffentlichungen/ATZlive_Text_ThermoelektrischeAbwrmenutzunginKraftfahrzeugen.pdf
[981] Siehe http://www.pflanzenoel-auto.de/deutsch/node77.html ; http://de.wikipedia.org/wiki/Latentwärmespeicher ; http://idw-online.de/de/news515263
[982] Siehe http://www.amovis.de/kompetenzen/abwarmenutzung-steamcell/ ; http://www.autoblog.com/2009/11/02/gm-awarded-doe-money-to-research-shape-memory-alloy-heat-engines/ ; http://www.ilkdresden.de/fileadmin/user_upload/img_projekte/00_Kryotechnik/Waermekraftmaschinen/Publikation_Fox_ILK_DE.pdf
[983] Siehe http://www.bmwgroup.com/d/nav/ , Suchbegriff: TEG

turdifferenzen am Auto, z.B. im Sommer zwischen dem beim Stehen in der Sonne aufgeheizten Innenraum und dem erheblich kühleren Unterboden des Autos, aus denen sich Energie gewinnen ließe.

Bewegungs-Energie kann man beim Auto, wie bereits im Kapitel „Bewegungs-Energie" besprochen, von verschiedenen Bewegungen abernten: einerseits ist die Rückgewinnung („Rekuperation") von Energie beim Bremsen interessant und wird schon bei Hybrid-Autos umgesetzt. Relativ neu sind dabei Forschungen von Professor Norbert Austerhoff am Institut für Fahrzeugtechnik der Hochschule Osnabrück, die darauf abzielen, auf hydraulische Bremsen zu verzichten und die gesamte Bremsenergie in Elektrizität umzuwandeln.[984] Solche elektromotorischen Bremsen laden dann Akkus oder Schwungräder auf.[985] Andererseits gibt es die verschiedenen Verfahren, die Stoßdämpfer-Energie[986] zu nutzen, indem man sie in elektrische Energie oder Druckluft umwandelt. Ob sich auch die Querbeschleunigungs-Kräfte beim Abbiegen und Kurvenfahren energetisch sinnvoll nutzen lassen, hängt von Preis und Gewicht der noch zu entwickelnden Ernte-Technik ab. Die Energie, die sich aus den Federungen der Fahrzeugsitze ernten ließe, dürfte dagegen nur zum Aufladen von Handys reichen.

Solarenergie in Form von Photovoltaik-Ernte kommt bei Autos bereits seit Jahren zum Einsatz: es gibt solare Batterieladegeräte für das Armaturenbrett[987], Solarlüfter zum Einhängen in die Seitenscheiben[988] und solare Schiebedächer.[989] Nachdem Audi bereits 1989 auf der IAA den Prototyp „Audi 100 Avant Duo" mit Solardach präsentierte, gibt es mit dem Toyota Prius seit 2009 ein Serienauto mit optionalem Solar-

---

[984] Siehe http://www.hs-osnabrueck.de/ ; http://www.heise.de/newsticker/ meldung/Hybridauto-ohne-Bremsen-1197688.html

[985] Siehe http://de.wikipedia.org/wiki/Elektromotorische_Bremse

[986] Siehe http://web.mit.edu/newsoffice/2009/shock-absorbers-0209.html ; http://iopscience.iop.org/0964-1726/19/4/045003/ ; P.M. 6/1999, S. 13

[987] Siehe http://www.pearl.de/a-PE5719-5444.shtml ; http://www.sunforceproducts.com/product_details.php?PRODUCT_ID=65

[988] Siehe http://www.ebest24.com/de/solar-power-autocar-cool-air-conditioning-cooler-fan.html

[989] Siehe http://www.asola-power.de/produkte/automotive-solarmodule/ ; http://www.webasto-group.com/de/webasto-gruppe/technologien-kompetenzen/solar-im-fahrzeug/

dach.[990] Auch die Firma Smart[991] steht in den Startlöchern. Mit dem Sinken der Preise für Solarzellen und dem Steigen der Leistungen von flexiblen Solarfolien werden künftig noch mehr Teile des Autos zur Energie-Ernte heran gezogen. Dazu bieten sich das Dach und die Kühlerhaube an, aber – entsprechend günstige PV-Technik-Kosten vorausgesetzt – auch die Seitenteile und das Heck. Weil wegen des Luftwiderstandes die Frontscheiben immer schräger gestellt werden und sich dadurch die Gesamt-Fläche von Kühlerhaube und Dach verkleinert, sollte künftig auch das Armaturenbrett stärker mit PV-Zellen bestückt werden; dass es sich generell zur Energie-Ernte eignet, zeigen die o.a. Batterieladegeräte. Auch Seiten- und Rückfenster eigenen sich für durchsichtige Organische-PV.

Heute gibt es bereits eine ganze Reihe von „Solarmobilen".[992] Meist handelt es ich um kleine Elektro-Fahrzeuge, die keine Solarzellen am Fahrzeug haben, sondern an der heimischen Steckdose – hoffentlich – mit Solar- bzw. Wind-Strom aufgeladen werden; beim „Auswärtsübernachten" dürfte häufig auch gewöhnlicher Atom- und Kohle-Strom in den Auto-Akkus landen. Weiterhin gibt des Tretmobile/HPVs mit solarem „Range-Externder"[993], die im Kurzstreckenverkehr eine sinnvoll-sportliche Alternative zu Elektro-Fahrrädern etc. darstellen. Daneben existieren Solarmobil-Prototypen, die ausschließlich mit der Energie ihrer eigenen PV-Panele betrieben werden.[994] Diese Autos werden als Rennfahrzeuge bei den großen Solarrennen eingesetzt, die meist in den sonnigen Teilen unserer Welt stattfinden.[995]
Doch wirkliche Solar-Autos sind nicht nur Schönwetter-Renner: schon 2007/2008 umrundet der Schweizer Louis Palmer mit seinem „Solarta-

---

990 Siehe http://www.auto-motor-und-sport.de/eco/audi-100-avant-duo-von-1989-youngtimer-als-pionier-der-hybridtechnik-1016386.html ; http://www.toyota.de/cars/new_cars/prius/grade_compare.aspx ; http://www.priuswiki.de/wiki/Solardach
991 Siehe http://www.smartforvision.basf.com/#organische_Solarzellen
992 Siehe http://www.solarmobil.info/ ; http://www.solarmobil.net/ ; http://el-web.info/dokuwiki/ ; http://www.elektro-auto.net/
993 Siehe http://www.velotaxi-thueringen.de/
994 Siehe http://www.hochschule-bochum.de/solarcar.html ; http://www.nuon-solarteam.nl/ ; http://www.solarcartech.com/ ; http://www.emw.hs-anhalt.de/www2/forschung/forschungsprojekte/lightrider.html
995 Siehe http://www.worldsolarchallenge.org/ ; http://americansolarchallenge.org/ ; http://www.tourdesol.ch/ ; http://emobil-rallye.com/

xi“ allein mit Sonnenenergie die Erde und legte dabei über 53.000 Kilometer zurück.[996] Gleiches unternahm ab Oktober 2011 im Rahmen der „World Solar Challenge 2011“ der zweisitzige und schon einem normalen Straßenfahrzeug ähnelnde SolarWorld GT.[997]
Allerdings sind alle heute hergestellten Solar-Mobile wegen der PV-Zellen und der Speicher-Akkus immer noch relativ teuer; das wird sich allerdings in absehbarer Zukunft ändern.
Doch nicht nur bei der Technik, auch beim Design gibt es Veränderungsbedarf: optimal sind große, ebene Dachflächen, die eine enge Beschichtung mit PV-Zellen erlauben und einen hohen Ertrag erzielen. Solche Autos würden dann aber wohl eher wie ein kleiner und leichter VW-Bus[998] als wie ein Porsche 911 aussehen.

Windenergie ist, wie wir in dem entsprechenden Kapitel gesehen haben, manchmal sogar ausreichend, um allein ein Fahrzeug anzutreiben.[999] Aber der Wind ist meist zu unzuverlässig, als dass man sich auf ihn als alleinigen Antrieb verlassen könnte. Zwar haben die Deutschen Dirk Gion und Stefan Simmerer vom 26.01. bis 12.02.2011 auf 4800 km Süd-Australien mit einem Windauto („Wind-Explorer“) durchquert, dessen Windgenerator in den bis zu 12stündigen Pausen auf einem 6 Meter hohen Masten aufgestellt wurde; aber trotz der Fahrt an der windreichen australischen Südküste und der Unterstützung durch ein Kite-Segel musste das elektrische Kleinfahrzeug teilweise an die Steckdose.[1000]
Dennoch ließe sich, z.B. unter den aufklappbaren Solarpanelen auf dem Fahrzeugdach, ein ummanteltes Windrad anbringen, welches bei dem unter freiem Himmel parkenden Auto ausgeklappt würde und während der Parkzeit Strom für die Auto-Akkus liefern könnte.
Zudem werden die herkömmlichen Autos aus Energiespargründen immer leichter: das im Januar 2010 vorgestellte 1-Liter-Auto VW XL 1[1001] wiegt zwar mit 800 kg immer noch mehr als das Dreifache des

---

[996] Siehe http://www.solartaxi.com/
[997] Siehe http://www.solarworld-gt.de ; http://idw-online.de/de/news510844
[998] Siehe http://de.wikipedia.org/wiki/VW-Bus
[999] Siehe http://www.windturbinerace.dk/
[1000] Siehe http://www.wind-explorer.com/ ; http://www.tgdaily.com/sustainability-features/54147-car-crosses-australia-using-wind-power
[1001] Siehe http://www.volkswagen.de/de/Volkswagen/News.suffix.html/2011~2F1liter_auto_xl1.html ;
http://www.spiegel.de/auto/aktuell/0,1518,741509,00.html

Wind-Explorers, aber die Leichtbauweise wird künftig optimiert werden und auch von dieser Seite rückt das energieautarke Auto immer näher. Ob hingegen Windenergienutzungen mittels piezoelektrischen Folien an der Karosserie[1002] eine Zukunft haben, ist doch sehr fraglich. Schließlich könnten auch leichte Veränderungen an der Außenhaut zu Verschlechterungen des Luftwiderstandes führen.

Alle oben beschriebenen Techniken produzieren als Ernte-Ergebnis elektrische Energie. An Generatoren, die Strom sowohl aus fotovoltaischen als auch piezoelektrischen und thermoelektrischen Effekten gewinnen können, wird derzeit z.B. vom Team von Professor Anantha Chandrakasan am MIT geforscht.[1003] Dazu kommt der Strom, wie ihn Solarcarports[1004] und Plusenergie-Häuser[1005] aus Photovoltaik- oder Windkraft-Anlagen erzeugen und ihn für Autos zur Verfügung stellen können. Künftig werden langlebige, leistungsstarke Stromspeicher sowie verbesserte Elektromotore[1006] uns aus den Energie-Abhängigkeiten der herkömmlichen Auto-Nutzung befreien.

Dass der Weg dabei zum Elektro- und nicht zum Brennstoffzellen-Auto[1007] geht, ist inzwischen höchst wahrscheinlich. Die Nutzung von Brennstoffzellen (BSZ) würde bedeuten, dass man den geernteten Strom zuerst zur Aufspaltung von Wasser verwendet, den entstehenden Wasserstoff dann speichert, und den Wasserstoff per BSZ wieder in Strom umwandelt, wobei jede Umwandlung mit Verlusten verbunden ist. Dazu kommen die zusätzlichen Kosten für die Wasserstoff-/BSZ-Technologie und die dazugehörige Infrastruktur. Zudem gibt es inzwischen eine Vielzahl von Forschungen und Entwicklungen zur Elektro-

[1002] Siehe http://meetings.aps.org/Meeting/DFD09/Event/110728

[1003] Siehe http://mtlweb.mit.edu/~anantha/ ; http://ieeexplore.ieee.org/xpl/articleDetails.jsp?reload=true&arnumber=6225400

[1004] Siehe http://www.solarworld.de/produkte/produkte/suncarport/ ; http://www .sunside-carports.de/ ; http://www.carport-solar.de/de/solar-carport.html

[1005] Siehe http://idw-online.de/de/news455149 ; http://www.bmvbs.de/DE/EffizienzhausPlus/effizienzhaus-plus_node.html

[1006] Siehe http://en.wikipedia.org/wiki/Switched_reluctance_motor ; http://www.economist.com/news/science-and-technology/21566613-electric-motor-does-not-need-expensive-rare-earth-magnets-reluctant-heroes

[1007] Siehe Geitmann 2006

mobilität[1008], die den technischen Fortschritt auf diesem Gebiet beschleunigen werden. Schon heute sind die Reparatur- und Wartungskosten bei E-Autos um ein Drittel niedriger liegen als bei Benzinern und Dieseln, wie aus einer Studie des Instituts für Automobilwirtschaft (IFA) vom 20.11.2012 hervor geht.[1009]
Zudem hat sich das E-Auto auch in schwierigen Situationen wie dem Katastrophengebiet des Japan-Tsumanis von 2011 bewährt, wo normale Kraftfahrzeuge aus Treibstoffmangel liegen blieben, während für es für E-Mobile ausreichend Strom gab[1010] – eine Entwicklung, die sich mit dem HEH noch verstärken wird.
Das Elektroauto könnte damit an seine Erfolgsgeschichte aus der Frühzeit des Automobils anknüpfen.[1011]
Erst wenn es gelingt, die Kraftfahrzeuge mit Hilfe der Energie-Ernte-Techniken in einem stärkeren Umfang zum energetischen Selbstversorgern zu machen, hat „das Automobil" („das Selbstbewegliche") seinen Namen auch wirklich verdient.

12.4. Beispiel Gewächshaus

Gewächshäuser lassen sich nicht nur zum frühjährlichen Vorziehen von Pflanzen oder zum Überwintern (sub-)tropischer Gewächse in kühleren Klimazonen verwenden. Man kann sie selbstverständlich auch für das Trocknen von Kaminholz oder Wäsche einsetzen. Doch das sind die eher konventionellen Lösungen.
Die Rückwand und ggf. auch der Fußboden lassen sich Solarkollektoren ausstatten, wobei der Boden dann nicht mit anderen Dingen zugestellt werden darf. Ähnliche Überlegungen sind bereits Gegenstand von Forschungsprojekten.[1012]

[1008] Siehe http://www.ikt-em.de/de/auf_einen_blick.php ; http://www.ener-change.net/ ; http://www.unendlich-viel-energie.de/de/verkehr/detailansicht/article/5/erneuerbare-energien-und-elektromobilitaet.html ; http://www.elektromobilitaet.fraunhofer.de/ ; http://www.cpmotors.eu/ ; http://www.övk.at/aktuelles/2012/Batterieelektrische_Fahrzeuge_in_der_Praxis_2.pdf ; http://e-wald.eu/

[1009] Siehe http://www.ifa-info.de/downloads/3241/Presseinformation%20Elektromobilit%C3%A4t%2020.11.12.pdf

[1010] Siehe http://www.nytimes.com/2011/05/08/automobiles/08JAPAN.html?_r=0

[1011] Siehe Kirsch 2000 ; Mom 2004 ; http://de.wikipedia.org/wiki/Elektroauto

[1012] Siehe http://www.plantputer.com/ ; http://www.zineg.de/

An der Rückwand können auch PV-Zellen zum Einsatz kommen, wobei dann die Rückwand praktisch unverschattet seien muss, sie also nicht als Stellwand benutzt werden kann. Alternativ lässt sich die obere Glasabdeckung des Gewächshauses mit zylindrischen PV-Modulen[1013] belegen, die noch genug Licht für ein intensives Pflanzenwachstum durchlassen. Ähnliches könnten transparente oder semitransparente PV-Elemente leisten.[1014]

Der Fußboden könnte mit piezoelektrischen Platten/Folien ausgelegt sein. Sobald es gelingt, durchsichtige piezoelektrische Folien zu produzieren, lässt sich auch die Glas- bzw. Kunststoff-Verkleidung durch solche Folien ersetzen; durch Wind und Niederschläge (Regen etc.) ließe sich auf diesem Wege elektrische Energie gewinnen. Noch effektiver könnte eine Kombination mit biegsamen, durchsichtigen PV-Folien sein, eine Art „PV-Piezo-Elektrik".

Der obere Innenteil des Gewächshauses, insbesondere auch die Tragkonstruktion, kann mit thermovoltaischen Zellen ausgestattet werden, die aus der Wärme elektrische Energie gewinnen.

Wird das Innere des Gewächshauses nicht gänzlich zur Pflanzenaufzucht oder als Trocknungs-Raum genutzt, lässt sich hier ein Solar-Stirlingmotor zur Stromgewinnung installieren: entweder mit einer Parabolschüssel oder im Zentrum eines „Parabolischen Gartens".

Schließlich wäre es auch möglich – aber wohl wenig effektiv –, das Gewächshaus als kleines Aufwindkraftwerk zu nutzen: der Kamin müsste recht hoch sein und zweckmäßiger Weise mit einem (Vertikal-)Windrotor oder einer Andreau-Turbine kombiniert werden.

12.5. Beispiel Segel-/Sport-Boot

Auf dem Wasser existiert schon seit Jahrtausenden noch eine alternative Antriebs-Art, die das Fahren unter Motor und den damit verbundenen Sprit-Verbrauch weitgehend überflüssig macht: das Segeln! Wie

[1013] Siehe http://de.solyndra.com/technologie-produkte/gewachshauser/

[1014] Siehe http://www.ipms.fraunhofer.de/de/applications/organic-electronics/transparent-modules.html ; http://www.innotechsolar.com/de/news/single/artikel/its-modules-replace-traditional-greenhouse-roofs.html

Weltumsegelungen immer wieder zeigen, ist die Reichweite von Segelbooten praktisch unbegrenzt; Nonstopp-Touren werden allenfalls durch den Proviant-Bedarf der Segler limitiert.

Doch moderne Segelboote haben eine Vielzahl von elektrischen Geräten an Bord, die auf eine stete Stromversorgung angewiesen sind. Dass sich Segelboote dennoch heute schon völlig unabhängig mit Energie versorgen können, ist bekannt und inzwischen gut dokumentiert.[1015] Dazu wird die Sonne über PV-Zellen und der Wind mit Hilfe von Rotoren angezapft; beides lässt sich zusammen gut auf einem Geräteträger über dem Heck montieren.[1016] Zusätzlich kann man als geschickter Bastler die erhebliche Abwärme der Lastwiderstände nutzen, welche verhindern, dass die Windrotore bei voll geladenen Akkus zu schnell drehen. Diese Abwärme kann mit Hilfe von Lüftern/Gebläsen dazu genutzt werden, die Kajüte des Bootes zu heizen.
Wer einen noch höheren Elektrizitätsbedarf hat, montiert einen hochklappbaren Unterwassergenerator[1017] ans Schiff oder verbindet die Schiffsschraubenwelle mit einem Antriebswellen-Generator; beide Generatoren dienen dazu, beim Segeln oder beim Ankern in fließenden Gewässern das vorbei strömende Wasser zur Elektrizitätsgewinnung zu nutzen.
Denn obgleich Segelboote lange Strecken meist ohne Motor zurücklegen, brauchen sie für Flauten oder Hafenmanöver einen Motor. Dabei bieten sich heute als Alternative zum bekannten Diesel-Motor auch Elektro-Motore an – sei es als Einbauversionen oder als Elektro-Aussenbordmotore.[1018]
Die neuen Elektromotore sind meist schon vom Werk so ausgelegt, dass sie beim Segelbetrieb über die Schiffsschrauben als Generatoren angetrieben werden.
Mittlerweile kann der Bootsfreund im sonnigen Süden und zur Sommerzeit sowohl auf Kraftstoff-Motore als auch auf Segel verzichten: es gibt eine Vielzahl von Solar-(Sport-)Booten[1019], die zwar noch sehr teuer sind, aber schon deutlich zeigen, dass die PV-Technik auch auf dem

[1015] Siehe Herrmann 2009
[1016] Siehe http://www.palstek.de/admin/downloads/Bootstests/A/Arion_29_E.pdf ; http://www.superwind.com/
[1017] Siehe http://www.ampair.com ; http://www.duogen.co.uk ; Herrmann 2009, S. 76 f. ; http://www.wattandsea.com/en/cruising-hydrogenerator
[1018] Siehe http://www.torqeedo.com ; http://www.auzinger.at/index.php?e-motor

Wasser gut einsetzbar ist. Immerhin startete am 27.September 2010 der große Solar-Katamaran TÛRANOR PlanetSolar sogar zu einer Weltumrundung.[1020] Daneben gab und gibt es immer wieder Versuche, Windmühlen auf dem Oberdeck über Wellen direkt mit der Schiffsschraube zu verbinden.[1021]

Soweit die heutige Technik. Doch wie wir in den vergangenen Kapiteln bereits gesehen haben, sind damit noch lange nicht alle Möglichkeiten ausgeschöpft.

Beginnen wir mit den Segeln: An den Booten lassen sich Zusatzsegel in Form von Zugdrachen anbringen, welche (ummantelte) Windrotore in größere Höhen tragen und so die dort vorherrschenden höheren Windgeschwindigkeiten zur Energiegewinnung nutzen können. Grundlegende Erfahrungen mit Zugdrachen als reinem Bootsantrieb gibt es schon lange; so fuhr 1995/96 die Französin Nicole van de Kerchove die 2800 Seemeilen von Teneriffa nach Guadeloupe.[1022]
Eine weitere Möglichkeit wäre, die konventionellen Segelflächen aus biegsamen Dünnschichtsolarzellen herzustellen, um so die Solarfläche des Bootes erheblich zu vergrößern. Alternativ ließen sich die Segel andererseits aus piezoelektrischen Materialien fertigen. Bei der entsprechenden Auslegung könnte jeder Windstoß Energie liefern. Selbst die bei Seglern sonst so unbeliebten flatternden („killenden") Segel wären dann zu etwas nütze.
Ob ein effektives Konzept der Kombination entsprechenden Solar- und Piezoelektrik-Segeln umsetzbar ist, müssten weitere Forschungen zeigen.

Mittlerweile gibt es für Schönwetter-Fahrten eine Vielzahl von Solarbooten[1023] und sogar Solar-Segelbooten[1024], die allerdings noch relativ

---

[1019] Siehe http://www.solarmobil.info/#boote ,http://www.solarwaterworld.de/ ; http://www.solarfaehre.de/ ; http://www.-kopf-solarschiff.de ; http://www.solarwave.at/ ; http://www.solarsailor.-com.au/

[1020] Siehe http://www.turanor.eu/ ; http://www.planetsolar.org/de/home.htm

[1021] Siehe Jacobi 1988, S. 7 ; http://gallica.bnf.fr/ark:/12148/bpt6k3473d/ f83.image ; http://www.windvinder.com/index.php?id=23&L=1.

[1022] Siehe natur (Zeitschrift) 2/1997, S. 9 ; http://fr.wikipedia.org/wiki/ Nicole_van_de_Kerchove

teuer sind – falls man sie nicht selbst baut.[1025] Sogar (hoch-)seefähige Solar-Schiffe gibt es bereits.[1026] Doch die Entwicklung geht weiter: Am Oberdeck des Rumpfes lässt sich die Fotovoltaik künftig viel intensiver nutzen als heute: das gesamte Oberdeck könnte aus den flexiblen Dünnschicht-PV-Zellen bestehen, seien es organische oder solche aus dem Bereich der seltenen (Halb-)Metalle. Selbst für die Bootsfenster lassen sich – Stichwort: transparente Fotovoltaik[1027] – PV-Zellen verwenden.

Eine piezoelektrische Folie ließe sich an der Bordwand oberhalb der Wasserlinie anbringen: schlagen Wellen gegen das Schiff, wird automatisch Energie erzeugt. Theoretisch lassen sich auch Fender aus so einem piezoelektrischen Material herstellen; hier aber dürfte lange noch das Problem im Verhältnis der Kosten zum Energieertrag liegen. Ebenso können Aufgänge und andere nur kurzzeitig belastete, d.h. betretene oder mit Gegenständen belegte Flächen mit piezoelektrischen Material ausgekleidet werden.

Schiffe können die Wellenenergie auf verschiedene Weise nutzen; einige Schiffe bewegen sich nur durch die Kraft der Wellen voran.[1028] Dieses Verfahren hat allerdings meist den Nachteil, dass es die Wellenenergie nur beim fahrenden Schiff nutzt und die Energie nicht speichern kann.

1023 Siehe http://www.solarmobil.info/index.htm#boote ; http://www.solar-boot-regatta.de

1024 Siehe http://www.solarsailor.com.au ; http://www.roboat.at/

1025 Siehe http://www.solarboot-cup.de/ ; http://www.zonnebootrace.nl/ ; http://www.goerlitz-stiftung.de/Konzept.html ; http://www.foerderwerk-elbinseln.de/onTEAM/grafik/1297168379/HamburgerAbendblatt_24.03.10_WoerterandieMacht.pdf ; http://www.bmu.de/pressearchiv/16_legislaturperiode/pm/44132.php

1026 Siehe http://www.planetsolar.org/ ; http://www.solarwave.at/ ; http://www.sun21.info/sun21/sun21-technik.php

1027 Siehe http://www.ipms.fraunhofer.de/de/applications/organic-electronics/transparent-modules.html ; http://www.schueco.com/markenkampagne/de/produktwelt/prosoltf

1028 Siehe http://liquidr.com/technology/wave-glider-concept/ ; http://www.liquidr.com/pacx/pacific-crossing.html ; http://de.wikipedia.org/wiki/Suntory_Mermaid_II ; http://kneider.voila.net/waveenergyboats/index.html

Die Wellenenergie besser nutzen könnte eine Anlage, die nach dem Vorbild der Wellenenergien-Bojen[1029] konstruiert ist: eine von unten vom Kiel des Bootes in das Schiff hineinragende Röhre, in der der Wellengang periodisch einen Luftdruck aufbaut und darüber einen Generator antreibt. Wellenenergie-Ernte-Schiffe, wie sie u.a. vom Fraunhofer Center for Manufacturing Innovation (CMI) entwickelt wurden[1030], sind wegen ihrer ausladenden, starren Mechanik nichts für Freizeitkapitäne und Fischer.

Ein weiterer Wellengenerator zur Nutzung der Kraft der Wogen ließe sich, in Abwandlung dieses Patents[1031], so an der Ankerkette oder am Ankertau anbringen, indem die kleine Generator-Einheit beim Ankern so an zwei Punkten der Kette/des Tau oberhalb der Wasserlinie (z.B. an Deck) angebracht wird, dass die Einheit die Kette/das Tau verkürzt und die Kette/das Tau zwischen diesen beiden Befestigungspunkten ohne Spannung durchhängt. Bewegt sich nun das ankernde Schiff in den Wellen, wird die Zugkraft der Ankerkette auf die Generator-Einheit übertragen.

Diese Art Wellengenerator könnte auch als Gezeiten-Generator verwendet werden, wenn man das Boot an der Kaimauer bei Niedrigwasser an Bug und Heck mit Ketten/Tauen befestigt, die jeweils mit einer solchen Generator-Einheit bestückt sind. Durch die einsetzende Flut würde sich das Boot heben und über die Befestigungen die Generatoren in Betrieb setzen. Allerdings muss hierbei darauf geachtet werden, dass die gesamte Haltekonstruktion das Boot bei starker Flut nicht unter Wasser drückt.

Auch die Thermo-Elektrik ließe sich auf Booten/Schiffen nutzen: im Sommer ist es an Deck eines Bootes viel wärmer als unter seinem Kiel; im Winter kann es genau umgekehrt sein.
Für die Sommerphase hätte man an Deck eine kleine Lichtkonzentrator-Einheit, um den Wärmeunterschied zum kühlen Wasser unterhalb des Schiffes noch zu verstärken. In der Winterphase fände die „Erwärmung“ am unteren Kielende bei ca. +4° Celsius statt, während das kühle Ende die Mast-/Antennenspitze im Winterwind bei vielleicht -10°

[1029] Siehe Strandh 1980, S. 166 C.
[1030] Siehe http://www.fhcmi.org/Projects/02.html ; http://www.greenpatentblog.com/2011/12/08/fraunhofers-mobile-wave-energy-harvester-barges-in/
[1031] Siehe http://www.patent-de.com/20040506/DE20312348U1.html

Celsius wäre. Die entsprechenden Thermo-Elektrik-Elemente würden per elektronischer Schaltung jeweils automatisch mit dem Energiespeicher-System des Bootes verbunden.

Schließlich könnte man die Energie der Ablagerungen auf dem Meeresboden unterhalb des Schiffes mit einer „Sediment-Batterie"/benthischen MBZ nutzen, wie sie vom US-Naval Research Laboratory zum Betrieb eine Wetter-Boje/Tonne auf dem Potomac River verwendet wird.[1032]
Schon heute zeigen verschiedene Ökoschiff-Entwürfe (E/S Orcelle, Öko-Trimaran, Physalia), dass es künftig immer stärker dahin gehen wird, auf den Schiffen verschiedene Energie-Ernte-Techniken zu kombinieren.[1033]

Selbst kleine Tauchboote lassen sich per HEH betreiben: mit Hilfe der Temperaturunterschiede im Wasser fährt das kleine, unbemannte NASA-U-Boot „Solo-Trec", welches erstmals am 30.11.2009 vor Hawai zum Einsatz kam[1034]; und solange ein Tauchboot nur wenige Meter unter der Wasseroberfläche bleibt, kann es sich mit Solarenergie aus PV-Zellen versorgen, wie Forschungen des Teams um Phillip Jenkins vom U.S. Naval Research Laboratory oder das Mola-Projekt der US-Firma Aerovironment Inc. zeigen.[1035]

12.6. Beispiel Flugobjekte

Die meisten von uns werden sich kaum ein Flugzeug oder ähnliches leisten können, aber dennoch ist dieses Beispiel hier interessant. Denn gerade in diesem Bereich werden dem HEH technische Höchstleistungen abverlangt: bei fast allen anderen Beispielen – U-Boote ausgenom-

[1032] Siehe http://www.onr.navy.mil/Media-Center/Press-Releases/2001/Plankton-Power.aspx ; http://www.nrl.navy.mil/code6900/bug/
[1033] Siehe http://www.2wglobal.com/www/newsFeatures/showNews.jsp?oid=3105 ; http://www.oeko-trimaran.de/ ; http://vincent.callebaut.org/page1-img-physalia.html
[1034] Siehe http://solo-trec.jpl.nasa.gov ; http://www.jpl.nasa.gov/news/news.cfm?release=2010-111
[1035] Siehe http://www.nrl.navy.mil/media/news-releases/2012/photovoltaic-cells-tap-underwater-solar-energy ; http://spectrum.ieee.org/automaton/robotics/robotics-hardware/aerovironments-mola- ; http://www.youtube.com/watch?v=r3Cq8k4KfEk&feature=plcp

men – befindet sich das entsprechende Objekt stets in Kontakt mit mindestens zwei „Elementen“: Luft/Straße, Luft/Erde, Luft/Wasser. Bei Luftfahrzeugen besteht im Einsatz der Kontakt nur zu einem Element, nämlich der Luft.

Der größte Teil der Erneuerbaren-Energie-Techniken wie solare Stirling-Motore oder thermionische Reaktoren, welche in den 1960er Jahren für die Raumfahrt erörtert wurden, kommen heute schon aus Gewichtsgründen für kleine Flugzeuge und kleine Luftschiffe nicht in Frage. Auch wird man diese Luftfahrzeuge – anders als beim Auto – kaum sinnvoll mit Fahrwerks-Stoßdämpfern zum Ernten der Bewegungsenergie ausrüsten können, da die Fahrwerke nur für die kurze Zeit des Startens und Landens eingesetzt werden.
Welche Techniken kommen hier für welche Flugobjekte in Frage?

Solarflugzeuge[1036], deren Flügel- und Rumpfoberflächen mit PV-Zellen ausgerüstet sind, gibt es – neben höchst verschiedenen Kleinflugzeugen mit E-Motor[1037] – bereits heute. Diese Flugzeuge brauchen nicht nur eine leistungsfähige PV-Technik, sondern auch ausgezeichnete Akkus. Erst dieses Zusammenspiel machte z.B. den Nachtflug der „Solar Impulse“ möglich.[1038] Mittlerweile gibt es bereits Dissertationen zum Design von Solarflugzeugen.[1039] Zusätzlich ließe sich die potentielle Energie, die in der Flughöhe liegt, bei der Landung nutzen, indem man den Verstellpropeller als Generator zum Aufladen der Batterien einsetzt. Ob sich das gut z.B. mit steileren Landeanflügen umsetzen lässt, müsste geklärt werden.

Luftschiffe (engl. *Airships* ; fr. *Dirigeables*) mit Solarzellen-Antrieb gibt es als Idee und Objekt bereits seit mehreren Jahren.[1040] Sie kommen aber wegen ihrer Größe für den privaten Nutzer kaum in Frage.

[1036] Siehe http://de.wikipedia.org/wiki/Solarflugzeug ; http://www.solarflugzeuge.de/ ; http://www.pc-aero.de/ (Elektra One Solar)
[1037] Siehe http://www.youtube.com/watch?v=wOAjpzfFYBQ ; http://www.youtube.com/watch?v=YINO0aoSAGg ; http://www.youtube.com/watch?v=zuw-CZe1qdQ ; http://cafefoundation.org/v2/gfc_2011_results.html ; http://www.pipistrel.si/ plane/taurus-electro/overview ; http://www.voltavolare.com/ ; http://www.flynano.com/
[1038] Siehe http://www.solarimpulse.com/ ; http://de.wikipedia.org/wiki/Solar_Impulse
[1039] Siehe http://www.sky-sailor.ethz.ch/docs/Thesis_Noth_2008.pdf

Eine Ausnahmen könnte der kleine Solarhybrid aus Flugzeug und Luftschiff der kanadischen Firma „Solar Ship“ sein.[1041] Doch muss auch hier wie bei allen Luftschiffen das Auftriebsgas Helium stets zugekauft werden, weshalb diese Technik eigentlich nicht mehr zum Thema des HEH gehört.

Solar-Helikopter gibt es bis heute nicht. Es gibt aber verschiedene mit Muskelkraft angetriebene Helikopter (engl. *Human-powered Helicopter/HPH*).[1042] Ziel der Projekte war es, den mit 250.000 US-Dollar dotierten „Sikorsky-Prize“[1043] zu gewinnen, was eine Flugdauer von einer Minute und eine Flughöhe von drei Metern voraussetzt. Solche oder ähnliche extremen Leicht-Hubschrauber ließen sich mit Solarzellen ausstatten. Ob für sie bei der Landung eine zusätzliche Energie-Rückgewinnung mit Autorotation und EH-Stoßdämpfern sinnvoll ist, müsste geprüft werden. In jedem Fall könnte man den Muskelkraft-Antrieb zum Laden der Batterien nutzen, was aber nicht mehr unter HEH fallen würde.

[1040] Siehe http://blog.modernmechanix.com/mags/ModernMechanix/10-1934/aerial_landing_field.jpg ; http://de.wikipedia.org/wiki/Solarluftschiff ; http://www.isd.uni-stuttgart.de/forschung/arbeitsgebiete/airship/lotte/index.htm

[1041] Siehe http://solarship.com/aircraft/caracal ; http://solarship.com/video

[1042] Siehe http://en.wikipedia.org/wiki/Human-powered_helicopter ; http://www. humanpoweredhelicopters.org/

[1043] Siehe http://www.vtol.org/hph

13. Zusammenfassung

Die vorangehenden Kapitel haben gezeigt, welche Vielfalt an Energie-Formen und -Techniken der privaten Nutzung generell zur Verfügung stehen. Es sind eben nicht nur die in der öffentlichen Diskussion immer wieder auftauchenden Solarpanels und (Klein-)Windanlagen, von denen der Privathaushalt seine Energie beziehen kann. Es zeigt sich, dass Home-Energy-Harvesting auf weitaus mehr Energiequellen zurückgreifen kann als die heutigen Plusenergie-Häuser. Natürlich wird niemand versuchen, den Strom für seinen Haushalt allein aus dem Temperaturunterschied seines Gartenteichs zu beziehen, und auch das beste Piezoparkett reicht nicht aus, um die Waschmaschine zu betreiben. Aber die Vielzahl an Techniken kann die eigene Energieversorgung stabilisieren.

Manche der entsprechenden Techniken sind, wie wir gesehen haben, bereits vorhanden oder in einem fortgeschrittenen Entwicklungsstadium. Es muss beim Individuum allerdings auch der Investitionswille vorhanden sein, d.h. die Bereitschaft, auch größere Geldbeträge für innovative und langfristig lohnende Technik auszugeben. Und das kann auch bedeuten, auf den einen oder anderen teuren Urlaub zu verzichten, um das dort gesparte Geld in die eigenen Energie-Ernte-Techniken zu investieren. Aber diese Bereitschaft ist vorhanden; das zeigen schon die Eigentumsstrukturen bei den Erneuerbaren Energien allgemein: so gehörte die Masse der 2009 in Deutschland installierten Anlagen Privatpersonen (42 Prozent); zusammen mit den Landwirten (9 Prozent) ergab das über die Hälfte der Anlagen.[1044]

Während der Privatmann nicht in der Lage ist, die meisten der heutigen stofflichen Alltagsprodukte (Handys, Lampen, Reinigungsmittel etc.) selbst herzustellen und deshalb diese Produkte zukaufen muss, ist das bei der eigenen Energieversorgung anders: Wir können unsere Energie mit der entsprechenden Technik (die wir allerdings auch meist zuerst kaufen müssen) selbst erzeugen. Die Energieversorgung breiter Bevölkerungsschichten funktioniert grundsätzlich auch ohne Großkraftwerke, Verteilernetze und Energieversorgungsunternehmen.

[1044] Siehe http://www.unendlich-viel-energie.de/de/detailansicht/article/4/in-der-hand-der-kleinen-leute.html

Selbstversorgung statt Fremdversorgung, Unabhängigkeit statt Abhängigkeit, Netzfreiheit statt Netzanbindung ist das Motto des dezentralen Home-Energy-Harvesting-Konzeptes.
Dazu kommen eine Vielzahl von weiteren privaten und gesellschaftlichen Vorteilen des HEH:

HEH-Techniken sind, bei richtiger Auswahl, eine sinnvolle Geldanlage für den Privatmann, weil er nicht nur seine permanenten Geld-Zahlungen an die EVUs stoppt und Energiesteuern vermeidet, sondern auch den Wiederverkaufswert seines Hauses/Grundstücks erhöht. HEH befreit von steigenden Energiekosten und macht die eigene finanzielle Situation langfristig besser planbar.

HEH-Techniken haben niedrige Einstiegs-Schwellen in finanzieller, räumlicher und technischer Hinsicht; sie sind anpassungs- und ausbaufähig: so kann jeder mit ein paar PV-Kleingeräten anfangen, später vielleicht eine Guerilla-PV-Anlage[1045] installieren lassen, dann eine Dachfläche z.B. mit einer Genossenschaft mieten, und schließlich – falls gewünscht und finanzierbar – sein ganzes Haus mit Hilfe von PV, Solarthermie und wasserführenden Holzöfen autark machen. HEH ist nicht nur eine Option für Vermögende.

HEH-Techniken steigern die eigene Versorgungssicherheit, indem sie unabhängig machen von Netzstörungen oder Versorgungsengpässen auf Grund politischer Konflikte.

HEH-Techniken vermeiden den „Rebound-Effekt“[1046], d.h. dass Energieeinsparungen durch Zukauf von neuen Elektrogeräten (mehr als) wieder aufgefressen werden: wer sich dagegen per HEH selbst versorgt, wird sich kaum einen neuen „Stromfresser“ aufschwatzen lassen, der ihn wieder in die Abhängigkeit der Netze treibt.

HEH-Techniken verhindern das Kontrollieren und Ausspionieren der Privatsphäre: der Privatmann entscheidet wie bisher, wann er seine

---

[1045] Siehe http://www.sonnenenergie.de/sonnenenergie-redaktion/SE-2013-03/Layout-fertig/PDF/Einzelartikel/SE-2013-03-s032-Photovoltaik-Guerilla_PV_die_eigene_Anlage.pdf ; http://www.suninvention.com/ ; https://www.minijoule.com/

[1046] Siehe http://www.wupperinst.org/uploads/tx_wibeitrag/Impulse5.pdf ; http://de.wikipedia.org/wiki/Rebound_(Ökonomie)

Waschmaschine anstellen will – und nicht erst dann, wenn es für das Stromnetz am günstigsten ist; auch muss er nicht über „Smart Grids“ dem Netzbetreiber Einblick in seine Lebensgewohnheiten geben und Gefahr laufen, von Fremden ausspioniert zu werden.

HEH-Techniken bedeuten letztlich Energie-Autarkie und eine klare Absage an alle Marktintegrationsmodelle. Sie verhindern in einem dadurch autarken Haushalt, dass dem Privatmann Kosten aufgezwungen werden können für den Ausbau der Energienetze, die hauptsächlich im Interesse der der EVUs und der Industrie liegen.

HEH-Techniken wirken politisch für die Freiheit des Einzelnen und gegen die energietechnologische Zwangskollektivierung der Märkte. HEH bedeutet in letzter Konsequenz die „Entnetzung“ des Privathaushaltes, die Netzfreiheit, und damit ein energietechnisches Stück Freiheit für die Bevölkerung – als ein entscheidendes Element einer freiheitlichen Demokratie.

HEH-Techniken vermeiden Energieverluste in den Übertragungsnetzen (Strom, Gas), da die im Privathaushalt erzeugte Energie auch direkt dort verbraucht wird.

HEH-Techniken reduzieren den mit der Energiewende in Deutschland notwendig gewordenen Stromnetz-Ausbau – je mehr Haushalte sich vom Netz abkoppeln, desto weniger große Stromtrassen werden gebraucht.

HEH-Techniken sind sozial, da sie durch die Vermeidung von Energienachfrage am Markt die Energiepreise bremsen, welche besonders ärmeren Menschen zu schaffen machen.

HEH-Techniken schaffen Arbeitsplätze – sowohl in den entsprechenden Industrien als auch beim Handwerk, das diese Techniken installiert.

HEH-Techniken sind ökologisch, weil sie die vielen Arbeitsschritte der fossilen Energiewirtschaft (Erschließung, Förderung, Aufarbeitung, Verteilung, Entsorgung) und die damit verbundenen Umweltbelastungen vermeiden.

HEH-Techniken unterstützen die Energiewende ganzer Staaten: der Energieverbrauch der privaten Haushalte am gesamten Energieverbrauch macht rund 40 Prozent aus, also einen erheblichen Anteil. Eine Energiewende zu den Erneuerbaren Energien kann dann, und nur dann gelingen, wenn sie auch eine Energiewende der privaten Haushalte ist.

HEH-Techniken sind volkswirtschaftlich und außenpolitisch sinnvoll, da sie den jeweiligen Staaten teure Energieimporte ersparen und künftige Kriege um fossile Energiequellen vermeiden helfen.

HEH-Techniken sind international und individuell zugleich: lassen sich überall auf der Welt nach individuellen, regionalen und klimatischen Bedürfnissen einsetzen. Mit HEH erhalten auch die Menschen in den ländlichen Regionen der „Dritten Welt" einen freien Zugang zu Energie, die bisher nie von den EVUs erreicht wurden und auch künftig nicht erreicht werden. Immerhin haben rund 1,3 Milliarden Menschen keinen Zugang zu Elektrizität.[1047] HEH steht nicht für den großen „Rettungsschirm" der Menschheit, sondern für viele Milliarden kleiner Rettungsschirme für die Menschen überall auf der Welt. HEH ist der Schlüssel zur Lösung der Energieprobleme – weltweit!

Wenn aber HEH so viele Vorteile und Möglichkeiten bietet, warum hat es sich bis heute in so vielen Haushalten nicht durchgesetzt?
Das liegt zum einen an vielen von unseren Denkgewohnheiten und Denkfehlern – sowohl den privaten als auch den gesellschaftlichen:

Die Statistik-Gläubigkeit, z.B. beim systematischen Kleinrechnen regenerativer Energien in unseren Statistiken: so werden solare Leistungen wie etwas die Wärmestrahlung durch die Wohnzimmerscheiben oder das Trocknen der Wäsche draußen auf der Leine nie in den heutigen Statistiken berücksichtigt, die Leistung der Sonne fällt statistisch „unter den Tisch".[1048] Wird allerdings die benötigte Energie über Gas- und Strom-Netze bezogen wird, taucht das auch gleich in den Statistiken auf – so wenn man seine Wäsche im Wäschetrockner trocknet. Daher erscheinen uns die fossilen Energien als leistungsstark, während

[1047] Siehe http://www.zeit.de/wirtschaft/2012-07/energiearmut-indien ; http://www.handelsblatt.com/politik/international/entwicklungslaender-eu-will-moderne-energieversorgung-foerdern-/6514828.html
[1048] Siehe Scheer 2002, S. 143 f.

die direkten und indirekten (Wind) Solarenergien kaum wahrgenommen werden.

Der Mythos der Großtechnik verstellt uns in vielen Fällen den Blick auf unsere energiepolitischen Optionen. Groß, größer, am Größten – die Größe scheint vielen Menschen schon ein Wert an sich zu sein. Wir bewundern die höchsten Gebäude, blättern in Rekordbüchern und träumen ohne Blick auf Benzinkosten und Parkplatzsituation von großen Autos. Kein Wunder, dass sich auch bei Befürwortern der Erneuerbaren Energien das Interesse in erster Linie auf teure und komplexe Großtechnik konzentriert: auf Wüsten-Solarkraftwerke, auf Offshore-Windparks (teuerste Form der Windenergie), auf große Biogasanlagen. Dass man sich mit dieser Großtechnik auch große Probleme (Versorgungssicherheit, Verluste im Verteilernetz, Maismonokulturen etc.) einhandelt, wird groß(!)-zügig übersehen. Das ist bei den Erneuerbaren Energien nicht anders als bei den fossilen Energien oder bei Rekord-Wolkenkratzern, bei denen man auch erst später auf die Energiekosten für Fahrstühle und Klimatisierung sowie auf die Probleme der Feuerwehr im Brandfall zu sprechen kommt.
Es ist ein verbreitetes Vorurteil, dass eine zentrale Energie-Versorgung weniger Material/Ressourcen verbrauche und somit umweltfreundlicher sei als eine dezentrale. Eher das Umgekehrte dürfte richtig sein, wenn man sich die lange „Binnenketten", d.h. die vielen technischen Stationen der Energie-Gewinnungs- und -Umwandlungs-Prozesse der fossilen Energien ansieht.[1049] Die „Big-is-beautiful-Ideologie" verstellt zudem den Blick auf alle technischen Lösungen, die sich nicht großtechnisch einsetzen lassen. Eine differenzierte Abwägung bzw. Diskussion der Vor- und Nachteile von Privat-Energieernte und Mega-Energy-Harvesting findet nicht statt und soll auch nicht stattfinden – ganz im Sinne der großen EVUs.

Der Mythos von der Optimierung kann in vielen Fällen ebenfalls den Blick verstellen. Es ist prinzipiell nichts dagegen einzuwenden, wenn man versucht, die vorhandenen Energiequellen optimal zu nutzen. Nur wird „das Optimale" immer aus einer bestimmten Perspektive definiert. Bei den Erneuerbaren Energien geschieht das häufig aus physikalischer, geografischer oder volkswirtschaftlicher Sicht, weniger aus Sicht der Bedürfnisse der Individuen. Die Ergebnisse finden sich

---

[1049] Siehe Scheer 2002, S. 43 ff.

dann in Aussagen über die unterschiedliche physikalische Verfügbarkeit einzelner Erneuerbarer Energien und in Energieformen-Rankings.[1050] Gerne wird der Optimierungsanspruch in Diskussionen dazu verwendet, das dezentrale Home-Energy-Harvesting klein zu halten und zu diskreditieren – mit vorgeschobenen Argumenten wie: „Die Sonne scheint mehr auf die Wüste als auf Dein Hausdach" oder „Der Wind weht draußen auf dem Meer viel stärker; da sind Kleinwindanlagen nur eine Landschafts-Verschandelung". Doch selbst wenn die Windenergie weltweit riesige Nutzungsreserven hat – für eine Familie in einem relativ windstillen nepalesischen Tal mit einem sprudelnden Bach ist das völlig irrelevant; sie wird besser eine billige, kleine Wasserkraftanlage bauen und so energetisch unabhängig werden.

Die Netz-Ideologie hat sich in den letzten zwei Jahrzehnten weit verbreitet. Netze gelten als effektiv, fortschrittlich, gut. Unsere Smartphones wählen sich automatisch ins Internet ein, wir vernetzen uns untereinander auf sozialen Plattformen, viele Mitmenschen haben das Gefühl, ohne das Web gar nicht mehr leben zu können. Doch was bei der Information und Kommunikation große Vorteile bringt, macht der Bürger bei der Energieversorgung abhängig und ausbeutbar. Die Netze machen die Energieversorgung des Einzelnen rationierbar, unterbrechbar, abschaltbar. Besonders die neuen Netze, denen man werbewirksam positive Adjektive („intelligent", „smart") verpasst hat, machen den Bürger sogar ausspionierbar und angreifbar.[1051]

Netze sind nicht per se effektiv, hilfreich und gut; sie sind auch teuer, anfällig, gefährlich. Schon römische Gladiatoren wussten, dass ein Netz auch eine Waffe sein kann, und bei einem Fischernetz macht es einen überlebenswichtigen Unterschied, ob man der daran ziehende Fischer oder der darin gefangene Fisch ist.

Hunderttausende von Dörfern/Häusern in den „Entwicklungsländern" haben nie einen Anschluss an die Gas- und Stromnetze gehabt und

---

[1050] Siehe http://idw-online.de/de/news419675 ; http://dx.doi.org/10.1039/B809990C ; http://news.stanford.edu/news/2011/january/jacobson-world-energy-012611.html

[1051] Siehe http://www.heise.de/newsticker/meldung/Intelligente-Stromnetze-Ich-weiss-ob-du-gestern-geduscht-hast-864221.html ; http://www.heise.de/newsticker/meldung/Smart-Meter-verraten-Fernsehprogramm-1346166.html ; http://www.heise.de/newsticker/meldung/Verbraucherschuetzer-hinterfragen-Nutzen-intelligenter-Stromnetze-1286538.html

werden auch nie solche Anschlüsse bekommen.[1052] Und ihre Bewohner werden künftig die Netze auch nicht vermissen: mit Hilfe der Erneuerbaren Energien und dem HEH wird man die Dörfer/Häuser elektrifizieren können, und so die Arbeits-, Bildungs- sowie Hygiene-Situation der dort lebenden Menschen verbessern.[1053]

Blockheizkraftwerke (BHKW)[1054], besonders dezentrale im Eigenheim, gelten vielen als Lösungsweg für die Energieprobleme und als Rettung vor den steigenden Energiekosten. Diese als „stromerzeugenden Heizungen" bezeichneten Micro-BHKW werden mit Gas, Pellets oder (Pflanzen-)Öl betrieben und erzeugen als Kraft-Wärme-Koppelung (KWK) sowohl elektrischen Strom als auch Brauchwasser- und Heizungs-Wärme, wobei sie die eingesetzte Energie relativ effizient nutzen. Propagiert werden BHKWs vor allem von den EVUs, die den Brennstoff für die BHKW-Anlagen liefern, sowie von den entsprechenden Verbänden.[1055]
Aus HEH-Sicht sind BHKWs praktisch uninteressant, da mit Ausnahme von Land- und Forstwirten kaum ein Privathaushalt genügend eigenen Brennstoff erzeugt, um ein Micro-BHKW zur eigenen autarken Energieversorgung betreiben zu können. Vielmehr besteht die Gefahr, dass durch neu angeschaffte Micro-BHKW eine HEH-Energierevolution im eigenen Keller für die Lebensdauer der BHKW-Anlage (d.h. für rund 20 Jahre) blockiert wird.
Wärmepumpen als Hauptheizsystem eines Hauses sind kaum besser. Sie müssen ihre größte Leistung im sonnenarmen und windstillen Winterhalbjahr sowie nachts erbringen, wenn sich die Haus-Akkus nicht so schnell wieder laden lassen. Die Stromspeicher werden auch in absehbarer Zeit nicht so billig sein, dass man große Speicherkapazitäten für die oft wenig effektiven Wärmepumpen bereithalten kann. Insofern bleiben Wärmepumpen, wenn sie ihre Energie aus dem kühlen Grundwasser bzw. Garten (und nicht aus einem solargespeisten Wärmespeicher) beziehen, meist abhängig vom billigen Nachtstrom der EVUs.

[1052] Siehe http://www.africapedia.com/AFRICA:-ELECTRIFICATION-RATE ; http://en.wikipedia.org/wiki/Rural_electrification

[1053] Siehe http://www.heise.de/tr/artikel/Strom-fuer-die-Welt-1770000.html

[1054] Siehe http://de.wikipedia.org/wiki/Blockheizkraftwerk ; http://de.wikipedia.org/wiki/Mikro-KWK ; http://www.bhkw-infozentrum.de/

[1055] Siehe http://www.energiewelt.de/web/cms/de/1277414/energieberatung/heizung/kraft-waerme-koppelung/homepower-kraft-waerme-koppelung/ ; http://www.asue.de/

Der Titanic-Effekt: die meisten Menschen setzen bei einer sich abzeichnenden Krise auf die Bequemlichkeit des Augenblicks – oder um es mit dem Titanic-Beispiel zu sagen: lieber im warmen Ballsaal bei spielender Musikkapelle und fließendem Champagner die kommenden Dinge abwarten, als rechtzeitig in ein kleines Rettungsboot steigen; dabei tönt von unten schon das Crescendo berstender Schotten und statt des Champagners strömt tonnenweise eiskaltes Meereswasser hinein.
Dieser Titanic-Effekt als eine Form menschlicher Trägheit verhindert, dass wir rechtzeitig das Vernünftige und Richtige tun. Statt dessen verschanzen wir uns hinter Ausreden, Pseudo-Problemen und vorgeschobenen Fragen, um nicht handeln zu müssen: „Es wird schon nicht so schlimm werden; unsere Regierung wird es nicht zum Äußersten kommen lassen." Das haben 1933 in Deutschland auch die meisten geglaubt!

Neben unseren Denkgewohnheiten und Denkfehlern gibt es weitere Hindernisse, die der Verbreitung des HEH im Wege stehen. Dies sind vor allem die gesellschaftlichen und wirtschaftlichen Kräfte/Kreise, die fürchten müssen, durch eine verstärkte dezentral-private Energieversorgung an Geld, Einfluss und Macht zu verlieren. Und das sind eine ganze Menge:

Die Energieversorgungs-Unternehmen (EVUs) sind nicht grundsätzlich gegen Erneuerbare Energien (EE), wenn sich daran etwas verdienen lässt. Das zeigen heute die großen, kapitalintensiven Wüsten-Strom- und Offshore-Wind-Projekte (s.o.) ebenso wie in der Vergangenheit die deutsche „Informationszentrale der Elektrizitätswirtschaft e.V." mit ihrem monatlichen Newsletter „StromTHEMEN", der viele Informationen aus den Bereichen Fotovoltaik, Windenergie, Wasserkraft und Elektro-Autos enthielt.[1056]
Andere EE-Techniken wie die Solarthermie wurden von den EVUs weniger gern gesehen, da sie sich in Europa nur dezentral sinnvoll nutzen ließen und damit den EVUs im Bereich Heizenergie (Erdgas, Erdöl, Kohle, Fernwärme) Konkurrenz machten. Schon 1980 sekundierte ein wirtschaftsnahes Magazin mit der Schlagzeile „Sonnenfinsternis." „Warum Kollektoren keine Zukunft haben".[1057]

[1056] Siehe Informationszentrale der Elektrizitätswirtschaft 1984 ff.
[1057] Siehe Capital 9/1980, S. 210 f.

Nun aber haben alle Erneuerbare Energien für die EVUs das Problem, dass sie sich soweit verkleinern lassen, bis ein HEH möglich ist. Da Sonne und Wind wirken, wo sie wollen, lassen sich die EE auch nicht monopolisieren: eine Konzern-Strategie wie „moderne“ Petroleum-Lampen in China zu verschenken, um die Menschen dauerhaft von Petroleum-Lieferungen abhängig zu machen, wie es die US-Schriftstellerin Alice Tisdale Hobart in ihrem Roman „Öl für Chinas Lampen“ beschreibt[1058], ist mit Erneuerbare Energien nicht umsetzbar. Wenn nun die regenerativen Kleintechniken die fossile Energieerzeugung immer mehr an den Rand drängen, ist das Geschäftsmodell der EVUs ernsthaft bedroht.

Die großen Energieversorger fürchten weniger Peal-Oil oder Peak-Gas als vielmehr „Peak-EVU“, d.h. den Rückgang von Umsätzen und den unumkehrbaren Verlust von Kunden und politischem Einfluss. Deshalb wurden und werden die Erneuerbare Energien, besonders die dezentralen, mit unterschiedlicher Intensität bekämpft: so beschränkte man sich in den 1980er in Deutschland – außerhalb der traditionellen Wasserkraft – auf wenige Großprojekte wie den GROWIAN, wohl auch um zu zeigen, dass es mit den EE nicht funktioniert.[1059] Ansonsten beschwichtigte man die Öffentlichkeit damit, dass man alles nur mögliche tue – so schrieb die o.a. „Informationszentrale der Elektrizitätswirtschaft e.V.“ 1986 nach Tschernobyl in einer Anzeige: „Die umweltfreundliche und kostengünstige Wasserkraft nutzen wir schon seit langem – soweit es unsere Flüsse erlauben.“[1060] Dabei war auch damals bekannt, dass es viele ungenutzte Mühlenstandorte gab, und dass zu Beginn des 20. Jahrhunderts sogar zigtausende Wasserkraftanlagen mehr im Einsatz waren.[1061]
In den 1990er Jahren wurde auch den EVUs nach dem Stromeinspeisegesetz von 1991[1062] langsam klar, dass die Bewegung zu Erneuerbaren Energien nicht von selbst wieder verschwinden würde. Deshalb ging

[1058] Siehe Hobart 1934 ; http://en.wikipedia.org/wiki/Alice_Tisdale_Hobart ; http://www.cah.utexas.edu/collections/exxonmobil_timeline.php : 1906
[1059] Siehe DER SPIEGEL 20/1986 („Wie Don Quijote gegen Mühlenflügel“), S. 109 ; http://de.wikipedia.org/wiki/Growian
[1060] Schwäbische Zeitung Nr. 103 Gesamtausgabe, Leutkirch 6. Mai 1986, S. „Aus aller Welt“
[1061] Siehe Aicher 2012, S. 3
[1062] Siehe http://de.wikipedia.org/wiki/Erneuerbare-Energien-Gesetz#Stromeinspeisungsgesetz_.281991.29

man nun direkt gegen dezentrale EE-Anlagen vor. So schaltete ein deutscher Energieversorger eine Stellenanzeige für einen „Sachbearbeiter/in Wettbewerbsangebote“ mit folgender Stellenbeschreibung: „Der Schwerpunkt Ihrer Tätigkeit liegt zum einen in der Sicherung des Umsatzes durch Verhinderung von Stromeigenerzeugungsanlagen (z.B. Erkennen von Eigenerzeugungspotentialen). ...“[1063]

Nachdem im Jahr 2000 das Erneuerbare-Energien-Gesetz (EEG) in Kraft trat – nicht zuletzt durch das unermüdliche Engagement des SPD-Bundestagsabgeordneten Hermann Scheer[1064] –, konnte man durch Lobbyismus die politische Absicherung von zentralen Stützen des fossilen Energiesystems, wie z.B. der Atomkraft, sicherzustellen, was z.B. dazu führte, dass 2010 eine Laufzeitverlängerung für Atomkraftwerke vom Bundestag beschlossen wurde.[1065]

Nach Fukushima und der Energiewende 2011 versuchen die großen Energieversorger in Deutschland mit einer defensiven Verzögerungstaktik, den Kern ihres Geschäftsmodells zu retten. So warnt man vor Zusammenbrüchen des Stromnetzes wegen der Schwankungen der EE[1066], versucht die Rekommunalisierung der Strom und Gasnetze zu verhindern[1067], propagiert die überholten Nachtspeicherheizungen[1068], fordert Stromsubventionierungen für Hartz-IV-Empfänger (die dann letztlich in den Taschen der EVUs landen) und streicht gleichzeitig sat-

---

[1063] Märkische Allgemeine, Potsdam 29. März 1997

[1064] Siehe http://de.wikipedia.org/wiki/Hermann_Scheer

[1065] Siehe https://de.wikipedia.org/wiki/Lobbyismus ; https://de.wikipedia.org/wiki/Externe_Mitarbeiter_in_deutschen_Bundesministerien ; http://de.wikipedia.org/wiki/Laufzeitverlängerung_deutscher_Kernkraftwerke

[1066] Siehe http://www.welt.de/wirtschaft/energie/article13387670/Stromkonzerne-nennen-Zeitpunkt-fuer-Blackout.html ; http://www.spiegel.de/wirtschaft/unternehmen/energiewende-netzagentur-chef-warnt-vor-blackout-panik-a-758403.html

[1067] Siehe http://wupperinst.org/uploads/tx_wupperinst/Konzessionsvertraege_final.pdf ; http://britta-hasselmann.de/kommunales/kommunales/nachricht/netzrueckkauf-die-macht-der-energiekonzerne-begrenzen.html

[1068] Siehe http://www.spiegel.de/wirtschaft/service/stromkonzerne-wollen-nachtspeicherheizung-wiederbeleben-a-870771.html ; http://www.spiegel.de/wirtschaft/unternehmen/bundestag-kippt-verbot-von-nachtspeicheroefen-a-900436.html ; http://www.spiegel.de/wirtschaft/soziales/kommentar-es-ist-falsch-das-verbot-fuer-nachtspeicher-oefen-aufzuheben-a-900566.html

te Gewinne ein[1069], arbeitet an zentralen, kapitalintensiven Offshore-Windpark- sowie Brennstoffzellen-Projekten und fürchtet weiterhin die dezentrale, kostengünstige Fotovoltaik.[1070]

Das Mantra mancher Energieversorger, dezentrale regenerative Energien könnten nur einen geringen Beitrag zu unserer Energieversorgung leisten, ist wohl als Versuch zu werten, die Energiewende durch eine verschleppte Umsetzung zum Scheitern zu bringen, während man gleichzeitig möglichst viele neue Kohlekraftwerke baut und ans Netz gehen lässt.[1071] Denn aus Sicht der EVUs darf schon aus wirtschaftlichen Gründen an der bisherigen Rollenverteilung nichts geändert werden: hier die einflussreichen Energielieferanten (EVUs), dort die von Energielieferungen abhängigen Verbraucher.
Bei der Energieversorgung geht es schließlich nicht nur ums Geld. Desertec und ähnliche Riesenprojekte bedeuten auch eine „Gleichschaltung“ der Energieversorgung in kontinentalem oder gar globalem Rahmen. Wer die Energieversorgung in einer energieintensiven und energieabhängigen Gesellschaft beherrscht, beherrscht die Gesellschaft und ihre Individuen. Dass man solche Macht ungern aus der Hand gibt, versteht sich von selbst.

Die Groß-/Industriekonzerne vieler Branchen sind mit den EVUs traditionell wirtschaftlich eng verbunden. Das gilt u.a. für die Hersteller der Gas- und Dampf-Turbinen für die Kraftwerke, für die Öl- und Gasheizungshersteller sowie für große Teile der Elektroindustrie. Diese hatte in der ersten Hälfte des 20. Jahrhunderts zusammen mit den EVUs und zum wechselseitigen Vorteil die Elektrifizierung der Privathaushalte voran getrieben, wobei auch die jeweiligen Staaten oft tatkräftige Unterstützung leisteten.[1072] Als Einstieg und Argument für den Anschluss des Haushaltes an das Stromnetz diente meist die elektrische Beleuchtung; dann folgten einige sinnvolle Geräte wie z.B. das elektrische Bügeleisen, um schließlich einen Vielzahl mehr oder weniger sinnvoller Geräte wie elektrische Gemüseschneider, elektrische

---

[1069] Siehe http://www.spiegel.de/wirtschaft/unternehmen/johannes-teyssen-chef-von-e-on-im-interview-ueber-energiewende-a-837087.html ; http://www.iwr.de/news.php?id=21810
[1070] Siehe http://www.heise.de/tp/artikel/36/36700/1.html ; http://www.iwr.de/news.php?id=20915
[1071] Siehe Kemfert 2013, S. 14 f.
[1072] Siehe König 2000, S. 220 ff. ; Tetzlaff 1993, S. 10 ff.

Rasierapparate etc. in den Markt bzw. den Privathaushalt zu drücken. Die Elektroindustrie profitierte dabei nicht nur vom steigenden Absatz an neuen Geräten sondern auch über die hohen Preise, die geringe Lebensdauer und die Aufteilung der Märkte durch Kartellstrukturen: das Glühlampenkartell legte die Lebensdauer von Glühbirnen fest, die „International Electrical Association“ (IEA) in Lausanne teilte die Weltmärkte auf, wie u.a. das Buch „Die Diktatur der Kartelle“ des Deutsch-Brasilianers Kurt Rudolf Mirow zeigt.[1073] Auch in den Kartellstrukturen ähnelten sich Elektrokonzerne und EVUs.

Die EVUs profitierten von den Elektrokonzernen, weil mit den auf Wechselstrom ausgelegten Elektro-Geräten die Haushalte zur Anbindung an das Wechselstromnetz gedrängt wurden und die auf Gleichstromtechnik beruhenden Insellösungen eingedämmt bzw. zurückgedrängt werden konnten; die meisten der autarken Selbstversorger (z.B. Bauernhöfe) nutzten dennoch bis in die 1930er die Windenergie und hielten trotz des wirtschaftlichen und politischen Drucks möglichst lange daran fest.[1074]

Heute liefern die großen Elektrokonzerne – neben Kleingeräten – die Elektrotechnik nicht nur für konventionelle Kraftwerke und Netze sondern auch immer mehr für regenerative Großtechnik und die neuen „smarten“ Netze. Wenn durch die Abkoppelung des Privathaushalts vom Netz mittels HEH künftig weniger Netz-Zu- und Umbau bzw. -Wartung nötig ist, fallen die Gewinnaussichten dieser Konzerne[1075], und allein deshalb können sie schon keine „Freunde“ des HEH sein.

Ähnlich sieht es bei den Kraftwerksbauern aus: sie haben keine Chance, die wegfallenden Aufträge durch Bauaufträge im Bereich Home-Energy-Harvesting auszugleichen. HEH-Techniken sind klein, meist in die Wohngebäude integriert und haben weder einen Bedarf an Betonmengen noch an riesigen Turbinen.
Dazu kommt, dass viele Industrie-Manager mit ihren 6stelligen Jahresgehältern schon aus finanziellen und Prestige-Gründen vorzugsweise

---

[1073] Siehe Mirow 1978 ; http://de.wikipedia.org/wiki/Phöbuskartell ; http://www. taz.de/1/zukunft/umwelt/artikel/1/verehrt-verraten-und-verglueht/ ; http://www.spiegel.de/spiegel/print/d-39685767.html

[1074] Siehe Heymann 1995, S. 107, 112 f., 101, 103

[1075] Siehe http://www.manager-magazin.de/unternehmen/industrie/siemens-chef-peter-loescher-will-energiewende-billiger-machen-a-904081.html

Projekte in Angriff nehmen, die ein Vielfaches ihres Jahresgehaltes ausmachen. Daher kommen für Großunternehmen bei unbekannten, innovativen Techniken eher Großprojekte/Großtechniken in Frage als das individuell anzupassende HEH.

Darüber hinaus ist die Großindustrie als Großverbraucher meist Partner der großen Energie-Konzerne, von denen sie ihre Energie zu günstigen Konditionen bezieht. Wie bereits besprochen, sind bis 50 Prozent unserer Stromkosten Netzkosten, d.h. sie fallen grundsätzlich für Bau, Unterhalt und Betrieb unserer Stromnetze an und werden nur auf die Kilowattstunde (kWh) umgerechnet.[1076] Wenngleich dieser Anteil bei den nicht so stark in die Fläche reichenden Gasnetzen etwas geringer ist[1077], so handelt es sich hier wie dort praktisch um Fixkosten, die von den EVUs auf ihre Kunden umgelegt werden. Wenn sich nun aber die Privatleute mittels HEH vom Netz abkoppeln und daher nicht mehr für die Netzkosten heran gezogen werden können, müssen diese Kosten von den am Netz verbleibenden Industriebetrieben getragen werden.

Behörden, Justiz, Politik haben den Erneuerbaren Energien im Allgemeinen und dem HEH im Besonderen bis heute so geschadet wie niemand sonst – speziell die deutsche Bürokratie. Besonders (Klein-)Windanlagen werden gern verhindert – mit Hinweis auf das Baurecht oder das Orts- und Landschaftsbild. Schon 1986 spottete der SPIEGEL in einem Artikel zum Kampf der Obrigkeit gegen die Windrotoren: „Ein geplantes Windrad in einem Garten im nordrhein-westfälischen Mützenich, so entschieden die Oberverwaltungsrichter in Münster, beeinträchtige das 'schützenswerte Ortsbild' der Gemeinde. An den rund 380000 – viel höheren – Stahlgittermasten von Hochspannungsleitungen, die allein in den Küstenländern die Landschaft verhunzen, hat sich hingegen kaum je ein deutscher Richter oder Beamter gestört.“[1078]
Nicht nur die Windenergie, auch die sehr viel unauffälligere Solarenergie geriet und gerät in die Mühlen der Bürokratie: in Kleingärten und

[1076] Siehe Scheer 2002, S. 81 f. ; http://de.wikipedia.org/wiki/Anreizregulierung

[1077] Siehe http://www.drewag.de/de/privatkunden/drewag_produkte/allgemein/pk_dp_erdgas_preise_zusammensetzung.php ; http://www.energieverbraucher.de/de/Energiebezug/Erdgas/Preise/Gastransportkosten_1902/ContentDetail_6720/

[1078] DER SPIEGEL 20/1986 („Wie Don Quijote gegen Mühlenflügel“), S. 115

auf denkmalgeschützten Häusern sind Solaranlagen häufig unerwünscht, und selbst bei normalen Häusern wurden sie in der Vergangenheit schon staatlicherseits vom Dach geholt (s.o. „Funktioniert das?“). Fast könnte man meinen, der Staat habe kein wirkliches Interesse an der energietechnischen Unabhängigkeit und Freiheit seiner Bürger, an der Energie-Autarkie der privaten Haushalte.

Die Gründe für diese Haltung sind vielfältig: zum einen ist da sicher die obrigkeitsstaatliche Perspektive, die sich im Einzelfall auch mit einer Portion Neid mischen mag: wie kann der Bürger sich erdreisten, sich unabhängig zu machen und zumindest im Blick auf die Energieversorgung aus der öffentlichen Ordnung auszusteigen. „Das hat es ja noch nie gegeben, da könnte ja jeder kommen!“, lautet die unausgesprochene Reaktion.
Zum anderen gibt es aber auch ganz praktisch-materielle Nachteile, wenn sich das HEH frei und von rechtlichen Gängelungen unbehelligt entfalten könnte: Politik und Finanzämter verlören die Steuern auf die nun nicht mehr verkaufte Energie, die Bauämter verlören an Einfluss und Stellen (Bauprüfer etc.), einige Politiker könnten nach ihrer Dienstzeit – mangels entsprechender Verdienste um die Durchsetzung von Gruppen-Wirtschaftsinteressen – nicht mehr auf lukrative Manager- und Aufsichtsratsposten in den großen Energiekonzernen etc. hoffen.

Jedes „Mehr“ an (Energieversorgungs-)Freiheit macht zudem die Bürger unabhängiger, selbstbewusster und schwerer beeinflussbar durch die in der Gesellschaft vorherrschenden Großstrukturen wie Verwaltungen, Parteien, Unternehmen, Verbände, Gewerkschaften etc., was selbstverständlich nicht im Interesse dieser Großstrukturen und ihrer Vertreter ist. Insofern ist die Entscheidung für eine Art der Energieversorgungs-Technik immer auch eine politische (Macht-)Entscheidung.

In der Vergangenheit hatten die jeweils Herrschenden als Gegner der unabhängigen Energieversorgung ihrer Bürger verschiedene (Zwangs-)Mittel, solchen Freiheitsdrang einzudämmen. Schon der mittelalterliche Kampf um das Waldeigentum und Vielzahl der frühneuzeitlichen Forstordnungen zeigen die Bemühungen der Herrschenden, sich das Energiemonopol auf den einzigen damals verfügbaren Brenn-

stoff Holz anzueignen.[1079] Nicht anders war es bei der Einführung des Mühlbannes/Mühl(en)-Zwangs ab dem Mittelalter und der systematischen Vernichtung der bäuerlichen Handmühlen – eine Praxis, die noch im 20.Jahrhundert von den Nazis und den Sowjetkommunisten fortgesetzt wurde.[1080] Durch fortschrittshemmende Zunftordnungen, fehlendes Patentrecht und willkürliche Privilegierungen, Beschneidung von Wasserrechten etc. konnte die Obrigkeit technischen Fortschritt und energetische Unabhängigkeit der Bauernfamilien jahrhundertelang behindern.
Entscheidend für die deutsche Situation im 20. Jahrhundert war das NS-Energiewirtschaftsgesetz von 1935, dass die Konzentration im Strommarkt und die Gebietsmonopole der Konzerne politisch absicherte; das Gesetz existierte im Wesentlichen bis Mitte der 1980er bzw. 1990er Jahre.[1081] Ebenso steht es mit dem heute noch geltenden „Anschluss- und Benutzungszwang für Fernwärme“, der wie so viele Freiheitsbeschränkungen auf NS-Gesetze zurück geht.[1082]

Auch sonst ging es nicht nur in der DDR-Diktatur, sondern auch in der angeblich freiheitlichen Bundesrepublik Deutschland munter so weiter: Man sorgte für die Erhaltung der Strom-Verbundwirtschaft, drängte Ansätze zu Erneuerbaren Energien (Sonnenenergie) zurück und setzte im internationalen Schulterschluss auf die kapitalintensive Atomenergie.[1083] Als in den 1970ern nach der Ölkrise die Idee der energietechnischen Selbstversorgung aus den USA nach Deutschland kam – die US-Amerikaner waren es nach alter Pionier-Tradition einfach nicht gewohnt, sich von einer Regierung vorschreiben zu lassen, wie man das eigene Haus mit Energie versorgt, und so entstand dort eine breite „Homepower“-Bewegung[1084] – verlegten sich die deutschen Behörden auf die baurechtliche Blockierung von Solar-, Wind- und Wasserkraft-Anlagen, während große EVUs das alte Energiewirtschaftsgesetz nutz-

[1079] Siehe Radkau/Schäfer 1987, S. 55 ff., 99 ff.
[1080] Siehe Ullrich 1980, S. 26 f. ; Siebert 1998, S. 246 f.
[1081] Siehe Eckardt/Meinerzhagen/Jochimsen 1985 ; http://www.energieverbraucher.de/files_db/dl_mg_1125738117.pdf ; http://de.wikipedia.org/wiki/Energiewirtschaftsgesetz
[1082] Siehe http://www.bverwg.de/media/archive/5619.pdf ; http://de.wikipedia.org/wiki/Anschluss-_und_Benutzungszwang
[1083] Siehe Radkau 1983, S. 88 f., 130 f.
[1084] Siehe http://www.homepower.com/

ten, um u.a. zu verhindern, dass die wenigen privaten Energieerzeuger ihre Nachbarn direkt beliefern konnten.

Selbst im 21. Jahrhundert hat sich das obrigkeitsstaatliche Herumkommandieren und Zwangsverpflichten der Bürger im Energiesektor erhalten: so spricht die deutsche Politik noch 2013 von einer „gefährlichen Bewegung hin zur Selbstversorgung“ bei den Bürgern und möchte dieser Tendenz mit einer EEG-Umlage auch für Selbstversorger zwangskollektivistisch entgegenwirken.[1085] Da passt es ins Bild, wenn das Umweltbundesamt durch das Wuppertal Institut in der RESIMP-Studie (Projekt-Nr.2156) ein Szenario („International-Großtechnik“) durchspielen lässt, bei dem „die Stromversorgung Deutschlands und Europas bis Mitte des Jahrhunderts zu einem erheblichen Anteil auf großen, europaweit verteilten, erneuerbaren Stromerzeugungsanlagen beruht“[1086], obgleich bereits 2013 viele kleine dezentrale EE-Anlagen (private Dach-Fotovoltaik, bäuerliche Windkraft, Energiegenossenschaften) einen erheblichen Anteil des Stroms in Deutschland oder auch in Dänemark lieferten.

Liberale Marktwirtschaftler sehen in den staatlichen Förderung der Erneuerbaren Energien, besonders mit Blick auf das deutsche EEG und ähnliche Gesetze anderer Staaten, einen unzulässigen Eingriff des Staates in den Markt und seine Kräfte. Gegen solche „Subventionen“ wehren sie sich aus einer grundsätzlich-ordnungspolitischen Einstellung. Dieser Widerstand bekommt nur dadurch ein „Geschmäckle“ und wird bezüglich der dahinter stehenden, wahren Motive zweifelhaft, weil sich zumindest die deutschen liberalen Marktwirtschaftler über Jahrzehnte hin nicht an den staatlichen Eingriffen in den Energiemarkt gestört haben. Denn in Deutschland wie in vielen anderen Staaten hat es seit dem 2. Weltkrieg nie einen wirklich freien Energiemarkt gegeben (s.o.). Immer sind Subventionen geflossen, wurden Schutzzonen errichtet, Steuerermäßigungen gewährt, großzügige Forschungsgelder verteilt. Und praktisch immer profitierten vor allem die großen Energiekonzerne davon. Diese Marktverzerrungen wurden gerade auch von den liberalen Marktwirtschaftlern – selbst in Ministerämtern – über Jahrzehnte hin klaglos mitgetragen und sogar befördert.

[1085] Siehe http://www.pv-magazine.de/nachrichten/details/beitrag/altmaier-schliet-schnelle-eeg-reform-nicht-aus_100010108/ ; http://joule.agrarheute.com/interview-quaschning

[1086] http://wupperinst.org/projekte/details/wi/p/s/pd/434/

Jetzt aber, wo die Energietechnologie-Fördermittel nicht mehr nur in die Taschen der Großkonzerne wie z.B. der EVUs fließen, sondern auch dem Privatmann und Häusle-Besitzer zugute kommen, entdecken die liberalen Marktwirtschaftler plötzlich den freien Markt und schreien „haltet den Dieb!“ Weshalb sollten z.B. EEG-Kosten von 19 Cent/kWh für Solarstrom (privates HEH) die deutsche Wirtschaft zusammenbrechen lassen, während EEG-Kosten von 19 Cent/kWh für Offshore-Windstrom (große EVUs) kein Problem darstellen, wie offensichtlich einige deutsche FDP-Liberale meinen?[1087] Letztlich könnte hinter dem liberalen Bremsen der kleinen Erneuerbaren Energien das Geschäftsmodell „weiter wie bisher“ stehen, bei dem man den Großkonzernen ihre Pfründe sichert – völlig egal, ob dabei liberale Werte wie die individuelle Freiheit und Unabhängigkeit geopfert werden.[1088]

Techniker, zumindest viele außerhalb des EE-Sektors, setzen immer noch „High-Tech“ mit „Großtechnik“ gleich, gerade auch im Energiebereich. Komplexe Großtechnik gilt als Spitzentechnik; sie ist zugleich sichtbarer Ausweis innovativer Ingenieurkunst und Leistungsfähigkeit. Damit dient sie der Identitätsstiftung und dem Stolz des Technikers. Kein Wunder also, dass ein Projekt wie Desertec in Technikerkreisen viel mehr Interesse und Begeisterung auslöst als Innovationen bei der viel leichter und universeller einsetzbaren Kleinwasserkraft. Eine bis an die Grenzen der Physik gehende Großtechnik erzwingt zudem eine Verwissenschaftlichung der Technik; sie macht den damit befassten Techniker zum Angehörigen eines elitären Expertenzirkels. Den Ingenieuren, die diese Technik entwickeln, verschafft sie zudem ein hohes Ansehen innerhalb des Ingenieurstandes, da diese Großtechnik wiederum eine Vielzahl von Techniker-Arbeitsplätzen in Betrieb, Wartung, Nachrüstung, Rohstoffversorgung und Energiedistribution nach sich zieht – Motto: gebaut von Experten für Experten.

Selbsternannte Ästheten /Schützer möchten ihre Vorstellungen vom Guten, Wahren und Schönen nicht nur in den eigenen vier Wänden, sondern auch in ihrer Umgebung umsetzen: in ihrer Straße, in ihrer Stadt, in der sie umgebenden Landschaft. Dass der Geschmack durch-

---

[1087] Siehe Sonnenenergie 5/2012, S. 8 ; http://www.heise.de/tp/artikel/38/38602/1.html

[1088] Siehe http://www.erneuerbareenergien.de/bruederle-im-abseits/150/438/58332/ ; http://www.tagesspiegel.de/wirtschaft/energiewende-gegen-wind/7930800.html ; Kemfert 2013, S. 114 ff.

aus unterschiedlich ist und dass sie mit der Durchsetzung ihres Schönheitsideals massiv in die Rechte anderer Menschen eingreifen, stört diese selbsternannten Ästheten nicht weiter. Am liebsten würden manche eine Geschmacksdiktatur errichten: Ein Plusenergiehaus mit Pultdach zwischen traditionellen „Kaffeemühlen"[1089] in den Hamburger Elbvororten? Das geht gar nicht! Eine Kleinwindanlage in Nachbars Garten? So etwas Hässliches kommt nicht in Frage!

In der Tat ist von dieser Haltung vor allem die Windenergie betroffen – in der Landschaft wie auch innerorts. Hier ist der Widerstand am besten organisiert.[1090] Unter dem neuen Schlachtruf „Windräder verschandeln die Landschaft" (Sind etwa herkömmliche Strommasten, Kraftwerksschornsteine oder ein am Waldrand geparktes Auto ein Beitrag zur Landschaftsästhetik?) argumentiert man auch mit von den Turbinen angeblich ausgelöstem Infraschall oder unschönen Lichtblitzen. Es besteht z.B. die Gefahr, dass das „Repowering" (die Ersetzung alter Anlagen durch neuere, größere Turbinen) als Argument dazu verwendet wird, neue Kleinwindanlagen zu verhindern. Argumentationsmuster: „Wir haben doch schon die optischen Belastungen durch die eine große Windturbine; was sollen wir uns jetzt auch noch mit Kleinwindanlagen die Landschaft verschandeln!"

Doch auch die Sonnenenergie ist betroffen: schon Ende der 1970er Jahre holten solche „Ästhetik-Oberschiedsrichter" in Gemeinderäten und Baubehörden dutzendweise Kollektor- und PV-Anlagen wieder von privaten Dächern, weil der Anblick angeblich das „Ortsbild" störte.[1091] Auch heute noch schwadronieren Journalisten über eine „Dachästetik" mit PV-Indachkonstruktionen, deren Leistungs-Kosten-Verhältnis noch zu wünschen übrig lässt, und schreiben: „So wird es bis zu marktgängigen Lösungen noch lange dauern. Bis dahin könnten Gestaltungssatzungen in Bebauungsplänen den solaren Wildwuchs auf den Dächern verhindern."[1092] Künftig werden sich sicher auch Leute finden, die gegen eine „Verblauung" der Landschaft durch PV-An-

---

[1089] Siehe http://de.wikipedia.org/wiki/Hamburger_Kaffeemühle

[1090] Siehe http://www.windkraftgegner.de/ ; http://www.windwahn.de/

[1091] Siehe hobby – magazin der technik Nr. 22 vom 15.10.1979, S. 46-50 („Kein Platz an der Sonne")

[1092] Siehe Hamburger Abendblatt 20./21.08.2011, S. 46 („Schöner Strom gewinnen")

lagen kämpfen – einen Blendschutz für Solaranlagen gibt es ja bereits.[1093]

Teilweise eng verwoben mit den Ästheten ist die in Europa weit verbreitete „Schützer"-Kultur: Denkmal-Schützer, Landschafts-Schützer, Natur-Schützer, und was es sonst noch an „Schützern" gibt. Während viele Aktivitäten dieser Szene einen durchaus überindividuellen Wert haben und primär der Allgemeinheit zugute kommen, gibt es auch hier einige Gruppen bzw. Personen, die vorwiegend ihre eigenen Interessen und Bequemlichkeiten schützen. Gerade letztere stellen für das HEH ein Problem dar, weil sie ihre eigenen Interessen verabsolutieren und jedes Maß verlieren. Dass man mit einer undifferenzierten Natur-/Umweltschutz-Ideologie die Umwelt auch erheblich schädigen kann[1094], stört diese selbsternannten Gutmenschen, „Oberschiedsrichter" und „Wutbürger" nicht weiter.[1095]
Der Schützer hält das Alte, Bestehende, Gewohnte für sakrosankt. Bausünden aus den Energie verschwendenden 1960er Jahren, Brandrodungen (Emissionen!) in der Lüneburger Heide zur Erhaltung dieser alt-elenden Salzgewinnungswüste, von Menschen gemachte Teiche unter Schutz stellen – alles kein Problem. Aber wehe, es wird etwas verändert, etwas Neues geschaffen – das ist dann ein Sakrileg gegen die heilige (Schützer-)Ordnung.

Doch auf der anderen Seite hat das HEH schon heute viele aktive und potentielle Unterstützer. Neben den vielen Engagierten im Bereich der Erneuerbaren Energien sowie den Nutzern verschiedener HEH-Techniken, die bereits ein erhebliches Wählerpotential darstellen, lassen sich folgende Gruppen, Institutionen und Tendenzen herausheben:

EE-Vereinigungen wie Eurosolar, die Deutsche Gesellschaft für Sonnenenergie, die österreichische Arbeitsgemeinschaft Erneuerbare Energie, der Interessenverband Schweizerischer Kleinkraftwerk-Besitzer, der Bundesverband Kleinwindanlagen, die Schweizerische Vereinigung für Sonnenenergie und viele mehr sind natürliche Verbündete

---

1093 Siehe http://www.heise.de/tr/artikel/Blendschutz-fuer-Solaranlagen-1820688.html
1094 Siehe Scheer 2005, S. 201 ff. ; http://www.oekonews.at/index.php?mdoc_id=1072622
1095 Siehe http://www.spiegel.de/politik/deutschland/0,1518,784664,00.html

für die regenerativen Kleintechniken des HEH.[1096] Diese Vereinigungen unterstützen HEH-Bestrebungen – jeweils unterschiedlich – medial, organisatorisch, ökonomisch, politisch und technisch.

Stiftungen, die sich ganz oder zumindest teilweise mit Erneuerbaren Energien beschäftigen, gibt es allein im deutschsprachigen Raum viele.[1097] Wenngleich nicht jede Stiftung bereit und in der Lage ist, entsprechende HEH-Projekte zu finanzieren, so sind sie doch eine Basis für hilfreiche Kontakte, Wissensvermittlung etc.

Forschungsinstitutionen wie die deutschen Fraunhofer-Institute, die schweizerische EMPA, das us-amerikanische National Renewable Energy Laboratory (NREL) oder das Instituto Tecnológico y de Energías Renovables (ITER) auf Teneriffa befassen sich ganz oder teilweise mit Erneuerbaren Energien und verfügen über eine hohe wissenschaftliche Kompetenz sowie eine große internationale Anerkennung.[1098] Sie stehen in Kontakt mit einer Vielzahl von universitären Forschungsinstituten überall auf der Welt und treiben gemeinsam die wissenschaftlich-technische Entwicklung der Erneuerbaren Energien sowie des HEH voran.

Energiegenossenschaften[1099] tragen in Deutschland schon heute, zusammen mit Privatpersonen und Landwirten, weit mehr als 50% der Investitionen in Erneuerbare Energien. Durch die großen Mengen der von ihnen installierten PV- und Windanlagen sorgen sie nicht nur für

---

[1096] Siehe http://www.eurosolar.de ; http://www.dgs.de ; http://www.aee.at ; http://www.iskb.ch ; http://www.bundesverband-kleinwindanlagen.de ; http://www.sses.ch/

[1097] Siehe u.a. http://www.aachener-stiftung.de/ ; http://www.avbstiftung.de/ ; http://www.biohaus-stiftung.de/ ; http://www.dbu.de ; http://www.hermann-scheer-stiftung.de ; http://100-prozent-erneuerbar.de/ ; http://www.ludwig-bo-elkow-stiftung.org/ ; http://reset.org/ ; http://www.energiestiftung.ch ; http://www.vrd-stiftung.org

[1098] Siehe http://www.fraunhofer.de/ ; http://www.empa.ch ; http://www.nrel.-gov/ ; http://www.iter.es/

[1099] Siehe http://www.kni.de/media/pdf/Marktakteure_Erneuerbare_Energie_Anlagen_in_der_Stromerzeugung_2011.pdf ; http://www.unendlich-viel-energie.de/de/detailansicht/article/4/energiegenossenschaften-investieren-800-millionen-euro-in-energiewende.html ; http://de.wikipedia.org/wiki/Bürgerenergiegenossenschaft ; http://www.dgrv.de/de/news/news-2013.03.20-1.html ; http://www.solargardens.org/

ein Sinken der Stückkosten dieser Techniken, sondern die hier engagierten über 80.000 Bürger werden es auch als Wähler nicht zulassen, dass die EE künftig nur als Großtechnik von den EVUs betrieben werden.

KMUs, Kleine und Mittlere Unternehmen, können Verbündete des HEH sein. Dies gilt nicht nur für solche Unternehmen, die HEH-Techniken herstellen, sondern auch für diejenigen, welche die Erneuerbaren Energien nutzen: sie können ebenfalls zum Sinken der Stückkosten beitragen, sie können für die Neu- und Fortentwicklung von HEH-Techniken sorgen.[1100] Solche KMUs verdienen sowohl politisch (z.B. kommunal) als auch von Seiten der Verbraucher Unterstützung.

Der Handel, repräsentiert durch Baumärkte, Handelshäuser, Versandhändler etc. ist flexibler als die Industrie, die oft an technisch überholten Produkten festhält, damit sich ihre teuren Produktionsmaschinen rentieren. Der Handel dagegen verkauft, was dem Kunden gefällt und kauft es vorher notfalls überall auf der Welt ein. Und so hat sich vor allem der Handel um die Verbreitung der kleinen Solartechnik (Solarlampen etc.) verdient gemacht. Das kann sich bei vielen weiteren Produkten wiederholen.

EE-Websites bieten im Internet schnelle und vielfach umfassende Informationen zu einzelnen oder mehreren Erneuerbaren Energien.[1101] Sie bringen Tüftler und Heimwerker auf neue Ideen, zeigen dem Handel (s.o.) neue Produkte. Vor allem aber eliminieren sie den von den Vertretern der fossilen Energieversorgung gepflegten Eindruck, HEH-Techniken seien etwas Kurioses, Abseitiges, nicht Umsetzbares.

Die Eigenbau-Bewegung, die sich über das Internet organisiert und verschiedene Seiten mit Bauplänen für regenerative Energietechnik bereit hält[1102], wird künftig zunehmen Auf diesem Gebiet ließe sich noch

[1100] Siehe http://www.bmu.de/bmu/presse-reden/pressemitteilungen/pm/artikel/greentech-atlas-30-veroeffentlicht/ , 4. Absatz ; http://www.manager-magazin.de/unternehmen/energie/a-863495.html

[1101] Siehe http://inhabitat.com/green-gadgets/ ; http://www.buch-der-synergie.de/ ; http://www.dailygreen.de/category/green-gadgets/ ; http://www.pv-log.com/ ; http://www.daswindrad.de ; http://www.kleinwindanlagen.de/

[1102] Siehe http://opensourceecology.org/wiki-gvcs.php ; http://www.otherpower.com/otherpower_wind_tips.html ; http://osede.org/de/2012/06/need-de-

viel bewegen, etwa wenn Internet-Plattformen mit Bauanleitungen speziell für HEH-Techniken entstünden. Neue Techniken wie 3-D-Drucker[1103] werden die Eigenproduktion von HEH-Geräten erleichtern; wichtig ist, dass diese Drucker künftig mit einfachen, erneuerbaren und kostengünstigen Stoffen arbeiten, so dass hier nicht neue Abhängigkeiten entstehen.

Soweit die realen und potentiellen Verbündeten. Immer mehr Menschen geht es um eigenständige Energieerzeugung und der damit verbundenen Freiheit und Unabhängigkeit – sei es energietechnisch, finanziell oder politisch. Und diese Menschen werden ihre Chance mit Hilfe der HEH-Technologien bekommen, ganz gleich, wie sehr sich manche Großkonzerne und Politiker dagegen sträuben. In einer globalisierten Welt lassen sich Entwicklungen, insbesondere wenn sie dem Einzelnen mehr Freiheit ermöglichen, nicht auf Dauer verbieten oder eindämmen. Wenn in z.B. Europa große Industrie-Unternehmen nicht bereit sind, sich auf dem Felde der HEH-Technologien zu engagieren, dann werden sich eben Unternehmen in Brasilien, China oder Indien finden.

Für die Durchsetzung der HEH-Techniken im heimischen Bereich, d.h. für ihren Einsatz in möglichst vielen Haushalten, müssen die immer noch bestehenden gesetzlichen Hürden und Fallstricke beiseite geräumt werden.
So muss für die Energie-Ernte-Techniken, bei Einhaltung der normalen baurechtlichen Abstandsregeln insbesondere zu den Grundstücksgrenzen, eine Befreiung von Baugenehmigungen gelten. In gleicher Weise sollten die Abstandsregeln aber auch für Bäume gelten – damit nicht die hochwachsenden Bäume der Nachbarn eine Nutzung der Wind- und Solarenergie unmöglich machen. Bisher ist jeder Baum und jeder Fahnenmast mit samt ihres Schattenwurfes privilegiert – aber wehe, man stellt in 20 Metern Abstand zur Grundstücksgrenze eine 10 Meter hohe Kleinwindanlage auf.
Künftig muss ein Bauherr sein Haus – unter Wahrung der Abstandsflächen – optimale zur Sonnen-/Windrichtung ausrichten können, und nicht mehr an die Fluchtlinie/Bebauungslinie einer Straße gebunden

---

velopment-of-microcontroller-for-monitoring-the-wind-turbine/ ; http://www.greenpowerscience.com/

[1103] Siehe http://en.wikipedia.org/wiki/3D_printing ; http://de.wikipedia.org/wiki/3D-Drucker

sein. Ebenso muss in Deutschland der Erlass von Erhaltungssatzungen/Milieuschutz (Baugesetzbuch § 172 ff.) eingeschränkt bzw. zumindest für Einzel-/Doppel-/Reihen-Häuser aufgehoben werden.
Bei Reihenhäusern sollten künftig die einzelnen Dachabschnitte Sondereigentum statt Gemeinschaftseigentum sein, damit nicht mehr neidische Nachbarn die Anbringung von Solarkollektoren oder kleinen Windrädern verhindern können.

Natürlich ist es richtig und wichtig, neben dem HEH auch regenerative Großprojekte wie z.B. bei der Offshore-Windenergie umzusetzen. Einige große Industriebetriebe wie z.B. Aluminiumschmelzen und Betonhersteller lassen sich nun mal nicht nur mit Solarzellen auf den Firmendächern und einigen Windkraft-Anlagen auf dem Firmengelände betreiben. Für Großabnehmer braucht es ein funktionierendes Verbundnetz, an dessen Enden auch große Energielieferanten wie Hochsee-Windparks und Geothermie-Kraftwerke stehen können. Diese Großprojekte sind für die Industrienationen, die sich künftig ausschließlich aus regenerativen Energiequellen versorgen müssen, unverzichtbar.
Das heutige Problem ist aber, dass auch bei der Energieversorgung der privaten Haushalte überwiegend an eine Zentralversorgung über das Verbundnetz durch große Energieversorgungsunternehmen (EVUs) gedacht wird. Und dies ist weder notwendig noch im Interesse der Menschen, sondern ausschließlich im wirtschaftlichen Interesse der EVUs. Diese wollen die Privathaushalte wie in den vergangenen Jahrzehnten fossiler Energieversorgung weiter an die „Energieleine" legen und von ihnen profitieren. Dieses Profitdenken der EVUs wird von den einigen Parteien mehr oder minder unterstützt; diese Politiker machen sich – ahnungslos oder aus persönlichem Kalkül – zum willfährigen Büttel der EVUs bei der Zementierung der alten Abhängigkeitsverhältnisse.

Dabei sind den Erneuerbaren Energien solche Abhängigkeitsverhältnisse schon aus natürlichen, physikalischen Gründen völlig wesensfremd: die Sonne scheint auf jedes Grundstück, der Wind weht überall hin, und der Biomüll erzeugt Gas, ohne dass man ihn an irgend einer Stelle zentralisiert. Jeder kann diese Energien ernten und tut das auch – und sei es nur beim Wäschetrocknen auf der Leine oder beim Anbau von Obst und Gemüse. Prinzipiell ist hier kein „Big Brother" nötig, der uns die Energieernte abnimmt, um uns die ursprünglich freie Energie der Natur für teures Geld anzuliefern.

Wie bereits erwähnt: Technik bedeutete und bedeutet immer Macht und Herrschaft, und sei es heute auch „nur noch" die Herrschaft über die Portemonnaies der Bürger. Deshalb ist es nicht nebensächlich sondern entscheidend, welche Technik wir für unsere Energieversorgung wählen – ob wir weiter uns der Herrschaft großtechnischer Versorgungsstrukturen und der damit verbundenen Abhängigkeiten unterwerfen oder ob wir zurückkehren zum „menschlichen Maß"[1104] einer autonomen Energieversorgung des einzelnen Haushaltes. Wir haben die Wahl zwischen einer „autoritären" oder „demokratischen" Technik.[1105]
„Nicht erst ihre Verwendung, schon die Technik ist Herrschaft ... Bestimmte Zwecke und Interessen der Herrschaft sind nicht erst 'nachträglich' und von außen der Technik oktroyiert – sie gehen schon in die Konstruktion des technischen Apparats selbst ein; die Technik ist jeweils ein geschichtlich-gesellschaftliches Projekt; in ihr ist projektiert, was eine Gesellschaft und die sie beherrschenden Interessen mit dem Menschen und mit den Dingen zu machen gedenken."[1106]
Somit ist die Auswahl der eingesetzten Technik nicht nur eine technologische oder ökonomische Entscheidung, sondern ganz besonders auch eine politische – und ethische.

Schon die geistigen Väter der Regenerativen Energien wie der Amerikaner John A. Etzler (1791-1846?)[1107], der Franzose Augustin Mouchot (1825-1912)[1108] der Däne Paul LaCour (1848-1908) oder der Deutsche Hermann Scheer (1944-2010)[1109] wollten mit ihrem Engagement für Erneuerbare Energien nicht etwa nur das eine Energiesystem durch eine anderes ablösen, wie etwa die Steinkohle einstmals die Holzkohle und das Brennholz abgelöst hat oder in den 1950ern das Erdöl die Kohle verdrängte. Es ging den Energie-Revolutionären vielmehr um die Befreiung des Menschen aus Abhängigkeiten, um seine Freiheit

---

[1104] Siehe Schumacher 1977 ; http://www.e-f-schumacher-gesellschaft.de/
[1105] Siehe Mumford 1980, S. 12 ff.
[1106] Marcuse 1965, S. 127
[1107] Siehe http://en.wikipedia.org/wiki/John_Adolphus_Etzler ; Madrigal 2011, S. 13 ff.
[1108] Siehe http://fr.wikipedia.org/wiki/Augustin_Mouchot ; http://en.wikipedia.org/wiki/Augustin_Mouchot
[1109] Siehe http://de.wikipedia.org/wiki/Hermann_Scheer

und Würde. Das zeigt sich schon sowohl in ihrer Praxis – z.B. La-Cour[1110] lehrte an den pietistischen Schulen Grundtvigs, die die Unabhängigkeit der frommen dänischen Landwirte erhalten und das Höfesterben verhindern wollten –, als auch in ihren Buchtiteln – wie Etzlers „The Paradise within the Reach of all Men, without Labor, by Powers of Nature and Machinery" von 1833 oder Scheers „Der energet(h)ische Imperativ" von 2010.

Wer künftig wirklich frei sein will von den Launen der Gas- und Erdölförderstaaten, wer frei sein will vom Preisdiktat der EVUs, wer im eigenen Heim frei sein will von den Smart Grits und Smart Meters mit ihrer Steuerung und Überwachung der Waschmaschinen, des Kühlschranks und der privaten Nutzungsgewohnheiten, der hat mit einem autarken HEH auch künftig die Möglichkeit dazu.

Es wird Zeit, dass wir Bürger uns abnabeln vom Tropf der Energieversorger und uns frei machen vom Zwangskorsett der bisherigen Energiepolitik, dass wir endlich unseren energiepolitischen „Unabhängigkeitstag" feiern.Wir sind nicht dazu geboren, die „Energiesklaven" von irgendwelchen Konzernen zu sein, wir haben uns aber aus Bequemlichkeit und Unwissenheit dazu machen lassen. Jeder Befreiung aber – auch der technologischen auf dem Gebiet der Energie-Selbstversorgung – geht erst einmal die faktische Aufklärung der Abhängigkeiten und das Bewusstsein von Freiheit und Unabhängigkeit voraus.

Dafür steht HEH, die dezentral-private Version der Erneuerbaren Energien, wo Energie-Produzent und -Verbraucher die selbe Person sind: der private Eigentümer dieser Energie-Techniken ist frei von Abhängigkeiten gegenüber den großen Energielieferanten, frei von den politischen Entwicklungen in den Energieförderländern, frei von gierigen Finanzministern und Warentermin-Spekulanten. Auch dies, die ökonomische Freiheit, ist ein wichtiger Teil der Freiheit, auch die wirtschaftliche Unabhängigkeit des Bürgers gehört zu einem freiheitlichen Weltbild. Dies zu negieren heißt, auf Dauer den Begriff der Freiheit zu beschädigen.
Denn auch wenn manche es nicht gerne hören: neben der Freiheit zum Markt (Marktzugang) und der Freiheit am Markt (Vertragsfreiheit) gibt es auch noch die Freiheit vom Markt (Autarkie). Und der freieste Bür-

[1110] Siehe http://en.wikipedia.org/wiki/Poul_la_Cour ; http://en.wikipedia.org/wiki/N.F.S._Grundtvig

ger ist immer der, der auf den Markt nicht oder möglichst wenig angewiesen ist. Das HEH bietet diese Freiheit vom Energiemarkt, und es gibt keinen Grund diese Form der Freiheit dem Bürger zu verweigern, zumal die Politik in vielen Staatern über Jahrzehnte die Markt-Abhängigkeit des Bürgers staatlich subventioniert hat.

Eigen-Energie-Ernte/HEH macht nicht nur energietechnisch und ökonomisch frei, sondern sie ist auch im umfassenden Sinn ein Beitrag zur Freiheit und Unabhängigkeit des Individuums: man braucht sich niemandes AGBs zu unterwerfen, man braucht niemanden zu bezahlen, man braucht niemandem zu danken. HEH braucht, einmal umgesetzt, zum Betrieb keine Konzerne, keine Gewerkschaften, keine Parteien, Regierungen und Parlamente.

Eigen-Energie-Ernter, d.h. Menschen, die ihren Strom- und Wärmebedarf in Eigenregie autark erzeugen, lassen sich natürlich auch weniger gern in ihre Angelegenheiten hineinreden oder hineinregieren. Sie sind unabhängiger, eigenständiger, und werden damit auch für Bürokratie und Politik unbequemer. Sie werden es kaum tolerieren, dass man die Feinstaubemissionen ihrer wasserführenden Kaminöfen per Gesetz gegen Null drosselt, während der Gesetzgeber zugleich mit Silvesterfeuerwerken und Osterfeuern ein Millionenfaches an Feinstaubemissionen alljährlich fördert oder zumindest toleriert. Sie werden Widerstand leisten, wenn man ihnen ein 12 Meter hohes Windrad mitten auf ihrem 1200-qm-Grundstück behördlicherseits verweigert, während der Nachbar direkt an der Grundstücksgrenze seine 15 Meter hohen Tujabäume frei wachsen lassen darf. Sie werden keinen verordneten Milieuschutz u.ä. akzeptieren, während man zugleich mit der Begründung angeblich höherer, öffentlicher Interessen Hochspannungsleitungen über ihr Grundstück führt.

Vergangenheit und Gegenwart zeigen immer wieder, dass wir Bürger in unserem Interesse selbst aktiv werden müssen. Wir dürfen uns weder auf die Versprechungen der Politik und die staatlich gewährten „Wohltaten“ verlassen noch auf „nette“ EVUs vertrauen wie ein Bettler auf den Almosengeber. Wir müssen unsere Energieversorgung in die eigenen Hände nehmen, und auf diesem Gebiet tätig werden. Frei nach Gotthold Ephraim Lessings Wort von den wahrhaft guten Taten, die alle äußerlichen guten Taten entbehrlich machen sollen[1111], geht es um den Aufbau einer wahrhaft autarke Energieversorgung, die alle von außen kommende Energieversorgungs-Angebote überflüssig macht.

Und um ein Handeln kommen wir angesichts der steigenden Weltbevölkerung und der zugleich sinkenden Ressourcen nicht umhin: viele Kulturen haben sich in der Vergangenheit durch die sinnlose Vernutzung ihrer Ressourcen selbst auf den Aussterbe-Etat der Geschichte gesetzt: die Maya, die Oster-Insulaner, die Grönland-Wikinger. Auch wir als Menschheit insgesamt könnten ihnen folgen, wenn wir mit unserer Energietechnik nicht umsteuern. Aber wir haben die Möglichkeit, wir können sie als Chance nutzen.

Wenn wir dem Evolutionsbiologen Josef H. Reichholf folgen, dann ist ein Maßstab der Evolution das Ausmaß der Unabhängigkeit eines Lebewesens von seiner Umwelt: so ist es ein großer Vorteil der Säugetiere gegenüber den Reptilien, dass erstere durch ihre selbst erzeugte, gleichmäßig hohe Körpertemperatur unabhängig von der Umgebungstemperatur sind.[1112] Übertragen heißt das: die Form unserer Energieerzeugung ist nicht nur eine politische Entscheidung; sie sagt zugleich etwas aus über unsere Evolution zu einem eigenständigen, selbstbewussten Lebewesen in einer Gesellschaft, die zwar auf Miteinander, nicht aber auf Abhängigkeiten setzt – eine Gesellschaft von mündigen Energieerzeugern.

In Anlehnung an den Philosophen Immanuel Kant[1113] lässt sich formulieren: HEH ist der Ausgang des Menschen aus seiner selbst verschuldeten energietechnischen Unmündigkeit. Unmündigkeit meint die Unfähigkeit, sich der in der Umwelt vorhandenen Energie ohne permanente Zulieferung durch andere bedienen zu können. Insofern ist HEH eine energietechnologische Aufklärung.

1111 Lessing 1778, Erstes Gespräch (Schluss) ; http://gutenberg.spiegel.de/buch/1181/1 ; http://de.wikipedia.org/wiki/Ernst_und_Falk

1112 Siehe Reichholf 1992, S. 42 f. ; http://de.wikipedia.org/wiki/Josef_H._Reichholf

1113 Siehe http://kaskade.dwds.de/dtaq/web/book/show/kant_aufklaerung_1784

14. Literaturverzeichnis

Aicher, Julian: Strom für Millionen, Leutkirch März 2012 http://www.strom-fuer-millionen.de/pdfheft01.pdf

Baker, T. Lindsay: A Field Guide to American Windmills, Norman 1985

Bayerl, Günter: Die Papiermühle. Vorindustrielle Papiermacherei auf dem Gebiet des alten deutschen Reiches – Technologie, Arbeitsverhältnisse, Umwelt, 2 Teile, Frankfurt/Main u.a. 1987

beaufort 6, hrsg. von der Germanischer Lloyd AG, Hamburg, Ausgabe 3/2007 http://www.germanlloyd.org/pdf/beaufort_6_2007-03_D.pdf

Becher, Johann Joachim: Närrische Weisheit und weise Narrheit – Oder einhundert so politische als physikalische, mechanische und merkantilische Konzepte und Propositionen, Frankfurt/Main 1682

Becher, Klaus: Das Bio-Solar-Haus – bewährt für Freiheit und Lebensqualität, 2. Aufl. Norderstedt 2011

Becker, Peter: Aufstieg und Krise der deutschen Stromkonzerne, Bochum 2010

Betz, Albert: Wind-Energie und ihre Ausnutzung durch Windmühlen, Göttingen 1926

Blank, Ralf: Rüstungsexport am Vorabend des Ersten Weltkriegs am Beispiel der Accumulatoren Fabrik Berlin-Hagen AG, in: Fundus - Forum für Geschichte und ihre Quellen, hrsg. von Prof. Dr. Manfred Thaller, Heft 4 (Beiträge zur Geschichte, Politik und Kultur der Späten Neuzeit, hrsg. von Peter Aufgebauer/Nathalie Kruppa), S. 107-126
http://webdoc.sub.gwdg.de/edoc/p/fundus/4/blank.pdf

Brückmann, Philipp: Autonome Stromversorgung - Auslegung und Praxis von Stromversorgungsanlagen, 3. verbesserte Auflage Staufen 2012

Bullinger, Hans-Jörg/Brigitte Röthlein: Morgenstadt – Wie wir morgen leben, München 2012

Bundesverband WindEnergie e.V.(Hrsg): Kleinwindanlagen – Handbuch der Technik, Genehmigung und Wirtschaftlichkeit kleiner Windräder (BWE-Marktübersicht spezial), Berlin 2011

Busch, Gabriel Christoph Benjamin: Versuch eines Handbuchs der Erfindungen, 7 Teile/Bde. Wien/Prag 1801

Cole, Dick: Putting Nature's Power to Work – Methods of Harnessing Natural Energy, in: Modern Mechanix and Inventions, August 1932, S. 54-58 http://blog.modernmechanix.com/putting-natures-power-to-work/ #more

Constans, Jacques: Marine sources of energy, New York 1979

Crome, Horst: Handbuch Windenergie-Technik - Windkraftanlagen in handwerklicher Fertigung, 4. Aufl. Staufen 2012

Darley, Julian: High Noon for Natural Gas – The New Energy Crisis, White River Juncton/Vermont 2004

David, Lester: Hot News About The Sun, in: Mechanix Illustrated, August 1955, S.49-55 + 209-211

Debeir, Jean-Claude/Jean-Paul Deleage/Daniel Hemery: Prometheus auf der Titanic, Frankfurt/New York 1989

Deutsche Gesellschaft für Sonnenenergie - DGS (Hrsg.): Solarthermische Anlagen - Leitfaden für das SHK,- Elektro- und Dachdeckerhandwerk, Fachplaner, Architekten, Bauherren und Weiterbildungsinstitutionen, 9. Auflage (Landesverband Berlin Brandenburg e.V.), Berlin 2012

Dickson, David: Alternative Technologie – Strategien der technischen Veränderung, München 1978 (engl.: Alternative Technology and the Politics of Technical Change, London 1974)

Dingler, Johann Gottfried: Polytechnisches Journal, Stuttgart (später: Berlin) 1820-1931, Bde.1-346 ; http://www.polytechnischesjournal.de/

Ebert, Hans-Peter/Thorsten Beimgraben: Heizen mit Holz in allen Ofenarten, 14. verb. Auflage Staufen bei Freiburg 2011

Eckardt, Nikolaus/Margitta Meinerzhagen/Ulrich Jochimsen: Die Stromdiktatur. Von Hitler ermächtigt – bis heute ungebrochen, Hamburg 1985

Eckermann, Erik/Dieter Grätz: Fahren mit Holz – Geschichte und Technik der Holzgasgeneratoren und Ersatzantriebe, Bielefeld 2008

Feldhaus, Franz Maria: Lexikon der Erfindungen und Entdeckungen auf den Gebieten der Naturwissenschaften und Technik in chronologischer Übersicht und mit Personen- und Sachregister, Heidelberg 1904

Feldhaus, Franz Maria: Die Technik – Ein Lexikon, 2. Aufl. (unveränderter Nachdruck), München 1970

Fröde, Wolfgang: Windmühlen – Energiespender und ästhetische Architektur, mit einem Beitrag von Michael Hummel über moderne Möglichkeiten der Windenergie-Nutzung, Köln 1981

Gasch, Robert/Jochen Twele (Hrsg.): Windkraftanlagen – Grundlagen, Entwurf, Planung und Betrieb, 6. durchges. u. korr. Auflage Wiesbaden 2010

Geitmann, Sven: Wasserstoffautos. Was uns in Zukunft bewegt, Kremmen 2006

Geitmann, Sven: Erneuerbare Energien. Mit neuer Energie in die Zukunft, Oberkrämer 2010

Gerwin, Robert: So ist das mit der Kernenergie, Düsseldorf/Wien 1977

Gräf, Daniela: Boat Mills in Europe from Early Medieval to Modern Times (Veröffentlichungen des Landesamtes für Archäologie Sachsen, Bd. 51/Bibliotheca Molinologica of The International Molinological Society/TIMS, Vol. 19) Dresden 2006

Graw, Kai-Uwe: Wellenenergie – eine hydromechanische Analyse, hrsg. vom Institut für Grundbau, Abfall- und Wasserwesen (Bericht Nr. 8) der Bergischen Universität-Gesamthochschule Wuppertal, Wuppertal 1995
http://www.uni-leipzig.de/~grw/lit/texte_099/40__1995/m8.pdf

Grünthal, Gottfried: Erdbeben und Erdbebengefährdung in Deutschland sowie im europäischen Kontext, in: Geographie und Schule, Heft 151, Hallbergmoos 2004, S. 14-23
http://edoc.gfz-potsdam.de/gfz/get/6993/0/f6e0b968a8b599941e08995f5305b677/6993.pdf

Gümpel, Paul: Energieautonome Grundwasserförderung mit Formgedächtnislegierungen, Projektschlussbericht, Förderkennziffer: 17.075.99, Förderzeitraum: 01.09.1999 bis 30.04.2001, Institut für Angewandte Forschung, Fachhochschule Konstanz 2001
http://opus.bsz-bw.de/htwg/volltexte/2003/20/pdf/FH-forschung4.pdf

Günther, Hanns (W. de Haas): In Hundert Jahren. Die künftige Energieversorgung der Welt, Stuttgart 1931

Gulia, Nurbej Vladimirovic: Der 'Energiekonserve' auf der Spur, dt. Ausgabe Frankfurt/Main 1989

Hacker, Günther/Gabriele Jerke: Wind bewegt – Kleine Windräder selber bauen, St. Georgen/Schwarzwald 2006

Hacker, Günther: Wind ins Netz – Netzeinspeisung und Akkuladung mit neuen Kleinwindrädern, St. Georgen/ Schwarzwald 2003

Hallenga, Uwe: Wind: Strom für Haus und Hof – Bauanleitung mit Konstruktionszeichnungen, Staufen 2007

Hanus, Bo: Hausversorgung mit alternativen Energien, Poing 2007

Hartung, Günter: Erfindertätigkeit von Autoren aus Instituten der Kaiser-Wilhelm-Gesellschaft 1924 bis 1943, in: Die Kaiser-Wilhelm-/ Max-Planck-Gesellschaft und ihre Institute. Studien zu ihrer Geschichte, hrsg. von Bernhard vom Brocke und Hubert Laitko, Berlin - New York 1996, S. 521-540 http://sciencestudies.eu/hartung.pdf

Haselhuhn, Ralf: Photovoltaik – Gebäude liefern Strom, 6. überarb. Aufl. Stuttgart 2010

Haug, Waldemar: Studie über eine Energieversorgungsanlage für Raumflugkörper mit einem Thermionik-Reaktor als Energiequelle, hrsg. vom Gmelin-Institut für Anorganische Chemie und Grenzgebiete (ZAED = Zentralstelle für Atomkernenergie-Dokumentation), maschinenschr. Druck, Frankfurt/Main 1966

Heinberg, Richard: Peak Everything: Waking Up to the Century of Declines, Gabriola Island/British Columbia 2007

Hennicke, Peter/Susanne Bodach: EnergieRevolution. Effizienzsteigerung und erneuerbare Energien als neue globale Herausforderung, München 2010

Hering, Ekbert/Heinrich Steinhart: Taschenbuch der Mechatronik, München 2005

Herrmann, Michael: Autark durch Energie aus Wind und Sonne, Hamburg 2009

Heymann, Matthias: Geschichte der Windenergienutzung: 1890-1990, Frankfurt/Main 1995

Hinsch, Werner: Schiffsmühlen, insbesondere im Stromgebiet der Elbe. Energienutzung contra Schiffsverkehr, in: Günter Bayerl (Hg.): Wind- und Wasserkraft. Die Nutzung regenerierbarer Energiequellen in der Geschichte, Düsseldorf 1989, S. 245-266

Hobart, Alice Tisdale: Oil for the Lamps of China, (dt.: Öl für Chinas Lampen) Roman, Indianapolis/USA 1933

Hofer, Lothar: Energetische und ökonomische Potentiale des Luftdrucks als alternatives Antriebsmedium, Diplomarbeit Volkswirtschaftslehre Karl-Franzens-Universität, Graz 2006
http://stefan.schleicher.wifo.at/down/da/DA_06_Hofer.pdf

Hüttenhölscher, Norbert: Hochtemperatur-Sonnenofen zur Ziegelherstellung – ein Beitrag zur thermodynamischen Auslegung eines Systems solarer Prozeßwärmenutzung, Diss. Fachbereich Maschinenbau, Universität Dortmund 1985

Huxley, George Leonard: Anthemius of Tralles – A Study in Later Greek Geometry, Cambridge/Mass. 1959

HZwei – Das Magazin für Wasserstoff und Brennstoffzellen, hrsg. von Sven Geitmann, D-16727 Oberkrämer, http://www. hzwei.info/

Informationszentrale der Elektrizitätswirtschaft e.V. (Hrsg.): StromTHEMEN, (monatlich) Frankfurt/Main 1984 ff.

Jacobi, Rainer: Vom Windmühlenflügel zum Verstellpropeller, Hamburg 1988

Jänsch, Daniel/Mike Laudien/Jens Kitte: Thermoelektrische Abwärmenutzung in Kraftfahrzeugen, (IAV GmbH Ingenieurgesellschaft Auto und Verkehr) Berlin o.J.,
http://www.iav.com/_downloads/de/techn_veroeffentlichungen/ATZlive_Text_ThermoelektrischeAbwrmenutzunginKraftfahrzeugen.pdf

Karstens, Uwe: Kurt Bilau – Annäherung an einen Visionär, Bde. 1+2, Schleswig/Rendsburg 2003/2010

Karweina, Günter: Der Megawatt Clan – Geschäfte mit der Energie von morgen, 1. Aufl. Hamburg 1981

Kauffman, George B./Isaac Mayo: The Thermobile™: A Nitinol-Based Scientific Toy, in: Journal of Chemical Education (University of Wisconsin–Madison) Vol. 75, No. 3, March 1998, S. 313-314 http://www.jce.divched.org/hs/journal/issues/1998/Mar/clicSubscriber/V75N03/p313.pdf

Keil, Inge: Augustanus Opticus – Johann Wiesel (1583-1662) und 200 Jahre optisches Handwerk in Augsburg, Berlin 2000

Kemfert, Claudia: Kampf um Strom, 4. Aufl. Hamburg 2013

Kirsch, David A.: The Electric Vehicle and the Burden of History, New Brunswick/New Jersey 2000

Knowles-Middleton, William Edgar: Archimedes, Kircher, Buffon, and the Burning-Mirrors, in: ISIS (Zeitschrift), hrsg. von der History of Science Society (HSS), Jg. 52, Nr. 4, 1961, S. 533-534

König, Wolfgang: Geschichte der Konsumgesellschaft (Vierteljahrschrift für Sozial- und Wirtschaftsgeschichte – Beihefte, Bd. 154), Stuttgart 2000

Krause, Florentin: Alternative Energietechnologien, in: Technologie und Politik – Das Magazin zur Wachstumskrise, hrsg. von Freimut Duve, Bd. 13, Reinbek bei Hamburg 1979, S. 45-79

Kreiner, Ralf: Die vorindustrielle Turbinenmühle - Eine angepasste und ressourcenschonende Technik, in: Reinhold Reith/Dorothea Schmidt (Hrsg.): Kleine Betriebe – angepasste Technologie?, Münster u.a. 2002, S. 17-40

Kreß, Kurt/Helmut Mikelskis/Hanne Müller-Arnke/Walter Reichenbacher: Energie – Regenerative Energiequellen und alternative Energietechnologien, Frankfurt/Main 1984

Kreyszig, Erwin: Archimedes and the invention of burning mirrors – an investigation of work by Buffon, in: Geometry, Analysis and Mechanics, hrsg. von John M Rassias, Singapur/New Jersey u.a. 1994, S. 139-148

Kryza, Frank T.: The Power of Light – The epic story of man's quest to harness the sun, New York 2003

Lang, Arend W.: Entwicklung, Aufbau und Verwaltung des Seezeichenwesens an der deutschen Nordseeküste bis zur Mitte des 19. Jahrhunderts, hrsg. vom Bundesminister für Verkehr, Bonn 1965

Lessing, Gotthold Ephraïm: Ernst und Falk. Gespräche für Freimaurer, Göttingen 1778

Lindner, Helmut: Strom – Erzeugung, Verteilung und Anwendung der Elektrizität, Reinbek bei Hamburg 1985

Loessel, Friedrich Ritter von: Von den autodynamischen Uhren, in: Zeitschrift des Oesterreichischen Ingenieur- und Architekten-Vereins, Wien 1895, Nr. 39, S. 461-462, Nr. 40, S. 469-471
http://opus.kobv.de/btu/abfrage_collections.php?coll_id=51& la=de

Lorenz-Ladener, Claudia: Kleine grüne Archen – Passivsolare (Erd-) Gewächshäuser selbst gebaut, Staufen 2012

Lusar, Rudolf: Die deutschen Waffen und Geheimwaffen des 2. Weltkrieges und ihre Weiterentwicklung, 6. Aufl. München 1971

Machoczek, Detlev: Vom Hafen auf die hohe See – Seezeichen auf der Elbe, in: Wolfschmidt, Gudrun (Hrsg.): „Navigare necesse est" – Geschichte der Navigation. Begleitbuch zur Ausstellung 2008/09 in Hamburg und Nürnberg, Norderstedt 2008, S. 341-355

MacKay, David JC: Sustainable Energy – without the hot air, Cambridge/GB 2008, S. 82
http://www.inference.phy.cam.ac.uk/withouthotair/c14/page_82.shtml

Mähr, Christian: Vergessene Erfindungen. Warum fährt die Natronlok nicht mehr?, Köln 2002

Marcuse, Herbert: Kultur und Gesellschaft 2, 1.-10. Tausend, Frankfurt/Main 1965

Martin, Robert E.: New Efforts May Harness Sunlight, in: Popular Science (Ztschr.), October 1934, S. 32 f., 112

Mateu Saez, M.Loreto: Energy Harvesting from Passive Human Power, PhD Thesis in Electronics Engineering, UPC- BARCELONA TECH University/Spanien, Januar 2004
http://hipics.upc.edu/publications/recent-phd-theses/phd-thesis-projects/thesis_project_mateu.pdf/at_download/file

Matschoss, Conrad: Die Entwicklung der Dampfmaschine. Eine Geschichte der ortsfesten Dampfmaschine und der Lokomobile, der Schiffsmaschine und der Lokomotive, 2 Bände, Berlin 1908

Maurice, Klaus: Von Uhren und Automaten – das Messen der Zeit, München 1968

Mener, Gerhard: Kleinunternehmen und learning by using: Der deutsche Kollektormarkt 1973-1997, in: Reinhold Reith/Dorothea Schmidt (Hrsg.): Kleine Betriebe – angepasste Technologie?, Münster u.a. 2002, S. 55-74

Michal, Stanislav: Das Perpetuum mobile gestern und heute, 2. Aufl. Düsseldorf u.a. 1981

Minchinton, Walter Edward: Early Tide Mills – Some Problems, in: Technology and Culture – The International Quarterly of the Society for the History of Technology, Bd. 20, Nr. 4/Oktober 1979, S. 777-786

Minchinton, Walter Edward: Tide Mills in Germany, in: International Molinology – Journal of The International Molinological Society No. 64, July 2002, S. 26-27

Mirow, Kurt Rudolf: Die Diktatur der Kartelle, Reinbek bei Hamburg 1978

Mom, Gijs: The Electric Vehicle. Technology and Expectation in the Automobile Age, Baltimore/London 2004

Mouchot, Augustin: Die Sonnenwärme und ihre industriellen Anwendungen, (Übersetzung der franz. Ausgabe von 1879 durch Friedrich Griese), Oberbözberg/Schweiz 1987

Molly, Jens-Peter: Windenergie. Theorie – Anwendung – Messung, 2., völlig überarb. und erw. Auflage Karlsruhe 1996

Mom, Gijs: Das Holzbrettchen in der schwarzen Kiste. Die Entwicklung des Elektromobilakkumulators bei und aus der Sicht der Accumulatorenfabrik AG (AFA) von 1902-1910, in: Technikgeschichte Jg. 63/1996, Heft 2, S. 119-151

Musolff, André: Formgedächtnislegierungen – Experimentelle Untersuchung und Aufbau von adaptiven Strukturen, Dissertation TU Berlin 2005 http://opus.kobv.de/tuberlin/volltexte/2005/1048/

Neddermeyer, Franz Heinrich: Topographie der Freien und Hanse Stadt Hamburg, Hamburg 1832

Neumayer, Hans: Die Leistung bestehender Mühlen – Messergebnisse und Bewertung, in: Günter Bayerl (Hg.): Wind- und Wasserkraft. Die Nutzung regenerierbarer Energiequellen in der Geschichte, Düsseldorf 1989, S. 267-279

Oberzig, Klaus: Solarwärme - Heizen mit der Sonne, (Stiftung Warentest) Berlin 2012

OECD (2012), OECD-Umweltprüfberichte: Deutschland 2012, OECD Publishing, http://dx.doi.org/10.1787/9789264175501-de

Oesterreicher, Marianne/Michael Trykowski: Sonne im Tank – Solarmobile: Technik, Typen, Möglichkeiten, Frankfurt/Main 1987

Paulinyi, Akos/Ulrich Troitzsch: Mechanisierung und Maschinisierung 1600-1840, Berlin 1991

P.M. Magazin (Monatszeitschrift), München 1978 ff.

Quaschning, Volker: Erneuerbare Energien und Klimaschutz, 2. Aufl. München 2010

Quaschning, Volker: Regenerative Energiesysteme: Technologie – Berechnung – Simulation, 7., aktualisierte Auflage München 2011

Raabe, Joachim: Horizontal durchströmte Turbinen mit Kranzgenerator oder Kapselgenerator, in: WASSERWIRTSCHAFT, Jg. 82, Nr. 12, Wiesbaden 1992, S. 610-614 + 616

Radkau, Joachim/Ingrid Schäfer: Holz. Ein Naturstoff in der Technikgeschichte, Reinbek bei Hamburg 1987

Rappaport, Paul: The Photovoltaic Effect and its Utilization, in: Solar Energy 1959, Jg. 3, Nr. 4

Rasch, Gustav: Über die Ausnutzung der Gezeiten des Meeres zur Energiegewinnung, Berlin 1925

Reichholf, Josef H.: Wie die Sänger unsere Erde eroberten, in: natur (Ztschr.) 8/1992, S. 42-43

Reusch, Heinz: Geschichte der Nutzung der Sonnenenergie (Diss. Fachbereich Architektur), Hannover 1982

Risch, Helmut: Windschiffe, 2. bearbeitete Auflage Berlin-Ost 1990

Samter, Heinrich (Hrsg.): Buch der Erfindungen, Berlin 1896

Scheer, Hermann: Solare Weltwirtschaft, 5. aktualisierte Ausgabe, München 2002

Scheer, Hermann: Energieautonomie – Eine neue Politik für erneuerbare Energien, München 2005

Scheer, Hermann: Der energethische Imperativ, München 2010

Schossig, Peter: Wärme- und Kältespeicherung - Stand der Technik und Perspektiven, in: Solarzeitalter - Politik, Kultur und Ökonomie Erneuerbarer Energien (Ztschr.), hrsg. EUROSOLAR - The European Association for Renewable Energy, 4/2010, S. 10-15

Schröer, Josef H.: Die autodynamische Uhr des Friedrich Ritter von Loessl, die Uhr mit selbsttätigem Luftdruckaufzug. hrsg. vom Fachkreis Turmuhren, Deutsche Gesellschaft für Chronometrie e.V., Georgsmarienhütte 2003

Schulz, Heinz: Der Savonius-Rotor – Eine Bauanleitung, Staufen bei Freiburg/Br. 1989

Schumacher, Ernst Friedrich: Die Rückkehr zum menschlichen Maß. Alternativen für Wirtschaft und Technik (dt. Übersetzung von „Small is Beautiful"), Reinbek bei Hamburg 1977

Scott, David: Wagner's Wonderful Windmaschine, in: Popular Science, NewYork August 1984, S. 60-63

Seltmann, Thomas: Photovoltaik – Solarstrom vom Dach, hrsg. von der Stiftung Warentest, Berlin 2011

Siebert, Diana: Bäuerliche Alltagsstrategien in der belarussischen SSR (1921-1941), Stuttgart 1998

Simms, Dennis L.: Buffon's Burning Mirrors, in: Atti della Fondazione Giorgio Ronchi (Zeitschrift), Jg. LIX, Nr. 5, Arcetri-Florenz 2004, S. 711-742

Skudelny, Heide: Kein Platz an der Sonne, in: „hobby magazin der technik" Nr. 22, 15.10.1979, S. 46-50

Solar Energy – The Journal of Solar Energy, Science and Engineering, published by The Association for Applied Solar Energy, Phoenix/Arizona 1957 ff.

Späte, Frank/Heinz Ladener: Solaranlagen - Handbuch der thermischen Solarenergienutzung, 11. verbesserte Aufl. Staufen 2011

Spencer, Laurence C.: A comprehensive review of small solar-powered heat engines, in: Solar Energy, Volume 43, Issue 4, 1989, S. 191-196: Part I. A history of solar-powered devices up to 1950; S. 197-210: Part II. Research since 1950-"conventional" engines up to 100 kW; S. 211-225: Part III. Research since 1950-"unconventional" engines up to 100 kW
http://dx.doi.org/10.1016/0038-092X(89)90019-4
http://dx.doi.org/10.1016/0038-092X(89)90020-0
http://dx.doi.org/10.1016/0038-092X(89)90021-2

Stoy, Bernd: Wunschenergie Sonne, 2. Aufl. Heidelberg 1978

Strandh, Sigvard: Die Maschine, Freiburg/Breisgau 1980

Stutz, Rüdiger: „Saubere Ingenieursarbeit": Moderne Technik für Himmlers SS, in: Assmann, Aleida/Frank Hiddemann/Eckhard Schwarzenberger (Hg.): Firma Topf&Söhne – Hersteller der Öfen für Auschwitz. Ein Fabrikgelände als Erinnerungsort?, Frankfurt/Main 2002, S. 33-71

Sutherland, Herbert J./Dale E. Berg/Thomas D. Ashwill: A Retrospective of VAWT Technology (SANDIA REPORT SAND2012-0304), prepared by Sandia National Laboratories, Albuquerque/Livermore 2012
http://energy.sandia.gov/wp/wp-content/gallery/uploads/SAND2012-0304.pdf

Tatum, Jesse S.: Energy Possibilities - Rethinking Alternatives and the Choice-Making ProcessS, Albany/New York 1995

Tetzlaff, Sven: „Laß mich hinein …!" – Die Eroberung der Haushalte durch die Elektrizitätswirtschaft, in: „Das Paradies kommt wieder" – Zur Kulturgeschichte und Ökologie von Herd, Kühlschrank und Waschmaschine, hrsg. vom Museum der Arbeit, Hamburg 1993, S. 10-25

Themeßl, Armin/ Werner Weiß: Solaranlagen Selbstbau - Planung und Bau von Solaranlagen - ein Leitfaden, 7. Aufl. Staufen 2007

Troitzsch, Ulrich/Wolfhard Weber (Hrsg.): Die Technik. Von den Anfängen bis zur Gegenwart, 2. Aufl. Braunschweig 1987

Tute, Hans Joachim: Schloss Schwöbber - Geschichte und Gegenwart, Hildesheim/Lamspringe 2005

Ullrich, Otto: Technik und Herrschaft, Frankfurt/Main 1979

Ullrich, Otto: Der Charakter des Fortschritts moderner Tecchnologien, in: Technologie und Politik – Das Magazin zur Wachstumskrise, hrsg. von Freimut Duve, Bd. 16, Reinbek bei Hamburg 1980, S. 21-51

Varchmin, Jochim/Joachim Radkau: Kraft, Energie und Arbeit, Reinbek bei Hamburg 1981

Wagenbreth, Otfried: Wasserkraftmaschinen – Typen und Funktionsweise, Geschichte und Einsatzbedingungen, in: Wasserhistorische Forschungen, Schwerpunkt Montanbereich, In memoriam Dr.-Ing. Martin Schmidt, hrsg. im Auftrag der DWhG von Christoph Ohlig (Schriften der Deutschen Wasserhistorischen Gesellschaft/DWhG e.V., Bd. 3), Siegburg 2003, S. 1-20

Warnke, Götz: Die Theologen und die Technik. Geistliche als Techniker, Innovatoren und Techniklehrer im deutschsprachigen Raum 1648-1848, Hamburg 1997

Warnke, Götz: Zur Geschichte der Photovoltaik und ihrer Anwendung, in: Günter Bayerl/Wolfhard Weber (Hrsg.): Sozialgeschichte der Technik – Ulrich Troitzsch zum 60. Geburtstag, Münster/NewYork u.a. 1998, S. 307-316

Warnke, Götz: So sparen Sie Geld, Ressourcen, Energie, Hamburg 2009

Werdich, Martin/Kuno Kübler: Stirling-Maschinen. Grundlagen – Technik – Anwendung, 11. überarb. und erw. Aufl. Staufen 2007

Weyres-Borchert, Bernhard: Solare Kühlung, in: Sonnenernergie: 4/2011, S. 28-30 http://www.sonnenenergie.de/sonnenenergie-redaktion/SE-2011-04/Layout-fertig/PDF/Einzelartikel/SE-2011-04-s028-Solarthermie-Solare_Kuehlung_Teil_1.pdf

Wiedemann, Gerd/Johannes Braun/Hans Joachim Haase: Das deutsche Seezeichenwesen – 1850-1990 zwischen Segel- und Container-Schiffsverkehr, 1. Aufl. Hamburg 1998

Wüst, Karl Heinz: Potentiell nutzbare Wasserenergie in Hessen – ein Untersuchungsbericht, in: Günter Bayerl (Hg.): Wind- und Wasserkraft. Die Nutzung regenerierbarer Energiequellen in der Geschichte, Düsseldorf 1989, S. 280-294